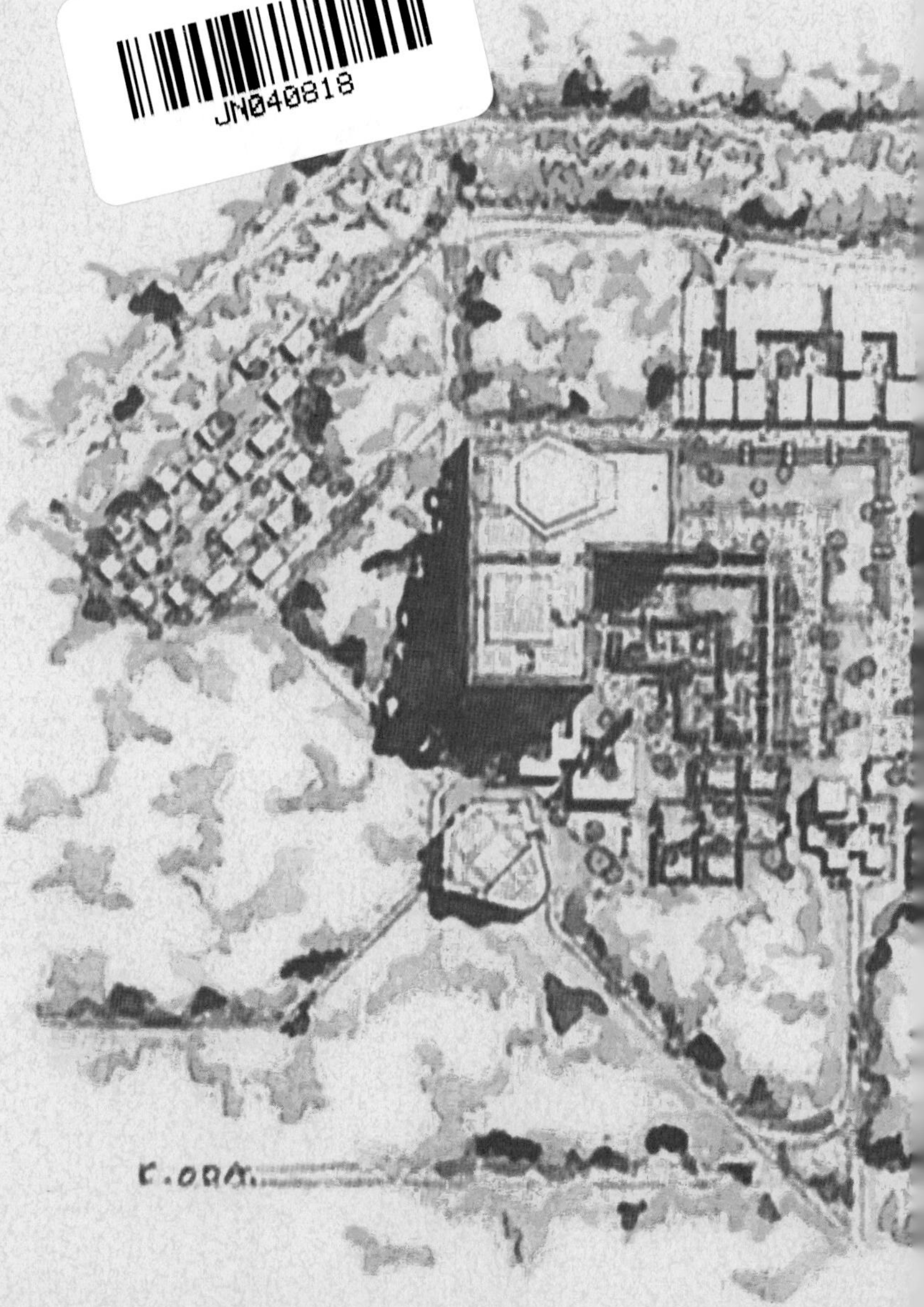

空と風と時と

小田和正の世界

Oiwake Hideko
追分日出子

文藝春秋

空と風と時と

小田和正の世界

目次

序章

新幹線は福島県郡山に向かっている。

空は蒼かったが、梅雨の気配が忍びよっていた。

二〇二二年六月二日。今日、小田和正の全国ツアー「こんど、君と」のゲネプロが最初の公演地・郡山の「ビッグパレットふくしま」で行われる。ゲネプロとは、実際の会場で本番通りに行われるリハーサルだ。

翌六月三日からは、いよいよ全国ツアーが始まる。北海道から沖縄まで、のべ十七カ所で二公演ずつ。すべて観客数が一万人前後のアリーナツアーだ。十一月上旬の最終公演地・横浜まで、約五カ月余りの長い旅となる（この時点ではそうなっていた）。開始時七十四歳八カ月、今回のツアーで、小田は国内男性ソロアーティストの全国アリーナツアーの最年長記録を更新することになる。

リハーサルは五月頭から、都内のスタジオで約一カ月間、行われた。バンド、ストリングスの面々が全員揃い、小田はマスクをつけて、抑えた声で歌い、一曲終わるごとに、「はい、いいと思います」と、淡々と進められていた。

スタジオ内には、終始、静かな緊張感が漂っていた。

前回の全国ツアーから、ほぼ三年近い時間が流れていた。当初、全国ツアーは昨年の予定だったが、この一年延期は、小田の年齢にとって、やはり大きいのではなかろうか。ツアー途中で、小田は七十五歳を迎える。習慣となっていたジム通いも新型コロナウイルス流行により控えていたため体力的な不安もあった。さらに、喉への不安も生まれていた。あの高く響き渡る声が果たして出るのか、どうか。小田と三十年余、伴走してきた小田の事務所「FAR EAST CLUB」（ファーイーストクラブ）の副社長、吉田雅道が「最初の福島、新潟が無事に終わればいけると思うんです」と呟いた。

ゲネプロは十六時から始まった。

こんな緊張感に包まれているゲネプロは初めてかもしれない。

本番通り、まず、オープニング映像がスクリーンに流れる。冒頭、二〇一九年七月の愛媛県武道館での最終舞台が映る。熱狂する観客の様子。誰もマスクをしていない。当たり前のことなのに、不思議に感じる。そして小田が観客に向かって、「また会おうぜ!!」と叫ぶ。そこで場面は変わり、小田が作曲している様子となる。この時、完成した楽曲が「こんど、君と」。コロナに対する不安が社会を大きく覆っていた二〇二〇年夏から年末にかけて、小田が苦しみながら書いた楽曲だ。小田がその歌を歌いながら街を歩く映像が流れるなか、バンド、ストリングスのメンバーが登場、さらに小田が、まだ照明の当たっていない暗い花道から登場する。いよいよ、三年越しの約束を果たすべく、今回のステージが始まる。

そんなオープニングの構成となっていた。

ゲネプロでの小田の第一声は、「いよいよ始まります。こんな時期なので……」

最後のひと言が聞こえなかったが、いよいよ本当に始まるのだな、そんな感慨にひたる。それはここにいる全員の思いでもあるだろう。

二十年以上ツアーをともにしてきたバンドメンバー、この十年余り、参加してきたストリングスの面々、百人余にのぼるツアースタッフたち。小田のツアースタッフの特徴は、トランポスタッフやツアーマネージャーが公演中はプロジェクターのカメラマンになるなど一人何役もこなすこと、そしてＰＡの木村史郎や照明の佐々木好二のように、オフコース時代から五十年近く小田の舞台を支えているなど、関係性が長く堅固なことだろう。小田は、一度築いた関係を長く継続させる人であり、そんな仲間と〈団体戦〉を闘うことが好きだともいえる。

今回のツアーパンフレットにも、小田は「ツアーはすべてのスタッフ、イベンター、バンドのメンバーそして会場に来てくれる皆んなも含めての団体戦だ。僕らはどう闘うだろう」と書いている。

いよいよ歌のリハーサルが始まる。一曲目の「風を待って」は、社会がパンデミックという未知の不安に襲われた直後の二〇二〇年前半期に完成させた楽曲だ。三曲目は、オフコース時代につくられた「愛を止めないで」。会場が一気に盛り上がる。スタッフ全員が、その声に注目し、心配そうに見守り続けている。

七曲目、「言葉にできない」になる。ピアノを弾きながら、高音で歌い上げるこの歌は、小田の声の調子を見定める試金石となる楽曲の一つだ。途中、小田は歌に詰まり、バンドの演奏だけがしばらく続いた。今回の「言葉にできない」は、三十年以上封印してきたオフコース時代のアレンジで歌われる。小田がソロになってから初めてのことだった。歌に詰まったのは、そのことと関係があるのだろうか。あるいはリハーサルでは、小田は声を温存するため、控え目に歌うからか。それともやはり、喉の問題か……。

その場にいる全員が、声も発せず、見守っている。

小田はいわゆるボイストレーニングなるものを、若いころも含め、全くしたことがないという。自己流に「叫び倒しているうちに、こういう声帯になった」と話す。しかし歌う機会がなければ、その声帯は使われない。声帯は筋肉であるから、使わなければ、手足の筋肉同様、瘦せてしまう。しかも「小田の声帯は元来、細くて特殊」なのだという。

二〇一九年七月以降、約三年近く、レコーディング以外では、ほとんど歌ってこなかった。声帯が瘦せてしまった可能性はあった。

果たして、いつも通りの声が出るのかどうか。

この十年、小田はほとんど休むことはなかった。

かつては三年に一回だった小田のツアーは、ファンやイベンターからの要望が高く、二〇一一年以降、二〇一七年を除き、毎年、行われるようになっていた。二〇一八年は、一カ月余りのリハーサルのあと、五月初頭から十月末日まで、北海道から沖縄まで、全二十一会場四十八公演、約三時間の公演を敢行。翌年は「Kazumasa Oda Tour 2019『ENCORE!! ENCORE!!』」。これは、二〇一九年の五月十四日、横浜アリーナから始まり、七月三十一日まで、全八会場で十六公演が行われた。しかしそんなツアーも、七月の愛媛県武道館を最後に、二〇二〇年、二〇二一年と、新型コロナウイルス流行のため開催できない事態になっていた。

もっともそんななかでも、小田は各地のイベンターを励ます意味も含め、二〇二一年、若いミュージシャンたちに混じって、福岡、新潟、大阪など五カ所での夏フェスに参加した。いわば全くアウェーでの参戦だったが、そこに集《つど》った若者たちの反応は、予想を超える驚き、賛辞、感動だった。おびただしい数のツイッターが投稿されたが、たとえば最初の福岡ではこんな感じだった。

「小田さんが歌い出した瞬間の　会場の空気　神降臨の瞬間　あれはなんか音楽というより神のコトバ」

「夏フェスの帰り。小田和正の話で持ちきりなんだけど。『何が一番良かった？』『小田和正』『マジ圧巻だったね』『まったく目当てじゃなかったし、こんなフェスに出て大丈夫か？　と心配さえしていた。いらん心配だった。まさか泣かされるとは』」

「アウェーでびびってますと笑いを誘いながら歌で優勝をかっさらっていった小田和正」

「小田和正さん声透き通りすぎて上手すぎてすごい感動した。生きているうちに生歌聴けて本当良かった」

しかし、この夏フェスの名古屋公演時、小田は喉に違和感を感じた。

大事には到らなかったものの、コロナ禍という特殊な状況のなかで、小田は、体力の衰えと同時に、喉への心配を常に抱え持つようになっていた。

〝天からのギフト〟とまで言われるあの美しい高音がいつまで出るのか、そんな不安を密かに抱いていた。

もっともそんな三年間に、小田は新曲を五曲作っている。今回のツアーは、それらの新曲も含め、本編だけでも二十曲歌うプログラムとなっていた。


ゲネプロが続いていた。

小田が歌う位置は主に三カ所。メインステージと両サイドに広がる花道、そしてピアノを弾きながら歌うセンターステージだ。花道は左右に大きく張り巡らされ、今回も、場所により形を変え、全長約一六〇メートルから二四〇メートルにも及ぶ。その段取りを覚えるだけでも大変である。高齢になっての一番の難敵は記憶力だ。小田といえども、例外ではない。しかし今回、みなが最も心配していたのは、やはり小田の喉の調子だった。


全国ツアーを半年後に控えた二〇二一年末ごろ、小田は弱気になっていた。なにより小田は完璧主義だ。それゆえ、なんとかなるさという適当さが、良くも悪くも、持てない人である。

その時、吉田は小田にこう言った。

「楽しめないならやめたほうがいいです。でも、まだ、半年以上あるんだし、準備していきましょうよ。なにか問題が生じたら、その時に決めればいいんだし、まずは前を向いて、一生懸命やるということを大事にしましょうよ」

そうやって、ここまでこぎつけた全国ツアーだった。

ゲネプロが終わった。

スタッフの間に、安堵《あんど》の空気が広がった。歌に詰まるシーンはあったものの、全体に小田の声が出ていたからである。楽曲を歌い終わったあと、小田からも「スリル満点でやってきましたが……」と、軽いジョークも飛び出した。スタッフの動きも活発になり、彼らの声が明るくなったようにも感じた。しかし吉田は、まだ少し厳しい見方をしていた。

「本人はいまいちだと思っているはず。でも、今日、完璧だからいいってわけではないし、声も歌も生きものですからね」

この本は、小田が七十四歳から七十五歳にかけて行われた全国ツアーの全行程に同行したツアーコラムを挟みながら、小田和正の、誕生から二〇二三年の現在までの人生を、本人はもとより、その親族、友人、元オフコースメンバーはじめ音楽関係者たち、さらに多くのスタッフの証言から紡いだ物語である。音楽の神様に導かれ、ストイックなまでに自分の音楽を追求してきた、決して器用とも順調ともいえなかった小田和正の音楽人生の記録である。

第1章
小田薬局

「ガキのころは、泳いだり、山登ったり、田んぼで遊んだり、そこらへん駆けずりまわっている毎日だったよ。金沢文庫のあたりって、昔は〝神奈川で一番空気がきれいなところ〟といわれた。蛍を捕ったりもした」

小田和正は、一九四七（昭和二十二）年九月二十日、横浜市の金沢文庫駅近くで商売をしている「小田薬局」の次男として生まれた。

小田には、都会派のイメージがあるが、実際は少し違う。もっといえば、家の中には「都会人を自負する父」と「山深い田舎から出てきた母」の二つの文化があった。さらに、その母と同郷の若い人たちが数多く住み込みで働いており、いうなれば都会と田舎が混在する〝疑似大家族〟のような環境のなかで育った。

二〇〇五年に取材した際、私が「人生で大きな出来事と思うことを三つあげてください」と質問した時、小田はその一つに、「母親と出会ったこと」と言い、「あ、でも母親から生まれたんだから、それはアプリオリなことだから変だよな」と言い添えたことがある。

母とは、それほど大きな存在だった。子どものころから一貫して「自分の好きなことをやりなさい」と言い続け、暮らしのなかから得た知識や倫理を子どもに聞かせるような母親だった。この時の取材がすべて終わった年の暮れ、事務所の忘年会に招かれた際、小田から「母親の写真見たい？」と訊かれ、「見たいです」と答えると、ガラケーの携帯電話に収められた母きのえの写真を見せてくれた。それはモノクロ写真を携帯で撮影した画像だった。「小田さんに似ていますね」と言うと、「そうか」と少しうれしそうだったが、それは小田のお守りなんだと感じた。

今回、新たに取材を始めた時、この逸話を兄の小田兵馬にした。すると、兵馬も真顔でこう言った。

「俺たち兄弟さ、銀河のどこかから誰のところに生まれようかと言って、あの人を選んで生まれたんだよ」

この話をどう思うかは、人それぞれだろうが、その母親が亡くなった年齢を超えてなお、息子がこのように話す母親とは、いったいどんな人物だったのだろうかと、私は興味をもった。

他方、二〇〇五年の取材時、父親は九十一歳でまだ健在だったが、小田は父に対しては強い調子で、「嫌悪」の言葉しか発しなかった。たとえば、音楽か建築かという選択のなかで、小田は大学院に進み、五年かけて修士論文を書くのだが、大学院をやめなかった理由の一つとして父親の縛りをあげ、「オヤジは学歴がないから、学歴にうるさかった」と冷たく言い放ったものだった。この時の原稿に、私は、小田にとって「父は通俗の象徴、母は聖なる象徴」とし、「『俗』への嫌悪、『聖』への憧憬、これが小田をずっと縛ってきたように思われる」と書いた。そしてそのあまりに対照的な思いに対して、当時、いったい何があるのだろうかと、戸惑いと興味をもったものだった。その取材時から三年後の二〇〇八年、父は九十三歳で亡くなるが、そのしばらく後、兄兵馬は父の引き出しを初めて開け、父の姿をようやく少し知ることになる。

母・奥本きのえは、大正九（一九二〇）年十一月五日に和歌山県東牟婁郡《ひがしむろ》北山村で生まれた。北山村は、奈良県と三重県に接し、和歌山県のどの市町村とも接していないという珍しい飛び地で、昔は本当に山深い土地だった。木の伐採や輸送、畑仕事が村の主な生業《なりわい》だった。兵馬は「おふくろにいわせると、平家の落人《おちうど》の集落で、血がどんどん濃くなっているんだと。血が濃いというと、僕らは、いろいろなことが腑に落ちるようでした」と話す。小田兄弟がまだ幼いころ、母のふるさとに遊びにいったことがある。

「昭和二十九年ごろです。その時、父が八ミリの映写機を持参して撮影し、その三、四年後にふたたび訪ねた時、前に撮った八ミリの映像を見せると事前に伝えると、村の人たちが、電気を使うからとわざわざ発電所に許可を求めに行ったらしいです。そのくらいの田舎でした」（兵馬）

きのえは九人兄弟姉妹で五番目の長女、上四人が男（四男はすぐ養子に）で、妹が二人、弟が二人いた。ちなみに、上四人の兄のうち、三男・龍三は絵も歌も上手く頭も良かったが二十五歳で夭折、それはいまなお小田家で伝説的に語られている。一番末っ子の弟、昭和五（一九三〇）年生まれの奥本康は九十歳を超えて健在、千葉市で薬局を営んでいる。二〇二一年二月に私が訪ねた時、康はジーンズを穿《は》き、Gジャンを着て、白髪を後ろで一つに結ぶという若々しいスタイルで店先にいた。

康は、「姉は末っ子の私を本当に大事にしてくれました」と何度も繰り返し、こう続けた。

「和正君は、私に輪をかけて愛情を受けたんじゃないですか」

きのえは小学校を出たあと、看護婦になりたくて、和歌山県・新宮《しんぐう》の寺本医院、さらに松橋病院に勤め、その後、長兄を頼って上京した。この長兄・実雄《じつお》が奥本家のキーパーソンだったようである。康が語る。

「本来家を継ぐはずの長兄は、小学校を出ると自分で丁稚《でっち》奉公の口を見つけてさっさと東京に出ていったんです。このあたりは都会に出るなら大阪で、東京に行く人間はすごく珍しかった。長兄は働きながら勉強し、戦前のことですが、これからは英語を勉強しなければダメだと、カナをふった『リーダーズダイジェスト』なんかを田舎に送ってきました。クラシック音楽が好きでレコードをたくさんもっていましたね。東京外語大学まで行ったけど、一時、共産主義に走り、大学をやめました。あの人は要領がよくて、兵隊にとられたが戦地には行かず、復員してきた時、軍の物資をトラックに積んでもってきました。もらってきたのか、かっぱらってきたのかな」

この長兄を頼って、戦前、きのえも上京したのである。

康が小学校六年生の夏休み、きのえが遊びにおいでと旅費を送ってくれ、上京した。太平洋戦争が始まった翌年のことである。この時、実雄と康のすぐ上の兄・五郎ときのえは三人で東京・本郷の下宿に住んでいたが、きのえはすでに世田谷の大蔵にあった第二陸軍病院で看護婦として働いていた。そしてそこで、衛生兵として働く小田信次と出会うのである。

父・小田信次は、大正三（一九一四）年六月十二日に東京・本郷で生まれた。兵馬によれば、「祖先は津軽藩の江戸詰の武士で江戸小石川に住んでいた。東大農学部のところに屋敷があって、うちの寺はいまも、東大近くの湯島にあります。父の実家は明治にたくさんできた小さな銀行の一つで役員をしており、別荘を持つなど裕福な暮らしをしていたと聞いています。父も旧制中学に通っていましたが、昭和二（一九二七）年、多くの銀行が倒産した金融恐慌の折り、父の実家が役員をしていた銀行も倒産し、父信次は旧制中学を中退せざるをえなかったようです」

信次は十三歳の時、横浜・伊勢佐木町《いせざきちょう》にある薬種問屋「桜井薬品」に丁稚奉公することになる。信次は昔の話をほとんどしなかったようだが、奉公していたころ、横浜の関内から逗子《ずし》まで自転車で御用聞きに行っていた話は小田兄弟ともに聞いた覚えがあるという。

信次は丁稚奉公の傍ら、薬種商の資格を取ろうと、夜中、電灯がついているトイレの中で勉強し、睡魔に襲われると膝に針を刺して頑張ったというが、こういった逸話も、兵馬は父の死後、父が書いた文章から知るのである。

信次が薬種商の資格を得て薬舗開設許可が下りたのは昭和十六（一九四一）年十二月。丁稚になって十四年目。太平洋戦争勃発の前日だったという。そして信次はすぐに、横浜のはずれである金沢文庫駅近くに薬局を開く準備を始めている。当時は、駅舎と畑とわずかな家があるだけの場所だったが、ちょうどこの直前、品川と横浜を繋ぐ京浜電気鉄道と横浜と三浦半島を結ぶ湘南電気鉄道が合併し、のちに京浜急行電鉄となり、金沢文庫駅は便利になると信次は見通していたのだろう。

信次が軍に召集されたのは昭和十八（一九四三）年九月。薬種商の資格をもっていたからだろうか、衛生兵として大蔵の第二陸軍病院に配属された。学友のいない信次は、この時に出会った戦友たちと晩年まで親しく交流していたと兵馬は話すが、信次たちは芝居をつくり、親のいない子どもたちを招いて見せる活動をしていたという。その時の写真も残っている。後年、信次は息子が音楽の道に行くことに反対するが、音楽や芸事が嫌いだったわけではないだろう。むしろ好きだったと思われる。

実は、信次の姉は歌舞伎役者に嫁いでいる。その姉の子、つまり小田の従兄弟には十三代目中村勘五郎という歌舞伎役者もいる。のちに五代目中村仲蔵と名乗るが、小田兄弟ともに交流があった。小田は「親父は歌舞伎に相当入れ込んでいた。小さなころ、何度か歌舞伎に連れて行かれた。『切られ与三郎』(『与話情浮名横櫛《よわなさけうきなのよこぐし》』)とか同じ演目を何回も見てる。従兄弟の勘五郎は気が小さくて舞台にあがる前に酒を飲まないといられないほどで、それで身体を壊し早くに亡くなったんだ」と話す。

この勘五郎は師匠筋にあたる中村屋の十八代目中村勘三郎が幼少時、いつも彼の面倒を見ていた縁で親しく、勘三郎はまだ勘九郎だったころから、信次を「小田の叔父さん」と慕い、後年(二〇〇八年)、信次の葬式にも顔を出し、小田とも言葉を交わしている。この十八代目中村勘三郎は、信次の葬式の前年には平成中村座ニューヨーク公演を行うなど、歌舞伎の範疇《はんちゅう》を超えた活躍はよく知られているが、信次の死の四年後、彼自身も五十七歳で亡くなっている。ともあれ、小田信次は家が没落し苦労したものの、本質的には都会人の粋を自負する人物だった。

小田信次と奥本きのえが、勤めている東京第二陸軍病院長に婚姻願を出したのは昭和二十(一九四五)年五月二十三日。終戦の日、信次は「涙の涸れるまで泣いた」ときのえに宛てた手紙に書いている。そしてその後すぐ、金沢文庫駅近くで、小田薬局を始めるのである。もののない時代、信次は毎日、東京の闇市に足を運んでものを仕入れ、きのえが売るという形で店は始まった。

まもなく、信次は過労から結核になり、肺を半分切除するも、その才気と働きで薬局が軌道に乗るのは早かった。そんななか、長男の兵馬が昭和二十一（一九四六）年三月に生まれ、その翌年には、次男の和正が生まれた。二人は一歳半違いで、学年は二つ違った。

長崎の鐘

店が忙しいから手伝ってほしいときのえから頼まれ、末弟の康が北山村から横浜に向かったのは昭和二十五（一九五〇）年。当時二十歳だった。康は戦後すぐ新宮中学（現・新宮高校）に受かったが下宿するお金が家になく、畑仕事を手伝っていた。戦前から上京していた一つ上の兄・五郎はすでに小田薬局で働いていた。小田は三歳になろうとしていた。

当時、金沢文庫駅前はすずらん通りと名付けられ、まだ木造アパートなども並んでいたが、商店の数も少しずつ増え、活気を呈し始めていた。

通りの少し奥、駅から見て右側に立つ小田薬局はどんな様子だったのか。康が語る。

「とにかく忙しかった。私がいたころはまだ店舗は一軒でしたが、朝は六時に店を開けて、閉めるのは終電時間まで。駅へと急ぐ通勤客が店に寄って、煙草などを買っていくんです。だから早くから開けていた。他の店はまだほとんど閉まっていました。小田薬局には、兄の五郎と私だけでなく、従業員もいて、ほぼ全員、北山村から来た人たちでした。私は三年しか勤めなかったけど、そのころ、従業員は三〜四人、その後、近くに第二、第三の支店ができて、従業員もさらに増えていきました。当時、小田兄弟は保育園に通っていましたね」

薬にしても、戦後まもなくは入手自体が困難な時代。日本でも生産が始まったペニシリンや抗生物質のクロロマイセチンなどの貴重品を信次は闇市で仕入れ、時に医者にも提供し感謝されたという。兵馬によれば、「小学校低学年の私と弟はヒロポンから抗生物質、精神安定剤まで売るのを手伝っていましたよ」というが、小田薬局は薬だけでなく、ありとあらゆるものを売る、いわば現在のドラッグストアの先駆けのような存在だった。その後、駅に近いところに、化粧品や糸や帯紐、手芸の材料などを売る二店舗目、さらに洋酒や食料品を売る三店舗目がつくられ、北山村から来る住み込み店員の数も増えていった。

そんななか、父信次が行った画期的な試みのなかでも語り継がれているのが、商店街通りにアーケードを作ったことである。

昭和二十年代、日本の商店街のどこにも、アーケードなるものはまだなかった時代である。正確にいえば、横浜の中心街にもまだなく、規模の小さなものが全国に二カ所のみという時代だった。そんな時代に、信次はすずらん通りに道路全体を覆う〈全蓋式アーケード〉を作ることを計画し、周囲の商店を説得して回っている。結局、全店舗の賛同は得られず、同意がなかった商店の負担分まで小田薬局が肩代わりし、当時、総工費一千万円をかけたアーケードが一九五二（昭和二十七）年に完成した。アーケードの入口は華やかな照明で飾られ、すずらん型のしゃれた外灯がつけられた。除幕式には新聞各社やＮＨＫも取材に来るという大イベントだった。この時の映像はニュース映画にもなり、現在もＮＨＫアーカイブスに残っている。その後も信次は、毎年、商店街のさまざまなイベントを企画し、京都の舞妓や女優まで呼んだこともあった。康が語る。

「オヤジはライカを持っていて、写真コンクールをやったり、夏には、店舗を閉めてから、道路に戸板を置きいろいろな商品を並べて、夜店を始めました。人がたくさん来ましたよ。北海道からすずらんを取り寄せて、お客さんにプレゼントしたり、女優さんも二人来ましたね。とにかくいろいろな企画を考えてはやっていました。ほんとに活気がありましたよ。兵馬と和正の兄弟が育ったころは、楽しかったと思います。彼らも風呂敷を頭から被って、チャンバラごっこやかくれんぼや、あの通りでわいわい遊んでいました」

康は、信次の経営手腕も画期的だったと話す。

「なんといっても店舗の改装、リニューアル。これを始めたのも一番早かったのではないでしょうか。ウインドウから棚から配置から、全部替えてしまう。二年ごとにやりました。ふつうは店舗をきれいにしたら五年でも十年でもそのままです。オヤジさんは時の流行を捕まえるのも早かった。こういう商品が流行《はや》るだろうとかね。その影響を私も受けています。自慢するわけではないですが、うちの薬局が自動ドアを取り入れたのは千葉市で初めてでした。銀行も郵便局も、まだどこにも自動ドアなんてなかった。もう五十年以上も前のことです。近所の子どもたちが皆、踏むと開くというので踏みに来ました。売り方も学びました。小田薬局は推奨販売。まず問診し、医学的なことを勉強しながら、薬を出す。医者じゃないから、本当は診断してはいけないけど、いろいろ聞いて、売るという売り方です。さらに大量に安く仕入れて安く売るのもオヤジさんから学びました。すべて先駆けですよ」

もう一人、信次ときのえについて語るのは、やはり小田薬局で十三年間住み込みで働いた藪本《やぶもと》鐵美《てつみ》である。鐵美も北山村出身。鐵美の母親ときのえが従姉妹同士なので、兵馬・和正兄弟とは「はとこ」の関係だ。昭和三十二（一九五七）年、中学を卒業後すぐに横浜に出てきて、自分の薬局を持つまでの十三年間、小田薬局で働いた。

「横浜に出てきた時は、和正君はまだ小学校の低学年だったかな。僕は、きのえさんのことは『きい姉《ねえ》』と呼んでいました。きい姉は『鐵美、兵馬、和正』は三人兄弟だからねと言ってくれて、大事にしてくれました」

店舗はすでに三店舗あり、化粧品を売る店の二階で寝泊まりし、一店舗目の薬局で働いたという。鐵美が語る小田薬局はこんな感じだ。

「当時の小田薬局は従業員の九割は北山村出身者で、みんなそこから夜間高校に通っていました。きい姉の妹二人も出てきていたし、下から二番目の弟の五郎さんも一緒でした。五郎さんはそのころ、夜間高校を出て薬科大学に通っていました。小田薬局は、スーパーみたいな、おしゃれなつくりでしたよ。化粧品店にはメーカーからの店員さんもきていました」

信次については、こう語る。

「オヤジさんは外での仕事が多く、普段は店にはいないんですが、いるときは厳しい人なのでみんなピリピリしていましたね。でもね、オヤジさんという人は、誰に対しても、絶対、ルール違反をしない人でした。僕がよく覚えているのは、横浜の関内に店を出した時、たまたま同じ業界の仲間が化粧品を扱いたいと言うと、『じゃ、うちはやめる、薬だけにする』と。いつもそういう考え方の人で、僕は教えとしてすごくよく覚えています。絶対、自分が五十一はとらない。何をするにしても、自分は四十九。これは社長の考えですよ。こういうところは、和正君は似ているんじゃないかな」

小田に、今回、父信次について改めて訊くと、父の死後、やはり見方が変わったようだった。

「金沢文庫の田舎のなかでは、カッコいい人ではあったよね。俺は東京だという、プライドがあったんじゃないかな。麻の上下のスーツに帽子をかぶって、ハンサムだったし、おしゃれだった。俺はずっと、俺の九八パーセントはおふくろからの影響だと思っていたからね。ちょっと前まで、オヤジのことは全く興味がなかった。しかし考えてみれば、影響がないわけがないと思うし、いまになって、オヤジは何を考えていたんだろうかと思うけどね。オヤジの企画好きも、最近知った。俺の音楽人生も企画みたいなものだからね、本当に。音楽には絶対、絵を合わせたほうがいいとか、イメージを伝えやすいとか、楽しいとか、そういう企画だからさ。だから最近になって、オヤジの影響も感じて、ふと、オヤジに話を聞いてみたかったなとは思うよね」

母きのえは、三店舗を切り盛りしながら住み込みの店員たちの面倒もみるという忙しさから、小田は、兄とともに保育園に一歳から通っている。これは当時としては、かなり珍しかった。その「さくら保育園」は大人の足なら家から四分ほどの距離にあったが、きのえは子どもの気持ちを想い、毎日、保育園につれていく時、遠回りになっても、子どもが喜ぶような花の咲いている道を選んでいくようにしていた。とにかく母はすべてに愛情深く丁寧だった。お弁当つくりひとつとっても、鐵美が驚いたのは、「ご飯の入れ方まで丁寧でね、弁当箱にぎゅっと入れないで、箸で少しずつ、少しずつ、ふわっと入れる。そして毎日、いろいろなおかずをつくっていた」。

小田もこう話す。

「うちは商売をやってたから、みんなで一緒に夕飯を食べることはほとんどなかった。だからおふくろの愛情はほとんど弁当に注がれていた。すごく一生懸命つくっていたね。いろいろ工夫して、弁当では持たせられないようなものも作ってくれた。どこかでドライカレーの作り方を聞いて持たせてくれたりもしたな。学校の昼飯の時、『小田の弁当はうまそうだな』ってよく言われたよ」

寝る前には必ず子どもたちに本を読んできかせた。それがとっても上手だったと小田は言う。

戦後、日本の都市部では、急速に核家族化が進んでいったが、小田家はまるで北山村の共同体がそのまま移ってきたような、疑似大家族ともいえる環境だった。奥本康は「子どものころの和正は、おしゃべりで活発で、剽軽《ひょうきん》でしたよ」と話す。そのように常に多くの人に揉まれている暮らしの中で小田和正は成長した。

小田の音楽との最初の出会いは、母が歌う子守歌と童謡・唱歌だった。

母がよく歌ってくれた子守歌は「ねんねのお里」や「黄金《こがね》の鈴」だった。「ねんねのお里」は、叙情的でもの悲しいメロディの歌だ。作曲はオペラ歌手・藤原義江が歌いヒットした「出船」の作曲家・杉山長谷夫、作詞は「夕焼け小焼け」などを作詞した大正期の詩人・中村雨紅《うこう》。♪ねんねのお里は　よいお里♪という出だしが子守歌によかったのかもしれない。大正期に作られた歌だが、戦後、少女歌手たちによる歌唱でレコードになっていた。また「黄金の鈴」は野口雨情作詞の歌で、♪リンリン　コロリン　鳴る鈴は　ねんねをする子にあげましょう♪という歌詞がやはり子守歌に良かったのだろう。

きのえは歌が好きで、子守歌以外でもよく歌っていた。何かをしながら鼻歌を歌うというより、真剣に歌っていることが多かった。彼女にとって、歌は自分の思いを託す大切なものだった。

そんなきのえがとくに好きだった歌の一つに「故郷の廃家《はいか》」がある。原曲は「My Dear Old Sunny Home」という十九世紀のアメリカの歌だ。作曲はケンタッキー州の音楽家ウィリアム・ヘイス。これに東京音楽学校出身の詩人、犬童球渓《いんどうきゅうけい》が和訳の詞をつけて「中等教育唱歌集」に収録され、多くの人に歌われるようになった。ほかにも犬童が歌詞をつけた唱歌には♪ふけゆくあきのよ　たびのそら〜の♪の「旅愁」があり、こちらの方が有名かもしれない。「故郷の廃家」は、こんな詞だ。

故郷の廃家

幾年《いくとせ》ふるさと　来てみれば
咲く花　鳴く鳥　そよぐ風
門辺《かどべ》の小川の　ささやきも
なれにし昔に　変わらねど
あれたる我家《わがいえ》に
住む人　絶えてなく

昔を語るか　そよぐ風
昔をうつすか　澄める水
朝夕かたみに　手をとりて

遊び友人《ともびと》　いまいずこ
さびしき故郷や
さびしき我家や

きのえは、故郷を想い歌っていたのかもしれない。明治期以降数多く作られた唱歌は、「故郷の廃家」や「旅愁」のように、西洋の旋律に日本の叙情や情緒を表現する歌詞をつけたものが多く、西洋音楽への憧憬と親しみやすさを合わせもつジャンルだった。小田は、母が毎日歌う唱歌からどれほど多くの影響を受けたことか、それは想像に難くない。

小田の音楽との出会いの二つめは、隣のパチンコ屋から朝から晩まで一日中大きな音で流れていた歌謡曲だ。昭和二十年代はまさに日本の歌謡曲が元気だった時代。美空ひばりも島倉千代子も三橋美智也もフランク永井も、北山村出身の従業員たちが口ずさむ歌も含めて、小田の周りには歌謡曲が朝から晩まで四六時中溢れていた。

そんな環境のなかで、物心つくころ、小田が最初に惹かれた歌は、近江俊郎が歌った「想い出は雲に似て」（米山正夫作詞作曲）だった。小田が二歳ごろの歌謡曲だ。

想い出は雲に似て
想い出は想い出は　流れゆく雲か

浮かびては消えてゆく　青空の彼方
はるかに遠き日を　呼び返すごと
群れ飛ぶよ群れ飛ぶよ　夢のかずかず

歌詞の最後の♪夢のかずかず♪が気に入り、「これは自分の歌だ」といって歌うが、♪かずかず♪が言えず、♪夢のかゆかゆ♪と歌ったという。その話をすると、小田も「そうだ、商店街の年寄りが俺のことを〝かゆかゆ〟って、からかったんだ、思い出したよ、おもしれえなあ」と笑った。

それにしても、空、雲、想い出……二番には、風も出てくる。すべて小田が後年好んだもの、好んだ言葉である。

もうひとつ惹かれた歌が「長崎の鐘」だった。

サトウハチロー作詞、古関裕而《ゆうじ》作曲で、藤山一郎が歌い大ヒットした。昭和二十四（一九四九）年七月発売の歌なので、パチンコ屋から流れてきたのは、やはり小田が二、三歳以降のことだろう。まだ口もうまく回らないころから、その歌を繰り返し繰り返し歌ったが、とくに最後の♪ながさきのかねがなる〜♪の、♪る〜♪の響きが気に入り、何回も何回も、あまりに繰り返すので、小田のあだ名は「る〜」になったという。

長崎の鐘

こよなく晴れた　青空を
悲しと思う　せつなさよ
うねりの波の　人の世に
はかなく生きる　野の花よ
なぐさめ　はげまし　長崎の
ああ　長崎の鐘が鳴る

『長崎の鐘』はもともと、長崎の爆心地近くで被爆し、自らも重傷を負いながら救護活動を行ったクリスチャンで医学博士の永井隆が被爆した町や人々を描き、昭和二十四（一九四九）年一月に出版されベストセラーとなった体験記録である。同じ年に楽曲「長崎の鐘」が発売され、翌年には映画化もされた。

「長崎の鐘」は、暗く重苦しい雰囲気の短調で始まり、途中から希望を感じさせる明るい長調に転調する鎮魂の歌だ。長崎は、かつて隠れキリシタンが多く住む地域だったが、永井博士もクリスチャンだった。だからこの歌には、絶望だけでなく、祈りと希望があり、この〝祈りと希望〟こそが、当時の日本人の心に寄り添うものだった。そしてそれはまた、まだ歌の意味もよくわからない幼い子どもの心をも惹きつけたのではなかろうか。

「ごくごく幼いころ、『長崎の鐘』が好きで、いつも歌っていたそうですね」と訊ねると、小田は「そうだった、好きだったね～。とくに♪こよなく晴れた　青空を　悲しと思う　せつなさよ♪という歌詞が好きだったな」。

と、すぐに正確に口ずさんだ。〝三つ子の魂百まで〟というが、幼い小田がこの歌の素晴らしさ、転調する曲の魅力に惹かれていたという事実には驚く。言葉にならない無常観、祈りと希望、転調の魅力、すべて後年の小田和正を彷彿《ほうふつ》とさせるものである。後年の、たとえば「生まれ来る子供たちのために」へと繋がる小田和正を暗示している――そういえないだろうか。

それにしても、隣がパチンコ屋で朝から晩まで歌謡曲を大音量で流し続ける、そんな希有《けう》な環境が小田和正を作ったと考えると、やはり面白い。

「パチンコ屋の閉店の曲が大津美子の『ここに幸あり』なんて、ギャグみたいだよな。そのあと『蛍の光』が流れるんだ」

と小田は回想するが、戦後、多くの日本人を魅了した数々の歌の旋律や歌詞の鉱脈が、小田の心と身体の奥深くに堆積し、それが後年の小田和正のポピュラリティー、大衆性や人気の核を作ったともいえるのではなかろうか。

聖歌との出会い

小田は昭和二十九（一九五四）年、小学校に入学した。兄兵馬と同じ私立関東学院の初等部である。地元の公立小学校ではなく私立の小学校に行かせるなど、当時はいま以上に特別で、そこに父信次の学校教育への特別な思いが感じられる。

兵馬は、「あまりにいたずらがすぎる長男を心配し、おふくろが、神様のいる学校だから少しはよくなるのではないかと考えて行かせた」と言うが、父の信次自身が、生前オフコースの会報誌にこう語っていた。

「当時は戦後の自由風が流れていて、枠内でものを大切にする生活から自由な生活に変わったころ、私も自分にできなかったことを、分に応じて子どもにやらせたかった。束縛しないで、子どもがその子自身の中にもっているものを大切にしてやりたいと思いました。でも『悪いことはしてはいけない』という修身だけは、しっかり覚えさせたかった。店の仕事が忙しくてあまり子どもと一緒にいられなかったので、信者ではありませんが、神様のお話を通して道徳教育を受けさせようと、ミッション系の学校に入れたんです」

結果的に、小田はそこで賛美歌と出会うことになる。

毎朝、賛美歌を聴き、賛美歌を歌う。これも小田の血肉になっただろう。

「賛美歌を歌っていると、途中で変わった響きが出てくる。なんだろう？　この気持ちの良さはって興奮したよ。それはのちに自分が書く旋律にも、影響を与えたと思う。どうしても、カデンツ（ドミソ、ファラド、ソシレの三和音）が基調になる。教会音楽的なところに行きたがるんだ」

兵馬は、学校の聖歌隊に入っていた。小田も当然、自分も入るものだと思っていた。

「兄貴がボーイソプラノで聖歌隊に入っていて、弟だからと期待されていたのに落とされちゃったんだ。とりあえず入れておきましょうでもなかった。これはショックだった。和ちゃんはハスキーだと言われていたけど、どうやって歌ったらいいかわからなかったんだろうね。結局、俺の声は、人より思い切り歌わないと出ない声なんだ。みんなはもっと楽に歌えるのに、俺は一生懸命歌わないと出ない声なんだね」

小田にとって人生最初の挫折は、この聖歌隊に入れなかったことだったたという。同時に、それは「声」というものを意識した最初でもあったろう。

もっとも、当時は、音楽よりも野球だった。夢は野球選手になること、ジャイアンツに入ること。大人たちで構成されていた商店街の早朝野球に、日曜や夏休みには、兄と一緒に参加していた。子どもは小田兄弟ともう一人くらい。しかも小田は子どもながらにレギュラーだった。勉強重視の父親はこれに反対していたため、二人は早朝、いつも見つからないように二階の物干し場から電柱を伝って降り、帰ってくる時も電柱を登り、布団に潜り込んでいた。

とにかく小田兄弟は活発だった。二人は自転車を欲しがったが、近くの国道で交通事故が増えているなか、父親は買い与えることも乗ることさえ、危ないからと許さなかった。しかしおとなしくしている兄弟ではなかった。店には、製薬会社の人が預けていたスクーターが置かれていて、店の人間も使っていいことになっていた。これに小田兄弟は黙って乗っていた。小田がまだ小学校一年生のころである。兄の兵馬が回想する。

「僕らもこれにこっそり乗っていたんですよ。二人乗りして、国道のカーブをブレーキも踏まず走るというのをやっていて、一度、カーブで回り損ねて、後ろに乗っていた和正が吹っ飛んだ。その日の夜、あいつが頭が痛いといいだして、おふくろが見せてごらんといったら、頭が血だらけで、でもあいつは、『お兄ちゃんとスクーターに乗った』とはひと言も言わなかった。父親が『自転車に乗ったのか』と怒ったけど、『もう痛くない』と言い張り、おふくろが『歩いていて自転車にはねられたんでしょう』とごまかしてくれた」

兄と弟とは、そういうものなのか。いたずらが過ぎてしょっちゅう倉庫や押し入れに入れられる兄を見て、弟は同じ過ちはしないよう心がけるようになっていた。兵馬が語る。

「あいつは賢いというか、要領のいいやつで、僕がオヤジから怒られているのを見て、努めて最初から怒られないようにちゃんとするんだ。朝は起こされる前に起きるし、夏休みの宿題もさっさと終わらせてしまう。要領がいいんだ。一方、テレビが出回ると、あいつはすぐに『買ってくれ』と言うんですよ。僕は言ってもダメだと思うから、あまり言わない」

昭和二十二（一九四七）年から二十四（一九四九）年生まれのいわゆる団塊の世代は、その前後の世代と比べて、なにより人数が多い。公立小学校では、一学年のクラス数も多く、一クラスの人数も都市部では五十人を超えた。結果的に、教師の目は届かない。そんな時代にあって、小田が進んだ私立小学校は一学年二クラスのみで、少数精鋭だった。ことに三、四年の担任は、野原に行ってお弁当を食べたりする自由さと、行事の出し物をクラス全員で一丸となって取り組ませる熱心な指導力で、小田を魅了した。

しかし、小田は小学校五年の二学期、この私立小学校から地元の横浜市立八景小学校に転校するのである。五年の担任が情緒不安定で、すぐ怒る、授業が成り立たない。それを母親に訴え、両親はそれを聞き入れたのである。場合によっては、大きな挫折になりかねない出来事だろうが、小田にとっては、この転校は幼いころ、いつも遊んでいた地元の友だちとの再会でしかなかったようだ。

「『なんだ、お前たち、ここにいたのか』という思いでさ、転校したその日にすぐ、難なく馴染《なじ》んじゃったものな」

同級生の勝田宗孝もこう語っている。

「関東学院から転校してきた時、小田はマッシュルームみたいな長い髪と半ズボン。当時の主流は坊主頭か坊ちゃん刈りだったから、結構目立ったね。たしか空転と鉄棒の飛行機が得意で、競争したことがあった。あだ名は『小田馬鹿』。勉強は出来たけど、なぜか、『小田馬鹿』で、馬鹿サギと呼ぶ奴もいて、親しまれていました。担任の鈴木先生は音楽の女の先生で、小田はすごく気に入られていたと思います」

実は、小学校三年生の時、映画「ノンちゃん雲に乗る」を観て、鰐淵晴子演じる美少女がバイオリンを弾く姿に憧れ、子ども用のバイオリンを買ってもらい、小田はバイオリンを習い始めていた。父親は当初、反対したが、母親は「好きなことをしなさい」が、終生変わらぬ小田へのメッセージだった。週一回、バイオリンを習いに京浜急行に乗り横須賀まで通っていたが、練習は好きではなく、いつもバイオリン教師からよく練習する子と比較され叱られ、どんどん楽しくなくなっていた。そのうえ公立小学校に転校し、バイオリンケースを持つ姿を同級生に見られたくないこともあり、バイオリンは二年ほどでやめてしまった。とはいえ、音楽はずっと好きだった。曲を作ることを夢想することもあったし、ラジオから聴こえてくる洋楽を覚え、小学生ながらに英詞を歌い、同級生を驚かせてもいる。

小田がとくに好きだった番組は、文化放送の「ユア・ヒット・パレード」。洋楽のヒットチャートを紹介する番組で、小田が小学六年生当時、「キサス・キサス・キサス」「谷間に三つの鐘が鳴る」「恋の片道切符」などが流行っていた。小田はこれらの歌を英詞で歌い、得意がってもいた。

兄が私立栄光学園に進学したように、小田も私立中学を目指し、六年生になると、電車に乗り、横浜・日ノ出町にある進学塾に週二日通うようになる。当時の小田は、この電車内でも静かに座っているような少年ではなかった。一緒に学習塾に通っていた友人・笠木英文によれば、電車のつり革に吊り輪競技のようにぶら下がり、網棚の上によじ登り、車内の鉄柱に昇るなど、電車内を運動場にして遊んでいた。さらに、当時、三両連結だった京浜急行は運転席が出入り自由で、小田は運転席に陣取り、トンネルに入ると警笛を鳴らすいたずらにも興じていた。そんなヤンチャな小田に、「(自分も)やってみたいな」と声をかけたのが、のちに中学で一緒になり、オフコースを一緒に始める鈴木康博だった。彼も屏風浦《びょうぶがうら》駅から京浜急行に乗り、同じ進学塾に通っていた。

ムーン・リバー

一九六〇年、小田は栄光学園の入試に失敗し、新設三年目の聖光学院に入学した。入試の失敗というのは、何年経っても記憶に留まるものらしい。

「栄光学園に落ちて、挫折感があったよね、受かると思っていたからね。一次試験で失敗した、ああ、くそーと思っていたら、一次は受かったんだ。で、二次試験もまた失敗したんだな。いまでも覚えているけど、犬がそりを引く物理の問題で、普通に考えればできない問題じゃないのに、慌てていたんだろうね、せっかちだし。それができなかったばかりに落ちたと。ま、それだけじゃなかったかもしれないけど。栄光に行くものだと思っていたから、校歌も覚えていたし、運動会にも遊びに行ってた。それで落ちて、強制収容所みたいなところに連れて行かれて、当時の聖光の生徒って、みんな栄光を落ちてきているような、うつろな表情をしていて。でも入ったら、優秀な生徒がいっぱいいいたんだよ」

鈴木も栄光学園の入試に失敗し、聖光学院に入学した。二人の失敗が、結果的に、オフコースを生んだことになる。

一九六〇年当時、小田の歌「my home town」に出てくる根岸線はまだ出来ていない。小田は京浜急行の屏風浦駅で降り、市電に乗り換え、「不動下《ふどうした》」で下車。そこから十五分ほどの坂道を登ると、聖光学院はあった。桜木町と磯子間が開業し、根岸線と命名されるのは一九六四年。小田が高校二年の時だから、もうしばらくあとのことだ。

聖光学院は、カナダ系の宣教師によって創立されたミッション系の学校で、校則の厳しい学校だった。もっとも、当時の小田は、厳しい校則に萎縮《いしゅく》するような子どもではなかった。入学してすぐに野球部に入部した。残念ながら硬式ではなく軟式野球部しかなく、ここで小田はプロ野球選手の夢を諦めたが、練習には熱心だった。野球部で一緒になったのが、のちに一緒にバンドを組む地主道夫である。地主の小田に対する印象はこんな感じだった。

「最初の印象は、野球がうまいな、運動神経がいいな、でしたね。スポーツ大会にも一緒に出ましたね。帰りは一緒に帰ってましたが、マジメに帰ってたわけじゃないいね。喧嘩してたかな。殴り合いではないけど、言葉でやっつけたりとか。二年生になって、同じクラスになったけど、授業はほとんど聞いてないな。何か書いたり、見たり、自分の好きなことをやっていた。横で、授業に関係ないことを言ってきたりして。ちょっとうるさいなと思ったこともありますよ。面白いと思う授業は聞いていたけど、授業を無視している感じがありました」

小田本人も「ほとんど毎日怒られていた」と、当時を回想する。

「茶々いれたら怒られるからやめよう、なんてことは全く思わなかった。『これ、受けるよな』と思うと、発表したくて仕方ない。先生に怒られることが多かったけど、『こりゃ、一本とられた』って笑ってくれることもあった。俺のひと言で、大人が笑ってくれる。それ、すごくうれしかったんだよ」

いまなら、将来はお笑い芸人か、とのツッコミもありの生徒だったが、エネルギーがあり余っていたのだろう。その向かうところはやはり野球だった。地主も「とにかく、小田にとって一番は野球、野球部中心の学校生活だったね」という。そして野球部でも、何かというと、「声出せ、声出せ」と周りの生徒を鼓舞し続けていた。試合中も、「ヘイ、ヘイ、ヘイ」と叫ぶだけでは飽き足らず、外野を守りながら、覚え立ての洋楽を大声で歌っていた。これが楽しかった。小田はプロになってからも、いわゆるボイストレーニングというものをただの一回も経験したことがない。にもかかわらず、彼の喉が強靭《きょうじん》なまでに鍛えられたのは、そのおしゃべりと野球部で外野を守りながら、思いっきり歌い続けていた、これらの経験のおかげかもしれないと、本人は思っている。

このころの仲間たちは、地主をはじめ、しょっちゅう小田家に遊びに行き、時に泊まったりしている。ひとえに母きのえが歓待してくれたからである。地主は、

「小田のお母さんがとにかく僕らを大事にしてくれた。ご飯をつくってくれて、温かく迎えてくれる。泊まっていきなさいとか言ってくれる。それも小田との距離を近づけさせてくれた大きな理由のひとつだったかもしれない」

と回想する。

小田の中学生活に少し変化が表れたのは、二年も半ばを過ぎたころだった。

野球部の次のキャプテンに、先輩から推薦されたのである。

「聖光は二年の時、キャプテンが選ばれるけど、成績が良くないとみんながついてこないんだ。当時、俺より成績が悪い奴の方が少なかった。しかも誰かに、先輩からかな、『成績悪いのに』とからかい半分に言われたんだ。そこから突然、自制心っていうのかな、ものすごくストイックになった。自分から率先して片付けもするようになった。そしたら今度は『カッコ付けやがって』みたいなことを言われたけど、だからといって、やめるわけにはいかない。模範にならなくちゃという、自分を律するというか、そういう方向に働いたんだ」

小田はこの中学二年を境に、少しずつ変わっていった。

「たしかに小学校のころは悪いことをいろいろしたと思うし、中学に入ってからも、チャラチャラして受け狙いの、どれだけ笑わすかという性格だったからね。でも、当時から、草むしりとか掃除とかは一生懸命やっていた。そういうことは必死にやるんだ。それは結局、おふくろから影響を受けていたと思うんだ。だから、キャプテンになって、ますます自分から率先して後片付けや草むしりや掃除をやって、とっても良い子になっていったんだ。そうすると、なあんだ、学校のいいなりになって、とか、今度は反旗を翻《ひるがえ》された。でも俺は、何が気に入らないのだろうかと、それがわからなかった。だって、俺は一生懸命やることが、とっても喜びだったんだよ」

この時、小田を三代目のキャプテンに指名した二代目キャプテンの水島和雄はのちにこう回想している。

「僕は自分の思い通りに、相手の気持ちをあまり考えずにやっていた。でも小田はデリケート。だから、たとえば自分がこうしたら相手はどう思うかと考える性格だから、だいぶ悩んでいたみたいだった。でも僕が思うに、それらはまったく気を遣う必要のないことばかりだったけどね」

このころから、小田のいたずら好きも剽軽さも少しずつ影を潜めていく。小田に、それはなぜかと訊ねると、

「なくなったわけではないんだけど、しゃべるのがだんだん得意じゃなくなって、ついには、ほんとは得意ではなかったんだと思うようになった。自由に表現することができなくなったんだね。それがどうしてなのかは……わからない。野球部のキャプテンになったことがすごく負担だったよね」

と答えた。

同じころから、日記をつけるようになった。野球の練習目標やテストの予想点なども書いたが、本音は書けなかった。本音を書けない自分、取り繕《つくろ》っている自分をうっすらと自覚した。小田は次第に、内省的な青年になっていった。

レコードを自分のお金で初めて買ったのも、この時期だ。

ラジオから流れてくるアメリカンポップスを、一層熱心に聴くようになっていた。ペリー・コモ、ニール・セダカ、ポール・アンカ……。しかし初めて買ったレコードは映画音楽だった。小学生のころから、家のすぐ近所の邦画専門の「キリン座」と、電車で一つ先の金沢八景にある洋画専門の「金沢シネマ」で、相変わらず映画をよく観ていた。

初めて買ったレコードは、「金沢シネマ」で観た映画「キング・オブ・キングス」（一九六一年）のサウンドトラック盤だった。イエス・キリストの生涯を描いた作品で、監督は「理由なき反抗」などのニコラス・レイ。そして二枚目のレコードが、小田ファンにはよく知られている「ティファニーで朝食を」（一九六一年）のサウンドトラック盤だった。小田は、この映画のなかで、オードリー・ヘプバーンが歌う「ムーン・リバー」にとりわけ心を摑まれた。

「映画館を出て家に帰ってくる間、あれはなんだったんだろうみたいな感覚だった。とくに最初の♪ムゥ〜ン　リィィ〜　バァァ〜♪というところ。映画の中で聴いたそのメロディをもう一度聴きたかった。一生懸命思い出そうとした。そんな気持ちがいつまでも残って、とうとうレコードを買いに行ったんだ」

金沢文庫にはレコード屋はなく、小田は横浜駅西口近くの商店街に足を運んだ。しかし、他の歌手が歌う「ムーン・リバー」はあっても、映画のサウンドトラック盤はなかなか見つからなかった。同じ曲なんだからと、レコード屋に嫌な顔をされても、小田にとって、そこは譲れなかった。三軒めでようやく見つけ、家に帰って聴くと、映画館で感じた感動がふたたび蘇った。その魅力を小田はこう語っている。

「あれは主演のオードリー・ヘプバーンが歌えるように一オクターブ内の音域で曲を作るという

ことで、さすがのヘンリー・マンシーニも苦労したらしいんだけど、この冒頭の部分が出たときに一気に完成したというカッコいいエピソードがあるんだよ。俺が感動したのも、まさにそこ。♪ムゥ〜ン　リィィ〜　バァァ〜♪だった。すごく単純なコードなんだけど、♪リィィ〜のところは、テンションの、イレブンスかなにかの音で、不安定さを醸《かも》し出し、艶《なま》めかしさもあって。俺が惹かれたのも、まさにそこの部分だった」

音が醸しだす空気感、音が感情を揺さぶる不思議さ、音と思いが重なるような奇跡。小田が音楽に惹かれた原点ともいうべきこの体験は、やはり後年の小田の音楽の特色を形づくっているといえるだろう。

音楽評論家の小貫信昭に、若いころ好きだった音楽はと訊かれた時の答えが、私にはやはり興味深かった。

「バカラックの書いた曲で、フィフス・ディメンションの『ワン・レス・ベル・トゥ・アンサー』ってのがあるんだけど、あの曲のイントロの、ブラスとバイブと、ちょっとエレキのオクターブみたいな、フォービートでね、それ、すっごく好きだった。イントロの最初の音が出た途端に、もう！　というのはあるよね」

このイントロへの偏愛《へんあい》も同様だ。音を文字で表現することは難しいが、小田はとりわけ言葉には置き換えられない音が持つ刹那《せつな》の空気感に惹かれてきた人なのだ。二人オフコースとして曲をつくり始めたころ、周囲が強烈な自己表現をする同世代のなかにあって、彼がどんな音を目指していたのか、二〇〇五年当時、私の取材に、小田はこんなことを言っている。

「ちょっとした刹那的な、言葉と音が相まって、ふっと垣間見られるものがあるんだな、それを表現したいなというのがあったんじゃないかな。風がふわっと吹いて、木の葉がかさかさと揺れた、ああ、揺れた、というような気持ちをどうやったら伝えられるのかという気持ちだったね。そういうのは、とっても伝えたかったよね」

結局、小田は「ムーン・リバー」に惹かれた中学生の時から、いや、もっと極端なことをいえば、本当に幼いころの、鐘の音や、空や雲や風に託された音がつくる世界に惹かれ、導かれてきたといえるのかもしれない。その意味で、その音楽的な嗜好《しこう》（志向）は、紆余曲折《うよきょくせつ》を経つつも、ずっと一貫していると感じる。

そしてもう一つ、購入した最初のレコードが二枚とも映画音楽のサウンドトラックだったことが後年の小田和正を暗示している。二人のオフコース時代、小田は「オフコースの小さな部屋」という企画音楽会をやっているが、その六回目のテーマは「音楽はいかに映像を助けるか、また映像はいかに音楽を助けるか」。まさに「音楽と映像が結びつくことで化学的な反応が起き、ワンランクもツーランクも上の高みにたどりつき、新しいアイテムが生まれるという相乗効果が好きだった」という嗜好性は、この中学生のとき、すでにその萌芽を見せていたといえるだろう。

作曲という行為を少し苦い思いで体験したのも中学生の時だった。放課後、スタンダード曲をピアノで弾いてくれたり、ガーシュインのレコードを聴かせてくれた二十代の男の音楽教師がいた。その教師が自分に音楽的な才能を感じてくれているのをなんとなく意識していた。音楽の授業で、作曲の課題が出た。ひとりずつ発表されるなか、他の生徒たちの「ひどい曲」に対して、小田の書いた曲は「バイオリンの練習曲のような、起承転結のあるちゃんとまとまっている曲」だった。他の生徒たちはシーンとなって聴き、先生が弾き終わったあと拍手をした。しかし、肝心なその教師は、満足そうな顔をしていなかった。

「あ、先生は満足していない、何か期待はずれだったんだ、これじゃなかったんだなと俺はすぐにわかった。傷つくとこまではいかないけど、期待に応えられなかったという思いがすごくあった。俺が書いた曲は、個性のない、破綻《はたん》のない、うん、破綻のないだな、そういう曲だったんだ。先生がどこまで期待していたのかはわからないけど、俺はそう思われているなと感じたんだ。面白れぇなぁ。この体験はプロになってからも、トラウマみたいに残っている」

パフ

ギターを買ってもらい、本格的に音楽に傾倒していったのは、高校時代だ。戦後生まれの若者たちがその感覚を初めて共有したのが、この時代の特色だろう。医大生の時、加藤和彦らとザ・フォーク・クルセダーズを結成し、大ヒットをとばした北山修は、自叙伝のなかで、こう書いている。

「一九六〇年代、ミュージシャンたちの多くが、どうしてバンドをやったのかと問われて、これにきちんと応えようとすると、どうしても音楽でなきゃいけなかったという理由がとくにないことが多い。……あのとき青春を迎えた者のあいだで流行っていて、カッコ良くて『これやるとすごく楽しくて、みんなに愛されるよ』といわれながら、同時に親が禁止するもののひとつの在り方が、マスコミのなかのミュージシャンだった。エルヴィス・プレスリーやビル・ヘイリーたちに代表される、アメリカから流れてきた音楽にノッたカッコいいポップ・シンガーの姿が僕らの目の前に登場したとき、『あれっ、好きなことをやって、あんなふうに人に愛されながら金儲けができるんだったら、僕もやってみたい』と思ったのである。『そのためには、ギターやドラムスを手に入れればいいんだ』と、誘惑者は身をよじりながら歌っていたのだ。…………軽音楽。こいつのいいところは、『君にもできるよ』『その気になればね』と語りかけてくれたことだ」

いまでは当たり前すぎることだろう。しかし戦後すぐ生まれた若者たちにとっては、ギターやドラムを手にすることで、憧れの、海の向こうの、プロの音楽の世界に近づけたかのような、それは初めて知る世界であり、恐ろしく魅力的なことだったに違いない。

そもそも小田たちの世代は、洋楽をラジオのFMを通して聴いていた。小田家でも、兵馬がFMでクラシックやポップスを聴いていて、弟は兄の部屋から自分の部屋までコードを引き、スピーカーにつなげておいた。興味のない音楽の時はコードをはずせばよかった。

そんなさなかで、小田がとりわけ心惹かれたのがピーター・ポール＆マリー（ＰＰＭ）の「パフ」だった。「パフ」は、アメリカで一九六三年二月にリリースされているから、小田の耳に届いたのはそのしばらくあと、小田が高校一年生のころだったと思われる。

その柔らかな曲想、ハーモニーの美しさ。映画音楽との大きな違いは、ギターのみで歌っていることだった。

「これなら、俺にも出来るんじゃないか」

小田自身、ギターを買ってもらい、コードなるものを学ぶことで、ポップスは聴くだけのものから自分たちで演じて楽しむものになっていく。さらに聖光学院には、似たような音楽仲間がいたこと、これも大きなことだったに違いない。

一九六四年、高校二年のクリスマス。学校のパーティーの企画として、何かやらないかとの話が教師から地主のもとにもたらされ、仲間八人でポピュラー音楽を演奏しようということになった。地主、鈴木がギター、小田はまだギターの腕に自信がなく、フルートを担当、他にクラリネットやハーモニカを持ち寄り、練習した。

演奏した曲目は「八十日間世界一周」「ムーラン・ルージュの歌」「煙が目にしみる」「夜明けのうた」。「八十日間世界一周」は、ヴィクター・ヤング作曲でアカデミー賞最優秀音楽賞に輝いた映画音楽。「ムーラン・ルージュの歌」も画家ロートレックを描いた映画「赤い風車」に流れる誰もが知る名曲だ。

鈴木は父親が音楽好きなこともあり、クラシックからポップスまで幅広い知識があった。地主もクラシックギターが好きだった。そんな友だちのいた環境が、小田の音楽好きを加速させた。

高校三年になり、小田は本格的に音楽にのめりこんでいった。

一つ、目標があった。前年の文化祭の時、先輩たちの黒人霊歌を聴き、感動し、自分も来年は文化祭の舞台に立ちたいと思っていた。クリスマスパーティーで演奏したメンバーに声をかけ、地主、鈴木、小田、須藤尊史の四人でフォーク・グループがつくられた。周りが受験一色になっていくなか、四人は放課後、体育館横の踊り場で毎日練習をした。横を通る教師たちは一様に「早く帰りなさい」と注意した。

英語のトーマス先生だけが理解があった。ギター持ち込みは禁止されていたが、講堂係のトーマス先生が講堂の倉庫にギターを置かせてくれ、さらに講堂の裏の部屋を練習用に貸してくれた。

一九六五年十一月三日、四日。聖光祭。

初日午前中の講堂で、彼らの出番があった。観客は百五十人ほど。オーケストラやピアノ・ソロといったプログラムのなか、彼らがブラザース・フォアの曲を演奏するや、客席は沸き、大喝采となった。それを見ていたトーマス先生が、彼らにもう一度演奏する場を与えたいと、二日目の午後、文化祭閉会式で、アンコール演奏するよう四人に告げた。

閉会式前の講堂は人で溢れていた。他校の女子高生の姿もあった。その数二千人ほどだったろうか。四人は、ブラザース・フォアの「そよ風は甘く」「七つの水仙」「The Green Leaves of Summer」（遥かなるアラモ）などを演奏し歌った。なによりハーモニーが美しかった。割れんばかりの拍手が、彼らを包んだ。その達成感と歓びは、どれほど大きなものだったことか。

その十年後、オフコースとして、小田と鈴木は聖光祭の同じステージに立つことになるが、その時、小田は舞台上で、こう挨拶した。

「あのころの生徒は、わりと自立心が強くて、先生に与えられたことだけで満足する人たちではなくて、自主的に様々なことに挑戦する、そんな積極性がありました。僕にとって高校のころは、バラ色の人生でしたね」

第 2 章
東北大学時代

小田和正のホームタウンは横浜だが、第二のホームタウンは仙台といえるだろう。一九六六年四月、小田は東北大学工学部に進学した。

なぜ東北大学だったのか、さほど大きな理由があったようには思えない。

地主道夫は絶対、東北大学と決めていた。地主が小田に話すと、小田も東北大学を受けると言った。「受けた大学は全部同じですよ」と地主は言う。東北大学は専門分野が決定するのは三年への進級時で、工学部に入学した時点では建築学科に決まっていたわけではない。しかし小田は当初から建築学科に進むつもりでいた。これはなぜだったのか。

地主は中学生のころから、将来は絶対、建築家になりたいと決めていた。小田の兄兵馬も、ゲーリー・クーパーの映画「摩天楼」（一九四九年）を観て以来、建築家に憧れていた。しかし兵馬は大学受験が迫ったころ、それを父親に伝えると、「長男のお前は薬局を継ぐのだから、薬学部だ」と怒鳴られ、建築家の夢を諦めた。

それに比べれば、小田の志望動機は、薄弱な印象を受ける。小田自身、これまでも、「人間や社会と直接的に関わり合える分野だから」「理数系でありながら、絵が得意で、文化系であること」と、その理由を語っているが、建築そのものの魅力を入学前に語っていたわけではない。あるいは家が薬局だから、医師を期待され、千葉大学医学部に見学にいったものの、当時はその古くて消毒薬の匂いがする暗い建物に気持ちが削《そ》がれてやめるなど、将来の進路そのものに特別な思い入れもなかったように思える。

ともあれ、小田と地主は同じ大学に進んだが、結果的に、これは良かったのかもしれない。もう一人、東京工業大学に進んだ鈴木康博が、しょっちゅう仙台に来て、三人の音楽活動が続くことになるからである。


当時の東北大学のキャンパスは、小田によればこんな感じだ。

「白い掘っ立て小屋みたいな、昔の進駐軍の兵舎の跡がそのまま教室になっていて、周りに高い建物もないし、遠くから見ると綺麗だった。近くにいくとボロボロなんだけどね。でもそれは僕らが最後くらいで、三、四年生ごろから、それを壊してビルに建て替えられていったんだ」

入学してから三年間、小田は賄《まかな》い付きの下宿に住み、バスで大学に通った。社交的ではなく人見知りな性格ゆえ、入学して早々にホームシックにかかり、本気で横浜に帰りたくなっている。

「下宿のおばさんとも、ほんとにしゃべらないし、コミュニケーションなし。だから大学が休みの日だと、誰ともしゃべらない日が二日間とか続いた」

サークルは合唱部に入った。兄の兵馬は東京薬科大学で、みずから合唱部を創設して熱心に活動していたが、こう語る。

「俺が合唱部をやっているのを、和正はすごく馬鹿にしていたわけよ。だからアイツが合唱部に入ったと聞いた時はほんとに驚いた」

兄の後を無意識に追ったとも考えられるが、「声を合わせる」こと、ハーモニーの魅力に当時から惹かれていたようにも思われる。このハーモニーへの偏愛は、小田の後年の作品や活動にも大きな影響を与えている。

まわりから見て小田はどんな学生だったのか。

一九六〇年代半ば、大学にはバンカラの気風がまだ色濃く残っていた。そんななかで、小田は結構目立ったようである。合唱部で一緒だった女性は、こう述べている。

「女性から見るとだいぶ目立つし、雰囲気がちょっと違う。男と女だからって態度を変えるようなところがなくて、同じように話す人でしたね。花に蜜蜂が寄るみたいに女の子がワイワイしてはいました。いると気になる人っていうか、ついみんなの目がいく人っているでしょ。それなんじゃないかしら」

さらに三年生以降のことだが、同じ建築学科で親しくなった角田《つのだ》稠史《しげふみ》は当時をこう回想してくれた。

「建築学科五十人中、一九六八年ごろ、車をもっていたのは三人。僕とカズマサともう一人。カズマサの車は、当時、出たてのクリーム色のサニークーペで、研究室が山のほうだったので、みんなの足になっていましたよ。僕も東京出身だけど、東北はまだ田舎で、学生服に下駄履きなんて格好の人が多かったなか、彼はブレザーに黒のセーターで、すごくおしゃれだと思ったし、目立っていたな。ベージュの長いマフラーをしていました。でもカズマサは『自分が自分が』がないし、自分をよく見せようというのもなかったですね」

入学して最初の夏休み、一九六六年八月十七日には、小田と鈴木と地主は、横浜勤労会館で、「第一回〝FOLK SONGの…〟」を開催している。聖光学院の友人たちが準備から当日の運営まで奔走してくれた。プログラムには「この演奏会は僕たち三人にとって初めての試みで、期待は常に不安を伴い、不安は期待を生み、はたまた期待は不安を生ぜしめ……。こんな調子で今日を迎えました」とある。友人の司会のもと、「Feed The Birds」「Somewhere」「Try To Remember」など十数曲を演奏した。友人知人中心に観客は約三百人集まった。

翌一九六七年三月二十七日の春休みにも、同じ会場で「第二回〝FOLK SONGの…〟」を開催。会場は満員となった。一回目の時にとったアンケートをもとに、日本語の曲を増やして演奏した。また前年に発売されヒットした「若者たち」を客席と一緒に合唱、小田が歌唱指導をしている。

和やかに進んだコンサートのあと、名前のなかった彼らのグループに名前をつけようということになり、「THE OFF COURSE」と命名された。中心になってコンサートの準備をしてくれた聖光学院野球部OB会の名称「オフコース（OF COURSE）」に敬意を表しての命名だった。ちなみに、野球部のOF COURSEはFが一つ、「もちろん勝つ」「当然勝つ」の意味合いだが、彼らグループに付けられた名前にはFが二つ、つまり「コースを離れて」「はずれて」の意味だった。もっとも当時、当の小田たちに、コースをはずれるという意識は微塵《みじん》もなかった。つまり、これは他愛ないジョークであった。

さらに翌年、一九六八年四月四日には自主コンサートの第三回が開かれた。彼らは大学三年生になったところだった。会場は、神奈川県立青少年ホールで、約千人が集まった。プログラムの最後には「きっと、わたしたちのベストをお聞かせできると思いますので、最後までごゆっくりお楽しみ下さい」とあった。

彼らに自信が生まれていたのだろう。演目は、まず「天使のハンマー」。原題は「If I had a Hammer」（もし私がハンマーを持っていたら）。一九四九年にピート・シーガーとリー・ヘイズによって初めて演奏された、いわばプロテストソングだ。ピート・シーガーはいうまでもなく、「花はどこへ行った」の作詞作曲者として、また黒人霊歌だった「We Shall Overcome」（勝利を我等に）を公民権運動を象徴する歌として広めた伝説的なフォーク歌手だが、小田たちは原曲ではなく、一九六二年にピーター・ポール＆マリー（ＰＰＭ）が歌い、ヒットさせたバージョンを歌った。小田はこれ以降も、ＰＰＭのハーモニーの美しさに惹かれている。

さらにこの時歌った曲は、「Try To Remember」「Feed The Birds」「One Boy」「Somewhere」「In My Life」「The Honey Wind Blows」など。ミュージカル、映画「メリー・ポピンズ」の挿入歌、映画「ウエスト・サイド物語」の曲などが並ぶ。またブラザース・フォアのヒット曲も歌っている。彼らが、メロディの美しさ、ハーモニーの美しさにこだわっていたことがわかる。

しかし、これはなかなか大変なことであった。なにしろ当時、レコードのコピー譜などは売っていない。すべてレコードを聴き込み、使われているコードや奏法を自分たちで解析する必要があった。その点において、鈴木はとりわけ優れていた。理論を徹底的に解明することに情熱を燃やし続けられる人物だった。彼は理論を駆使し、レコードの回転数を半分に落として、譜面を作っていった。小田と地主は待っていれば良かった。そしてできた譜面を基に練習を積み重ねることにかけては、鈴木と小田は何時間でも出来る人間だった。

かくして彼らは、自分たちの演奏にどんどん自信をもつようになっていった。

風に吹かれて

一九六九年、小田は大学四年生になった。この大学時代最後の一年間は、小田にとって最も印象深く、色濃い時間だったろうと思われる。

小田はこれまで賄い付きの下宿にいたが、四年生になり、合唱部の友人、小林正一とマンション五階（ただしエレベーターなし）の風呂付きの部屋をルームシェアすることになった。

小林は同じ神奈川県の横須賀出身だったので身近に感じていたが、小林と住んでいた先輩が卒業したため、その後釜に小田が収まったのである。

ちなみに地主は四年間、ずっと四畳半一間のアパート暮らしだが、当時の大学生の下宿はみんなそんなものだった。風呂のあるマンションなど贅沢の極み、同級生たちが風呂を借りがてら遊びに来る場所ともなった。鈴木康博が仙台に来る時の泊まり場所にもなった。時にクリームシチューを作り、ある時からおでんにもなるという摩訶不思議な自炊も、この時代の小田は結構まめにやっている。

「大学四年のとき、料理はしてた。一緒に住んでたやつとかわりばんこに作ることにしてたんだ。お腹減らして帰ってくるんだけど、それから一から作る。その生活は、大変だったな」

母きのえが「家では何もしなかった息子がトーストにバターを塗っている姿を思い浮かべるだけでもおかしい」とうれしそうに話していたと、小林は回想している。ちなみに、話は逸れるが、母きのえは、小田が大学に入学し家を離れると、自身は長い間思い描いていた横浜にある夜間中学に通うようになっていた。そこで毎日、数学や英語を学ぶだけでなく、同級生にあたる若い人たちの頼れる良き相談相手となり、四年間きちんと通って卒業し、さらに大学にまで進んでいる。兵馬が語る。

「時折、僕にちょっと教えてくれと聞くんだけど、数学で $(a+b)^2 = a^2 + 2ab + b^2$ なんてあると、なんでローマ字で計算ができるんだよなんて聞いたりしてね。ＮＨＫの通信教育はすでに受けていたけど、同級生というものが欲しかったのかな。教室のカラーをおふくろ色にしていたようでした」


さて一九六九年。全国の大学では、学生運動の嵐が吹き荒れた年でもあった。

もともと前年一九六八年から世界は若者を中心とした反乱の時代を迎えていた。パリでは市民も含めて「パリ五月革命」が起き、アメリカではベトナム戦争反対運動が学生を中心に盛り上がっていた。映画「いちご白書」に描かれたコロンビア大学では、大学の軍事技術研究反対で籠城する学生たちを警官隊が排除・逮捕し、ここから全米に大学闘争が広まった。

日本でも一九六八年、日本大学や東京大学で大学闘争が盛り上がり、一九六九年一月、東大安田講堂を占拠籠城した学生を機動隊が排除し、その後、学生運動は全国の大学へと波及した。その理由のひとつが、政府が国会に提出した通称「大学臨時措置法」（大学立法）に対する反対だった。大学の自治が侵されるという理由だった。鈴木が通う東京工業大学でも一九六九年二月から全学ストライキに入り、東北大学も教養部を中心に運動が起こり、工学部へと波及し、建築学科でも毎日、討論、議論の時期となっていた。当時、全く政治問題に関心を持たない学生をノンポリと言ったが、小田はどこか醒めた視点を持ちながらも、ノンポリではなかった。

「俺は中庸《ちゅうよう》の奴よりは、やったほうだな。ストもデモもやったものね。正義ならやるという気持ちだったね。ただ、どう考えても、わからないことがたくさんあったし、みんなもわからないんだね。どこが正義か、誰が正義か、わからない。七〇年安保と大学立法が一緒になっていたけど、俺は大学立法は反対だった。しかし当時、安保はわからなかった。確信がもてれば力が出るけど、確信がもてないからさ。わりと醒めていたかもしれないな。これが三池炭鉱の労働争議で俺の立場が労働者ならはっきりしてる。でも、学生だからさ、拠《よ》って立つところが曖昧《あいまい》で、棚上げしている部分、流されている部分もあって。でも俺は朝から晩までの議論には参加して、ストライキに必要な数を集めるために、自転車で来ない奴を呼びにいったりもしてた。おにぎりを作って持っていったりもしてた。授業を受けてるほうがずっと楽なんだよ」

さらに、こう続けた。

「でもあそこで確かにいろんなものを見たんだな。教授もどうにもできない、学校もどうにもできない、機動隊は入ってくる。誰も解決できないものね。学生同士もコンセンサスがとれていない。先生はやっぱり弱いなぁと思ったね。建築学科の好きだった教授が他学科の過激な学生たちに吊るし上げられ糾弾されて、灯りに照らされた中でその教授の姿が浮かび上がっていて、可哀想だなあとか思っていた自分もいたな。強い先生はいなかったんだな、きっと。高橋和巳みたいな人がいたところは、逆に彼自身が全部を背負っちゃったんだね。頭が良くて熱血漢で真面目すぎたんだね、三十九歳で逝ってしまって……」

初期のオフコース会報誌に、小田は好きな作家として、高橋和巳の名前を挙げている。高橋和巳は、京都大学助教授として学生側に立って闘い、辞職してまもなく癌で死去した作家だ。『悲の器』『邪宗門』『憂鬱なる党派』などの作品が、当時の若者たちに熱狂的に愛読された。

小田は少なくとも政治的な思考をする人物ではない。とはいえ、この時代の経験は、オフコース時代の、とくに初期の歌をみると、本人が思っている以上に影響を受けていると感じる。さらにのちに進学する早稲田大学大学院の修士論文「建築への訣別」にも、「大衆」の視点から権威を否定するという論法が見られ、この時代の経験はやはり小田に色濃く影を落としている。

こんな光景も、小田の記憶に残っている。

それは小田がまだ下宿にいたある日、銭湯に行った時のことだ。脱衣所で服を脱ごうとしていた時、ラジオから臨時ニュースが流れた。それは当時、アメリカ大統領になったばかりのニクソンがベトナムから米兵を二万五千人撤退させるというニュースで、このあとラジオからボブ・ディランの「風に吹かれて」のインストゥルメンタルが流れた。小田は服を脱ぐのをやめ、立ち尽くしてこれを聴いていた。世界が騒然としていた時代、その空気と密接に結びついて、音楽が通奏低音のように流れていた。

THE OFF COURSE

一九六九年、小田には、あと二つ、大きな出来事が待っていた。

その一つが、小田にとって、一九六九年最大の出来事ともいえる、ヤマハ・ライト・ミュージック・コンテスト（LMC）に参加したことである。

ヤマハ・ライト・ミュージック・コンテストは、アマチュアグループを対象に日本一を競う音楽の祭典として、一九六七年に第一回が開かれた。全国各地の地区予選を勝ち抜いたアマチュアバンドが東京で決勝大会に出場できた。ジャンルはV.G.S（ヴォーカル・グループ・サウンズ）、ロック、フォーク、ジャズ、フルバンドの五部門に分かれて審査され、最終的に五部門から一組のグランプリが選ばれた。

これまでのグランプリは、第一回はジャズ部門から、第二回はフルバンド部門から出ていた。付け加えると、吉田拓郎が当時属していた「ザ・ダウンタウンズ」は第一回中国地区に出場し、ロック部門で「ハング・オン・スルーピー」を歌い優勝したが、全国大会へは出場を辞退。さらに二回目はV.G.S部門で出場し、「ホールド・オン」を歌い地区優勝、この時は全国大会では部門四位にとどまっている。このように拓郎は出場した年によって部門を変えているが、拓郎自身が「僕は、このようにいろいろな歌をうたってきたわけで、フォークとか、ロックとか、歌謡曲とか、言われるが、『歌は歌である』というのが、一番確実なことで、まやかしくさい定義がなくて、スッキリする」と二十六歳時のエッセイ集『気ままな絵日記』に書いている。

さて、小田の話である。

小田たちは前年の一九六八年四月に神奈川県立青少年ホールで約千人の観客を前に開いたコンサートを最後に解散と考えていた。しかし、このコンテストを知り、自分たちに対する客観的な評価を得たいと思うようになる。

まずは仙台地区の予選に申し込んだが、この時、係員に、東北地区予選（宮城地区予選）、東北地区本選、全国大会と、あとに続く三大会の日程についても訊ねると、係員は途中から呆《あき》れた風で真面目に取り合わなかった。小田たちにしてみれば、全国大会出場は既定のことと思い込めるだけの自信があった。

一九六九年七月二十日、仙台地区予選が行われた。場所は、仙台市の西花苑（フラワー・ガーデン）。三分以内に一曲か二曲が規定だった。彼らは、聖光学院の同級生たちが冗談半分につけたバンド名「THE OFF COURSE」で参加した。

一曲目は前年から歌っている「One Boy」、元々アメリカのミュージカルの挿入歌で、ポップスとジャズを歌うアメリカの女性シンガー、ジョニー・ソマーズのハーモニーをきかせた楽曲だ。二曲目はＰＰＭの「A' Soalin'」を演奏した。初めてのコンテストで、三人ともあがってしまい、思うように声がでなかった。とはいえ、予選通過は疑わなかった。

しかし、発表された受賞者のなかに「THE OFF COURSE」の名はなかった。三人も、応援にきていた友人たちも呆然《ぼうぜん》とした。小田はのちに「背筋がゾクっとした。あんなゾクッは人生でもそうないゾクッだった」と回想しているが、受賞できないとは誰一人想像すらしていなかった。審査員による批評が行われ、彼らの番になった時、鈴木と地主が審査員に詰め寄った。「どこが悪かったのか？」「なぜ入賞できなかったのか？」。考えてみれば、とんでもない自信とも言えるのだが、彼らの気迫に押されて審査の集計が見直され、その結果、集計ミスが判明し、彼らは二位入賞となった。

八月には宮城県民ホールで宮城地区予選が行われ、彼らは同じ曲目で参加し通過した。

東北地区本選は九月、仙台電力ホールで開催された。彼らはそこで仙台地区で一位になった同じ東北大学工学部の下級生のグループを抜き、グランプリを獲得し、全国大会出場権を手にした。

この時、二位になったグループは、「THE OFF COURSE」が純粋な東北出身のグループでないと批判したが、確かにその指摘も理のあることだった。小田たちはより激戦が予想された神奈川、関東大会をあえて選ばなかったことは確かであった。一方で、彼らには、全国大会優勝の自信もあった。優勝して音楽の世界から離れる、そんな青写真を彼らは漠と抱いていた。


全国大会は、東京厚生年金会館大ホールで十一月二日に開催された。各地区に参加したバンドは五千を超えた。そこを勝ち抜いた二十九グループがこの日集まった。

当日、各グループは会場に到着するなり、場所を見つけては、練習を始めた。「The OFF COURSE」の演奏曲は、これまでと同じ「One Boy」に、あらたにより高度なテクニックを見せようと「Jane Jane」（ＰＰＭ）を選んだ。彼らも、早めに着いたので練習しようとしたが、建物の中は、すでに多くの出場者たちで占められていた。そこで外に行き、会場の駐車場あたりで練習を始めた。そこに、やはり練習しようとやってきたのが、グループ「赤い鳥」だった。当時の様子を、「赤い鳥」メンバーの一人、山本潤子はこう回想している。

「男性三人が演奏していて、私たちははっとなって、聴き惚れちゃいまして、やっぱり東京にはスゴイ人たちがいるなあって」

「赤い鳥」も、少し離れて、練習を始めた。今度は小田たちが、それを聴き衝撃を受けた。その時の衝撃を、小田は十年ほどのち、「赤い鳥」メンバーの山本俊彦に、こう語っている。

「あの駐車場のところで練習しているのを初めて聴いた時の衝撃、あの一撃がやっぱりそのまま俺たちの運命を決めたっていう気がするんだよ。それに、『赤い鳥』が当時やっていたようなものが好きで音楽やりはじめたって感じだったから余計にね。何か後ろからいきなりガーンと後頭部をぶん殴られて、そのまま引きずり込まれちゃったみたいで（笑）、とにかくあの時の印象は忘れられないね」

午後一時二十分に開会。部門別に演奏が始まり、ロック部門の次がフォーク部門だった。フォーク部門が十一グループと参加数が最も多かった。この先頭を切って演奏したのが「赤い鳥」だった。小田たちが練習で聴いた彼らの曲は「Come and go with me Children go where I send thee」で、それだけでも「ウォーって思っていた」のに、「赤い鳥」は本番の一曲目に「竹田の子守歌」を歌い、小田は「これはもう参ったと思った。同じうまいにしても、両極端のレパートリーを持っているとは」と愕然《がくぜん》とした。そして小田が予想した通り、十二人の審査員中十人が「赤い鳥」を一位と採点し、彼らはフォーク部門一位と同時に、この大会のグランプリも獲得した。

ちなみに、この時の審査委員長はジャズの渡辺貞夫である。この通称ナベサダが、当時、「赤い鳥」を強く推したと、後年、山本潤子は語っている。

そして「THE OFF COURSE」も、審査員二人が一位とし、十人が「赤い鳥」につづく二位と採点し、部門二位となった。また小田和正には「素人離れした音域の持ち主」として特別賞が与えられた。

卒業設計

大学四年の十一月、腕試しとして参加したヤマハ・ライト・ミュージック・コンテストは、小田に、そして鈴木にも、大きな影響を与えた。音楽活動をやってきたが、いつも自分たちだけの演奏会で、同世代の他のバンドのレベルを知らなかった。その現実を、この全国大会で見せつけられ、小田のなかにも、鈴木のなかにも、新たな気持ちが生まれていた。

鈴木は後に、こう語っている。

「俺なんか、その時はプロになろうなんて意識してなかったから、それがプロになるキッカケだったかどうかわからないけど、純粋に音楽的に考えてもね、あれだけちゃんとした構成や編曲のできるグループ（赤い鳥）はすごいと思ったし、頑張れば俺にもできるんじゃないかって思ったわけ。彼らもアマチュアだったし、で、絶対にこれからも音楽をやりつづけたいと思ったんだよ」

小田にとっても、この大会出場は予想以上に刺激になった。

しかしこの時、目前に迫る次なる課題は、大学の卒業論文にあたる「卒業設計」の完成だった。

小田は、音楽から美術までアート系のホールが集《つど》った空間をテーマに設計図を描いた。名付けて「アート・ヴィレッジ」。イメージは、アメリカ・カリフォルニア州のＵＣＬＡ。映画も音楽も建築も、あらゆる芸術の総合的な施設。通常は設計図にコンセプトを書いた説明書をつけるのみだが、小田は単に図面だけではつまらないと、全体に色をつけ、ギターケースを手に持ち会場に向かう青年など、何点か絵まで描き込んだ。

いよいよ全員の図面が展示されるや、小田のユニークな卒業設計はクラスの仲間たちには好評だった。一番若い教授も高く評価してくれた。しかし主任教授はただひと言、「建築は、絵画ではない」と切り捨てた。小田は納得できなかった。とはいえそれまでだ。卒業に支障はなかったので、良しとするしかなかった。もっとも、その後、早稲田大学大学院に入ってみると、小田の卒業設計のようなものは何も特別なことではなかった。早稲田では、むしろ当たり前で、小田は改めて校風の違いを感じた。そしてさらにずっと後年、東北大学で同級生だった建築史家で元東大教授の藤森照信と建設通信新聞の企画で対談した時、藤森は小田の卒業設計について高く評価し、こう語った。

「君の卒業設計のなかに『内部作用と外部への作用』って言葉があって、内部作用はインテリアのことではないんだね。建物が演奏者にどんな作用を与えるかという視点なんだね。ふつう、こういう建物を設計するとき、客のことは考えても演奏者のことは考えないんだよ。でもあなたはここで、美術家や音楽家に建物がどういう作用を与えればいいかってことを述べている。そしてアーティストレベルをアップすると書いている。その視点はあなたならではなんだね」

さらに藤森は、小田の卒業設計の中に描かれたある絵についても触れている。こんな会話である。

藤森　私がね、もうひとつ興味をもったものに、この卒業設計の中に、雨の中で傘をさしている若い男女の絵があるんだよ。そして「そんな寂しいふうでは、なにも生まれてこないのです」って書いてある。

小田　何だろうね。
藤森　珍しいのよ、卒計に雨に打たれる傘の下の男女を描くっていうのは。これを見てさ、基本的に、小田はやっぱり変わってないなと思ったんだ。
小田　ああ、そうか。「そんな寂しいふうでは」っていうのは、この絵には関係ないんだな、きっと。
藤森　あっ、そう？
小田　うん。そんな寂しいふうでは、今の音楽環境では、何も変わらない、っていう事じゃなかったかな。
藤森　あっ、そう、今の音楽環境では何も変わらない。そうか。やっぱり、そういう気持ちをもっていたの？
小田　うん、持っていたね。

卒業設計に忙殺されていたころ、ヤマハ・ライト・ミュージック・コンテストに入賞したため、ヤマハからレコードを出さないかという誘いを受けていた。これについては、三人は軽い気持ちで応じた。その経緯は次章で書くが、問題はレコードを出しても終わりにならないことだった。

ヤマハは、その後も、プロモーション活動をいろいろと仕掛けてきた。小田も地主も、当時、まだ仙台で卒論に忙殺されており、ヤマハの頼みを無視し続けていたが、担当者はとうとう仙台にまでやってきて、彼らを説き伏せ、彼らも参加せざるをえなくなった。

しかし、そのプロモーション活動なるものが、彼らを幻滅させた。それはたとえば、テレビ局のスタジオのセットの階段を降りながら口パクで歌うことだったり、羽田空港や女子大の正門前でやはり口パクで歌うことだった。彼ら三人は何回も、「僕たち降ります」と宣言したが、いつもヤマハの担当者に「頼むよー」と拝み倒されるという攻防が繰り返されていた。

小田にとっては、「音楽は死ぬほど好き」だったが、当時の音楽業界で生きることには、ためらいと不安と絶望の気持ちすらあっただろう。小田は、卒業設計に、その思いを吐露したのではなかったろうか。つまり、「そんな寂しいふうでは、なにも生まれてこないのです」。

同級生の多くが、ゼネコンはじめ建築関係に就職を決めていくなかで、卒業が近づいても、小田は何も決められなかった。もし当時、建築関係に進むとしたら、どんなイメージをもっていたのかと、五十年の歳月を経て訊ねた時、小田はこう答えた。

「街の小さな設計事務所なら、物わかりのいい社長がいて、お前の好きなようにやってみろという人がいて、そういうところに行くんだろうなと。うるさい上司もいない、クライアントからもある程度解放された、つまり自分の感性を頼りに、それを手立てとして仕事ができる環境に身を置きたいという、そうすれば、自分が作るものはそこそこのものができるんじゃないかという、根拠のない自信があったんだろうね。卒業設計をやっていたころは、八割くらいは建築の仕事に就くつもりでいた。そうでないと、卒業設計を一生懸命書けないからね。その後も、たまに街で○○設計事務所なんて建物を見かけたりすると、こういうところで働いていたのかなと、思わず見上げたりしたね」

しかし、結局、小田は就職活動を一切、行わなかった。

大手ゼネコンに就職が決まった同級生の角田は、こんなことを言った。

「同級生の大半が大手ゼネコンに就職しましたが、建築の仕事って、いろんな人と関わる仕事だから結構面倒なんですよ。そういうことを彼は嫌だと思ったんじゃないかな。お世辞を言うのは苦手だし、人をのせて何かをやらせるというタイプじゃないからね。建築の世界って、だいたい〝口〟がないと仕事がしにくい、〝口〟が必要な仕事なんですよ。本当に作りたいものをデザインしてつくっていきたいという思いが強いと、住宅ならまだいいですが、大きいものはダメで、小田には、そういう作り方は嫌だなという思いがあったんじゃないかな。だから音楽にいったんじゃないかという気がするんですよ」


結局、小田は、翌年、建築学科の大学院を受けるという先延ばしの結論を出し、大学を卒業した。東京工業大学を卒業し、専門分野であるロボット工学が生かせる優良企業に内定していた鈴木も、翌年大学院を受けるということで内定を蹴り音楽を続けることにした。実は、卒業前の十二月も押し迫ったころ、鈴木の母親が小田の兄、兵馬を訪ね、相談している。兵馬もまだ二十三歳の若者にすぎなかったが、鈴木の母は誰かに相談したかったのだろう。兵馬が語る。

「ヤスのお母さんが訪ねてきて、音楽の方に進みたいと言っているが、お兄さんはどう思いますかって訊かれてね。僕は自分の話をしたんです。僕は建築に行きたかったのに行けなかった。自分は本当はこれをやりたかったと言われたら、お母さん、どう思いますか？　って言ったんだ。そしたら、お母さんはわかりましたと言って帰っていきました。たぶん、家で、すったもんだあったと思うけど、ヤスはロボット工学の道を断って音楽の道に進んだ。仕事はギターの講師や洋楽を譜面に起こす仕事くらいしかなかったと思うけど、ヤスは音楽のセンスがあって、英語の曲を英語らしくすごくうまく歌えるヤツだった。それに比べれば、和正には食べていくという当面の問題はなかったよね」

とはいえ、小田の未来もまた、霧の中だった。

小田は角田と、それぞれの車の屋根に布団を積み、スキーの板を積み、車体がぺちゃんこになるほどの荷物を全部詰め込んで、二人で車を連ねて国道六号線を帰ってきた。角田が言う。

「浅草の言問橋《ことといばし》のところで、お互い頑張ろうなと言って別れたんですよ。それから十年、一度だけ、千駄ヶ谷でばったり会い、立ち話をした以外、カズマサに会うこともなかったですね」

一九七〇年三月、ひとつの時代が終わり、小田は不確定な未来のとば口の前に佇《たたず》んでいた。

第3章
オフコース初期
1970-1975

小田和正が初めて作った楽曲は、オフコース四枚目のシングル「僕の贈りもの」と思われている。思われていると書いたのは、実際は、二枚目のシングル「夜明けを告げに」のB面は小田の楽曲だからだ。タイトルは「美しい世界」。もっとも小田が最初につけたタイトルは「このひときを大切にして」だった。このタイトル変更に象徴されるように、それは不本意な扱いだっただろう。しかしA面の加藤和彦が作った曲はアップテンポの明るい曲だが凡庸な印象であるのに対して、B面の小田の曲は、小田と鈴木の二人のハーモニーが美しく、小田の声も生きている。

当時の関係者のこんな証言が残っている。

「小田君の曲はすごく気に入ったの。でも難しすぎるんですよ。転調はするしコード進行は難解だし、大作なの。で、明るい曲の方がいいってことで、加藤君のをA面にしました」

実際、小田本人にとっても、まだ満足できる楽曲ではなかったのだろう。この曲は最初のアルバムに入ることもなかった。それに比べて、「僕の贈りもの」は、小田にとって、特別思い入れのある曲といえるだろう。

作られたのは、一九七二年晩夏のことである。

当時、オフコースだけのコンサートを開かないかという話が初めて持ち上がった。

オフコースだけのコンサート。

それが二人にとって、小田和正と鈴木康博にとって、どれだけ心躍る知らせだったことか。「僕の贈りもの」は、その日のために小田が必死につくった歌だった。

ここまでの様子を少し振り返ってみる。

大学を卒業した一九七〇年、音楽の道に進むと決断することもできないまま、小田は翌年の大学院入学を目指し、鈴木も就職の内定を蹴り、やはり翌年の大学院入学を目指し、地主は東北大学では志望の建築学科に入れなかったため、翌年の早稲田大学建築学科への学士入学を目指した。三人はみな宙ぶらりんの状況のなか、音楽活動を続けていた。

同年十一月十四日、彼らは、ヤマハ・ライト・ミュージック・コンテストでグランプリを獲得した「赤い鳥」と共に「八人の音楽会」と題したコンサートを東京・大手町のサンケイホールで開いた。「赤い鳥」はいち早く、プロとなり、ＬＰレコードを発表していた。しかし彼らもプロの世界とは違う、自分たちが納得できるコンサートを開きたかったのだろう。

「八人の音楽会」は、小田の兄兵馬らが中心メンバーとなり準備したが、公害問題がようやくクローズアップされていたなか、「もっときれいな自然を取り戻そう」をテーマにしたものだった。

彼らは御殿場《ごてんば》近くで合宿までして音楽会に臨んだが、そんな活動を通しても、プロとアマチュアの違いを感じ、プロになることに踏み切れない自分に、小田自身は忸怩《じくじ》たる思いを抱いていたようだ。

「スタッフとして頑張ってくれた友達なんかにもさ、見ていて、やっぱりプロとアマチュアの差が歴然とあったなんて言われるしね。……俺たちは会場に来ている観客に何を伝えられるかとか関係なしに、自分たちだけの自己満足のためにやったという感じだった……。要するにイジケてたんだよな」

翌一九七一年二月にも、赤い鳥の五人とオフコース三人のジョイントコンサートが名古屋ヤマハで行われた。その時の聴衆のひとりの証言が、当時のファンクラブ会報誌に残っている。彼はその後、ヤマハの名古屋支店に勤務している。

「第一印象は、『なんだ? コイツら』。なんか学生って感じじゃなくて、地味を絵に描いたようでね。小田さんはコットンパンツに緑色のベスト、ヤスさんはスリーピース、地主さんはカーディガンかなにか着てて、もう地味の代表。ところが第一声を聴いたら、僕は椅子からころげ落ちた。『One Boy』やって、ビートルズのメドレーやって……やる曲やる曲が完璧だった。僕も男三人のグループを作っていて、僕たちが目指してた音そのものだったわけ。興奮しましたね。……楽屋を訪ねたら、……コードの話やらハーモニーのことやら教えてくれて、すごく親近感がありました。でも、数段雲の上って感じだったけど」

このステージを終え、東京に帰る新幹線のなかで、地主は二人に脱退の意思を告げた。地主はいつかやめることは決めていたが、それまでは、「やめたい」とは言わないようにしていた。しかし、小田たちも覚悟していたのだろう。小田はひと言、「しようがないな」とだけ言った。

僕の贈りもの

一九七一年四月、小田和正は、早稲田大学大学院理工学研究科修士課程に入学。同時にずっと迷っていたプロ入りを決めた。「赤い鳥」の山本俊彦や山本潤子はずっとプロ入りを勧めていたが、小田と鈴木は決断できずにいた。後に山本俊彦に、

「とにかくウダウダウダウダウダしているわけ。世の中に煮え切らない人間がいるとしたら、もうオフコースしかいないってくらいにね」

と言われるほど迷った末に、ある音楽出版のディレクターに勧められて、五月、かぐや姫や加藤和彦、杉田二郎らがいた「パシフィック・エンタープライズ」という音楽事務所と契約した。

ずっと後年、六十代を迎えたころ、吉田拓郎との対談で、小田はこんな発言をしている。

「よくこっちに踏み出したなっていう、それはもちろんすごい好きだったから、音楽をやめるという選択は考えられなかったから、その消去法でこっちに進んだんだというのはあるけれど、なんの後ろ盾もなく、教育も受けてなく、何のレールも見えないところに向かってあそこに踏み出したってことを、最近、考えるんだよ。あそこで決断した、その一番の理由は何だったのか、いまだにわからないけどね」

しかし、やはり、現実は厳しかった。

主な仕事といえば、人気のあったかぐや姫の前座や杉田のレコーディングの手伝いなど。コンサートも、知人の実家の幼稚園やデパートの屋上、遠方まで行って三曲歌うといったもの。それも月にポツンポツンとある程度だった。このころの話を小田は結構、饒舌《じょうぜつ》に話す。

たとえば、こんな話。

「惨《みじ》めな話はいっぱいあるんだけど、一番惨めだったのは千葉の行川《なめがわ》アイランドでのＴＢＳの公開録画だった。当時は高校の後輩らも入れて四人でやっていて、車一台で行くことになった。そ

の時、『赤い鳥』は経費が出て、前日、特急で行って、旅館かホテルに泊まった。でも俺らは経費もないから車で当日行ったけど、交通渋滞でどうやっても辿《たど》りつかなくて、途中、公衆電話で何回も連絡して、それで行ってみたら、もう終わっていて、お客さん、みんな帰っちゃってた。すみませんって謝ったら、『大丈夫、大丈夫、赤い鳥が全部やったから、問題ないよ』って言われて、問題ないのが寂しくってさ。いいんじゃん、俺たちがいなくたってと。そしたら帰りの車のなかで誰も口きかなくてずっと黙っていた。それ、ずっと覚えているな。『なんだ、お前ら』って怒ってもらった方が、『すみません、今度頑張ります』って言えたのに」

当時のメンバーは四人で、その一人は地主と入れ替わりに入った聖光学院の二年後輩で早稲田大学理工学部の学生の小林和行、それにマネージャーの吉田浩二だった。いまや建築設計会社の社長となっている小林も、この千葉の体験は忘れられないと話す。

「間に合うように、猛スピードを出し右車線右車線で行ったのに、期待されてなかったですからね。羽田空港のホテルの屋上ビヤガーデンでもやりましたが、爆音で何も聴こえなかったです。でも僕自身は気楽な気持ちで加わったので楽しかったです」

そんな小林がなにより印象に残っているのは、二枚目のシングル「夜明けを告げに」のレコーディング中に、小田が「自分が後悔しないよう選択するなら、建築ではなく、オフコースだ」と呟いたことだったという。

かぐや姫の前座では、いつも観客から早く終われとばかりの、全く歓迎されない反応しかなかった。

「売れなかった時代は、ステージに立つのが苦痛だったからね。かぐや姫の前座をやると、『帰れ』って言われるし、MCやるとお通夜みたいに暗くなる。俺たちも、かぐや姫のファンをとってやろうみたいな野心は全くないし、とれたらいいなあとも思っていない。音楽が受ければいいなという思いだけでやっていた」

家に帰り、母親に「どうだった？」と訊かれるのがなにより辛かった。いつも、「ふつう、ふつう」と言って逃げていた。そしてこうも言う。

「毎日仕事があれば、忙しさのなかで芽生えるものもあったろうけど、それもない。スケジュールはポツンポツンとあるだけ。事務所のスケジュールノートを、どうせ何も書いてないだろうと思っても、つい見ちゃうんだよね。でも、真っ白。いつも真っ白」

前座とはいえ、せめてポスターに名前が出ていれば、とも強く思った。

「ポスターに名前が出ていないのにステージに出ていくというのが、とっても辛かった。プライドがあったから。早くから決まっていた仕事でも、名前がない。要するに、必要とされていないんだ。いつも最初にポスターに名前があるかどうか、見てしまっていたもんな。たまに名前があると『よし』と思って。でも大抵ないんだね。要するに、全然必要とされていないというのが、まさに現実だった」

そして、この時代の自分について、こう言った。

「音楽は死ぬほど好きだけど、何の意味があるんだろうなと。ポツンと大海にひとり浮かんでいる感じだった」

そんな状況のなか、オフコースのためのコンサートの話が持ち上がったのだ。

「オフコース・コンサート・イン横浜」が開かれたのは一九七二年九月十三日。すでに小田と鈴木だけになっていた。場所は二人の地元、横浜市教育会館。もっとも五百二十人収容の会場をオフコースの二人だけで埋めるのはとうてい無理。杉田二郎をゲストにしても三百五十円のチケットはなかなか売れず、ゲストにかぐや姫とブレッド&バターを追加し、公演三日前にようやく完売した。ちなみにかぐや姫は南こうせつの軽妙なしゃべりなどで人気があったとはいえ、彼らの最大のヒット曲「神田川」はまだこの時点では出ていない。

そのコンサートの冒頭と最後に歌ったのが、「僕の贈りもの」だった。

小田がこの歌について語っているのは、当時、詞を書くことが難しく、何かヒントを得ようと、中学生のころからつけていた日記を読み返したという逸話だ。つまり日常のなかから詞を見つけようとしたということだろう。とはいえ、書かれた詞の世界は、当時の時代状況のなかで、かなり異色に感じられる。あまりに優しく、少し現実離れした、ちょっとメルヘンな……あえていえば、それは母が歌う唱歌の世界に、どこか通じているようにも感じられる。

僕の贈りもの

冬と夏の間に
春をおきました
だから春は少しだけ　中途半端なのです

このころはなんとなく　心楽しくて
知らないうちに　誰かを
好きになったりします
それでも　好きな人が
できなかった人のために
この歌は僕からあなたへの
贈りものです

夏と冬の間に
秋をおきました
だから秋は少しだけ　中途半端なのです
このころはなんとなく　心さみしくて
知らないうちに　誰かと
すきまができたりします
それで　好きな人と
別れた人のために
この歌は僕からあなたへの
贈りものです

当時、パシフィック音楽出版にいた朝妻一郎（現・フジパシフィックミュージック代表取締役会長）は、ＣＭの制作会社からマヨネーズの歌を歌うアーティストを紹介してくれと頼まれ、ハーモニーの美しさに注目していたオフコースを推薦した。そのしばらくあとに「僕の贈りもの」が作られたと知り、早速聴いた。

「曲はすごくいいと思いました。でも詞は物足りないなと思いました。当時、泉谷（しげる）君にしても拓郎にしても、自分の気持ちをぶつけるインパクトがありました。それに比べると、小田君の詞は内省的というかおとなしい気がしたんです」

それはたぶん、当時の一般的な感想だったかもしれない。たとえば、同じ一九七二年九月に発売された泉谷しげるの「春夏秋冬」はこう歌っている。

春夏秋冬

季節のない街に生まれ
風のない丘に育ち
夢のない家を出て
愛のない人にあう

人のためによかれと思い
西から東へ　かけずりまわる

やっと　みつけたやさしさは
いともたやすくしなびた

春をながめる余裕もなく
夏をのりきる力もなく
秋の枯葉に身をつつみ
冬に骨身をさらけだす

今日ですべてが終るさ
今日ですべてが変わる
今日ですべてがむくわれる
今日ですべてが始まるさ

同じ、春、夏、秋、冬の言葉が出ていても、世界観がまるで異なる。

一九七〇年代前半。当時の若者たちの心象風景は、どんなだったろうか。

当時の若者たちは、いまから思えば、高度成長期末期の豊かさを享受していたはずなのに、その自覚は薄く、ちょっと無頼で虚無、それが少なからぬ若者たちの心象風景ではなかっただろうか。

一九六〇年代後半に吹き荒れた大学紛争の熱気は、一九七〇年の安保条約の自動延長を機に急速に萎《しぼ》み、一部の過激な若者たちの爆弾闘争や内ゲバがニュースとなっていた。

一九七二年といえば、二月に連合赤軍事件があり、あさま山荘での銃撃戦のあと明るみになったリンチ殺人事件の衝撃は大きかった。高度経済成長の負の部分といえる水俣病はじめ「公害」の悲惨さが、遅ればせながら表に出てきたのもこのころだ。前年、「環境庁」がようやく設置された。他方で、アンダーグラウンドの舞台、ATGなどの映画、漫画などサブカルチャーの世界が花開き始めるのもこのころだが、一九七二年一番ヒットしたテレビドラマは「あっしには関わりのねェことでござんす」が主人公の口癖の「木枯し紋次郎」だった。

そんなザラザラした世相のなかで、小田がつくった「僕の贈りもの」はあまりに優しく、時代とリンクしていない。というか、時代を超えている。どこか優しい唱歌の世界をも思い起こさせる。

実際、「僕の贈りもの」は、後年、小中学校の音楽の教科書に載る。小田ものちに、この「僕の贈りもの」を輪唱形式にアレンジし、小学生の合唱隊に歌わせている。

つまり、こうは言えないだろうか。

シンガーソングライター小田和正は、その第一歩から、時代の潮流に染まることなく、自分自身が追求したい音楽世界だけを見ていた。その意味で、小田和正という人は、その最初から「小田和正」だったのだなと感じる。風潮、流行に影響されないという意味においてである。

ところで、「僕の贈りもの」は〝デビュー曲〟という言い方もされない。

そもそもオフコースのデビューはいつなのか。小田自身も、二〇一七年三月二十日に放送されたNHK－BSプレミアム「100年インタビュー」で、「おれたちのデビューはどこだろうって、いつもわからない」と話している。

レコードを出した時点をデビューとすれば、一九七〇年四月発売の「群衆の中で」が初めてのレコードだ。前年のヤマハのライト・ミュージック・コンテストで二位となったため、ヤマハ主導で作られた。

「群衆の中で」の作曲は、ヤマハの作曲コンクール入賞曲で、当時流行りのやや哀愁を帯びた歌謡フォーク調、作詞は当時売れっ子になりつつあった山上路夫。しかし、山上の詞がなかなかできず、当時大学四年の小田は直接、山上に電話し、「僕たち、もう降ります」と伝えている。しかしそこは年長の山上に説得され、スタジオ録音にまでいたるが、彼らは演奏せず、歌うだけのレコーディング。しかもそのプロモーション活動の中身が、「羽田空港で口パクで歌う」など、彼らの感性には耐えがたいもので、テレビアレルギーの原点はここにあるのではというシロモノだった。

一九七〇年前後、ほかのカルチャー分野同様、音楽の世界も急速に変わりつつあった。洋楽の影響を強く受けた若者にとって、旧態依然としたレコード会社のあり方も、プロモーションのやり方も噴飯物で、我慢できなかったことは想像に難くない。小田たちは、まさにその渦中に飛び込んだ世代だった。

小田が出会うことになる当時のレコード会社とはどんな様子だったのか。

ラジオでヤマハ・ライト・ミュージック・コンテストの放送を聴き、「どこにこんなすごいバンドがいたんだろう」と驚き、早速、ジ・オフコースとアーティスト専属契約を結んだ東芝音楽工業のディレクター新田和長（その後、ファンハウス代表取締役）に、当時のレコード業界について、少し素描してもらおう。

新田和長は小田たちと出会った一九六九年の四月に、ディレクターとして東芝音楽工業（一九七三年から東芝ＥＭＩ）に入社した。彼自身が早稲田大学で「ザ・リガニーズ」というバンドを組み、シングル四枚とアルバム一枚を出していた。ことに「海は恋してる」は十万枚を超えるヒットを飛ばしたという実績をもっていた。とはいえ、卒業後の志望進路は商社だった。しかし東芝音楽工業の洋楽課長・高嶋弘之に強く入社を勧められ変更したのである。この高嶋は、ビートルズの楽曲を「抱きしめたい」「涙の乗車券」など秀逸な邦題に訳し、日本でビートルズをレコードデビューさせた人物として知られている（いまでは高嶋ちさ子の父としても知られている）。

「高嶋さんから、商社に行って何をするんだ？　と訊かれたので、当時、国際競争力という言葉が大変流行っていて、国際競争力のあるテレビ、カメラ、自動車などを輸出したいと答えたら、『馬鹿だな、お前がいう国際競争力がある音楽をこの会社に入ってつくって、それを輸出すればいいじゃないか。将来、姿形のない文化や芸術を輸出する時代が来るぞ』と言われ、あ、そうだなと、グラッときたんです」

もっとも、現実は、理想とはほど遠かった。

東芝音楽工業の社屋は赤坂溜池《ためいけ》にあった。四階建ての古くて小さなビルだ。一階が受付と商品部に倉庫、二階が宣伝部と人事部、三階が邦楽と洋楽の制作部、四階が営業部だった。

業界の花形は演歌と歌謡曲だった。三階の制作部の大半は演歌・歌謡曲の邦楽一課で占められ、新田が配属された制作部邦楽二課は新しい楽曲を担当する部署だった。一課のディレクターが十五人ほどいるのに対して、二課は洋楽課長と兼任の高嶋、先輩の橋場正敏、そして新田のわずか三人だった。

当時のレコード会社制作部について新田が素描するとこんな感じだ。

「夕方になると、一課の人口が増えるんです。芸能プロダクションのマネージャーたちが制作部の人間を銀座に連れていくためにやってくる。当時は、プロダクションよりレコード会社の方が力が強かった。いまは逆転しましたけどね。一課のディレクターたちはルイ・ヴィトンやグッチなどのブランドものを着て、午後に出社してくる。高嶋さんは普通のスーツにネクタイ。九時には出社し、午後六時になるとスタジオに入り、夜十一時ごろまでやって自宅に帰っていた。一課と二課では世界がまるで違っていたんです。スタジオ使用表というのがあって、一曲に三〜四時間とると、一課の先輩が勝手に消して、書き換えてしまう。文句を言うと、『ここは学校じゃないんだ。一曲一時間と決まっているんだ。カラオケ一時間、歌入れに一時間』と言い放つ。僕が『誰が決めたんですか。あなたたちが作っているのはシングル、僕らはアルバム。あなたたちが作っている流行歌は時間と共に消えていくけど、私たちが作っている音楽は五十年経っても百年経っても残っています』。僕もナマイキでした。向こうが芸能界なら、こっちは音楽界。向こうがタレントさんつくるなら、こっちはアーティストと仕事をする。向こうが短い期間で稼いで消えていくなら、こっちは富士山の裾野みたいに、音楽を長く、ライフワークとしてやっていくんだ。そんな気概でやっていました」

分野の違いは、レーベルにも表現されていた。「東芝レーベル」では歌謡曲と区別されない。そこで、歌謡曲と区別したいために、「キャピトル邦盤」というレーベルをつくった。キャピトルは、ナット・キング・コール、フランク・シナトラ、ザ・ビーチ・ボーイズ、キングストン・トリオといったスターを輩出しているアメリカで最もメジャーなレーベルだった。そこに二%のレーベル使用料を支払うことで歌謡曲・演歌と差別化したのである。その第一号は、一九六七年の六代目市川染五郎（九代目松本幸四郎を経て現・二代目松本白鸚）が歌う「野バラ咲く路」だった。彼はこの二年前にミュージカル「王様と私」で評判をとり、この二年後にはロングランとなる「ラ・マンチャの男」が始まることになる。

ともあれ、この「レーベル名」というものは、新しい音楽を目指す若者にとっては重要な問題だった。新田によれば、のちに担当したかまやつひろしと、こんな会話をしたという。

かまやつ 新田さん、スパイダースってグループは最初クラウン所属だったけど、クラウンが嫌でフィリップスに移籍したの、なぜだかわかる？

新田 お金でも出たんですか？

かまやつ お金じゃないよ。当時の俺たちは金なんかに目もくれない。カッコよさを追っていたんだよ。北島三郎さんなど演歌が中心のクラウンは、真ん中のレーベル表記が歌○○、演奏○○と、別々に表記されていた。あれが嫌だったんだ。

ちなみにイギリスにおいても、ビートルズが出てくるまでは、歌と演奏は別表記だった。新田によれば、一九六〇年代半ば、日本のフォーク系はフィリップスの独壇場で、これに対抗して、東芝も「キャピトル邦盤」レーベルをつくったのである。一九六七年十二月発売のザ・フォーク・クルセダーズの「帰って来たヨッパライ」もキャピトル邦盤だ。これは、レコード会社のディレクターの手も借りず、スタジオも借りず、京都の学生たちが、その一人北山修の自宅で妹のテープレコーダーを使って録音したものだということはいまでは有名な話だが、この歌がラジオの深夜放送で話題となるや、各レコード会社が交渉。高嶋も三人に十万円ずつの契約金を持参し、交渉に向かったという。これが実数百六十万枚の大ヒットとなったことも、よく知られた話であろう。

もっとも、「キャピトル邦盤」なるレーベル名は、会社の上層部から使用料を支払うことに異論が出てすぐに廃止され、「エキスプレス」なる新しいレーベル名に変わった。新田の学生時代のバンド、ザ・リガニーズの「海は恋してる」も、ギリギリのタイミングで新田憧れの「キャピトル邦盤」には間に合わず、「エキスプレス」になってしまった。落胆した新田は高嶋に抗議すると、高嶋はこう言った。

「誰がこのキャピトルというレーベルをカッコよくしたんだ。お前、わかるか。ナット・キング・コールだろ、ビーチ・ボーイズだろ、キャピトルの宣伝マンだろ、日本でいえば、俺たち東芝の人間がこのキャピトルを有名にしたんだ。君は来年、この会社に入るんだろ。それなら、この『エキスプレス』を有名にするのは、お前の使命なんじゃないか」

ちなみに、オフコースは一曲目から、レーベルはこの「エキスプレス」だ。

ほかには、RCサクセション、アリス、チューリップ、荒井由実、甲斐バンド、寺尾聰、長渕剛、稲垣潤一……彼らの楽曲レーベルも、「エキスプレス」となる。

オフコースも、一九七一年十月五日に二曲目「夜明けを告げに」を出し、一九七二年四月二十五日に三曲目「おさらば」を出した。

二曲目は、同じ音楽事務所に所属していた加藤和彦の作曲、三曲目は新田からの紹介で東海林修に書いてもらった。この東海林は、ザ・タイガースやザ・ワイルド・ワンズなどグループサウンズや沢田研二の楽曲の編曲を手がけた人物で、鈴木康博によれば「とにかく熱を入れてオフコース楽曲をつくってくれた。のちに（東海林の）奥さんから伺った話では『ビーチ・ボーイズのように、日本でこれだけハモれるグループはいない』とオフコースに熱を入れてくれていた」。

しかしどれも全く売れなかった。地主が抜けたあと加わった二人も二年ほどでやめ、小田と鈴木の二人になったのは一九七二年五月十九日。その日の夜、彼らは東京プリンスホテル内の「プリンス・ヴィラ」で演奏している。

「道に面した天井が高いレストランでさ、ヤスと二人で、『今日からオフコース、二人になって、ここから再出発したいと思います』って、俺たちのことを知ってる人がいるわけじゃないけど、そういう風に言って、そこからスタートしたんだ。ポツンポツンと客はいるけど、誰も聞いていないんだ」

当時の小田は、大学院生でもあり、音楽か建築か、いわば二足のわらじ状態。では音楽は趣味として楽しむと割り切れていたかといえば、全くそうではなく、むしろ「自分の音楽の理想を極めたい」という壮大な、見方によっては身の程知らずな、そんな思いが人一倍強かった。にもかかわらず、名前を売るための誘いはことごとく断っていた。三曲目の作詞作曲者である東海林修も、彼が音楽監督をしていたNHKの「ステージ101《いちまるいち》」にレギュラーとして入らないかと誘ったが、歌うだけでなく、踊るといったややタレント的なパフォーマンスも要求されたため、小田はこれを頑《かたく》なに拒否。当初は、心動かされた鈴木も、のちに「入らなくてよかった」と述懐している。

「あの当時、何でもやっていたら、きっといい結果も生まれてなかったと思う。要するにさ、事務所とかレコード会社に振り回されたり、相談したりしながらやるのはイヤだったし、自分たちで何もかもやらなきゃ気に入らなかったからね」

小田にも鈴木にも共通していたのは、「有名になること」でも「お金を儲けること」でもなかった。なにより、自分たちの音楽を極めたい、憧れていた海の向こうの音楽に少しでも近づきたい、そんな思いだった。

それが「自分たちが納得したことしかしない」という頑なさと理想主義に繋がったが、その意味でも、二人はいいコンビだった。とはいえ、理想主義には、代償がつきものだ。彼らは当時、どこか濃い霧に覆われた海を漂うような感覚のなかにいたのではないだろうか。このころ、小田は常に胸のあたりが不快で、何度も病院の精神科を訪ねている。

「毎日、どうにも気持ちが悪くてしょうがなくて、でも人に言っても大袈裟だと思われるだけ。だから黙って、病院に何カ所か行った。でもどの医者にも『どこも悪くない、いま流行っているんだよね、若い人に』なんて言われて、自律神経失調症と診断され、毎回、精神安定剤みたいな同じ薬を出された。ちょうど自律神経失調症が病気として認知されだしたころだったんだよ」

しかし、「もうダメかなと思う時、いつも不思議と道が開けていった」と小田は言う。それは当時の偽らざる実感だった。

「いつも、もうこれじゃ、しょうがないなとなる直前に、何かがあった。もうダメだと思うときに、救われる何かがあったんだ、俺の人生は。いつもギリギリで救われた。それはいつも感じた。それが助けになって好転していくんだ」

その最初が、先に触れた初めてのオフコース中心のコンサートであり、それに力を得て、初めて自作の楽曲「僕の贈りもの」を作ったことだった。大学を卒業してから、二年半の歳月がたっていた。このしばらくあと、あるコンサート会場で、RCサクセションの忌野清志郎に「『僕の贈りもの』、いい曲だね」と褒められたうれしさは、小田のなかにいつまでも残った。小田も清志郎に「『ぼくの好きな先生』、いい曲だね」と伝えた。見知らぬ人とのコミュニケーションが苦手な二人の、それでも音楽を通してだからこそ交わせたこの言葉のやりとりを、楽曲を評価しあえる喜びを、小田はいつまでも忘れなかった。アーティスト同士が楽曲を評価し合う場をつくるという、後年、小田がこだわりをみせるその原点は、もしかしたら、ここにあるのかもしれない。

ともあれ、自分の歌ができたからこそ、小田の世界は広がっていった。

シングル「僕の贈りもの」をリリースした一九七三年初頭、オフコースにもう一つ変化があった。所属していた事務所「パシフィック・エンタープライズ」の事業方針に疑問を感じたミュージシャン全員が脱退することになったのである。かぐや姫は、吉田拓郎らがいるユイ音楽工房に。加藤和彦と杉田二郎は、それぞれ自分の事務所を設立することになり、オフコースは加藤からも杉田からも、自分の事務所に入らないかと誘われた。小田たちは、加藤のほうに音楽的魅力を感じたが、杉田の温かい人柄に惹かれ、「俺についてこい」のひと言で杉田の事務所に入ることに決めた。加藤は、小田たちの結論に対して、「音楽、全然違うのに」の言葉を残した。

水曜日の午後

杉田の事務所は、彼の飼い犬の名前から「サブミュージック・パブリッシャーズ・オフィス」と名付けられた。設立は一九七三年二月一日。事務所は、東京・北青山のマンションの一室。1DKに事務机と応接セットに電話が一台。小田たちが杉田の事務所を選んだことは、彼らにどんな影響をもたらしたのか。

杉田二郎は京都出身で、立命館大学時代にアマチュアバンドを組み、それが好評を博し、東芝音楽工業からシングルを出している。その後、「はしだのりひことシューベルツ」に関わり、リードギターとボーカルを担当したが解散。そのあと、「ジローズ」を結成し、北山修作詞の「戦争を知らない子供たち」が大ヒットしたが、一九七二年からソロ活動を始めるために上京。さらにその一年後、事務所を開設することになり、ここにオフコースが入ることになったという経緯だった。

実は杉田は、このタイミングで、以前から知り合いの上野博に声をかけ、マネージャーを頼んだ。

この上野博、通称「マジョ」なるあだ名を持つ人物との出会いが、小田たちにさまざまな影響を及ぼすことになる。商売人らしい上野の仕事ぶりは、マイペースなオフコースに刺激を与えたし、のちに鈴木康博がオフコースから脱退していく流れにも大きく絡む人物となる。

大阪出身の上野博は、十八歳の時、ザ・フォーク・クルセダーズの解散コンサートを観に行き、記念にポスターを買った。翌年、大学受験に失敗し、どうしようかと暗澹《あんたん》としていたとき、そのポスターに目が行き、そこに書かれた事務所（高石音楽事務所）に電話し、「何かアルバイトはありませんか」と訊ねたのが始まりだ。「いつから動けるんだ」と訊かれ、「今日から」と答えるや、「今日の夕方、はしだのりひことシューベルツのラジオ公開録音があるから、その現場に行ってくれ」と言われた。そのシューベルツに杉田二郎がいた。しかし、このバンドは、まもなく解散。上野は次に、はしだのりひこがつくった「はしだのりひことクライマックス」のマネージャーとなり、「花嫁」（北山修作詞）がミリオンセラーのヒットとなるも、まもなく解散。そのタイミングで、杉田から電話がかかってきたのである。

ちなみに補足すれば、この高石音楽事務所は関西フォークの牙城《がじょう》で、一九六八年当時、「受験生ブルース」の高石ともや、ザ・フォーク・クルセダーズ、中川五郎、岡林信康らのほか、東京で活動していた高田渡、遠藤賢司らが所属、のちに「音楽舎」と改名し、一時期、「はっぴいえんど」も所属するも、一九七七年、幕を閉じるが、これはまた別の物語だ。

一九七三年に戻ろう。

上野は、杉田からの誘いにこう思った。

「僕は当時、かまやつひろしさんのマネージャーと親しく、仕事が終わると、その現場でかまやつさんと二人でお金を分け合うのだという話を彼から聞いていて、ええなあと思っていたんですよ。だからジローちゃんと二人ならそういうこともできると期待したら、実は事務所にはオフコースというグループもいるんだと聞かされて」

上野は商売上手で、なかなか強引だった。

当時、各地のイベンターの地位はまだ安定せず、確実に客の入るコンサート以外は開かれないという状況だった。

そこで上野は東芝ＥＭＩと交渉し、資金を出させ、東芝ＥＭＩ所属のミュージシャンを集めて、一九七三年五月、全国十一カ所十二公演で、「ラブ・ジェネレーション」なるコンサートツアーを開催した。杉田の司会で、東芝ＥＭＩ所属アーティストである加藤和彦とサディスティック・ミカ・バンド、チューリップ、トワ・エ・モワ、はしだのりひことエンドレスなどが結集、ここにオフコースも出演した。

そして六月五日、オフコース初めてのアルバム「僕の贈りもの」がリリースされた。

新田によれば、アルバムが出せたのは、杉田二郎が裏で強く東芝に進言した結果だったというが、小田も鈴木も「こんなに早くアルバムが作れるとは思っていなかった」と感無量だった。当時、シングルではなく、アルバムを出してこそ、ようやく一人前とされた。

演奏は小田と鈴木のほか、ドラムスに前年にアリスのメンバーになっていた矢沢透、ベースに重実博が参加している。

重実の当時の証言。

「四人ともまだ下手だった。だから、録音の時、曲の最後まで辿り着くのがやっとみたいな。コーラスの多重録音がダビングの中では比重を占めてたね。当時、コーラスが多重っていうのは日本で画期的だったと思う。マルチ・レコーディングが始まったばかりで、録音技術自体が未熟な頃だった。でも、本当に必死になって、いいものを作ろうと、根性の結集みたいな迫力があった」

アルバムの収録曲は、小田が六曲、鈴木が五曲。

そのなかで、小田が後年になっても、ライブで時どき歌うのは「僕の贈りもの」と「水曜日の午後」だ。この歌が作られてから五十年の歳月が経つ二〇二二から二三年のツアーでも、小田はピアノを弾きながらこの歌を歌っている。

大学院の一年生当時、小田は、東京・雑司《ぞうし》が谷《や》のアパートに住んでいた。そこに時折、鈴木もやってきて、二人で曲作りに励んでいた。

音楽にのめりこむも不安でいっぱいな日々。「水曜日の午後」は、そのころの気持ちに向き合い、素直にその思いを表現した歌といえるだろう。若者のストイックな理想と懊悩《おうのう》だ。

水曜日の午後

もう少し早く気がつけば
誇りと自信を失くして
どんなに小さくなった自分でも
夢さえあればなんとか生きてゆける

ウウー　ウー
あたたかい雨の降る水曜日
少しだけ心も落ちついた
夕方には晴れるかな

朝もやにつつまれた公園で
ふりそそぐ透明なこもれ日に
まだ何かできるかもしれない
そんな望みを感じながら
ア・ハハー
あたたかい雨の降る水曜日
少しだけ心も落ちついた
夕方には晴れるかな

あたたかい雨の降る水曜日
少しだけ心も落ちついた
もう一度はじめよう

さらに、「ほんの少しの間だけ」は、まるで賛美歌のような歌であり、一方、鈴木は「でももう花はいらない」を作った。
楽しかった学生時代とその延長上にあったかもしれないもう一つの道に訣別し、音楽の道を選んだ鈴木の覚悟と、悲壮感すら漂わせる楽曲で、聴く者の胸に迫る。鈴木は二〇二二年から二三年のライブでも、アンコールの最後にこの歌を歌っていた。

でももう花はいらない

もう僕には花は咲かない
いつの間にか大事なものを失くした
もうもどれない道をふり返っても
人ごみに落としてきた
いくつかの愛は見えない

緑の髪に胸をおどらせ
歩いた学生時代は
夢のように過ぎて終った
そのときに落としてきた
かげりのない心も見えない

今は欲しくはない
花なんて大人に
似合いはしない
花なんて大人に
似合いはしない
花なんて大人に
似合いはしない

音楽評論家・田家秀樹は、アルバム「僕の贈りもの」について、「当時のフォークソングの枠には収まらないアルバムだったと改めて思う。（略）商業的な成功には目もくれずにやりたかったことを詰め込んだ。それこそデビューアルバムならではのみずみずしさだろう」と書いている。

とはいえ当時、オフコースの主な活動は、杉田二郎に同行し、一緒に舞台に立つことだった。いくつかのグループが舞台に立つが、オフコースは「前座よりももっと惨めな感じがする中座」が多かったとのちに語っている。ほかに、前年から、ラジオ関東（現・アール・エフ・ラジオ日本）の「ヤングヤングミュージック・イン・テクニクス」に週一回のレギュラー出演をしていた。これは横浜・関内にあったナショナル（現・パナソニック）のショールームからの公開放送で、かぐや姫が後釜にオフコースを推薦したのだが、当時の構成・進行担当者がその様子を、かつてオフコース・カンパニーの取材にこう語っている。

「オフコース、井上陽水、ピピ&コットが交代でやっていたけど、陽水とオフコースは喋りは全く下手。陽水はもうだんまりだし、オフコースは照れ屋なんだね、ネコの話とかオバアサンの話とか面白くない話ばっかり。こっちはもう祈る気持ちで、なんとか面白くならないかって思っていましたね。陽水は男の客を呼べたけど、オフコースは制服姿の女子高生が多くて、彼ら二人はよく女子高生らに、試験の問題を番組前にやらされていましたね」

結局、オフコースはこの番組に一九七四年九月まで出演。その担当日のテーマソングとして作られた「小さな部屋」は、翌一九七五年三月から始めた「オフコースの小さな部屋」へと繋がっていくのだが、それはまた別の話。

一九七三年九月には、第二回「オフコース・リサイタル　グリーン・ラブ」が、御茶ノ水・日仏会館ホール（四百十四名収容）で開かれ、当日券も含め完売した。

さらにこのころから、コマーシャルソングの依頼も入ってきた。鈴木の回想によれば「高い声でハモれて、初見（譜面を見てすぐに歌える）で出来るということで、結構重宝がられ」、明治、カルピス、カネボウ、ライオン、ヤマハ、全日空、コーセー、ブルボン……など、どれも多くの人が無意識に聴いていたCMソングを歌っていた。

いまこれらを聴き直すと、そこには確かに、小田と鈴木の美しいハーモニーがある。しかしこれらはアノニマス（匿名）の仕事であり、そのうえ、彼らのギャラは当時としても、あまりに安かった。

上野が当時を回想する。

「ある時、録音についていったマネージャーが、『あいつらスゴイぞ』と帰ってきたんですよ。

その場で初めて譜面をもらい、すぐにアレンジし、歌ってくる。はしだのりひこがCMソングをやったときは、一週間前にカセットテープをもらって、練習して、それでも二日かかってOKになって、ギャラ五十万円だったのに、オフコースはその日にアレンジしてできあがるのに一本三千円か五千円だった。僕は、もっと高く売らなアカンと思って、同じような仕事が来たとき、一本二万円ですと言ったら、えらい怒られてね。オフコースは安くてあれだけのことができるから使い勝手があるのに、そんな万単位で言われたら困るって」

首輪のない犬

二枚目のアルバム「この道をゆけば」が出たのは一九七四年五月五日。

前年十一月からレコーディングが始まり、曲作りと並行して、アレンジもすべて自分たちで行った。プロのアレンジャーに頼むのが通常のなか、これは異例なことだった。鈴木は学生時代からヤマハの音楽学校に通い、アレンジの勉強をしていたし、小田も音楽を学理的に極めようと必死だった。

少し後のことだが、朝妻がツアー中の楽屋を訪ねた時、小田がバーンスタインの楽譜を見て研究していた姿が非常に印象に残っていると語っている。小田も当時を振り返り、

「転調を重ねないと曲として成立しないなんて思っていたからね。もっといえば、売れ線の曲なんか目指すのは邪道だと思っていた」

この時期のオフコースの特色といえば、この「音楽を学問として極めたい」という志向と、や

りすぎるほどの膨大な練習量だったろう。

ところで、二枚目のアルバムに参加したミュージシャンは、村上〝ポンタ〟秀一、高橋幸宏、大村憲司、小津昌彦、高水健司……当時一流のメンバーが集まった。一枚目と違うのはエレキギターが使われていることである。さらに当時はせいぜい八チャンネルの多重録音だったが、このアルバムでは十六チャンネルを使って各パートの演奏を録音した。とりわけ、アカペラ部分にさえ十六チャンネルを使うなど、当時、非常に珍しかった。

新田和長の証言は貴重である。

「僕は一九七〇年九月、『トワ・エ・モワ・イン・U．S．A．』の録音のためロサンゼルスに行ったんです。当時は、アメリカに出張するというのは、ものすごく特別なことで、女性社員が花束をもって空港に見送りにくるような時代でした。さらにアメリカに行ってビックリしたのはレコーディングエンジニアに女性がいたことと、テープの幅が太くてまるで違っていたこと。十六チャンネルつかえるということでした。『ああ、だからアメリカは音がいいんだ、カーペンターズの多重コーラスも、だから可能なんだ』と思いました。帰国後、我が社も十六チャンネル欲しいと言ったら、担当役員や社長はOKしてくれたのに、邦楽一課の歌謡曲担当の先輩二人が大反対した。その時、彼らが言ったんですよ。『テープの幅が八倍になったからといって売り上げも八倍になるのか』と。そういう時代でした」

そんな十六チャンネルをいち早く、先頭を切って活用したのが、オフコースだった。いや、この時点で、こんなレコーディングを志向していたのは、オフコースだけだったろう。

鈴木康博がこんな証言をしている。

「アルバム『この道をゆけば』に参加してくれたポンタ（村上〝ポンタ〟秀一）が『オフコースのアルバムで叩けるのは幸せなんだよ。ミュージシャンたちがオフコースで演奏したアルバムは聴いてくれるからさあ』と言ってくれるし、譜面を書いて渡したら、すぐプレイしてくれて出来ちゃう。今思うとサウンドが生まれてくる幸せ感、物を作る感動みたいなものがありましたね」

とはいえ、彼らの最初の担当ディレクター橋場正敏は、会社の方針には逆らえないと考えたのだろうか、効率や時間を優先するところがあって、小田との相性がいいとはいえなかった。後年、小田は皮肉を込めたこんな文章を書いている。

「えーっと、このあとタンバリンを入れたいんですけど」
「タンバリン？　入れてもタイセイに影響ないよ。別に入れたからって売れるわけじゃないしさ、いいんじゃない、入れなくても」

はじめてのレコーディング。ディレクターとの会話である。「タイセイにエイキョオ？」「タイセイ」はどんな字だ。〝体制〟〝体勢〟〝大勢〟、まさか〝大成〟じゃあるまい。顔を見合わせた僕らの眼は点になっている。だって僕らは〝売る〟ためにタンバリンを入れたかったのではなかったのだし、まして日本の音楽シーンにすさまじいほどのタンバリン旋風を巻き起こそうと考えていたのでもなかったのだから。

セカンドアルバム「この道をゆけば」は、どんなアルバムだったのか。

小田の楽曲は五曲、鈴木は七曲。

鈴木の楽曲数が多いのは、このアルバムだけだ。鈴木は「のがすなチャンスを」「新しい門出」。小田は「別れの情景2　もう歌は作れない」「首輪のない犬」。タイトルを比べても、鈴木に意欲が感じられ、それに対して、小田は少し鬱屈《うっくつ》している印象を受ける。後年、鈴木康博は「ソウル・ミュージック風のリズムを取り入れたり、西海岸の草の匂いがする感じを反映させたりと、とにかく出来ることはやってみようという感じで作りました」と回想しているが、小田からは、そういう言葉は出てこない。実際、小田の歌詞を見ると、別れや厭世観《えんせいかん》、迷い、鬱屈、そんな色合いの言葉が並ぶ。

たとえば、「首輪のない犬」はこんな詞だ。

首輪のない犬

もの憂げな町が
たそがれ色に染まれば
今日も黒いコートに
身をつつみ
流されるように
人ごみの中をうごいてゆく
頼りげないほほえみの中に
嘘をついている自分を見つける

なんの生《いき》がいもない
なんの生がいもない
わかっているくせに

（略）

夕暮れの中に
首輪のない犬を見つける
今なら　まだ間に合う
今なら　まだ間に合う
涙が　流れている

「首輪のない犬」について、七十歳をすぎた小田に訊ねると、こう笑って言った。

「ちょっと前なら気恥ずかしくて触れたくなかったろうけど、でもいまは、ああ、あれも書いておいて良かったなと思うな。当時は、社会も自分も否定している、そういう思いが強かったんだ。『首輪のない犬』なんて、タイトルからして、当時の俺が書きそうだものね。もう少しみんなに聴かせるという気持ちで書けば良かったんだろうけど、あのころは、どんどん自分の鬱積した気持ちの曲になっていったんだね。ああいう暗い方に行かざるを得なかったんだろうな。でも、〝なんの生がいもない　なんの生がいもない〟、なんて、そんな歌、誰も聴きたくないよな。よく書いたなと思うよね」

音楽の道への躊躇《ためら》いも、まだあったのだろうか。

このアルバムの制作中の一九七四年一月、彼ら二人は北海道で公演しているが、旭川に続いて行った札幌の道新ホールで、観客が十三人だったという記録が残っている。しかも、十三人の大半が聖光学院の野球部の一年先輩で北海道で医者になっていた水島和雄と彼が誘った病院の看護師たちであった。

このことは、小田と鈴木にとっても、かなり屈辱的なことだったのだろう。一九八〇年十一月に、「さよなら」のヒット後、名実ともに人気バンドとなってから、彼らは後に加わった三人も加えて、同じ道新ホールで「オフコースの小さな部屋」と銘打った、いわばリベンジコンサートを行っている。しかも入場料は、一九七四年時と同じ五百円とこだわった。

一九七四年当時の小田は、まだ迷いの中を彷徨《さまよ》っていたのだろう。「あの角をまがれば」に、当時の小田の迷いが投影されているように感じられる。こんな詞だ。

あの角をまがれば

あの角をまがれば　どこか別の世界へ
いけそうな気がする……何かもっといいことがあるような
……いつもそう思うのに

何故かまがれない

このセカンドアルバムが出る直前、杉田二郎が実家の金光教の布教師の資格を得るために修行に入ってしまう。事務所一番の、というより唯一の稼ぎ手であった杉田の不在は、小田と鈴木をさらに不安にさせた。しかし前に進むしかなく、自立せざるを得なかった。結果的に、これは彼らにとって良かったのかもしれない。

熱狂的なファンもごく少数だが、生まれつつあった。

サブミュージック所属となった一九七三年、初めてファンの募集が行われ、初年度にファンクラブに入会した人は二百六十四人ほど。翌一九七四年にも二百三十人余り。

そして一九七五年以降、その増え方は次第に加速していくのだが、そんな超初期のファンのなかに、初年度に入会した山田弘美十五歳もいた。のちに『蛇を踏む』で芥川賞を受賞し作家となる川上弘美である。杉田二郎のファンだった友人に連れられて聴きに行った時に、彼のバックコーラスをしていた二人の歌声の美しさに衝撃を受け、ファンクラブの会員となったのである。

「彼らが『オフコース』というグループとして歌っていることを知り、日本のフォークグループが出そうなラジオは全部チェックしました。たとえ数十秒しか歌が流れなくても、聴いた日は幸せでね。当初はまだ二人のオフコースのレコードは出ていなかったんです。その後、アルバム『僕の贈りもの』が出た時はうれしかったなあ。もちろんその後出たレコードはすべて買ってましたし、さかのぼって『ジ・オフコース』時代のシングルも、何軒ものレコード屋をめぐって手に入れました。ハーモニーの美しいグループは他にもあったのですが、オフコースの二人のコーラスは、聞いたことのない不思議な楽器の演奏を聴くようで……小田さんのこの世ならぬ声と、人間の中の最もいい部分を抽出したような鈴木さんの声の重なり……、二人の声の組み合わせにやられちゃった感じでしたね」

川上は、会報誌のスタッフ募集にも応募したという。

「ファンクラブの会報誌のお手伝いをしてくださいという募集で、当時から書くことが好きだったので、記事を書かせてもらえるのかもという野望を抱いてました（笑）。一度、事務所に行って葉書整理などしたこともあるんですが、学校が忙しくなったこともあって、結局、事務所に行ったのは、その一回だけでした」

川上は日仏会館（四百十四名収容）で行われた第二回「オフコース・リサイタル　グリーン・ラブ」（一九七三年九月九日）、さらにセカンドアルバム発売二日後の一九七四年五月七日、日本青年館ホール（九百十二名収容）で開催された第三回「オフコース・リサイタル　明日への歩み」にも行っている。

川上も見に行った一九七三年の日仏会館では、夜明け前から一部のファンが並ぶなど、決して総数は多くないが、熱心なファンが生まれつつあった。次の日本青年館も果たして座席数が埋まるかどうか、上野たちは心配したが、当日は立見券を発行するまでになった。

そしてその半年後の一九七四年十月二十六日、上野はさらに博打《ばくち》的な試みに出た。千六百人収容の中野サンプラザホールを会場にして、第四回「オフコース・リサイタル　秋ゆく街でⅠ」を開催することを決めたのである。「日本青年館に来た八百人が一人ずつ友達を連れてくれば可能だ」という上野の乱暴な皮算用で、小田は当初、嫌だと言ったが、譲らぬ上野に対して、二つの提案をした。それはセカンドアルバムのレコーディング時のミュージシャンを当日、全員集めること、さらにコンサートのライブ盤を出すというものだった。上野は早速、東芝に掛け合い、予算を出してもらう。上野は後年、振り返って、「あそこが勝負だったたわけよね。大きな意味での出発点であり、踊り場というか、小田も俺も、お互い勝負したと思うんだ」と話すが、小田自身も、二〇〇五年、私にこんな風に語っている。

「武道館でやると決まった時よりも、むしろ中野サンプラザでやるって決まった時のほうが、『ああ、サンプラザでやるんだ。こんな大きなところで』って、一番感動したな」

実はこのリサイタルの少し前、新しいシングルの打ち合わせがもたれていた。

そこでレコード会社はある提案をした。小田、鈴木がそれぞれ新曲をつくると同時に、専門家にも頼み、三曲を録音したうえで、シングルを決定するというものだった。

小田も鈴木もそれぞれ一曲ずつ作ったが、会社は松本隆作詞・筒美京平作曲の「忘れ雪」を選んだ。ちょうどグレープ（さだまさし）の「精霊流し」が大ヒットした直後、「忘れ雪」は似たような哀愁を帯びた曲調の歌で、二人は「これは違うな」と思ったものの、会社の決定に押し切られてしまった。

十月二十日、彼らが納得しないまま、これが六枚目のシングルとして発売された。

千六百座席の中野サンプラザホールで第四回「オフコース・リサイタル　秋ゆく街でⅠ」が開催されたのは、そのシングル「忘れ雪」発売のわずか六日後だった。中野サンプラザが落成して一年四カ月後のことである。
まだピカピカの会場で、オフコースはまず「Your Song」「Where Is The Love」など外国曲のメドレーを十分ほど歌い、オフコースの歴史を語ったのち、同世代の楽曲をメドレーにして歌った。赤い鳥、小椋佳、井上陽水……。とりわけ斉藤哲夫の「悩み多き者よ」や陽水の「傘がない」が印象的だった。後半は、「水曜日の午後」など持ち歌が続いた。その中に、小田の「キリストは来ないだろう」があった。これは、六曲目のシングルとして、小田、鈴木、そしてプロの三者に作らせた時の小田の楽曲だった。ヒットを狙いたい東芝としては、たしかに採用しかねるような歌詞ではあった。こんな詞だ。

キリストは来ないだろう

季節がめぐりくるように
僕らもやがて死んでゆくにしても
子供が大きくなる頃は
誰も生きていないだろう
キリストはもう来ない
キリストは来ないだろう
キリストはもう来ない
キリストは来ないだろう

誰にでも　ほんのすこしの愛さえあれば
この世界も変えてゆけたのに

私の独断をいえば、この歌のアンサーソングがこの五年後に作られた「生まれ来る子供たちのために」のように思える。が、それはまたあとの話だ。ただひとついえることは、「生まれ来る子供たちのために」も、シングルとして出すにあたって、会社側には反対意見が多かったが、このときは小田にそれを押し切るだけの力がすでについていた。それが大きな違いだったろう。

ともあれ、一九七四年十月二十六日、小田は、中野サンプラザでのコンサートの最後に、この「キリストは来ないだろう」を歌ったあと、「また、この歌に辿り着いてしまったのですが……横浜……」と話したところで感極まってしまった。それを助けるように、会場からは「オフコース万歳」と声がかかった。小田は気を取り直して、ふたたび話し始めた。「……横浜でコンサートをした時からずいぶん長い足跡だったんですけど、ほんとうに、こんな大きなところでね……」と、ここでまた言葉に詰まり、とうとう話せなくなる。

これを鈴木が受けて、「ほんとにありがとうございます。ほんとにこんな大きなところでね、たくさんの人の前で歌えてうれしいです。そして終わってから、みんなで打ち上げをして、小田君のお酒を飲むところを見るのも楽しいです」と笑いを誘い、最後に、鈴木の「でももう花はいらない」を歌った。

こうしてコンサートは成功裡に終わった。

ただひとつ、六日前にリリースしたばかりのプロが作った新曲「忘れ雪」は一切、歌われることはなかった。観覧していた川上弘美は、この時、小田が「これから先歌うつもりはないから、歌いません」とはっきり言ったことをよく覚えている。

「『歌うつもりはないから、歌いません』って、すごいですよね。意志に反することは断固拒否するという、その頑固さ。かつて作家の内田百閒が日本芸術院会員候補になった時、『イヤダカラ、イヤダ』と固辞しましたが、小田さんと内田百閒は、私のなかでは、同じ箱の中に入っています（笑）」

実際、この出来事は「忘れ雪事件」として、「納得できないことは絶対しない」というオフコース伝説のエピソードとして語り継がれることになる。

眠れぬ夜

三枚目のアルバムからディレクターが武藤敏史に変わった。

東芝EMI制作部二課は、課長の高嶋はだいぶ前に退社し、他のレコード会社に移籍していた。これまでオフコース担当の橋場正敏と新田和長に加え、一九七三年四月に入社してきたのが新田の早稲田大学時代の後輩で、「ザ・リガニーズ」のメンバー、ギターのうまい武藤敏史だった。オフコース担当にという話があった時、武藤は大怪我をして入院中だったが、オフコースの担当になることを非常に喜んだ。

「学生時代、音楽をやっていたころから、オフコースの存在は有名でした。みんながスリー・コードで誰でも弾ける音楽をやっている時代に、すでにしっかりしたコードで、曲づくりも和音も転調の方法も、きちっとした音楽性でやっていた。当時、歌謡フォークという言葉があり、フォークのデュオが多かったんですが、オフコースはそれとも全く違った。フォークデュオの連中の歌詞はどこか媚《こ》びていて、メロディも和音も歌謡曲の和音を使っていて、ただ二人がギターを抱えてハモって歌っているもので、よくぞ歌謡フォークと命名したものだと思いますが、しかもメッセージ・フォークが主流のころ、『メッセージがないと音楽をやる人間じゃない』みたいな雰囲気の中で、オフコースは勇気を持って音楽一本槍でやっていた。しかも詞にリアリティーがあり、なにより媚びていないんです。素晴らしいと思っていました」

オフコースにとっても、小田和正にとっても、キーマンとなる武藤敏史に話を聞いたのは二〇〇五年だった。名プロデューサーとして知られる人物だったが、地味なジャンパー姿で待ち合わせの喫茶店に現れ、朴訥《ぼくとつ》と話し始めた。

「彼らと六本木の喫茶店で初めて会ったことは覚えていますが、何を話したかは全く覚えてないんです。ただ第一印象は、みんなが言うほどとっつきにくいという感じはなかったです。とっつきにくいというのは、そう見えるだけで中身はそうじゃない。それがすぐに分かりました。気がついたら、彼らとスタジオでレコーディングしていました。早く彼らとやりたいと思っていたからだと思うんですね」

三枚目のアルバム「ワインの匂い」は、「PRODUCED BY TOSHIFUMI MUTOH」とクレジットされている。武藤は自分をディレクターではなくプロデューサーと位置づけていた。

「当時は、プロデュースという言葉はなかったんです。でもビートルズのレコードを見ると、プロデューサー：ジョージ・マーティンと書いてあるんですね。そういうことで、僕はディレクターと呼ばれるのは嫌で、『ワインの匂い』もプロデューサーとして自分の名前をクレジットしてもらったけど、当時の歌謡曲全盛のレコード会社では、偉そうだと非常に強い反発がありました。でもシンガーソングライターと言われる人たちが続々と出てきて、当時、僕も、会社の体質や風土や慣習に対して僅かながら格闘していましたね」

武藤敏史にとってオフコースとの出会いが大きかったと同様、それ以上に、小田和正にとって、武藤との出会いは大きかった。まずなにより「レコーディングにこんなに時間をかけさせてくれるのか」と驚いた。すでにセカンドアルバムの百五十時間も常識外れだったが、武藤と行ったレコーディングは延べ五百時間に及んだ。これが如何に異例なことだったか、武藤の先輩である新田が当時のレコーディングについて語る。

「前年の一九七四年、サディスティック・ミカ・バンドのアルバム『黒船』を作る時、プロデューサーのクリス・トーマスを口説くために、僕と加藤和彦がイギリスに行った。そしたらクリスがスタジオ時間を三百時間欲しいと。東芝は一曲二時間だから、十曲でせいぜい三十時間。でも、世界水準でやるということはそういうことなんだなと。会社に言ったらとんでもないと言われたけど、宣伝にはそれをうまく使った。つまり帯に〈制作三百時間〉と。実際はもっと時間がかかったけれど、社内的に刺激が強すぎるので控えめに表記したのですが、そのころから作品主義、いい音楽をつくるためにスタジオ時間をかける、録音時間と音楽のクオリティーはおおよそ正比例する。これをエキスプレスレーベルの方針にしたんですが、翌年、オフコースがいきなり五百時間だものね。あれはすごかった」

たとえば、こんな録音風景だった。

八曲目の小田の「少年のように」のエピローグには手拍子と靴音を入れる。手拍子はスムーズに録り終えたが、靴音が問題だった。

スタジオは板張りの床ではないため、台を持ち込み、小田、鈴木の靴で試すが、小田のゴム底も鈴木の革靴もよくない。ドラムの矢沢の革靴もだめ、つぎに武藤のコルク底とミキサーの村田の下駄が良いとなるも、台の軋《きし》む音が気になり、手に靴を履かせて試みる。しかし、今度は天井から響く音が気になり、ビーチパラソルを台の上に広げてみた。こんなささやかにしか聞こえない効果音にすら、万事すべてがこんな調子で、とことん音と格闘する。当初、これまでとあまりに違うやり方に、小田も鈴木もこんなことまでしていいのかと驚いたが、もともと徹底的にこだわりたかったのは、小田たちのほうだ。武藤が話す。

「もう発売予定ギリギリの時、歌も入り、形もできていた『愛の唄』に、小田君がもうワンコーラス増やしたいと言い出してね、それは当時としては大変な作業で愕然としました。もうひとつは、『眠れぬ夜』の間奏をそっくり作り変えたいと、入っていたものを消したのか切ったのか、もうギリギリで間に合うかどうかという時で、あれも驚きましたね。彼はある意味では、〝変更の名人〟なんですね。歌詞はそんなに変えないけど、サウンド、編曲、楽器の差し替え、どんどん変えていく。そんなことを言う人はいなかったんですよ。でも、あの時も、彼が言うんだから、やってやろうと思ったんですね。スタジオの中で死に物狂いの音楽的格闘をしたなと思い出します。三人とも燃えに燃えて仕事をしたし、あの時ほど新鮮な気持ちで仕事をすることは、もう不可能ではないかと思えるほど、それは心躍る体験でした」

すべての作業が終わった時、武藤は帰り道、すぐに家には帰らず、首都高速をぐるぐる廻って、まだ正式にミックスを終えてない完パケを車のなかで、何回も何回も聴きながら、ああ、良かったと感慨にふけった。

その時の車窓に流れる東京の夜景と車内に響くオフコースの音楽が、小田和正との最初の仕事の思い出として、武藤の心のなかにずっと後年まで鮮やかに生き続けた。


アルバム「ワインの匂い」は、当初の予定から一カ月半遅れて一九七五年十二月二十日に発売された。


「ワインの匂い」は、オフコースがそれなりの評価を得られる第一歩となったアルバムだ。小田が七曲、鈴木が四曲、詞が小田で曲が鈴木の合作も一曲ある。このアルバムのなかでいまも人気の高い曲は、小田の「眠れぬ夜」だろう。アルバムと同時にシングルとしても発売された。また小田の「愛の唄」も、情感豊かな曲調でいまも歌われるスタンダード曲となっている。

当時、武藤が小田に強く望んだことは、シンプルで、誰もが理屈抜きに楽しめる楽曲を増やすことだった。それが「眠れぬ夜」の曲調を変えたことに端的に表れている。

小田は当初、「眠れぬ夜」をアコースティックギター二本によるバラード調でつくったが、武藤がマイナーの八ビートに変更し、軽やかで明るい曲調に変えさせた。小田はこれに抵抗があったようだが、結果的に、曲調を変えることで、この歌は人の耳にとまるポピュラリティーを獲得したといえる。そしてこれ以降、小田の楽曲から、多くの人の耳にとまる魅力ある旋律が生み出されるようになる。

その最初の一曲が「眠れぬ夜」だった。

ここで理屈をいえば、それは小田自身のなかに、幼いころから堆積していた流行り歌の水脈の栓が、武藤の手により開かれたように、私には感じられる。音楽を頭で楽理的に究めようとしていた小田は、その身体に堆積していたポピュラリティーの宝庫を、どこか通俗的と排除してきたところがあった。

しかしその水脈は、たとえば、服部良一や古関裕而《ゆうじ》など洋楽の影響を強く受けた洒落《しやれ》た歌謡曲や、さらに中学生以降、大量に聴いていた洋楽のラブソングに通じる世界でもあった。

そんな小田のなかに埋もれていたポピュラリティーの水脈の栓が、この「眠れぬ夜」をきっかけに開かれたとは、いえないだろうか。

もうひとつ、「眠れぬ夜」の特色はその詞にもある。

そもそも、小田和正といえば「ラブソングの人」と思っている人も少なくないが、純然たるラブソングを、小田はごく初期には全く書いていない。ファーストアルバムには一曲もない。セカンドアルバムになって、非常に婉曲《えんきよく》的な表現だが、女性に別れを告げたらしい歌が二曲あるだけだ。「別れの情景1」と「別れの情景2　もう歌は作れない」だ。もっとも、これらもラブソングというより、女性との気持ちのやりとり、駆け引きに疲れたと歌っている男の心情で、その同じ要素がより刺激的な歌詞になったのが、「眠れぬ夜」だといえる。

眠れぬ夜

たとえ君が目の前に　ひざまづいてすべてを
「忘れてほしい」と　涙流しても
僕は君のところへ　二度とは帰らない
あれが愛の日々なら　もういらない

愛にしばられて　動けなくなる
なにげないことばは　傷つけてゆく

愛のない毎日は　自由な毎日
誰も僕を責めたり　できはしないさ　エaー

それでもいま君が　あの扉を開けて
入って来たら　僕には　分からない
君の横を通りぬけ　とびだしてゆけるか
暗い　暗い　暗い　闇の中へ

眠れない夜と　雨の日には

忘れかけてた　愛がよみがえる

女を振った男の歌だ。ちょっと不遜《ふそん》な男と感じる人もいるだろうが、むしろ恋愛に疲れた、好きな女性との気持ちの駆け引きに疲れた男の本音、心の揺れといえようか。

女からすれば、冷たい男、身勝手な男ともとれる詞にもかかわらず、この歌はなぜか女性に人気が高い。なぜだろう。

当時、曲はできたが、詞がなかなかできなかった。レコーディング前日、事務所に泊まりこんでも書けなかった。朝になり、十時をすぎて、みなが出勤してきた。そこから急にすーっと手が動いた。そして一時間もかからずに、この詞ができあがったという。小田が振り返る。

「不思議な体験だったな。その場で歌ったら、みんながいいと言ってくれたんだ。ああ、この感じねえって。芝居をしたことのない人間が、『本番いきます』といわれて、すごく芝居がかってやったら、『良かった良かった』といわれて、『え、そうなの？』みたいな、そんな感じだった。でも自分が書いたようには聴こえないんだ。本当に俺が書いたのかなあって。やっぱり演じてい る感じなんだね」

小田にはずっと、ラブソングへの違和感が根強くあった。

洋楽のラブソングは大好きだが、日本語で自分がラブソングを書くことには抵抗があった。軽薄な気がしたし、羞恥心《しゅうちしん》もあったし、妙なプライドもあった。さらにいえば、母親への恥ずかしさ、同級生への恥ずかしさもあった。

それを飛び越えるために必要だったのが「芝居をする」だった。つまり、実際の恋人との体験やその時の自分の心情をデフォルメし、フィクションとして作り替えた。その方法の端緒を初めて摑んだ曲が「眠れぬ夜」だったのではなかろうか。核にあるのは、自分が経験した負の心情だ。しかし、それをそのまま吐露するのではなく、自分から切り離してひとつの物語にする。

それは、小田にすれば、気恥ずかしさから逃れる方法だったかもしれないが、この突き放し方、醒めた感覚、独りよがりな心情吐露とは異質なスマートさ、それが「眠れぬ夜」を魅力ある歌にしたように思える。まだ高校三年生だった川上弘美も、当時この歌を聴き、「恐ろしく冷酷な歌詞だとびっくりしたけれど、同時にものすごくカタルシスがあったんですよね」と笑い、こう言った。

「これ、歌っているのが女だと思って歌詞を読むと、苦しい恋愛に悩む現代の女性のリアルな心情そのものじゃないですか？　五十年近く前、こういう心情をずばっと書ける日本のシンガーソングライターは、女性にもほとんどいなかったのに、それを男性のオフコースの二人が歌っていたというのは、振り返ってみると、すごいことだと思う。それに、オフコースの曲は、男性が書く歌詞なのに、男性優位な『俺についてこい』とか、そういうのが一切なかった。二人称は、『君』であり、『あなた』。登場人物が男性か女性かなど考えずに歌詞を聞いても通じるんです。ずっとそうだからこそ、今聞いても違和感がないんだと思います」

「眠れぬ夜」は、楽曲だけでなく、作詞においても、人に聴かせるという視点、人を惹きつける表現を摑んだ重要な劃期《かつき》となったといえる。一九八〇年に、西城秀樹が「眠れぬ夜」をカバーシングルとして出したが、折しもオフコースが「さよなら」のヒットで広く認知された直後、新たなオフコースファンになった人のなかには、西城経由で「眠れぬ夜」を知った人も少なくなかった。

それにしても「YOUNG MAN（Y.M.C.A.）」大ヒット後の絶頂期の西城秀樹がシングル曲にこれを選ぶほどに、この曲がいかに高いポピュラリティーと魅力を包含していたかが窺《うかが》われる。

私が武藤敏史に話を聞いた二〇〇五年、小田の全国ツアーでも「眠れぬ夜」は歌われていた。小田がこの歌を歌い始めると、「あっ、歌ってくれるんだ」といった観客の反応が非常に印象的だった。

この根強い人気はなぜなのか。驚くのは全く古びた印象がないことだった。当時、武藤に、それは何故かと訊ねると、こう言った。

「普通は主和音のなかでメロディをつくっていますが、小田君の場合は、ドミソの上にシ、レの音がある。このシ、レをテンションというんですが、シャレでメロディを作っている。テンションでメロディをつくる。これはクラシックやジャズでやられていますが、小田君は『ワインの匂い』の時からそうですね」

また後年、武藤はこんな分析もしている。

「小田君の個性を僕なりに言わせてもらうと、分母の部分に教会音楽とかバッハやチャイコフスキーなんかのクラシック音楽がある。で、分子の方にモダンフォークとかビートルズとか、ポップスの要素がある気がするんだよね」

さらに、小田楽曲はサビの部分がとても印象的で心地よく感じる。それはなぜなのかと訊ねる

と、武藤は真顔でこう言った
「やっぱり、天の声、神の声が聞こえてくるんじゃないですかね。登りつめていった時、自分で見つけるんだけど、神の声が聞こえてくるのでしょう」
アルバム「ワインの匂い」で、さらに気になるのが「老人のつぶやき」だ。

老人のつぶやき

大空へ　海へ　故郷へ
私はもうすぐ　帰ってゆく
大空へ　海へ　故郷へ
私はもうすぐ　帰ってゆく
いつまでも空を見上げて
老人はあの頃を　思い出すのだろう
私の好きだった　あのひとも今では
もう死んでしまったかしら

大空へ　海へ　故郷へ
私はもうすぐ　帰ってゆく

私の短い人生は
私の生き方で　生きたから
もういちど　若い頃に
戻りたいと思うこともない
ただあのひとに　私の愛が伝えられなかった
それがこころ残りです

私の好きだったあのひとも今では
もう死んでしまったかしら

初めてこの歌を聴いたとき、少し、奇異な気がした。二十七歳の青年が、なぜ、こんな老人の想いを歌にしたのだろうか。当初、歌詞にも、とくに感慨は湧かなかった。

しかし不思議なものだ。自分が歳を重ね、老いを次第に身近に感じるようになってから、この歌をふたたび聴くと、若いころとは全く違って聞こえてきた。

空を見上げ、若かりしころを思い出し、当時、親しかった人はどうしているだろうか、いや、まだ元気で生きているだろうか、そう想うことのリアル。

そして逆に、不思議にも感じた。なぜ、二十七歳の小田はこんな歌をつくり、老いをこんな風にリアルに歌うことができたのだろうかと。

初めて小田にインタビューした時、印象に残る逸話があった。

それは小田が小学五年生の時のちょっとした出来事である。小学校の校庭で生徒たちが縄跳びをしていた時、卒業生らしき人が来て、小田の担任と立ち話をしていた。その様子を見て、小田少年はこんな風に想ったという話である。

「あ、この人、卒業生なんだな。俺もあっという間にこの人になるんだなって、そう想ったのをとってもよく覚えている。だからどうということはないんだ。ただその光景と、そう想ったことはよく覚えている。そしてそれはいつも、俺にとってテーマになっている。いまだに七十や八十くらいのおっさんをみると、あ、振り返る時は一瞬にして訪れるなと思うんだな。だから詞も、そういう過去と未来の両方から見えるような、行ったり来たりするような、そういうものを俺は書いているんだと思うんだ」

この話をしたのは、小田が五十八歳の時だ。そして二十七歳の小田も、俺も一瞬にして老人になるんだ、その時、俺はどんなことを想っているだろうか、あれこれ迷って逡巡《しゅんじゅん》している二十七歳の現在を、未来の自分はどう見るだろうかと考えたのかもしれない。そして望む答えは、「私の短い人生は　私の生き方で生きたから　もういちど　若い頃に戻りたいと思うこともない」だったのではなかろうか。彼の歌に時折、見られる〝時の流れ〟に対する特別なこだわり、もっといえば、意識のなかで自由に時間を往来するような感覚、そういう感覚が少し極端に思えるシチュエーションで表現されたのが、この歌だったといえようか。川上弘美も、当時、この歌を紹介する小田のMCをよく覚えている。

「私の中では、小田さんは『義憤の人』。音楽で納得できないことがあると、口数少なくですが、ステージのMCでいきどおってそのことをぽつぽつしゃべる。『あ、また小田さん、誰かとぶつかった』と、ファンは心配になるやら、応援するやら、ちょっと愉快になるやらだったなあ(笑)。この時もそうでした。

『NHKの「みんなのうた」の曲を依頼されて作っていったら、NHKは子どもにこんな詞は聞かせられないと言うんですよ。その歌をいまから歌います』って言って、『老人のつぶやき』を歌ったんです。こんなにいい歌を、NHK、だめじゃん、って、まだ高校生だった私も思った記憶があります。今、この一瞬はもう戻ってこない、という感覚は、自分自身も子どものころから持っていたので、ああ、自分はこういう曲が聴きたかったんだ、って。無常感というのは、小さな子どもの中にもあるんですよね。何か遥かなもの、異界を感じさせるもの、どこか違うところへ連れていってくれるもの。私にとってオフコースの曲はそういう存在でした」

そんな川上が、アルバム「ワインの匂い」の中で好きだった歌は、「倖せなんて」。

「当時、荒井由実の『曇り空』という曲も好きで、自分の中でそれと対《つい》になっている歌が『倖せなんて』でした。どちらも無常感みたいなものがさらっと歌われているわけですが、荒井由実は曇り空だと外に出ないで一人でいたくなり、オフコースは晴れているとどこか知らない場所に消えてしまいたくなっちゃうんだなと、その対比が面白かった」

倖せなんて

どんなにあなたを　愛しても愛されても
あふれるほほえみに　包まれた時でも

よく晴れた午後には
誰も知らない街へ
ひとりで消えてゆきたい
そんな時があるから

倖せなんて　頼りには　ならないみたい
今日はよく晴れた　暖かい日です

最後にもう一曲、とりあげたい曲がある。「幻想」だ。曲は鈴木で、詞が小田という数少ない共作だが、同世代を意識したシニックな詞だ。

小田にとって、同世代はいつも気になる存在だった。小田が属する世代はいわゆる団塊の世代である。狭い定義では、一九四七年（昭和二十二）から一九四九年（昭和二十四）の三年間に生まれた世代。前後と比べて極端に人数が多く、日本の戦後文化を創ったといわれる世代だ。もっとも、団塊の世代というと、全国各地の大学で起きた学生運動と絡めて「全共闘世代」とも呼ばれるが、この世代の大学進学率は男が約二〇％、女はわずか五％。大学生は、それ以前の世代のようなエリートではもはやなくなりつつあったが、しかしいまよりはまだまだ少数派だった。

一方、歌の世界は〝芸能界〟とほぼ同義で古い世界だった。国立大学工学部を出て音楽の道に進む――。今では珍しくもないが、当時、それはかなり特殊で、その感覚はいまではちょっと想像がつかないかもしれない。小田の場合も、母は常に「好きなことをやりなさい」と応援してくれたが、父はやはり「河原乞食」という言葉を使って反対した。小田も鈴木も、そんななかでの「悪戦苦闘中」の時期である。小田がどんな思いで、この「幻想」の詞を書いたのか。

幻想

同じ時代に生まれ
いくつかの同じ季節を過して
どれだけ多くのひとに
裏切られてきたか

傷つき合いながら
互いになにも　できなかったのは
ただてれていたから　それだけじゃないだろう
ああ　いっさいの世界に目をつぶって
みんなを　包めればいいのに
愛がすべてじゃないにしても

同じ時代に生まれ

いくつかの同じ季節を過して
いつの間に　言葉のうらを
よむようになったのか

ああ　いっさいの言葉に目をつぶって
みんな信じ合えればいいのに
愛がすべてじゃないにしても

私が取材を始めたころ、小田は詞を書く時、「常に同級生たちを意識していた」とよく言っていた。同級生から見て恥ずかしくない歌を歌っているか、恥ずかしくない生き方をしているか、そう思っていたと話していた。その時、小田の頭のなかに想定された同級生とは、学生時代、楽しく遊ぶと同時に、真面目に議論しあった仲間たちを指していただろう。たぶん、小田のなかには、好きな道に進むのだという矜持《きょうじ》と、しかしそこで恥ずかしくない仕事ができているのかという不安や屈折があったのだろう。同時に、同世代との距離や断絶も感じていたかもしれない。小田は、

「好きな音楽やいろんなことについて語ったけど、それはどこへいっちまったんだという、日常生活のために埋没してるっていうことが、すごく腹立たしい時があったんだよね」

とも語っている。この歌を聴くと、そんな屈折した思いが感じられる。

ちょうど、この歌を作る少し前、小田は、大学時代の友人である角田稠史とばったり千駄ヶ谷

駅近くで遭遇している。角田は前にも触れたが、東京出身の東北大学建築学科の友人で、卒業後、お互いの車を連ねて国道六号線を一緒に帰ってきた人物である。角田は大手ゼネコンに就職していた。一九七〇年代は、まさに「企業戦士」として闘いの日々であった。

そんな角田がこう話す。

「卒業して数年後、一度だけ、千駄ヶ谷あたりで偶然カズマサに会って立ち話をしたんですが、もう会話が全く違うんです。こっちは企業に入り、変な言い方ですが、激烈な競争のなかで、学生時代をすっかりリセットしちゃっていました。でもカズマサは違った。学生時代の延長のような会話で、彼は全然変わっていなかった。当時、彼はすごく疎外感を感じていたかもしれないと思います」

小田は「仲間」が好きな人間だ。しかし、にもかかわらず、小田には、とくに若いころの小田には、個のイメージ、時に〝孤〟のイメージもある。このあとも、時折、同世代をテーマに曲をつくり歌うのだが、それらの歌を順々に見ていくと、小田の意識の変遷が見えてくる。そんな同世代に向けての最初の歌が、この「幻想」だった。そこには、懐かしくも大好きな仲間であった同世代に向けての違和感が少し覗いている。

川上弘美が、小田と団塊の世代について、こんなことも語っている。

「小田さんは団塊の世代ですよね。その下の私たちは三無主義の世代と言われて、団塊の世代からは、さんざん『主体性がない』と叩かれた。だから、団塊の世代には苦手感ばっかりなのですが、もちろん同じ団塊でもいろんな人がいる。たとえば、初期の頃はことに同世代とは違う立ち位置である『デタッチメント』を描いていると言われていた村上春樹でも、その後の村上春樹をずっと読んでゆくと、声高に主義主張を押し付けていなかっただけで、やわらかい表現の中にはっきりと主張があることがわかってくる。作品が醸し出す雰囲気は柔らかいけど、すごく頑固。曲げないことは曲げない、世の中の流れに沿うということはしない。みんなと一緒に闘うとか、そういうタイプでもない。だけど、一人で決めたことはずっと続けていく。村上春樹も、オフコースも、私の中ではその点でとても似通ったものがあるんです」

アルバム「ワインの匂い」が出てまもなく、一九七六年の幕が開けた。

一九七六年という年は、小田にとっても、そしてオフコースにとっても、新しい舞台が始まる劃期の年となっていく。

郡山（6／3、4）、新潟（6／11、12）、名古屋（6／22、23）、大阪（7／1、2）

六月三日。いよいよツアー初日を迎えた。

こんな始まりは初めて目にしたかもしれなかった。小田やバンド、ストリングスのメンバーが登場する前から、観客は早くも総立ちだった。会場には、異様な程の高揚感が漂っていた。開演前、会場内を少し歩くと、予想よりも高齢者が多い印象があった。しかし、いざ始まると、会場は、あたかもロックフェスのような熱気に包まれた。待ち焦がれた思いが爆発しているような、そんな雰囲気が会場を包んでいた。改めて、三年ぶりの公演なのだと実感した。

そんな熱気のなか、三曲を歌い終えた小田が最初の挨拶をした。

「みんなどうもありがとう。このコンサートが決まった時、すごくうれしかったです。でも本当にできるのだろうかとずっと不安でした。今日ようやく、この日が来たんだ、みんなが集まってくれたんだと、一同ホッとしております。課題はとにかく、楽しく、楽しく乗り切ること。その楽しさを最終日までどんどん膨らませ大きく駆け抜ける、それがテーマであります。今日はその第一日目、楽しく、楽しく終わりたいと思います」

今回のツアーでは、リハーサル時から、「楽しく、楽しく」が合い言葉だった。

舞台に上がる直前の、バンド、ストリングスメンバーと手を重ねて（今回は少し離して）

行う気合い入れの儀式でも、かけ声は「楽しく、楽しく」だった。

小田の歴史には、数々の印象深い全国ツアーがある。一九七七年、オフコース時代に、初めて試みた全国ツアーから数えて四十五年。この規模のツアーは最後になるかもしれない、そんな憶測もここ何年、ずっと囁《ささや》かれてきた。そんななか、本人のこだわりは非常にシンプル、コロナ下の重苦しさを跳ね返すよう、「楽しく、楽しく」だった。

最後のＭＣでも、「楽しくできました！　無念なところもあったけど、これはいずれ解消していきます」と言い、笑いを誘った。

二度のアンコールが終わり、小田たちが退場した。会場のスクリーンには最後のＶＴＲが流れ、観客たちはそれを名残惜しそうに見ていた。退場口の外にいるバンドメンバーには、初日を無事に終えた安堵の笑顔があった。しかし小田は会場内を映すモニターを無言でじっと見つめていた。そしてＶＴＲが終わり、本当の終幕となったタイミングで、ようやく小田に少し安堵の表情が浮かんだ。

こうしてツアー一日目が、終わった。


六月四日。郡山二日目、この日、小田は、最初から驚くほど饒舌だった。

予定されているＭＣの時間以外でも、小田は発言していた。それは用意された言葉というより、思わず、発してしまったような語り口だった。そこからは、このツアーをやり切るんだという小田の気迫と、前日、観客からの声援を受けて生まれた高揚感が感じられた。

声も初日よりもさらに出ていた。第一バイオリンを弾く金原《きんばら》千恵子も、この日、小田の声が非常に出ていることに驚いた。昨年以降、リハーサルでの、小田の不安そうな、元気のなさがずっと気になっていた。しかし、この日、会場に現れた時から、小田の顔色は良くなっていた。前半と後半の間に挟まる、小田が船越達也と前もってその土地をまわって撮影した「ご当地紀行」の映像が流れる約十分間、控えに戻った時、金原は思わず小田に「今日、メチャクチャ、声出ていますね」と声をかけた。小田はちょっと半信半疑な表情を浮かべ、「そうか？」と答え、しかし元気な声で、「さあ、頑張ろう」と、後半の舞台へと飛び出していった。

小田和正の音楽を語る時、なにより、その澄んだ高音、三時間近く歌い続けても衰えない、その声量に驚かされてきた。まして、日頃、小田のしゃべる声が、低くて、少しハスキーな嗄《しゃが》れ声であることを知ると、いったい、どこからその声が出るのだろうかと不思議にもなる。

小田自身は、自分の声について、ずっと以前、こんな風に、私に語っている。

「俺の声は、思い切り出していかないと出ない声なんだ。みんなはもっと楽に歌えるのに、俺は一生懸命歌わないと、出ない声だからね。男はなかなか高い声は出ないでしょ。ところが俺は頑張れば出る、その代わり頑張らないと出ないんだ。しかも、オフコースのころから何十年も怒鳴り続けてきているから、とっても変わったものが身についたんだね。叫び倒しているうちに、そういう声帯になったんじゃないかな。職人が手に万年ダコができるみたいな、そういうことじゃないのかな」

誰もが天からの授かり物だと思っているあの声は、意志の力で創り出した声だというのだ。しかも半端ではない意志の力と継続の力によって創られたというのだ。

それは、小田和正の音楽、仕事のすべてに通じることのように思える。七十代半ばでの、大規模な全国ツアーもまた、そこに通じる。

そのツアーがいよいよ始まった。

ツアー二カ所目は新潟だった。公演会場は、信濃川沿いにある朱鷺《とき》メッセ。入場を待つ人々が長い列を作っていた。週末のためか、四十代後半から五十代のいわゆる現役世代が多いように感じられた。主催のキョードー北陸によれば、一回目の先行予約で、すでに定員数を超えてしまったという。コロナパンデミック以降、観客が戻らないステージがまだ多いなか、それはやはり異例のことだという。

この新潟公演で、最も印象に残ったことは、その一日目、今回のツアータイトルにもなっている歌「こんど、君と」を、小田和正が二度歌ったことだった。一度、最後まで歌いきってから、「うまく歌えなかったので、もう一度歌います」とやり直したのだ。これは非常に珍しいことだった。これまでのステージでも、歌い出してすぐ、「あ、間違えた」と言ってから歌い直すことはあった。それはむしろ笑いを誘う、愛嬌《あいきょう》にもなっていた。しかし、歌い終わった後に、もう一回、すべてを歌い直したことは、誰の記憶にもないことだった。会場も静まりかえっていた。後日、なぜ、歌い直したのかと訊ねると、小田は「あの歌は、ちゃんと歌わないとな、ツアータイトルの曲だからね。決めなくてはいけないとき、少しうわずったんだ」と言った。至極、シンプルな理由だった。

「こんど、君と」は、コロナに感染しても果たして医療機関にかかれるのか、そんな不安と緊張感が社会を覆っていた二〇二〇年夏から年末にかけて、約半年かけて作られた楽曲だ。納得する楽曲・歌詞に巡り合うまで、小田は家に籠もり、かなり苦闘したようだった。まさに生みの苦しみだ。

曲と歌詞がある程度できると、事務所のスタジオでプリプロ作業に入る。これは打ち込みの音楽を流しながら、一小節一小節、いや一言一言、一音一音ずつ、緻密にチェックしていく作業である。歌詞、音と同時に、小田自身の歌い方も細かくみていく。かつて小田はこう言っていたことがある。

「歌詞は音符にあてはめることが大事なんだよ。当てはまった時に独特の色気がある」

言葉が音と繋がることで生まれる世界、それをひたすらひたすら探し、推敲しつづける作業といえるだろうか。

「こんど、君と」でも、その作業が一日中、そして一カ月近くも続いた。

こうも言っていた。

「すごく頑張ってきたからね、みんなが思っている以上に、頑張ってるかもしれんぞというくらいに。歌詞ひとつ書くにも、力及ばずということばっかりだったけど、何を歌ったらいいんだろうかと、一字一句、音符ひとつひとつ、とことん吟味《ぎんみ》しないできたものはないからね」

ところで、小田和正は、どんな風に曲を作ってきたのだろうか。

小田は、すべてメロディは、思いついたら楽譜に書いてきたという。忘れないようにメモするのだが、録音はしない。こんなことを冗談まじりに言う。

「テープレコーダーを前に置いて、ギターを持って、いきなり、♪あ〜　君が♪なんて、言葉とメロディを録音するなんて、俺にとっては、まさにギャグだものね。笑っちゃうよ。俺はまず、録音しない。静かな状態で、楽譜を書く。テープにも録らない。テープに録って曲を作っていたら、人生、変わっていただろうね」

こんなことも言った。それが面白かった。

「いきなり歌うなんて、魔法のようだよね。♪イエスタディ〜♪ってさ、やったんだよね、ポールは。そういう才能が備わった人がいるんだね。俺なんかは、試行錯誤なしには考えられないからね。ただ、そういう点は、結構、粘り強いところがあるかもしれない。だけど、粘り強く直していけばきっといいものができると確信をもつのは大変だよね。歌詞やメロディのきっかけは、随所にある。俺は、天から降りてきたなんて言葉は、冗談でも言ったことがないけど、結果的に、すーっと出てきたことはあるよな」

そうやって五十年以上作ってきた約三〇〇曲近い楽曲のなかから、今回のツアーでは、本編で二十曲、アンコールに五曲が選ばれている。


三カ所目の公演地は名古屋だった。

名古屋駅から東海道本線を豊橋方面に戻って四駅目、笠寺《かさでら》駅近くの日本ガイシホールである。今回はじめて二階席がある会場だった。

名古屋公演の二日間で、初めて、小田和正はいつもの小田和正のように感じられた。特別気負うでもなく、特別饒舌になるわけでもなく、しかし控え目なサービス精神で一生懸命来てくれた人たちを楽しませようとしている。そう、いつもの小田和正のパフォーマンスだった。なにより、歌い終わった直後、その声のまま、「ありがとー！」と叫ぶ声を名古屋の二日目に初めて聞いた。それを聞いて、そうだ、いつも、これだったと思い出した。郡山、新潟では、この歌の直後の「ありがとー！」がなかった。

もっとも、感じ方はそれぞれだ。小田の最も身近なスタッフ、ファーイーストクラブの船越達也は、新潟で、小田はいつもの小田になり、安堵したと言っていた。他方、もう一人、小田の身近にいる吉田雅道は、名古屋の一日目、小田自身が、ピアノを弾きながら「水曜日の午後」と「言葉にできない」を歌っている時、小田自身が少し喉に違和感があったと言っていたと、二日目のリハーサル中、教えてくれた。吉田も「声が少し割れていましたね」と言う。常に細心の注意を払っている吉田だから、それに気づいたのだろう。

この名古屋公演の二日目、小田は饒舌だった。ことに「水曜日の午後」を歌う前には、売れていないころの自分を巡る両親の話にまで少し触れた。

「オヤジは兄弟二人とも薬剤師にしたかった。そんななかで、僕は音楽をやって、それでいつまでたっても売れないし、そうするとオヤジはおふくろを責めるんですな、『いつまでぁんなことやらせているつもりなんだ』と。その時、おふくろがなんて答えたのか、最近になって、気になって、しかし謎のままで、いまに到っています……」

四カ所目の大阪公演は、七月一日（金）、二日（土）、大阪城ホールで行われた。日本列島全体が、異常な暑さに覆われ、三十五度を超す地域も続出していた。

小田の最初の挨拶も、この暑さの話題から始まった。

「ご当地の撮影で外をだいぶ歩きまして、あんまり暑いんでびっくりしまして、今日、みなさん、大変だなと思って、ねぇ、だから、来ないでいいですってわけにもいかず、そんなわけで、大変な思いをして来られたみなさん、最後まで楽しんでいただきたいと思います！」

大阪公演でも、短いながらも、自分の歴史を振り返った。たとえば、こんな話。

「昔は、どう頑張っても器量が追いつかず、なんとかならんかと、ある時、ヤスと考えたのは……ヤスは相棒で、二人でやっていたんですが、自分たちが歌っているCMが、よくテレビから流れるんです。それなら受けるんじゃないかと、ある時、それをメドレーにしてやったら、それがバカ受け。受けなかった日とそれをやって受けた日のギャップがものすごかったんですね。ものすごくうれしくて、明日への希望が湧いてくるような……」

コンサートという公の場で、〝相棒〟という言い方で、鈴木康博の名前が出たことは、非常に珍しいことだった。この話は、さらにこう続いた。

「(ウケたCMソングは) 自分たちで書いたものもありますが、だいたいは作曲家の先生が書いたものと作詞家の先生が書いたもので、それを僕らはスタジオで歌うだけなんです。それであんまりウケても、俺たちが書いた歌じゃないし、しようがないんじゃないかと、だんだん疑問に思い始めて、ある時、もうやめようと。そしたらまた一気にウケなくなりました。その頃、書いた曲をやります。この歌は、当時、とっても少ないファンの人たちのなかでも、わりと好きだと言ってもらえた曲です。なかなか仕事もうまくいかない時に作った曲です」

と紹介したうえで「水曜日の午後」を歌った。この歌を選曲したことで、これまでになく、オフコース初期のころを振り返ろうとしている。そう感じられたものだった。

前半最後の曲は「キラキラ」だ。どの会場でも、みな総立ちになり、盛り上がる。「満員御礼」の大阪城ホールが揺れている。

幅広い花道が張り巡らされた一階はもちろんのこと、びっしり入った二階席三階席までも総立ちだ。さらに立見席までが三階の上にある。おおよそ一万人近い人、人、人。

下から見上げたその光景は壮観そのものだった。

これだけの人が集まる、いや抽選ではずれた人がこの何倍もいると聞くと、今更ながら、これだけの人を集められる力、人気に驚きもする。そんなことを思ったのは、たぶん、次の公演地、札幌では、オフコース初期のころ、七百人入る会場に、観客がたった十三人だったという歴史を思い出したからである。

第4章

オフコース中期Ⅰ

1976-1979

約二十年におよぶオフコース時代で、最も楽しかった時期はいつですか？　と小田に訊ねた時、「一九七六、七年から一九八〇年くらいまでだね」と即答し、こう続けた。

「五人になってから、スケジュールは入るし、ステージをやると勝てるというか、連戦連勝。とにかく怖いものなしだった。毎日が、ピクニックみたいに楽しかった。どんなことも乗り越えられる感じがしたな。そのうち、シングルヒットがないという話にはなるんだけどね。主にレコード会社に、なんやかや言われるようになる前の数年、ほんの数年。いままでが辛かった分、本当に楽しかったな」

その「ピクニックみたいだった」五年間とは、どんなものだったのか。

新しいオフコースは、どのように作られていき、小田はどんな歌を生みだしたのか。

武藤敏史がオフコースに求めたもう一つ大きなことは、力強さだった。

「小田とヤス、ギター二本あるいはギターとピアノだけの音楽では、表現の幅が狭い。オフコースの音楽はそんなものじゃない。一番小さな音から暴力的な大きな音まで、オーケストレーションを十分に表現できないと伝わりにくい」

武藤はそう考えた。同時に、レコーディングの時だけ毎回、いろいろなミュージシャンを集めるのではなく、レコーディングでもステージでもいつも一緒に演奏するメンバーの存在の必要性を感じていた。この武藤による、いわば〝オフコース改造計画〟は、「ワインの匂い」のあと、一九七六年から着々と進められていった。

まず、一九七六年。それは小田にとって、どんな年だったのか。

小田は、ファンクラブ会報誌にこんな年始の挨拶を書いている。二十八歳の小田和正だ。

この文章が皆の目に触れる頃、多分、僕の修士論文の発表は終っている。歴史を担ってきたひとたちのほんの短かいフレイズに焦燥感をかきたてられる。本を読むと体によくない、と思うくらいだ。胃が痛くなる。〝ああ、オレは何も知らないみたいだ〟今、ここに書きあげたいことが、いっぱいある。全く、どれを取り上げたらよいのか分からない。そして、それは全て、自分に言いたいことなのだ!!　己の怠慢と、能力の限界と、甘んじている中途半端な環境を詛《のろ》う。

人生は決して試練ではない。

これは確かなことだ。

人生は宗教じゃないから。

新しいいちねんを迎えて、

自分を弁解するようなことのないよう……

オレは何も分っていないみたい

それを忘れぬよう……

1月17日　小田和正

小田は二月に修士論文を提出、五年間在籍した早稲田大学大学院を卒業した。その修士論文の当初のタイトルが「建築への訣別」であったことはファンの間ではよく知られている。あとがきには、サイモン&ガーファンクルの「So Long, Frank Lloyd Wright」(「フランク・ロイド・ライトに捧げる歌」)の歌詞を書いた。コロンビア大学で建築学を専攻していたアート・ガーファンクルがポール・サイモンに書いてほしいと頼んだといわれる楽曲だ。

二月十四日、教授たちを前にしての修士論文に関する質疑応答の場で、小田は勢い余って、主任教授が設計し学会賞を受賞した理工学部の建物(51号館)について、その主任教授を前に、「無機質で、無味乾燥なスペースで、自分は認められない」とまで発言してしまう。聴講していた学生たちはやんやの喝采を送ったが、小田自身はすぐに現実にたち戻った。結局、主任教授からは「建築への訣別」というタイトルでは受け取れないから、考え直しなさいと言われ、小田は「私的建築論」と変更し、論文は受理された。

小田は後年、この日のことを私の取材にこう話した。

「『建築への訣別』というタイトルには、建築の権威を否定するという思想があって、現在の日本では、大衆のための建築などあり得ないという結論でさ、学生運動からの影響はあったかもしれないし、建築が権威主義だくらい言わないと踏んぎれないと思ったのかもしれない。うちの親父が卒業だけはしろとうるさくて、とにかく修士論文を書くという課題は相当な重荷だった。論文を書かなくてはという切羽つまった悪夢を、そのあと二十年たっても時折見たからね。音楽と建築、どうするんだという問題をずっと引きずって、だから受理されて、これで音楽のことだけ考えればいいんだという喜びは大きかった。この日の夕方、新宿ルイードで、ヤスと二人で歌って、MCで『今日、修士論文出してきました』なんて言ってさ、誰も聞いてないし、関係ないのにね」

小田が修士論文を提出し終わった十二日後の一九七六年二月二十六日、二十七日、オフコース八枚目のシングルのレコーディングが行われた。

小田の楽曲は「ひとりで生きてゆければ」。

武藤は、静かな曲調のなかにビートもある新鮮なこの楽曲を大好きな曲の一つと語っていたが、会社からは当初、シングルとして出すには地味すぎると反対されたとも話していた。このころになってもまだ、会社はプロの作曲家にシングル用の曲を依頼するよう、「一年に三回はそんな話が持ち上がっていました」とも回想している。

このレコーディングの前日、武藤は東芝で彼が担当していたバンド「ザ・ジャネット」のメンバーだった大間ジローを、当時、大間がアルバイトをしていた新宿歌舞伎町のサパークラブに訪ね、「スティック持って、ちょっとスタジオに来てくれないか？」と頼んでいる。「ザ・ジャネット」は秋田出身の四人の青年によるロックバンドだったが、二カ月ほど前に解散していた。

大間の証言。

「オフコースのことは同じレコード会社にいたから知っていたけど、特別関心はなかった。ただ武藤さんからよく中野のスナックに誘われて行くと、武藤さんは必ずジュークボックスに一晩に三回くらいはオフコースの曲をリクエストするから、結果的に聴かされていた。『眠れぬ夜』とかはまだ良かったけど、『老人のつぶやき』とか『愛の唄』とかはあまり好きじゃなかった。でもそのうち『ワインの匂い』はすごくいい曲だなって、いつしかドラムをコピーできるところまできていたんだ。武藤さんの催眠術にかかってしまった感じだった」

武藤から「スティックもって来い」と言われた時も、そんな突然言われても無理だと思ったが、武藤に押し切られる感じだった。一日目は鈴木の「あいつの残したものは」を叩き、翌日、小田の「ひとりで生きてゆければ」を録音した。

「ヤスさんに、この曲、どういう風に叩いたらいいんですか？　って訊いたら、すごく親切に教えてくれたんですよ。あっ、やさしい人だなと思ったのが、ヤスさんの第一印象。それに比べると、小田さんは本当にとっつきにくい人だと思いました。物も言わずにじろっと見る感じで、打ち解けた雰囲気を全然示してくれない人でした」

大間はそこで、持ち前の茶目っ気をだした。

「俺、一念発起して、スキーの笠谷幸生の金メダルジャンプの真似をしたんですよ。そしたら笑ってくれて、それから少しずつ打ち解けて親しくなれたわけ。あの日から俺の涙ぐましい苦闘の人生が始まったんです」

ロックンロール一辺倒の大間にとって、肝心なドラム演奏でも試練はあった。

「『ひとりで生きてゆければ』って曲は、いまでいう十六ビートの曲ですが、それまで俺は十六ビートなんて叩いたことなかった。というより、ジャネットのころ、十六ビートなんて知らなかったからね。本当に叩けるのか、すごく不安だった」
シングル「ひとりで生きてゆければ」は、一九七六年五月五日に発売され、次のアルバム「SONG IS LOVE」に入っている。こんな詞だ。

ひとりで生きてゆければ

君にも　愛にも　疲れてしまい
とおり過ぎた　若き日を知る
青春は　たそがれて
夢はひそかに　別れを告げる

あゝ　ありふれた　倖せに
背を向けてゆく　勇気がほしい
声をはりあげ　泣いてみるのも　いいさ
この街を　今歩いて

やがて友は　消えてゆくだろう
あの日の語らいも　しらけてみえる
東京は　たそがれて

ほんの少しだけ　やさしくみえる
ひとりこのまま　生きてゆくなら
色あせてゆく　この青春に
しがみついては　ゆかないだろう
ひとりで生きてゆければ

二〇一七年十一月、NHK－FMによる小田和正の「今日は一日〝小田和正〟三昧」という番組のなかで、事前にゲストとしてコメントを求められていた鈴木康博は、「小田さんの歌の中から一曲リクエストをいただけたら」と言われ、この「ひとりで生きてゆければ」を「好きでしたね」と挙げた。

ラジオを通して、このことを知って、小田は言葉少なく、こう言った。

「あの歌なのかとちょっとビックリしたけど、納得する部分もあったな。大学を卒業して、内定企業を蹴って、ヤスは親に反対されながらも、生きてゆかねばという覚悟でやっていたからね。だから響くところがあったんだな」

その鈴木も、この一九七六年四月に結婚した。ささやかな結婚披露宴で、小田は「結婚行進曲」をピアノで少々ぎこちなくだが弾き、さらに「愛の唄」を歌った。鈴木自身もギターを持ち、小田と二曲歌った。

その後、サブミュージックは解散した。杜撰《ずさん》な経理体制に加え、大胆なプロモーションでは才能を発揮するものの、上野のマネージメントのやり方には少し疑問もあった。杉田二郎も脱退し、小田と鈴木は、独自の事務所をつくることを考えた。

八月一日、「オフコース・カンパニー」を設立した。CMの仕事、学園祭、そしてコンサート、それでなんとかやっていけるとの見通しも立つようになっていた。事務所は、前の事務所から三〇〇メートルほど離れた北青山のアパート「和合ハイツ」の一室とした。六畳と四畳半、台所、バス・トイレ。床には青いカーペットを敷き、サブミュージックからもらった机と椅子が三脚。メンバーは、小田と鈴木、マネージャーの男性とデスクの女性の四人。上野博は、これを機に大阪に帰り、いわゆる外タレ（海外のミュージシャン）を招聘する呼び屋になった。実はこの経験が後々、オフコースの活動にも関係してくる。

一九七六年夏、オフコースは、次のステップへと歩み出した。

オフコース改造計画

武藤敏史が、オフコースのレコーディングに新たなメンバーとして、大間ジローの次に声をかけたのは、大間と同じ「ザ・ジャネット」のギタリスト松尾一彦だった。まず、大間から松尾に「ハーモニカが必要だから、武藤さんからも電話があるけど、絶対に来いよ」という誘いの電話が入った。

大間と松尾は同い年で二人とも秋田県出身だ。

大間は鉱山の町である小坂町生まれ、実家は料亭をやっていたが、小学六年生の時、父親が病気で逝き、母が人手に渡った店で働き、一人っ子の大間を育てた。小学校五年の時、学校に鼓笛隊が作られ、大間は中太鼓に選ばれ、以降、高校でも吹奏楽部、さらにバンドを組み、音楽で身を立てようと考えた。

一方、松尾は八森町（現・八峰町）で生まれ、立又《たちまた》鉱山で育った。父親は鉱山会社のサラリーマン。小学校からピアノを習い始め、ベンチャーズをきっかけにポップスに夢中になった。二人は違う県立高校に通っていたが、ロック好きとして知り合い、高校卒業の直前、東京でロックンロールコンテストがあると聞きつけ、バンドを組み、一九七三年三月、あと二人のメンバーとともに上京した。バンド名もなかったが、付け焼き刃で「ドナルドダック」と名付けた。そして運良くその大会で二位となる。プロへの誘いはなかったが、「キャロル」の事務所に出入りするようになる。四月には、日比谷野外音楽堂で開かれたロックンロール・カーニバルにも前座として参加、そこには、内田裕也、かまやつひろし、キャロルらが出演していた。その後、プロとなり、キャロルの前座として活動を始めた。彼らは「ザ・ジャネット」とバンド名を改名し、日本テレビの勝ち抜きバンド合戦「ザ・チャレンジ」に出場し優勝、副賞のヨーロッパ旅行とともに東芝ＥＭＩからレコードデビューも決まった。

デビューシングルは「美しい季節」（阿久悠作詞・平尾昌晃作曲）、担当ディレクターが武藤敏史だった。その後、ダウン・タウン・ブギウギ・バンドの事務所に移り、今度は彼らの前座で全国を回りながらレコードを四枚出したが、どれも話題とならなかった。一九七五年十二月、渋谷ジァン・ジァン、新宿ルイードで最後のコンサートを開き、解散した。そんな彼らを武藤は気に掛けていた。

松尾は、「眠れぬ夜」を東芝EMIのスタジオで聴いたことはあった。「ああ、いい曲だなあ」とは思ったが、すっかり忘れていた。「ザ・ジャネット」の解散後、武藤の紹介で、錦糸町にある東芝の配送センターでアルバイトをしていた。

武藤と大間に誘われて初めて参加したレコーディングは、一曲だったが、それは松尾にとって、かなり衝撃的なものだった。

「なんかすごく研ぎ澄まされた空気でした。レコーディングって、こんなに神聖なのかと。僕らがやっていた音とは全く違った。いい加減にはできないんだなと、行ってから本当に緊張しました。当時、小田さんも鈴木さんも、どういう人たちなのか僕は知らなかったけど、悪い印象は全くなかったです。普通に声をかけてくれたし、収録が終わったら、良かった、うまくいったって感じでした」

この時、レコーディングした曲は、オフコース九枚目のシングルとなる「めぐる季節」。初参加の松尾のハーモニカが生きている曲だ。

そのあとすぐ、ふたたび武藤から松尾に電話がかかってきた。

「松尾、おまえ、ギターも弾けるし、泊まりがけで箱根のスタジオに行くから参加しないか。おまえが弾いたものが音になるかどうかわからないし、デモテープの手伝いということになるかも知れないけど。二週間、ギャラも出るし、朝昼晩の飯も出るぞ」

松尾は、音楽をやって飯が食えるなんて最高だなと思い、「ぜひやらせてください」と即答した。

八月十五日朝、東芝EMIのスタジオ・ロビーに集合、小田、鈴木、武藤、さらに大間と松尾も乗せて、車四台で箱根へと向かった。それはオフコース四枚目のオリジナルアルバム「SONG IS LOVE」のレコーディングだった。

松尾はなにより、レコーディングの方法が自分たちとまるで違うことに衝撃を受けた。

「僕らは曲ができてからレコーディングしたけど、全く違うんです。小田さんの頭の中にはメロディラインはあると思うけど、でも僕らはそれを何も知らずに演奏するんですよ。一応ギターのコード譜は書いてあって、ここはシンコペ（シンコペーション）するとか、ここまで延ばすとか、そういう大きな約束ごとが書いてある。で、何かやると、そこは我慢して何も弾かないでとか、逆に、そこは何かやってみてとか。とにかくメロディは大きくはあるはずなんですが、楽譜になってない。小田さんや鈴木さんのアタマのなかにだけあるんです」

ある時、夜中の三時ごろまでやったが、なかなか決まらず、今日はここまで、明日またとなった。二段ベッドが並ぶ部屋の一番奥で松尾は寝ていたが、外が少し明るみはじめたころ、目を覚ますと、小田がまだ寝ずにドアのそばで前夜の続きをやっていた。うつらうつらとそれを聞きながらまた眠りに落ち、翌朝九時に目を覚ますと、すでに小田も鈴木も起きて朝食の弁当を食べていた。朝食後、すぐに音出しが始まった。

「昨日よりずっと良くなっていて、あの時、小田さんはずっとやっていたんだなと思いました。こうやって、音が決まっていくんだなと。でも、一体、この人はいつ寝るんだろうと思いましたよ。レコーディングの時、小田さんが居眠りしているのを見たこともなかった」

松尾が小田の取り組みの様子を目撃した曲は、アルバム「SONG IS LOVE」に入り、後日、十枚目のシングルにもなった「こころは気紛れ」だった。シングルにする時、武藤は珍しくアレンジし直すことを小田に要求している。武藤のなかに、そろそろヒット曲を出して、オフコースが本格的に売れるバンドになってほしいとの思いが強くなっていたころでもあった。武藤が八ビートに変えさせた「眠れぬ夜」の水脈に続くとも言える「こころは気紛れ」は、これがわずか数年前には「首輪のない犬」や「キリストは来ないだろう」を作っていた小田の楽曲なのかと思うほど、まるで色合いが異なる、非常にポップでキュートな楽曲である。

こころは気紛れ

ララ　ララ
そのためいきは　退屈のせい
それとも　誰かを好きになったの
さあドアを閉めて　すぐに帰るつもり
時計ばかり　気にしてるんだね
まるであなたは　ゆきずりのオンナのよう

春にゆられ　うつろな眼差しは遠い空の果て
ナマイキ　ナ　オンナ

後年、小田は、朝妻と武藤にこんな話をしている。

「メロディラインというのはインプットがないと出てこないからね。過去の曲を聴きまくって、自分の中のどこに隠れていたかは知らないけど、それが他のものと組み合わされてつくられていく。何もないところからメロディは出てこないからね」

朝妻も、武藤同様、曲作りにおいて、小田にいつも「もっと簡単にしろ、売れるようにしろ」と言い続けたが、その武藤と朝妻の二人に、小田は冗談めかしてこんなふうにも言っている。

「『(売れ線の曲を目指したからといって）それで自分を失ったりすることはないんだよ』っていうこと、あのころ、そこまで言ってくれたら良かったんだけど。『分かりやすいものを書け。それでも自分は出るよ』『それを続けていけば自分を失うことはないよ』『売れるものを書くということは人の真似をしていることとは違うんだよ』ということなんだよね」

小田を捉えていた不思議な縛り、禁欲。それが次第に解けて、多くの人を魅了するメロディを書くようになるところまで、小田はもう、そこまで近づきつつあった。


武藤が考える〝オフコース改造計画〟には、もう一人、ベースが必要だった。

オフコースのメンバーとなる清水仁は、小田と鈴木とは最も早い時期から知り合っていた。一九七三年にオフコースが杉田二郎の事務所「サブミュージック」に所属した時、マネージャーの上野は大阪時代の知り合いであった「ザ・バッド・ボーイズ」を呼び寄せたのだが、清水はそのメンバーの一人だった。

清水は、大阪・西成区生まれ。勉強は嫌いだが、学校は好きな少年で、友人も多かった。中学生のころ、姉が買ってきたレコードの一枚、アンディ・ウィリアムスの「ムーン・リバー」に惹かれ、音楽に興味を持つようになった。工業高校に進学後、エレキギターを弾き始め、駅で出会った他校の生徒とバンドを組み、「ザ・バッド・ボーイズ」と命名。三年の二学期には高校を中退し、大阪のディスコで演奏していたところを上野博が見て、東京へ来ないかと誘ったのだった。

清水が当時を回想する。

「上京してすぐに二人には会いましたよ。最初、小田さんは愛想がないから印象悪かったです。無駄口たたかないし。ヤスさんはいたって普通の感じ。そのうち一緒に飯くったり、飲んだり、事務所はみんな仲良かったですからね。バッド・ボーイズは上京して三年くらいで解散しちゃいましたが、そのころオフコースは学園祭に結構出るようになっていたので、ベースを手伝わないかといわれて一緒にやったのが最初です。でも学園祭が終わったら、俺、大阪に帰ろうと思っていたんですけどね」

一九七六年秋、オフコースは大学の学園祭に数多く呼ばれるようになっていた。そこに大間や清水を誘い、四人でステージに立つことも多くなった。もっともこの時点では、「ザ・バッド・ボーイズ」の契約の関係で、清水はオフコースのレコーディングには参加していない。ベースには「SONG IS LOVE」に参加した小泉良司をはじめ、数人の候補者がいた。ベースの技巧でいえば、他の候補者を推す声の方が多かった。鈴木も、器用でテクニック的にもうまい小泉を推した。しかし、小田が清水を強く推した。音楽的な理由というより、「オフコースにはヒトシのような人間が必要だ、ヒトシの方がいい」と譲らなかったのだ。当時、小田はこんな風に語っている。

「ヒトシは自分自身の価値観とか生き方をそれなりにつかんでると思うわけ。ある意味で俺たちの中では一番大人なんだよ。やっぱり彼は不良だったから（笑）、いろんな修羅場をくぐりぬけてきていて、その分だけ大人になってきていると思うわけ。その辺りじゃ、いまだに俺たちにはとても追いつけない部分を持っているもん。その辺でも俺はヒトシにすごく魅力を感じたんだと思うんだ」

松尾一彦、清水仁、大間ジロー、彼ら三人に、オフコース時代について話してほしいと頼んだのは二〇二〇年夏のことだった。

上野博が事前に松尾と清水に電話してくれた。私からの電話に、松尾はすぐに快諾してくれたが、清水は「俺はマスコミは信用してないんだ」と何度か電話でのやりとりを経てから、会ってくれた。

オフコース解散から三十年余が経っていた。

松尾は少し前に心臓を患ったと言い、オフコース時代に比べ、一回りも二回りも小さくなったように感じられたが、物静かな口調で、当時を語ってくれた。楽曲を制作しつづけ、個人としても何枚かCDを出している。

清水は、会ってみればなかなか饒舌で楽しい人だった。体型もほとんど変わらず、髪は見事なロマンスグレーになっていたが、年寄りじみた雰囲気はなく、往年の〝不良青年のツッパリ〟は健在のようだった。

大間は秋田に住んでおり、松尾や清水より半年以上遅れて東京に出てきた時に会うことができた。歳を重ねているとはいえ、外観はもっとも当時と変わらない印象だった。松尾と清水が「ジローはいまだにオフコースのお花畑にいるんだ」と語るように、一番、オフコース愛を語ってくれた。

一九七六年十月二十三日、アルバム「SONG IS LOVE」発売の少し前、第六回「オフコース・リサイタル　秋ゆく街でⅢ」（中野サンプラザホール）の舞台に、はじめて大間、清水、松尾の三人がそろって出演した。小田は、観客に三人を紹介し、「だんだん経済的にも余裕ができて、バックをつけられる状態になりました。これからは地方にもこの五人で行きます」と挨拶した。

この五人が揃ってレコーディングしたのは一九七六年十一月、シングルの「こころは気紛れ」（一九七七年二月五日発売）だが、清水の契約の関係でこれは非公式とされ、正式にそろってレコーディングしたのは、翌一九七七年の初夏、シングル「秋の気配」の時だった。小田の記憶のなかでも、こっちが鮮明に残っているようである。

「五人そろって新しい曲をレコーディングしてみようかと、初めて渡した曲が『秋の気配』なんだね。記憶に残るセッションだったよね」（小田）

この時から、新しいオフコース、オフコース第二期が始まった。

一九七七年四月八日から九月二十八日までの約半年間、オフコースは、初の全国ツアーを敢行した。横須賀文化会館から始まり、名古屋市民会館中ホール、静岡市公会堂、大阪サンケイホール、京都会館第二ホール、松山市民会館、高知県民文化ホール……時にアノニマスのCM録りのため東京に戻り、また旅へ。

五月、六月、七月と、レコーディングも間に入れつつ、順番通りにたどると、水戸市民会館、取手市民会館、熊本郵便貯金会館、博多勤労青少年文化センター、北九州小倉市民会館、芝ABCホール、金沢・北国講堂、福井市民福祉会館、富山教育文化会館、沖縄RBCホール、横浜県立音楽堂、長岡市立劇場、新潟県民会館……かなりの大移動だが、どこも観客数の規模は六百人から千五百人くらい。その後のオフコースや現在の小田和正の公演会場からみれば、本当に小規模な会場だったが、彼らの気持ちは充実していたし、高揚していた。メンバーが増えたこともあり、このツアーから、小田はキーボードに専念することになり、常に指の握力を鍛える器具を握っている小田の姿が見られるようになる。

この初の全国ツアーでオフコースと出会ったイベンターに、四国のイベント会社デュークを立ち上げた宮垣睦男がいる。宮垣も小田と同い年。団塊の世代だ。高知大学農学部の学生の時、学園祭でコンサートスタッフとして関わって以降、その楽しさから吉田拓郎をはじめ数々の同世代のミュージシャンを呼んでコンサートを企画するようになった。大学に八年間在籍し、学生ながらイベント会社を立ち上げた人物である。当時、声をかけたミュージシャンは、吉田拓郎、井上陽水、泉谷しげる、かぐや姫、チューリップ、松山千春などだ。学生時代のイベント活動がそのまま仕事になったという意味でも、どこか似通っている。以来、四十五年のつきあいだ。

　その宮垣とは、二〇〇五年に初めて会った。明るさと気遣いの人で、当時を明晰に回想してくれた。

「それまで興行の世界というのは、ヤクザがかった人たちが仕切っていた業界でしたが、彼らが全く知らない人たちが音楽をもちこんできたわけです。拓郎も陽水も。彼らはテレビに出ない、だからこれまでの興行の人たちは誰も知らなかった。僕らは学生の分際で、東京に電話をしてはミュージシャンたちを呼んでいました。まさかこれが仕事になるとは思わず、お金を支払って、残ったら、お酒を飲んで、それで楽しいと思っていたんです。そのうち四国はほとんど独占に近い形になり、学生ながら会社を作らざるをえなくなって、そのまま仕事になりました。新しいシンガーソングライターとは、デビューのころから関わると、もう友だちという感じのつきあいでやっていました。ただ彼らが売れ出すと、興行関係からずいぶんプレッシャーを受けました。親は説明してもわからない。飯が食えるとも思っていなかったでしょう。僕らも、趣味の延長でやっていたら、オンビジネスになった。いまのベンチャービジネスの一種ですよ」

　そんな宮垣にとって、オフコースとの出会いは他のミュージシャンに比べてずっと遅かった。人を介して四国でやってくれないかと頼まれ、どんな音楽をやっているのかも知らなかった。

「それまで知っていたミュージシャンと違うなと思ったのは、リハーサルなどしていない暇な時間、小田と鈴木は物静かに文庫本なんかを読んでいる。ちょっと雰囲気ちがうなあというのが、一番大きな印象でした。この人たちと仲良くなれるのかなあと。まだヒット曲もない時代ですから、五百人収容の小ホールに二百五十人くらい来ました。予想していたので、そんなもんだろうなと思っていましたが、むしろ二百五十人来たので、それだけ知っている人がいたのかと驚いたくらいでした。しかもコンサートはものすごく盛り上がりました。曲を知らない、歌詞を知らない、そのなかで二時間のステージで、お客さんを退屈させないというのは、グループの能力、力量がものすごくあるからです。たとえば童謡一曲にハーモニーがついて、五人のコーラスワークが完璧で、その童謡一曲で、お客さんがものすごい拍手をするんですよ。そういうのを客席で体験して、このバンドは他のミュージシャンとは違うな、アイデアや企画力があって、ものすごく努力してやっている。僕自身、初めて見て、すごいな、うまいなと率直に思い、驚きました。いつもは、僕らはちょっと覗いてすぐ外に出てしまうことも多いんですが、彼らの時は最後まで聴いてしまいました。商売上の勘ですが、これは次またやればお客は絶対増える、続ければ満席になるなと思いましたね。半年後の秋の公演もやろうと、その場で即決しました」

宮垣によれば、この年の秋、つまり一九七七年秋には、五百人の会場が満席になり、翌一九七八年五月の三回目からは会場を隣の千五百人のホールにし、一九七九年五月には、そこが満員になったという。

「でも、全国のレベルからいうと、満席になったのは、四国は遅かったと思いますよ」

そしてもう一つ、特記すべきことがあった。一九七七年のこの全国ツアーから、オフコースは自前のＰＡ（Public Address）と照明スタッフを連れて全国を回るようになった。

ＰＡとは、演奏とボーカルのバランスを調整し、会場のどの場所でも気持ちよく聴こえるよう作業するエンジニアだ。レコーディングのトラックダウン作業を観客の前でやっているようなものだが、当時、その意識も技術への認識も低く、それぞれの会場に専属のPAスタッフがいたが、小田はいつもその音に満足できなかった。前年、学園祭を回っていた時、お茶の水女子大の演奏時にPAを担当した木村史郎に出会い、小田は彼にツアーの専属になるよう頼んだのだった。専属のPAがツアーに同行するなど、当時、ほとんど例のないことで、音に厳しい小田ならではといえた。

木村は小田より三歳年下、学生時代の一年間、ユイ工房に属する「ザ・ラニアルズ」なるバンドでベースを弾いていたが、その後、まだほとんど知られていなかったPAに興味を持ち、友人三人と「セプト・ワン」なる会社を立ち上げたばかりだった。ザ・ラニアルズ時代に、一度だけ千葉県茂原の市民会館で小田と鈴木の二人オフコースと出会ったことがあった。

「とにかく、二人で楽屋でずっと練習していました。何の曲だったかは覚えていないんですが、ハーモニーがすごいなと思いました」

その彼らと、今度は、PAとして出会ったわけだった。

「音にものすごくうるさいと聞いていたので、初めは心配だったんですが、終わったあと、プロデューサーの武藤敏史さんが『よかったよ』と言ってくれてほっとしたんです。小田さんたちも『すごくやりやすかった』と言ってくれたみたいで、翌年、全国ツアーに行くから一緒にやらないかということでした。当時、僕らの会社も、オフコース・カンパニーも、青山にあって近所でした」

以降、小田とのつきあいは、二〇二三年現在のツアーまで、すでに四十六年に及ぶ。木村に話を聞いたのも、二〇二二年の小田のツアー時の楽屋においてである。ほぼ昼前からPA席で準備し、リハーサル、本番中ともに、小田が舞台にいる間は、片時も休むことなく音に集中している、かなりハードな仕事である。ちなみに、木村の能力を高く買っていた吉田拓郎は、小田に遅れること二十五年の二〇〇二年から、コンサートのＰＡを、木村に頼むようになったという。

当時のオフコースのツアーは、主に在来線の列車での移動が多かった。その移動中、小田による清水への音楽の授業風景がよく見られたものだった。

清水が回想する。

「大間はブラスバンドをやっていたので譜面が読めるし、松尾も読めるし、書けた。譜面が読めないのは俺だけでね。在来線の電車で移動する時、小田さんが四小節くらいずつおたまじゃくしを書いて、着くまでに、これが何のフレーズか、解明しろと課題を出すんです。音符を読む訓練ですよ。俺なんか、そういうレベルでしたからね。大変でしたよ。俺、こんな人間ですけど、真面目なところもあるんですよ。言われたら、やらないとな、と思って。駅に着くまで、解明する方法を教わって、着く前に、『あ、これはビートルズの「ハード・デイズ・ナイト」の間奏の部分だな』とわかり、そういうと、『正解！』と。いまとなってはありがたいですけどね、そんなことまでしてくれて」

オフコースに非公式ながら入って数年したころでも、清水はこんなことを言っていた。

「みんなで練習やるっていうと、前の日に練習していかんと、どうにもならんかった。それまで練習なんてしたこともない男がね。レコード聴いてコピーしてみたり懸命にやって、これで明日はラクにできるだろうと思ってひと晩寝て行ってみたら、全然違うわけ、弾き方が。何で違うかもわからなかった。それが辛かったなあ」

いろいろなバンドがある。同級生だったり、同郷だったり、その成り立ちもさまざまだが、オフコースの五人ほど異色の組み合わせも珍しいかもしれない。東京近郊で生まれ育ち、国立大学を出て、それでも好きな音楽を目指そうとしていた二人と、高校を出るか出ないかで地方から出てきたロック志向の三人。年齢も小田・鈴木と松尾・大間の間は七歳差、そのちょうど中間に清水がいた。本来、接点の全くない五人を結びつけたのは、ひとえにプロデューサー武藤敏史の〝オフコース改造計画〟だったが、少なくとも、この時点で、小田はこの流れを楽しんでいた。

ツアー中、「オフコースは二人なんですか？　五人なんですか？」としばしば質問されたが、三人は最初から単なるバックミュージシャンではなくバンド仲間だった。そこには、当時から、小田の三人に対する信頼もあった。

オフコースが解散して十五年ほど経過した二〇〇五年に、小田は当時のメンバーについて、音楽評論家の小貫信昭にこんなことを話している。

「松尾と仁は、自分たちが主役になろうとはぜんぜん思ってなかった。それも策略的に。主役は負担だし、ラクしたいタイプだから。でも、バンドはどうしたらかっこよくなるか、本能的にわかってたんだな。だから、自分は前に出ていかなくても、下がっていたほうがかっこいい。そのことを十二分に把握していたわけだよ。ライブのセットアップなんかも、今回のツアーは、アンプも含めて全部、白がいいみたいなことをいうのも、仁や松尾だったよ。とにかく、感覚的なことにとても優れていたのがこのふたりだった」

「このふたりは面倒くさいことは嫌いなものだから、それを一手に引き受けるのが大間。合宿で、

『飯を作るのはおまえが当番だ』とか言ってさ。いつも作るの大間だから、それ、〝当番〟とはいわないんだけどさ。ドラムって、曲さえ覚えればコーラスとかやらない限り、他のやつよりも早く仕上がるから、もちろんそれもあってのことだけど」

「俺は、当時から言ってたんだよ。『このメンバーなら、誰がプロデュースしても、いいもん作る自信はあるって』。だいたいどんなときも、的外れなことは誰もいわなかったから。みんなディレクション優れてたよ。抜群のバランスだった。それぞれが、相手に教える知識をもってた」


他方、加わったメンバーから、小田の曲作りは、どんな風に見えていただろうか。松尾の証言はすでに書いたが、大間にも訊ねてみた。解散後、三十年余が経っての証言である。

「小田さんの場合、最初、歌詞はなく、メロディも小田さんの頭の中にあるだけで、メロ譜もない。コード譜とセクションだけ。ほんとにイメージの世界で、できあがりが想像できないから、ああ、こんな感じかな、こんな感じかなとやっていた。何回も、『詞とかあったらいいのに』と言ったら、『そんなのできるわけないだろ』と何回も怒られた（笑）。ドラムの場合、サビに移るときに、フィルインというのだけど、何も指示はない、かろうじてメロディはあっても、あとは自分の感覚でやっていい、自分のイメージで。だから俺にとっては、すごく難儀だった、とくに初期はね。いま思うと、よくやったなと思うくらい。自分も松尾とともにものすごい量のレコードを聴いていましたけど、情報量というのはあった方がいいし、とくにドラムは多種多様なリズムがあるので積極的に進言して、いいと取り入れてくれた。そういう点で、小田さんという人はすごく鷹揚《おうよう》な人で『お前が好きなようにやってみろ』と許してくれた。そして小田さんの場合、メロディと詞が入ってくると、それまでのものが、一＋一が一〇〇になるんです。それは恐ろしかったですね。小田さんマジックというか。歌詞の力と声、いまでもすごいなと思いますよ」

小田自身も若いメンバーからさまざまな刺激を受けた。なかでももっとも大きかったことが、声の出し方だった。このことを小田は幾度となく、いろいろなところで発言している。

「こっちはシャウトしているつもりなのに、仁にいわせると、『ぜんぜんシャウトしてへん』ってことで、何回も何回もやらされたりしたね。『そんなん、シャウトちがう、きれいに歌ってへるようにしか聞こえへん』って。そこから歌い方が変わったというか、ちょっと幅ができたよね。きれいに歌うことも大事だけど、ステージでシャウトすると、聴いている人に伝わる。言葉と一緒になって伝わるんだね」

現在の小田の声は、オフコース時代と比べてもさらに高音で、遥かに力強く響き渡る。そんな声の変革の第一歩が、このオフコース五人時代にあると言えるだろう。

秋の気配

さて、この過渡期、三枚のアルバムが次々と出されている。

一枚目は、大間や松尾がごく一部参加しているがまだ二人オフコースの色合いが濃い通算四作目のアルバム「SONG IS LOVE」（一九七六年十一月五日発売）。

小田に「こころは気紛れ」のような軽快な楽曲も生まれているが、これまで通り、小田らしいなあと思わせるのが「青空と人生と」だ。

青空と人生と

私の歌でなにができただろう
見果てぬ夢抱いて
あゝ消えてゆきそう

あなたが思うほど私は強くない
こごえる風の夜は
明日がこわくなる

それでも私はうたいつづけてゆけるだろう
青空と人生と
あなたをうたっていたいから

さらに五人による初の全国ツアー中に作られた通算五作目のアルバム「JUNKTION」（一九七七年九月五日発売）。このタイトルは、JUNCTION（交差点、合流点）の意味を示唆《しさ》しつつ、CをKに変えた造語だ。ＪＵＮＫはガラクタの意味を持つ。ガラクタの交差点。五人五様の、あるいは二人と三人の異人種同士の交差点とでもいえようか。さらにその七カ月後の一九七八年四月十九日からレコーディングが始まったアルバム「FAIRWAY」（一九七八年十月五日発売）。

　このあたりをもう少し詳しくみてみよう。

　一九七〇年代後半、音楽シーンも変わってきていた。ユーミンや山下達郎などによって都会的で洗練されたサウンドのいわゆるシティ・ポップ（ＡＯＲ）が注目されていた。

　武藤は「JUNKTION」を作るに当たって、その雰囲気を要請した。武藤にしてみると、実力はあるのにまだ世間的にはいま一つ認知されていなかったオフコースは「何でもできる、それだけ幅のあるグループなんだと証明したかった」からだが、それは「僕の一種の焦りだったかもしれない」と後に述懐している。

　また「FAIRWAY」については、武藤の解説によれば「オフコースはいよいよ爆発するぞ、という確実な手応えを感じ始めた僕らは、もうＣＭだなんだと売るための小細工は一切必要ない。あとはただ音楽のフェアウェイを進んでいけばいい」という思いからこのタイトルにしたとある。同時に、このころから小田たちがハマり出す、音楽以外では唯一の趣味ともいえるゴルフ用語「FAIRWAY」の意味も含まれていた。


　ツアーの合間をぬってのレコーディングは楽しくもあった。他方、小田にとっても鈴木にとっても、この時期は「試行錯誤の時期だった」と回想している。ロック志向の三人とバンドを組み、そのうえ当時流行のＡＯＲサウンドも意識するように言われるなかで、小田たちが曲づくりにおいて、混迷し試行錯誤するのも当然といえたかもしれない。

　小田はのちに、「あの三枚のアルバムは、どれが最初でどれが最後かも判然としないいんだ。これらをひとまとめに『試行錯誤』とでもタイトルつけたいくらいでね」とまで発言している。

全くロック色がなかった小田が、ロックを意識し、バンドという形態を意識する。具体的には、「野太さを目指し、映画音楽などで見つけた細かなコードワークをどんどん削っていき、繊細な肌触りの曲から、ロックのダイナミズムな部分が増えていくように」なっていった。

オフコースがバンドになっていくことについて、小田はどう考えていたのか。二〇〇五年当時、小田はこう話している。

「自分が好きなように書いていた詞も、バンドのみんなが歌うということを常に強く意識するようになった。バンドにはバンドの生き様があるんだよ。個人的に書いた曲でもメンバー全員が結果を背負うみたいな。野球の試合で、誰かがエラーしたら、それはチームのエラーでもあるような。ひとつの旗を掲げているみたいな。そのバンドの生き様に関わるんだ。俺が女々《めめ》しい愛の歌を書いたとしたら、こいつも女々しい愛の歌を背負わなくてはいけない、こいつに背負わせていいのかみたいな責任を感じたりしてさ。だから、できるだけバンド然とした曲を書かないといけないと思ったね。ステージに立った時、バンドがカッコよく見えるのは、そういう曲だからね。そういう思いがバンドになったときにあったよね。とはいえ、微妙に個人的なものはあったわけで、オフコースは、女々しいと言われる歌はたくさんあるけど、俺は結構、みんなに特殊な歌を強《し》いてきたかなとは思うんだ」

もう少しつっこんで、自分の音楽が変わっていくことに対する葛藤がなかったのかと訊いてみた。

「五人のオフコースでやっていたことが嫌ではなかったけど、それまで好きだったことは置いておくようになった。でも、それは思い返せばそうだったと思えることで、当時、それほど自覚してはいなかった。彼らだって、ロックをやってきたという自負があって、もっとロックぽくやりたいって気持ちがあったかもしれない。それがお互いやっていくうちにだんだん融合していったと思うんだ」

彼ら三人との音楽性の違いがマイナスに働くようになるのは、ずっとあと、四人になってからのように思われる。五人になった当初、その異種混合はむしろ勢いを生んだ。小田はこんな言い方もした。

「オフコースは化合物になれなかったバンドなんだ。混合物だったんだよ。でもそれが面白かったんだ」

アルバム「FAIRWAY」が出る三カ月前の一九七八年七月二十日、その中の一曲「あなたのすべて」が先行シングルとして発売された。

そのジャケット写真は、メインは小田と鈴木の二人が椅子に座っている画像だが、その下に五人がそぞろ歩いている写真が小さくだが、使われている。つまりこの時、初めて、松尾、清水、大間の三人がジャケットに登場した。

「FAIRWAY」について、とりわけ、この「あなたのすべて」について、音楽評論家の田家秀樹はこう書いている。

「今更ながら、オフコースというグループがあの時代にいかにワン・アンド・オンリーだったか……。（中略）一曲目の『あなたのすべて』がこのアルバムを物語っている。ドラムとベースの這《は》うような辛味。シンセサイザーとギターのカッティング。金属的なハイトーンのボーカル。多彩なコーラスとフレーズによって表情を変えるデリケートな演奏。編成はロックバンドでも、ソフト&メローという音色の豊かさや心地よさに貫かれている。一九七八年当時、こうした音楽を目指していたバンドがどのくらいいただろうか。（中略）ＡＯＲというのは〝消化力の音楽〟という言い方が出来るかもしれない。ロックが一芸型、つまり一つのことだけで押し切ることができる音楽だとしたら、その対極だ。様々な音楽を取り込み、消化しつつバランスのとれた音楽として作り上げていく。このアルバムの中の彼らは、まさにそれだろう」

「JUNKTION」と「FAIRWAY」から、いまなお人気の高い曲を一曲ずつあげるとしたら、「秋の気配」と「夏の終り」だろう。

「夏の終り」は、小田の母親が一番好きだといった歌として、ファンの間でよく知られている。すぐに気づくのは、どちらも季節であり、夏の終わりと秋の気配、つまりほぼ同じ季節を歌っていることである。しかも、どちらも、恋の終わりの歌だ。「僕」から別れを告げている。その意味で、「眠れぬ夜」に繋がっている。つまり、小田の初期のラブソングはすべて別れの歌、しかも「僕」から別れを告げている歌なのである。

秋の気配

あれがあなたの好きな場所
港が見下ろせるこだかい公園

あなたの声が小さくなる
ぼくは黙って　外を見てる

眼を閉じて　息を止めて
さかのぼる　ほんのひととき

こんなことは今までなかった
ぼくがあなたから離れてゆく
ぼくがあなたから離れてゆく

たそがれは風を止めて
ちぎれた雲はまたひとつになる

「あのうただけは　ほかの誰にも
うたわないでね　ただそれだけ」

大いなる河のように
時は流れ　戻るすべもない

こんなことは今までなかった
別れの言葉をさがしている
別れの言葉をさがしている

あゝ嘘でもいいから
ほほえむふりをして

ぼくのせいいっぱいのやさしさを
あなたは受けとめる筈もない

こんなことは今までなかった
ぼくがあなたから離れてゆく

夏の終り

夏は冬に憧れて　冬は夏に帰りたい
あの頃のこと今では　すてきにみえる

誰よりも　なつかしいひとは
この丘の空が好きだった
あきらめないで　うたうことだけは
誰にでも朝は訪れるから
やさしかった恋びとよ　そのあと何をいいかけたの
ぼくの言葉があなたをさえぎるように
こぼれたあの時

駆けぬけてゆく夏の終りは
薄れてゆくあなたの匂い
今日はあなたの声もきかないで
このままここから帰るつもり

そっとそこにそのままで　かすかにかがやくべきもの
決してもういちど　この手で触れてはいけないもの
でも　あなたが私を愛したように
誰かをあなたが愛しているとしたら

ああ　時はさらさら流れているよ
夏は冬に憧れて　冬は夏に帰りたい
あの頃のこと今では　すてきにみえる
そっとそこにそのままで　かすかにかがやくべきもの
決してもういちど　この手で触れてはいけないもの

「秋の気配」をつくる時、武藤は小田に詞について、「心象風景が多すぎる。もっと思いっきり具象を描いてほしい」と注文を出した。そこから「秋の気配」の冒頭、「港が見下ろせるこだかい公園」が生まれる。小田は「曲を書く時に、〝横浜〟という場所を具体的に意識したのはこの曲が初めて」とも言っている。

小田は二〇〇五年当時、こう話している。

「心象風景ばかりだから、もっと思いっきり具象を入れて書けと言われてさ。だから景色から入った。♪あれがあなたの好きな場所♪。自分としてはとっても実験的な気持ちだったんだね。それで、ここも心象風景だ、ここも心象風景だと思ったら、それをすべて書き換える作業だった。全部同じ女だとかいろいろ言われたよ。あの頃までは、レコード会社が作詞教室みたいだったよな。でも当時、言葉に対して必死だったんだよ。常套句だけで成立しているようなラブソングは嫌だったし、自分の気持ちをつくったような感じになるのも嫌だった。それに、あの頃はまだ気恥ずかしくて抽象的にしか描けなかった。親も聴くんだぜと思ってしまっていた。親が聴いて、

♪愛したのは君だけ♪、はちょっと恥ずかしいよな。♪僕が君から離れていく♪が精一杯かな、みたいな。そうだ、結構、それはあったな。まだそんな風に思っていたな」

「秋の気配」そのものについても、以前、こんな風に発言している。

「当時のファンクラブのアンケートで、『秋の気配』は必ず一位になった。こんなに冷たい男なのに、どこがいいんだろうって、いつも思っていたな。♪ぼくのせいいっぱいのやさしさを　あなたは受けとめる筈もない♪って、俺が悪いのはわかっているわけで、あそこがポイントだよな」

それにしても、多くの女性ファンが「眠れぬ夜」同様、この歌が好きなのはなぜだろう。

小田の詞は醒めている、自分を突き放して綴《つづ》られている、そう感じる。だからだろうか、この男にあまり反発する気持ちは起こらない。恋の感情の不条理は、もうそれは致し方ないこと――そう思わせるのか。そして、なぜか、とっても、懐かしい気持ちにもなる、そんな不思議な魅力がある。

「FAIRWAY」のレコーディングが始まったころ、オフコース・カンパニーにスタッフとして西沢一彦が入ってきた。

この世界に入ってくる人たちの多くが、さまざまな経緯を経て、ある意味、偶然のようにこの世界と出会うのだが、一九五二年生まれの西沢も例外ではない。元々大学で剣道をやっていた体育会系男子だったが、身体を壊し、田舎に帰り、次にデザイン学校に入り、音楽関連会社でアルバイトを始めた。彼の最初の仕事が偶然にも、一九七三年、オフコースが日仏会館でリサイタルをした時のポスターだった。その後、岡林信康や高田渡らがいた音楽事務所に関わり、岡林が日比谷野音でコンサートをやった時には舞台制作を手伝った。その時、初めて、「音楽はいいな」と思い、デザイン学校を中退した。さらに、ヒットを飛ばす直前の海援隊のマネージャーにもなり、彼らの「母に捧げるバラード」の一発ヒットを経験したものの、その後、海援隊のキャバレー回りを一緒にやっているうちにその事務所は潰れ、〝外タレ〟の舞台制作に関わり、その縁で知り合った上野博からの紹介で、一九七八年春、オフコース・カンパニーに入ってきたのだった。

西沢から見た当時の小田和正、オフコースはどんなだったろうか。現在は、世田谷区でスタジオ経営をしている西沢に当時を語ってもらった。

「ヤスさんはやわらかくて接しやすかったけど、小田さんは一カ月間、一切、口をきいてくれなかった。でも人見知りなためとは感じました。だから以前から知っていた仁さんに間に入ってもらって話をしていました。でも仕事をちゃんとやっていると認めてくれる人だから、その後は大丈夫になりましたよ。とにかく音楽に対する取り組み方が尋常じゃなかったです。僕は現場主義だったので、レコーディングもずっとついていましたが、アーティストの生みの苦しみはすごく感じました。リハーサルを、いまも一週間もやる人はほとんどいないですが、オフコースはリハを二週間三週間、固まるまで本気でやっていました。まだ売れていなかったから、まともなスタジオは無理なので、いろいろな場所を探しました。『FAIRWAY』のレコーディングもほとんど徹夜、徹夜でした。僕の周りの人たちはみんな、『彼らは売れないよ』と言っていました。でも僕は絶対売れるとずっと思っていましたね」

インタビュアー泣かせといわれた小田の行動も、西沢はこのころ、時折目撃している。

「ラジオに出ると、ＤＪの人が経歴を訊くんです。そうすると小田さんは、ＤＪならゲストの経歴くらい事前に調べたうえで訊いてくれと。でも当時、業界はそんなことは一切しなかった。だから小田さんもそういう聞き手には対応しなかった。結果、宣伝に全然協力してくれなかったです。ヤスさんは応えてくれましたけどね」

このころ、小田が書いた文章がある。

この頃、ぼくはひとに嫌われることの大切さをしみじみ感じています。裏を返せば、『誰れにでも好かれてやろう』ということを忘れることのすばらしさについてです。……（中略）……さて、ぼくは、曲を作ったりなんかしているわけで、この理論を応用してみますと……誰れにでも好かれるような、すてきな曲——そんなのあるわけないけど——なんて、勿論、考えないでいいわけ、駄作も佳作も関係ない、陳腐だとか、アレに似てるとかいわれても、『ウルサインダ、バカ!!』と、こころの中で叫ばないでもいい。だいいち良い曲だなんて、思われるの、負担なんだ、好かれたくないんだから。期待されていないから、疲れない。そう、それにこっちだって、全然期待していないから、レコード批評なんて、なに書かれても平気ね。『……うまくけなしてるじゃない……』。いいなあ

11．13　フリーダム１スタジオにて

半ば本音、半ば強がり、だったろうか。本来の人見知りとシャイな性格、そこに正論を言いたいという潔癖さが加わり、「世渡り」という意味では、決して平坦な道のりではなかったろう。

それでも彼らの実力は徐々に広まりつつあった。

アルバム「FAIRWAY」発売の二十日後の十月二十五日から三日間、恒例の第八回「オフコース・リサイタル　秋ゆく街でV」（中野サンプラザホール）が開かれた。連日超満員。誰もが知るヒット曲はまだなくとも、彼らの人気は知る人ぞ知る、そんな存在になりつつあった。

この舞台の最後に、小田は「僕たちは、一日一日変わってゆくつもりでいますので、コンサートをその都度、ぜひ聞きにきてください」と挨拶している。より大きなバンドへと変わりつつある自信が、そこにはあった。

ホップ・ステップ・ジャンプ

一九七九年は、オフコースにとって、大ヒット前夜と言えた。

この数年間、シングルヒットを出すことが、レコード会社からの至上命令となっていた。その有言無言の圧力を小田はずっと感じていた。そんな彼らを取り巻く強迫観念のような空気のなかで、小田はどんなことを想っていたのか。

この時期に交わされた、元「赤い鳥」、当時は「ハイ・ファイ・セット」の山本俊彦と小田和正、鈴木康博の三人の会話が残っている。親しい仲ゆえの本音が炸裂している。ごく一部を抜粋する。

山本　俺から見ると、小田っていうのは金の匂いがしないわけよ。……小田だけじゃ駄目なのよ。こいつは万年青年だからさ（笑）。もっとヤッさんがその辺の発言していかなきゃ。

小田　いや、俺だって金のことは考えてるよ。俺たちは自分たちだけのためでなく、メンバーとスタッフに金を残してやらなきゃならないし。……でも〝お金第一主義〟みたいになりたくないし、その金は自分たちの努力の中で、自分たちの事務所の中だけで作っていこうということなのよね。

鈴木　金の問題にからんで言えば、俺にはね、オフコースはあくまで理想の場に置いておきたい、という気持ちがあるわけ。それで、自分でまあ一生懸命編曲の勉強したからさ、それでお金を稼ぐことはできるわけ。（だから）オフコースは売れなくてもかまわない、ただ自分の好きな仕事をやる場として大事にしていきたいってずっと思ってきたわけ。……とにかくオフコースという名前はひたすら理想的な所に置いておきたいんだよね。……オフコースと一緒にいると、つまり小田といつも一緒にいるとさ、常に自分とは違う発想に接していられるわけよ。現実に流されることなく、理想に接していられるというかね。やっぱりオフコースという場では理想的なことを話し続けていたいわけよ、俺も……。

小田　だから金にならないいんだね。

山本　でもさ、考えない？　一度はオフコースを金のなる木にしたいって？

小田　……俺はだけど、中途半端な金はつかみたくないわけ（笑）。

山本　アッハハハハ……そうか！　そりゃマイッタ（笑）。

小田　……中途半端な金をつかむんだったら別に売れないでもいい……。
山本　中途半端ってどれくらい？
小田　アルバムでいうと20万〜30万枚じゃだめなわけ。まあ、ここだけの話だけど（笑）。
山本　じゃあ、どれくらい？
小田　やっぱり100万は……。
山本　アホ言うな、お前！（笑）
小田　いや、100万はもう陽水がやったから、俺たちは200万枚売りたいね（笑）。……やっぱり200万売るグループが出てこなかったら、日本の音楽状況も変わってこないと……。
山本　それにしちゃ、ちょっと難しい音楽やりすぎてんのと、ちがうか？（笑）

ちなみに、この会話の直前に出したアルバム「FAIRWAY」の販売部数は、約七万枚だった。当時、東芝ＥＭＩの促進販売部にいた斎藤隆はこの「FAIRWAY」を売るためにレコード店でフェア企画を計画し、そのイベントを熱心にやっての結果がこの数字だった。

斎藤は、小田と一歳違い、一九七〇年に東芝ＥＭＩに入社し、四年間のレコード店回りの営業のあと、三年間、ディレクター部署に配属されたがヒットは出ず、その後、一九七七年に促進販売部に配属されていた。そんな斎藤に、武藤がオフコースの二人を引き合わせた。斎藤とオフコースの二人が初めて会ったのは、溜池の東芝ＥＭＩ本社ビルの地下の喫茶店だった。

その時の斎藤から見た小田の印象はこんなだった。

「小田君はほとんど喋らなかったと思います。小田君はほんとに人見知りでシャイな人間だったけど、武藤のことをすごく信頼していると感じました」

斎藤は、このあと倉庫に積まれた在庫表によって、オフコースのアルバムの売れ方をグラフにしてみた。ファーストアルバム「僕の贈りもの」は一万枚もいっていない。しかし二枚目の「この道をゆけば」は、発売直後の比較で、一枚目より上の枚数から始まっている。さらに三枚目「ワインの匂い」も二枚目の発売直後の枚数の上から動いている。

「この数字の微増を見て、いい感じできているなと実感したんです」

そこで斎藤は、「FAIRWAY」（一九七八年十月）が出た時、レコード店でのフェアを計画した。

「通常、営業がやるフェアは大型店舗で仕掛けるんですが、私の場合はそうではなく、一番大事な要素は、その店にオフコースが好きで、応援しようと思っているスタッフが必ずいること。もうひとつは、一カ月半の間、店頭にオフコースのディスプレーを継続的に置いてくれる店」

この条件にあった店舗を探すと、全国約八千店舗のレコード店中、六十三店舗が「オフコースフェア」をやりたいと手を挙げた。その結果、発売月の枚数は四万八千枚となった。「いまから考えると、メチャクチャ少ないですが、当時は、ものすごく達成感がありました」

こんな現実のなかでの先の小田の二百万枚発言だった。ほぼ冗談のようでありながら、しかし「やっぱり200万売るグループが出てこなかったら、日本の音楽状況も変わってこない」という一点には、当時の小田和正の本気があった。彼の理想であり、危機感でもあった。

当時、斎藤が担当していたのはオフコースのほかに、甲斐バンド、長渕剛、チューリップ、稲垣潤一、アリスなどだった。
一九七九年夏、小田がハイ・ファイ・セットの山本に「同じ東芝のアーティストでいえば、アリスも売れたし、次は俺たちみたいに言われていたじゃない」と語っていたが、実際は同じ東芝EMIの甲斐バンドもオフコースより先に、一九七八年十二月に出したシングル「HERO（ヒーロー）になる時、それは今）」がSEIKOの腕時計のCMとのタイアップもあり、爆発的に売れ、オリコンでヒットチャート一位となっていた。そんな状況でもなお、小田も鈴木も「シングルが売れるよりアルバムが売れるバンドになりたい」と、以下のような発言をしていた。当時の彼らの理想がうかがわれる。

小田 シングル・ヒットがあってアルバムも50万売れましたっていうんじゃなくて、まあ、夢なんだけどさ、いきなりアルバム・ヒットみたいな形にしたいわけ。
山本 でも、まず無理だよ。俺たち「フィーリング」（シングル）をヒットさせたでしょう。あれ100万枚くらい売れたわけ。で、そのあとに出したアルバムも60万枚くらい売れた。これはシングルヒットのおかげなのよ。小田の言うのはそれこそ理想そのものなのよ。
小田 それでも俺たちの場合、「理想、理想」でやってきてるからね。このままでいいと思うんだよね。
山本 それだったらいつまでたっても、きっと駄目だよ。それでもいいわけ？（笑）
鈴木 でも、やっぱりさ、いきなり100万、200万売りたいって考えるとさ、理想を追求していかないと、いずれにしても駄目だと思うんだけどね。

当時のこんな会話を読んでも、小田と鈴木はいいコンビだったなあとしみじみ思うのだが、こんな彼らの思いの一方で、レコード会社側の圧力は本気モードになっていた。武藤も「彼らのためにも本格的に売れて欲しい」と願っていた。

一九七九年、武藤はそのためには一発狙いではなく、「ホップ・ステップ・ジャンプ」の三段方式を試みようと考えた。当時、武藤はこの「ホップ・ステップ・ジャンプ」を口癖のように言っていた。つまり一月、六月、十二月と三枚のシングルで加速させ、当てようという戦略だった。

そして一月、オフコースは「愛を止めないで」を出した。これはその後、ツアーで歌われる大人気曲となるが、当時、十万枚近い小ヒットとなった。六月は「風に吹かれて」、そしていよいよ十二月となるのだが、その前にオフコースにとっては、もっと大きな出来事があった。

八月一日、清水仁、大間ジロー、松尾一彦が正式にオフコースメンバーとなり、東芝ＥＭＩと契約したのである。実態はすでにメンバーだったが、レコード会社内では、それに反対する意見も根強くあった。清水が当時を振り返る。

「レコード会社は、正式に五人になることにずいぶん反対してましたよ。ジャネットやバッド・ボーイズではダメでしょという……そりゃ、そうですよ。俺たちヘタクソだったしね。でも音づくりを一緒にやって、五人でバンドになろうとしていた。だから反対されて、面倒くせぇなぁと思っていましたよ」

さらに小田の方針は、レコード会社の思惑とは逆方向に向かっていった。たとえばギャラは五等分とした。マネージメント担当の西沢が語る。

「ツアーがあれば、出演料は事務所が四、アーティストが六。その六を五人で均等割にするというのが小田さんの方針でした。小田さん、ヤスさんが多くとるということは全くなかった。作詞作曲の印税はまた別ですが、アルバム売上げやアーティスト印税もすべて均等にとの方針でした。普通のことではなかったですね。小田さん、お金のことを言ったこと、一切なかったです」


また、秋に発売された七枚目のアルバム「Three and Two」のジャケットを、表に松尾、清水、大間の三人が海をバックに立っている写真にし、OFF COURSEのロゴをいれ、裏を小田と鈴木の写真にした。よく知らない人にとっては、表の三人がオフコースだと思われかねないデザインだった。これにはレコード会社はさらに猛反対したが、小田たちはこれも押し切った。レコード店からは「表に知らない人が写っている」という問い合わせが数多く来たという。小田が話す。

「レコード会社はせめて五人で前に写ってほしいと言ったけど、結局は、希望通りにさせてもらった。新メンバーの三人をまず紹介したいという意図だったからね。ずっと、バンドらしいって、どういうことなのか、俺もヤスも試行錯誤してきて、このアルバムをつくるあたりから、どういう音楽がバンドという形で成り立つのか、それがようやく分かりかけていたころだったんだ」

レコードジャケット撮影のため、五人は八月三十一日から四日間、沖縄に行った。Tシャツ短パン姿の五人が、沖縄の白い道で、楽しげに肩を組んでいる写真がある。いまでもオフコースというと、この写真がしばしば使われる。小田にオフコース時代について、最も楽しかった時はいつごろですか？　と訊ねた時の答え、「一九七六、七年から一九八〇年くらいまで。毎日がピクニックみたいだった」という言葉を、この写真を見ると、思い出す。

この沖縄旅行の直前、三人が正式メンバーとなった三日後の八月四、五日の二日間、オフコースは、田園コロシアムでコンサートを開いている。

田園コロシアムは、大田区田園調布にあるテニス競技場だが、コンサート会場にもなっていた。この舞台は、大ヒット前からのオフコースファンを自認する人たちにとって、いわば聖地的な意味合いをもつステージとされている。

オフコースにとっても、初の野外コンサートであり、「野外でどんちゃん騒ぎのお祭りコンサートがしたい」と言いだしたのは小田だった。実は、この約十カ月後に初の日本武道館公演の予定が入り、その前に、武道館と似たような形の舞台で、自分たちのステージでの立ち方、振る舞い方、声の出し方、そして音響の実験をしておきたいとの思惑もあった。

チケットの発売が始まるや、前売りチケット売り場には、前々日から徹夜する人までがいて、二日分ともに、発売日の午前中に完売となった。前日から雨が降り、当日も細かい雨が小休止を挟みながら降り続いたが、会場は、超満員の人々に埋め尽くされた。演奏あり、余興あり、この二月に行ったアメリカ旅行のスライドあり、レーザー光線やミラーボールも登場、二度のアンコールのあと、五人がステージ中央に並び、アカペラで歌ったのが「いつも　いつも」。この時の音源が次のアルバム「Three and Two」の最後に入っている。ちなみに、この歌は小田がソロになってからも時々コンサートの最後に歌われていたが、二〇一六年に新しく「また会える日まで」に替わった。

いつも　いつも

あなたのことは　忘れないよ
故郷《ふるさと》の山や海のように
故郷の友たちのように
またあう日まで
いつも　いつも　いつも
いつも　いつも　いつも
いつも　いつも　いつも
いつも　いつも　いつも

アルバム「Three and Two」の時から、武藤がプロデュースからはずれ、オフコース自身が全面的にプロデュースすることになった。

武藤は、こう語っている。

「『ワインの匂い』は僕がプロデューサーになっていますが、当時から小田君たちにはプロデュースする力があった。ですから次のアルバム『SONG IS LOVE』は三人の連名にしました。もう十分プロデューサーとして認めていました。『Three and Two』については、レコーディングが始まる直前まで彼らと話して、あとは全部、彼らにまかせました。だって言うことがもうないですから。僕はスタジオにも入らなかった。僕がいない方がかえってものすごい音楽をつくる予感がありました。他のミュージシャンには、そんな人はほとんどいないですよ」

とはいえ、その後も、武藤は小田の信頼できる相談相手であり続けた。では、正式にオフコースメンバーとなった五人だけで臨んだ「Three and Two」のレコーディング風景はどんなものだったのか。大間は四十余年前を振り返って、こんな風に語っている。

「それまではどこかホンワカしていて、部活のノリもあったのが、このころから自分たちだけのプロデュースになり、俺たちだけで顔つきあわせて本気になり始めたんじゃないですかね。毎日午後一時頃に始まって、その日のうちに帰れれば儲けもんみたいな感じで、中盤、終盤になると、午前二時、三時になって、そんな時でも小田さんは歌詞を書いて、翌日一時には来るんです。俺はもうついていきますって感じで、一時には行くようにしていたけど、あとのみんなはもう少し遅れて来ていたかな。寝不足だし、ほんとツラいレコーディングでしたよ。いまならデジタルだからもう少しゆっくりできるでしょうけど、当時は最初にドラムを録って、次にベースで、リズムができて、そのあとだんだん色づけが始まって、まさに建築そのもの。土台作って、次は土木で、それから大工さんが建てていく。当時、そう思っていましたよ」

「Three and Two」の一曲目は、小田がようやくバンドらしい曲が書けたと振り返る「思いのままに」だ。

「わりとうまく書けて、コンサートの最後のほうにバンドで歌ったとき、かっこいいと思ったな」

思いのままに

ひとつの夢を
いつもぼくは追いかけてた
ひとつの歌に
その夢をのせてうたった

君にはただの愛のうたも　僕には
こんなにせつない愛の調べ

君は君の歌　うたえ
ぼくはこの想いを
調べにのせて

歌詞は、小田がずっと書いてきた自分の夢への思いだ。しかし「バンドらしい音になった」時、以前の私小説風な印象とは異なり、不思議なほど、多くの人が共感し共有できる力強い歌に変わっていた。

先行してシングルになっていた「愛を止めないで」も、このアルバムに収録されている。鈴木と松尾の二本のギターが美しくハモるツイン・リードの間奏が、バンドならではの醍醐味《だいごみ》と評価されている。さらに、これまで別れや控え目な愛情表現でしかラブソングを書いてこなかった小田が、ここでは少し大胆な言葉を使っている。

愛を止めないで

「やさしくしないで」君はあれから
新しい別れを恐れている
ぼくが君の心の扉を叩いてる
君の心がそっとそっと揺れ始めてる
愛を止めないで！　そこから逃げないで！
甘い夜はひとりでいないで……

君の人生がふたつに分れてる
そのひとつがまっすぐにぼくの方へ
なだらかな明日への坂道を駆け登って
いきなり君を抱きしめよう
愛を止めないで！　そこから逃げないで！
「眠れぬ夜」はいらない　もういらない

愛を止めないで！　そこから逃げないで！
すなおに涙も流せばいいから
ここへおいで！　くじけた夢を
すべてその手にかかえたままで

ぼくの人生がふたつに分れてる
そのひとつがまっすぐに……

「いきなり君を抱きしめよう」というフレーズに対しては、当時、「いやらしい」という女性ファンからの反発もあったと聞く。同時に、ずっとラブソングを歌うことに羞恥心なり躊躇いがあった小田自身が、これ以降、印象に残るフレーズのラブソングを作るようになる。

小田は、二〇〇五年の私の取材に、こんなことを話している。

「陽水も拓郎も、みんな言葉が強かった。たしかに俺のはボヤけてるなと思うから、愛を掘り下げようというよりも、言葉に対して必死だったんだよ。自分の体験というより、作品としての成り立ちみたいなことで、どんな言葉がいいんだろうかと考えた。自分としては〝エイ〟と思った言葉を使うと結構反響があったんだ。抱きしめるとか、愛を止めないでとか、反響すごかったものね。小田さんらしくない、私は好きじゃないとか」

ほぼ同じ時期に、音楽評論家の小貫信昭にこうも言っている。

「曲を作るのって、不思議なんだ。自分が作った曲が評判になるって、不思議な感覚なんだよ。たとえば〝抱きしめよう〟って歌詞を、もし誰かが歌ったら、〝そりゃカッコいいだろう〟って、そう思ったんだ。でも、自分ではやらないだろうな、とも思った。でもそれを無理矢理、〝自分に引き寄せて演じてみせる〟。こっちから〝エイッ〟って、そうして詞に書いたところがあったんだ。でもそうやって作った歌は、のちのち〝代表作〟になってる。『眠れぬ夜』もそうだった」

一九七〇年代後半期、音楽的にはバンドを意識した音作りを模索していたこの時期、小田は言葉（歌詞）においても、自分の思いにだけ向き合うのではなく、人を惹きつける言葉や物語を作ることを志向し始めたといえる。そして、ホップ、ステップの次、ジャンプしなければならなかったその時、小田は思いっきり、自分を演じさせる楽曲を書いた。

それが「さよなら」だった。

「シングルヒット、シングルヒットといわれるの、すごい負担だったね、もうそろそろいい加減いやだなと。当時、早いローテーションで次々レコーディングさせられていたみたいな。でも、自分にはそういう力があるとも思えないし、テーマも同じことしか思いつかないし、同じことがぐるぐるまわっていて、レコーディング自体は楽しかったけど、詞をつくるのは苦しかった」

この時も、曲はすでにできていた。詞は、当初、別れの歌ではなく、むしろ愛の歌だった。しかし、レコーディング前日、突然、冒頭の♪タタタン♪タタタン♪タタタンという箇所に、♪さよなら♪さよなら♪さよなら、という言葉が浮かんだ。早速、武藤に話すと、武藤も「いいじゃない、それ書こうよ」と言ってくれた。

結局、一日で新たに書き直したものが、大ヒットした「さよなら」である。

四十年を経た二〇二〇年の年末、コロナ下で曲作りをしていた小田が当時をこんな風にふり返った。

「あの時は一日で書き直して翌日には歌ったけど、いまは明日までに書き直さなくてはと言われたら、諦めるだろうな。それが可能だったのは、体力もあったからだろうし、野心だってあったからかもしれない。でもこれが書けた時、これ、売れるなと俺も思ったね。でも、あれもどこか自分じゃないみたいなところがあった。演じているなと思った曲だね」

「さよなら」にまつわる武藤の記憶はこんなだった。

「ハッピーエンドの詞を書いていると聞いていたけど、別れる詞にしたいから一日延ばしたいと言ってきたんです。彼が狙ってつくった詞ですね。最初に聴いたとき、売れると思いました。冒頭に♪僕らは自由だね♪というフレーズがありますが、『自由』という言葉は当時まだ歌には使われていなかったですからね。僕はそこがいいなあと思いました」

大間の記憶も書いておこう。

「ギターの間奏も入れて、いよいよ歌入れだとなって、♪もう終わりだね♪という最初の歌詞を小田さんが歌った時、僕はほんとに鳥肌が立ってね。これでようやく売れると思ったの。小田さんの歌というのは、そういうことが何回かあって、小田マジックというか、歌詞の力と声、『さよなら』の時がまさにそうだったけど、いまでもすごいなあと思いますよ」

さよなら

もう　終わりだね　君が小さく見える
僕は思わず君を　抱きしめたくなる
「私は泣かないから　このままひとりにして」
君のほほを涙が　流れては落ちる
「僕らは自由だね」　いつかそう話したね
まるで今日のことなんて思いもしないで
さよなら　さよなら　さよなら　もうすぐ外は白い冬
愛したのはたしかに君だけ　そのままの君だね
愛は哀しいね僕のかわりに君が
今日は誰かの胸に　眠るかもしれない
僕がてれるから　誰も見ていない道を
寄りそい歩ける寒い日が　君は好きだった

さよなら　さよなら　さよなら　もうすぐ外は白い冬
愛したのはたしかに君だけ　そのままの君だけ
さよなら　さよなら　さよなら　もうすぐ外は白い冬
愛したのはたしかに君だけ　そのままの君だね
外は今日も雨　やがて雪になって
僕らの心のなかに　降り積るだろう
降り積るだろう

生まれ来る子供たちのために

「さよなら」のレコーディングは一九七九年十月末。リリースされたのは、十二月一日だった。この年十月十六日から全国ツアー「Three and Two」が始まっていた。全国四十八カ所、五十七公演。翌年二月五日までの予定だった。正月明け、そのツアー中、仙台で乗ったタクシーの中で、カーラジオから「大ヒット中の」とＤＪに紹介されて流れた「さよなら」を小田は聴いた。「ヒットするというのは、こういうことか」、その時の車窓から見た仙台の町とタクシーの中に響き渡った自分の歌声が、初めてのヒットの風景となって小田の記憶のなかに沈殿した。

ちなみに、「さよなら」は、どのオリジナルアルバムにも入っていない。そこに小田の「さよなら」に対する屈折した想いがあるように思われる。売れて安堵したが、本当に自分のつくりたい楽曲ではなかったという想いである。


レコード会社は、ヒットした「さよなら」の次のシングルに〝二匹目のドジョウ〟、つまり似たようなラブソングを要求した。しかし小田は、こういう時こそ、自分が本当に作りたかった歌、誇れる歌を次のシングルにしたいと思いつめた。それが前のアルバム「Three and Two」に収録されていた「生まれ来る子供たちのために」だった。そもそも秋からのコンサートツアー「Three and Two」においても、ラストの曲は「生まれ来る子供たちのために」だった。小田にとって、この曲が如何に特別に愛着のある曲だったかがわかる。

「『さよなら』は、俺が本当に作りたい曲じゃないと、違うと思っていたんだろうね。俺は、言い訳したかったんじゃないかな、たぶん。あのころは、いつも訴えたかったんだね」

小田が行動に移したのはツアー最終日前日の一九八〇年二月四日。決定したのは三日後の二月七日。かなりの奇襲作戦だった。

小田は武藤に相談し、武藤は「まかせろ」と言った。武藤の話。

「僕が別のレコーディングをしていた時、小田君がスタジオにやって来て、次にこの曲を出したいんだと訴えたんです。そこで僕は、それを正当化するために、営業の人間と組んで、嘘っぱちのご託を並べて、これを通しました。当時、あの曲をシングルにするというのもすごいことだけど、三十年以上たっても、あの歌が歌われる、使われるというのもスゴいよね」

「生まれ来る子供たちのために」は、不思議な歌だ。小田自らが弾くピアノの伴奏で気高く歌われるこの歌は、まさに「祈り」に聴こえる。

この歌は、どこから生まれたのだろうか。

思い浮かぶのは、先に少し触れたが、一九七四年十月に、小田がシングル候補として作ったが、レコード化されることのなかった「キリストは来ないだろう」である。いまこの曲を聴くことができるのは、その直後に催されたコンサートのライブ盤のみである。「生まれ来る子供たちのために」は、この日の目を見なかった曲に対する小田自身のアンサー曲なのではないか。

生まれ来る子供たちのために

多くの過ちを　僕もしたように
愛するこの国も　戻れない　もう戻れない
あのひとがそのたびに　許してきたように
僕はこの国の明日を　また想う
ひろい空よ僕らは今どこにいる
頼るもの何もない

あの頃へ帰りたい

ひろい空よ僕らは今どこにいる

（セリフ）「生まれ来る子供たちのために何を語ろう」

何を語ろう

君よ愛するひとを守り給え
大きく手を拡げて
子供たちを抱《いだ》き給え
ひとりまたひとり　友は集まるだろう
ひとりまたひとり　ひとりまたひとり

真白《ましろ》な帆を上げて
旅立つ船に乗り
力の続く限り
ふたりでも漕いでゆく
その力を与え給え

どちらの歌にも、賛美歌が色濃く影を落としていることは明らかだろう。「生まれ来る子供たちのために」のなかの〝あのひと〟とは、キリストが思い浮かぶ。同時に、ここに貫かれているのは、若者らしい世界への危機感であり、国の政治への懐疑であり、とりわけ「キリストは来ないだろう」には悔いや絶望感が強い。それが「生まれ来る子供たちのために」では、祈りの歌になっている。

二十六歳の歌に対する三十一歳の返歌。

バンド音楽を追求している時期でありながら、この曲だけは、例外的にピアノで静かに聴かせる曲であることからも、「こういう歌をつくりたかったんだ」という小田の強い想いが感じられる。二〇二〇年の時点で、小田はこんな風に語った。

「『生まれ来る子供たちのために』をシングルで出せるんだとなったときが、一番うれしかったかもしれない。七〇年代前半の歌は誰も聴いてくれなかった。だからこそ、『生まれ来る子供たちのために』は、やっとのヒットの直後に正面勝負しないといけない曲だった。俺の発想の原点は常に、『この国はこのままではダメだ』という思い、危機感というか、そういう意識ばっかりだった。自分のなかでは全然背伸びしていないんだ。ただ、あの曲が何かに貢献したかというと、とくに売れず、当時、反響は何もなかった」

「生まれ来る子供たちのために」が現在のように広く知られ、高い評価を受けるようになった契機は、ここから約二十年たった一九九九年、国連難民高等弁務官事務所（ＵＮＨＣＲ）によって難民救済活動への支援を訴えるCMとして使われ、テレビで流れるようになったことだった。さらに後年、何人かのアーティストにカバーされたりもした。つまりこの歌は、のちに「発見された曲」なのである。小田には、ほかにも、このように「発見された曲」がある。ちなみに「生まれ来る子供たちのために」は、いまもUNHCRに無償提供され、ホームページなどで使われている。

オフコースはヒット曲を出した。

そして日本武道館公演を控えるまでになった。「武道館でやりたいと言い始めたのはスタッフだからね、俺はあんまり思わなかった」と小田は振り返るが、それだけオフコースは名実ともに大きなバンドへと成長したということだろう。

もうひとつ、「さよなら」のヒット後、少し変化があるとすれば、かつてマネージャーだった上野博の再登場と言えるだろうか。

一九八〇年一月末、新宿厚生年金会館での公演を見に来た上野博に、小田は「さよなら」の次のシングルについて相談した。上野も「『生まれ来る子供たちのために』を出したらいいやん」と励まし、結局、これを機に、上野がふたたびプロモーション担当として、オフコースに関わるようになる。そして、この上野の再登場により、オフコースはまた新たな局面を迎えることになるのである。

札幌（7/9、10）、仙台（7/16、17）、さぬき（7/23、24）

札幌公演は七月九日、十日だった。

会場は、札幌市内から車で約二十分、「真駒内セキスイハイムアイスアリーナ」だ。一九七二年の札幌冬季オリンピック用に造られ、フィギュアスケートとアイスホッケーの競技会場となった施設である。五十年余の歴史がある。

この冬季札幌オリンピックのフィギュアスケートというと、ある年代以上の人たちは、アメリカの女子フィギュア選手で「銀盤の妖精」といわれたジャネット・リンを思い出すかもしれない。真っ赤なドレスに身を包んだ愛くるしい笑顔のジャネット・リンが、フリー演技の折、転倒し尻もちをついたことは多くの人の記憶に残っている。小田もそうだったのだろう、MCで、珍しくギャグを言った。

「なんか気の利いたことをしゃべりたいんですが、普段は結構、気が利いているんですけどね、こういう場所に来ると、いいこと言わなくちゃと、いくつになっても邪念が、ジャネット・リンが……、いま邪念とジャネット・リンがちょっとかかったんですよ」

札幌公演も、軽快に進んでいった。「水曜日の午後」を歌う前には、道新ホールのエピソードにも触れた。

「オフコース二人でやっていた時、とにかく札幌でやろうと道新ホールをキープしまして、根拠はないんですが、大丈夫だと。で、行ってみたら、チケットが売れてない、相当売れてないんですよ。聞くところによると、十三枚だと。その十三枚というのも、僕の高校の先輩で医者になったのがいるんですが、彼が看護婦さんを連れてきて、大半が彼らで、とっても温かい拍手をくれて、おまけにアンコールまでありまして、道新ホール十三人でアンコールですよ、もうこの話はしないと思いますが、札幌というと、この十三人が思い出されるわけです」

この札幌公演二日目に、話に出た高校の一年先輩の医師・水島和雄が公演を見に来ていた。「昨日、MCで道新ホールの話をしていましたよ」と言うと、「そうそう、六時に始まるというから少し前に行ったら、人がいなくて会場が真っ暗でさ」と笑った。関係者にとっては、いつまでも忘れられない思い出なのだ。

この道新ホールは一九六三年開館、札幌市営地下鉄「大通《おおどおり》駅」に隣接する九階建てビルの八階、客席数七百人の中規模ホールである。二〇〇六年に楽屋、ロビー、客席シート、照明などがリフォームされたがホールそのものは昔のままだという。

東京に帰る日、ちょっと立ち寄ってみると、事務所の人が壁に貼ってある新聞記事を指さした。それは「道新ホール　半世紀」と題した二〇一三年の北海道新聞の記事だったが、そこにも、一九七四年一月十日のオフコースの逸話が紹介されていた。

「観客はたった十三人。途中で帰る客をマネージャーが押しとどめたほどで、ファンの間では今も『伝説のコンサート』として有名だ」

さらにオフコースは、人気が出たあとの一九八〇年十一月二十七日に、あえて同じ道新ホールで、七四年時と同じ五百円のチケット代でリベンジコンサートを行っている。この時には、約三万通の応募はがきが来たことも書かれていた。

さて、今回の札幌公演。

公演前、小田の声が少し出にくいようだった。小田は楽屋でよく走っているが、これもすべて声のためだ。身体を温め、姿勢を直すことで、声が出るようになる。この日も小田は楽屋でいつも以上に走り、体調を整え、声が戻るよう努めていた。そして本番。「言葉にできない」を、小田はいつも以上に完璧に歌った。

二十年余、小田を担当しているソニーミュージックレーベルズの野口悦子が、アンコールが終わるや、「今日の『言葉にできない』良かったね、すごく良かったね」と感極まった様子で話しかけてきた。

つくづく小田和正は、アスリートのようだなと感じる。不安を抱えつつも、皆の期待に応えるべく、ストイックに鍛錬するアスリートだ。自分の老いと自分の限界と闘うアスリートである。

六カ所目の仙台公演の会場は、仙台駅から車で三十分余りの「セキスイハイムスーパーアリーナ」。宮城県には、前日から、大雨警報、土砂災害警戒情報が出されていた。もっとも、当日昼頃、仙台駅に降り立つと、雨はほとんど降っていなかった。

小田も、一日目の最初のMCで、これに絡んだ話をした。

「昨夜、目覚ましをかけて寝たんですけど、朝、けたたましい音が鳴りまして、こんなにデカい音を出さなくてもという感じで、ふと表示をみたら、『緊急速報』、『高齢者等、避難してください』と書いてありまして、これは間違いなく自分も含まれていますが、逃げる必要はないだろうと、そんな天気のなか、これを言いたかったのです！　みなさん、足を運んでいただいて、ほんとにありがとうございます」

仙台は、小田にとって、やはり特別な街だ。

「『第二のふるさと』という言葉がありますが、なんか演歌ぽいイメージで、そんなことないですか？　あんまり好きではないんですが、しかし仙台はやはり、僕の第二のふるさとです。よく一人で思い出すんですけども、なんで仙台だったんだろうって」

二日目には、大学総長から依頼され、二〇一三年に、東北大学の校友歌を作った話をした。

「僕が東北大に来ようと決めた大きな理由の一つに、教養学部から町に繋がる川内《かわうち》という河《か》岸段丘《がんだんきゅう》がとっても美しくて、受験前の夏休みに下見に来て、ここ、いいな、ここで勉強したいなと、それで決めたようなものですからね。だからこの川内を題材に書けないだろうかと、この部分が出来た時、あ、出来たかなと思いました」

そして、校友歌「緑の丘」の一番をピアノを弾きながら歌った。

なだらかな　坂道を上れば　川内
広瀬川から　幾重にも　かさなる　緑の丘

目に浮かぶは　忘れ得ぬ　立ち並ぶ　白い教室
すべてのことが　そこから　始まって行った

昭和四十年代前半の、まだのどかだった東北の小都市。広瀬川のせせらぎ、緑の河岸段丘、遠目には白く見えた進駐軍の兵舎跡の低い校舎。小田の大学時代への郷愁には、仙台という街への郷愁と、まだ何者でもなく、未知の世界を前に佇んでいた無垢《むく》な自分への郷愁も含まれているのだろう。

今回のツアーに寄せて、小田が書いた文章がある。その一節に、大学の合唱部時代の思い出が綴られている。

「合唱をやっているころ、いちばん楽しかったのは初めての合宿を終えての帰り、仙台駅で解散を待っている時、誰かがそっと歌う声に合わせて静かにみんなが歌い始めた時。あくまで静かに。……その時、声を合わせるということの意味を知った。練習室で指揮者の描く理想に少しでも近づくために繰り返し同じ箇所を歌わされるのとは違う、みんなの声が明らかにいつもと違う。無心で歌う合唱。駅前の人通りの中、自分も歌っていた……」

小田和正が、何が好きなのか、音楽の何に惹かれていたかが、よくわかる文章である。

小田の音楽には、その最初から、声を合わせることへの憧憬があった。合唱仲間との自然発生的なハーモニー、その心地よさ。それは小田と鈴木康博が醸すハーモニーの美しさへのこだわりとなり、ひいてはずっと後年、二〇〇九年の「クリスマスの約束」でのアーティスト総勢二十一組三十三人による前代未聞の壮大なハーモニーへと繋がっていったように思われる。

小田和正の原点は、やはり、この街にあるのだな、そう思わせた。

校友歌「緑の丘」には、こんな詞が続く。

そしてまた　友たちと　語らうは　遙かな夢
果てしなく　道は続くとも　いつの日か　そこへ行く

七月後半になった。

いよいよ香川県さぬき市にある「野外音楽広場テアトロン」での公演だ。

瀬戸内海を見下ろすギリシアの劇場を思わせる石造りの半円形の野外劇場。高松空港から車で約一時間、高松市内からでも四十分ほどかかるが、小田和正のツアー開催地のなかでも圧倒的に人気の高い場所である。とはいえ、そのアクセスの悪さを小田も痛感していたのだろう。一日目、最初のMCは、こんな言葉から始まった。

「今朝、この会場に向かっている時にですね、くそ暑いし、こんな辺鄙《へんぴ》な場所に来てもらうということで、申し訳ない想いがして、ずっと暗い気持ちになっていたんですが、到着して、会場を見たとたん、ああ、俺は間違っていた………今日は楽しくやらせてもらいます！」

たしかに、その眺めは、疲れを忘れさせるほど美しいのである。

眼下には、凪《な》いだ瀬戸内海が広がる。生い茂る緑の木々、そして高い空。会場の急斜面には、石造りのベンチが並び、さらにその上に芝生席が広がる。壮大な景色である。半円の劇場の収容人数は約一万人。この日も、すべての席が埋まった。

その光景はやはり壮観だ。

夕方五時半、開演。オープニング映像が始まるや、小田の登場前から、会場中が拍手をしながらの総立ちとなった。そして一曲目、「風を待って」を小田が歌い始めるや、会場は一つになった。一つになったという言い方はやや陳腐に聞こえるが、小田、バンドの面々、そして観客、劇場中が不思議なほど、一体感に包まれた。不思議な光景だった。

その光景に刺激されたのだろうか、一日目、しばらくして、小田は突然、「この景色を見たとたんにですね、この曲、ちょっと歌おうかなと……」と、電子ピアノに向かい、セットリストにはない「夏の終り」を歌い始めた。こういうハプニングも、やはり野外劇場ならではかもしれない。

小田が初めて四国でライブをやったのは、一九七七年、オフコース時代だ。二人オフコースに、非公式ながら三人が加わり、全国ツアーと銘打って、初めて四国でも公演を行った。その時に知り合ったのが、デュークの会長、宮垣睦男だ。ここ何年も、小田は宮垣と一緒に金比羅《こんぴら》さんに登っている。齢《よわい》七十代半ばの二人が、御本宮どころか、さらに奥社《おくしゃ》まで挑戦、階段数は千三百六十八段。今回も挑戦し、息絶え絶えな様子が「ご当地紀行」で紹介された。

小田は、イベンターとのつきあいを非常に大切にする。とりわけ、まだ全く売れていなかった二十代からつきあいのある宮垣と、東北地方を担当するギルドネクストの社長、佐藤哲

（通称サチュー）の存在は、ファンにもお馴染みだ。サチューも、宮垣同様、オフコースが五人になり全国ツアーを敢行した一九七七年以来のつきあいだ。当初、千五百人収容の仙台の会館に百人しか入らずガラガラだったが、サチューは「希望しか感じなかった」と話す。「当時、可能性しか考えなかったよね、この空席を埋めたらすごいだろうとしか思わなかったよね。若さってすごいよね」

宮垣も大学生を八年やったが、佐藤は当時、医学部受験の浪人生でそのままこの世界に入り込んだ。ともに、そのなんともいえない、まるで幼馴染みのような関係は、小田のツアー全体の温かさ、親しみやすさにも通じる。彼らイベンターたちが、どこの地区でも、小田、バンドの面々、さらに総勢百人を超えるスタッフの食事をいろいろ用意してくれるのだ。

たとえばさぬきでは、地元一の讃岐うどんが用意され、そこに宮垣自らが作った柚子胡椒《ゆずこしょう》が添えられてあった。心のこもった絶品の柚子胡椒だ。大仰《おおぎょう》ではなく、しかし心のこもった手製のおもてなし。小田とイベンターとの関係、ひいては、スタッフと小田との関係、さらに、小田のツアーそのものの雰囲気を、それは象徴しているように思われた。

ライブ後半、刻々と夕闇が迫ってきた。野外劇場は、時間の流れを感じさせてくれることが特徴だ。

今回のツアーでは歌われていないが、二〇一六年のツアー時、この会場で夕暮れが迫るなか、小田が「たそがれ」を歌う時間のみ、照明の佐々木好二は照明をほぼ消し、小田やバンドの面々の顔にのみ光を当て、舞台左に沈む夕陽の光だけの世界にしたことがあった。野外劇場ならではの贅沢である。

　この日は、日が沈み、あたりが真っ暗になるなか、観客たちはスマホのライトをつけ、ペンライトのように振り始めた。会場中にスマホライトが揺れる様子は、やはり圧巻だった。

　そんななか、本編最後の曲「君住む街へ」では、小田は通路を渡り、観客席側の半円のメイン通路を歩きながら歌い始めた。いつもは客席に降りていた小田は、今回は新型コロナの影響で花道を歩くにとどまっていた。しかしこのテアトロンで初めて客席の通路を歩き、観客に少し近づいた。もっとも、一日目、小田は涙を抑えられず、途中、歌うことができなかった。二日目は、しっかり歌いきった。

　そしてアンコール。

　小田が「『YES-YES-YES』のあいだのみ、写真撮影ＯＫ」と叫んだ。一斉に歓声があがり、写真のフラッシュが会場じゅうで光り始めた。この「写真撮影ＯＫ」は、二〇一一年、東日本大震災後に遅れて始まったツアー時、この会場で、小田が「いまから五分間写真撮影ＯＫ」と叫んで以来かもしれない。その時も、私はこの会場にいたが、フラッシュが点滅し、歓喜が溢れ、まさに会場が「祝祭空間」と化した様子はいまでも忘れられない。

　小田和正のライブは、やっぱり、齢を重ねてきた人たちにとっての、「夢のような時空間」「祝祭空間」なのだなと改めて思った。

第5章

オフコース中期II

1980-1982

一九八〇年は、小田和正にとって、どんな〝時代〟といえばいいだろう。

やりたいと思っていたことがようやく、次から次へと実現していった時代。ようやく、思うような音楽活動ができると心弾む気持ちになっていた時代。

しかし、そう思っていた一方で、足下に亀裂が生じ始めていた、思いがけないところで足をすくわれた、そんな年と言えるだろうか。強い光を浴びるほどの、それゆえできてしまった濃く暗い翳《かげ》。

つまりは、光と影の一年と言えるだろうか。

前年十二月に発売されたシングル「さよなら」は、結果的に約七十一万枚の大ヒット曲となった。

オフコースの周辺が変わっていった。小田が語る。

「『さよなら』のあと、スケールが大きくなって、カッコよくなくちゃいけないみたいになった。それまでもつくるということは大変だったけど、それがさらにクオリティーというほど立派なものではなかったと思うけど、オフコースというバンドへの期待、それを果たしていかなくてはいけないという苦悩はあったね。周りも、どうしたって膨張していく、スタッフも増える。当時、広げないでいこうというスタッフはいなかった。利益が出るから裾野《すその》も広がり、それで寄ってくる人間もいる。絵に描いたような、いい意味も悪い意味も含めてのサクセスストーリーだよな。こぢんまりした、罪のない快進撃から、どんどん邪念のようなものが入り込んできて、それに対して固く扉を閉ざすと、『オフコース城』とか言われた。それまで苦労したから簡単には入れないよ、みたいになっていった。敵も増えた。レコード会社のなかにも、生意気だと思う人間もいたし、微妙な敵もいっぱいいいたね」

もうひとつ大きな変化は、一九七三年から一九七六年までサブミュージック時代にマネージャーをやっていた上野博がこの時期戻ってきたことだった。ただし、上野と大阪時代からつきあいのある清水仁が、オフコース・カンパニーに入れることには反対したため、プロモーション担当として契約する形をとった。

「バンドを壊す男だと思っていたからね。だから、〝マジョ〟の最も優れた部分でのみ、つまりプロモーション担当としてだけ契約したらいいと言ったんだ」

と清水は振り返る。

上野は、小田と鈴木が一九七六年にオフコース・カンパニーを作ったのを機に大阪に帰り、外国人アーティスト専門の呼び屋をやっており、その時のノウハウを売れ始めたオフコースをプロモーションするにあたって活用しようと意気込んでいた。

一九八〇年五月一日からは、全国十四カ所、二十二公演の春のコンサートツアー「LØVE」が始まった。前年のツアーに引き続き、テーマは「生まれ来る子供たちのために」。

この最終公演が六月二十七日、二十八日の日本武道館公演だった。前回のツアー時も武道館公演は候補に挙がったが、音響の問題で見送っていた。今回、武道館で行うに当たっては、専属のPA木村史郎の働きが大きかった。木村はオフコースの公演前の一九七九年二月に、武道館で行われたドゥービー・ブラザーズのコンサートを観に行った。座席は二階席の端だったが、「何も聞こえなかった」。木村が四十余年前を振り返る。

「ひどかったです。こんなので料金をとるのはひどいんじゃないかと思いましたよ。だから、俺がやる時には、絶対、二階席用のスピーカーが必要だなと思ったのです。まだスピーカーを吊るシステムはなくて、積み重ねるしかなかった。そこで絶対倒れない櫓《やぐら》を立て、つまりスピーカータワーを作り、一階席用スピーカー、二階用スピーカーとして、奥に一・八メートルを三基、横に五基を繋いだんです。前例がなかったですから、全部、自分で考えたんですね」

通常のコンサートの五倍量のスピーカーを使用することで、武道館のどの位置からでも同じように聴こえるようにした。そうすることで、オフコースの武道館公演は実現した。

この武道館公演には、十二万五千通の応募はがきがあった。そしてこの武道館公演を見据えて、直前にリリースされたのがシングル「Yes-No」だった。

前年三月、ロッド・スチュアートの武道館公演をメンバー全員で観に行った。ロッドの最大のヒット曲「Da Ya Think I'm Sexy」が演奏されるや、会場は爆発的な熱狂に包まれた。

小田は、この時、オフコースにないのはこういう曲なのではと考え、それが「Yes-No」のヒントになったと後に発言している。

音楽評論家の小貫信昭によれば、どちらの曲にも共通するのは、ディスコ・ミュージックのリズム・アクセント。さらに「Yes-No」は「君を抱いていいの」というストレートな歌詞がファンを驚かせた。

Yes-No

今なんていったの？　他のこと考えて
君のこと　ぼんやり見てた
好きな人はいるの？　こたえたくないなら
きこえないふりをすればいい

君を抱いていいの　好きになってもいいの
君を抱いていいの　心は今　何処にあるの

ことばがもどかしくて　うまくいえないけれど
君のことばかり　気になる
ほらまた笑うんだね　ふざけているみたいに
今　君の匂いがしてる

君を抱いていいの　好きになってもいいの

小田は「Yes-No」の歌詞について、二〇〇五年、小貫にこう話している。

「『抱きしめよう』はともかく、『君を抱いていいの』は、当時の歌詞の中でも、一線を越えた。でも、そこを越えたから、みんなのアンテナに引っかかったんだよ。世の中には、いい曲だけど地味な曲ってたくさんある。それは、歌詞が一線を越えてないから、アンテナに引っかからないってことなんだよ。……ずっと疑問文、疑問文で成立している。そして、最後に相手に、責任を取らせる歌なんだ。〝どうなんだ〟って突きつける。だから〝Yes-No〟なんだ」

「さよなら」のヒットを機にオフコースを〝売れるバンド〟に、〝聴衆を熱狂させるバンド〟に変えていく。小田はこの時期、その方向に舵《かじ》を切ったということだろう。


二日間の初の日本武道館公演は、そんな小田の覚悟のなか行われた。

コンサートの序曲には、ホルストの組曲「惑星」、なかでも最も壮大な第四曲「木星」が使われた。ステージを覆うように張られた三面の大スクリーンに、照明の色とりどりの光線が映し出され、会場が興奮の渦に包まれるなか、「SAVE THE LOVE」の演奏が始まり、五人が現れる、という導入だった。このころから、パフォーマンスが苦手だった小田が、ステージ上から助走をつけて、タンバリンを観客に投げ入れるというパフォーマンスをしたり、キーボードの持ち場を離れ、他のメンバーがいるセンターマイクに駆け寄り、顔を寄せ合い、サビのコーラスに参加するといった、観客を熱狂させることを意識的に行うようになった。

かつて小田は「若いころ、キャーキャー言われることがとっても恥ずかしく、たまらなく嫌でカッコ悪いと思っていたけど、年をとり、三十代も半ばになると、不思議だけど、どうということなくなったね」と話したことがあるが、バンドであるとの自覚がそこにはあったのだろう。

音楽評論家の田家秀樹も、この武道館公演を見てびっくりしたと当時を振り返る。

「えっ、オフコース、全然違うじゃん、と見え方が変わりましたね。ロックバンドじゃん、照明の使い方といい、オフコース、ここまでやっているバンドはいないと思ったのが、最初の武道館公演でした」

こうして初の武道館公演は興奮に包まれ、三回のアンコールを経て終わった。

We are

「Yes-No」も収録されている八枚目のオリジナルアルバム「We are」のレコーディングが始まったのは八月六日、トラックダウン作業のためロサンゼルスに向かったのは九月二十八日。向こうに着くと、すぐにハリウッド近くのチェロキー・スタジオに直行した。

このアルバムで最も特記すべきことは、日本でレコーディングされた音をロサンゼルスにもっていき、エンジニアのビル・シュネーがトラックダウンしたことだった。専属のPAをもったのもオフコースが最初なら、海外で特定のエンジニアにトラックダウンしてもらうこともオフコースが初めてだった。小田の音に対する徹底したこだわりの証左だろう。

武藤は、当時の小田のこの試みをこう説明した。

「ミキサーというのは、最終的に音楽をまとめる、いわばコンダクター。いままではどちらかというと、電機屋とかエンジニアだった。彼らが、もっとこういうふうにしたいなと思っても、いつも電機屋との闘いで、エンジニアはもうひとつ彼らの思うように表現できてなかった。それを初めて可能にしたのがビル・シュネーだったんだよね。彼もまたアーティストだったから、彼らの思うように表現してくれる人だった」

実際、ビル・シュネーがミキシングを担当し、音が変わった。

たとえば「We are」の一曲目「時に愛は」の出だし部分。語るのは当時、東芝ＥＭＩの制作部長になっていた新田和長。

「出だしから悔しいくらいクリスタルな透明感のある音がしています。弦のこすれる音、0コンマ何秒の意図的なタイミングのズレ、スティックがタムの皮に触れる瞬間の音、すかさず皮が元に戻る瞬間の音が連続して移動していく空気の流れを感じます。音圧も感じます。ベースの音も弾いている目の前五十センチで見ている時に聞こえる指と太い弦がこすれボディーに共鳴している生の音が聞こえます」

音楽評論家の田家秀樹も、アルバム「We are」について、「『音楽の環境の整備』。オフコースが画期的だったことの一つにはそれがある」としたうえで、「求めている音楽の追求。このアルバムは、そんな彼らが確実に次の階段を上ったアルバムである」と評し、続けてこう書いている。

「一曲目の『時に愛は』のイントロを聴いただけで音の違いが分かる。イーグルスを連想するような、どっしりしたドラムとベースの音の落ち着き。それぞれの楽器の音のクリアーさ。抜けるような高音と低音のバランス。全体の音の広がりや奥行き。日本でレコーディングされた音をロサンゼルスに持って行って、トラックダウンすることによって生まれたバンドサウンドだった」

その田家が、当時を振り返って、こう話してくれた。

「当時、日本の俺たちのレコードは、なんでこんなに音がショボいんだ、日本の音と向こうの音がなんでこんなに違うんだと言っていましたね。そんななか、いち早くアメリカでミキシングしたのがオフコースでした。そのあと甲斐バンドがNYでレコーディングし、エンジニアの時代というのがきて、『エンジニアが変わると音が変わるんだよね』とみんなが言い始めたころでした。小田さんは、それを先駆けて実行したんです」

そもそも小田がビル・シュネーの名前を知ったのは、公演の合間に立ち寄ったパチンコ屋の景品からだった。小田はもらったボズ・スキャッグスのアルバム「ミドル・マン」の音が気に入り、ミキサー担当の名前を見ると、ビル・シュネーとあった。これを朝妻一郎に話し、渡りをつけてもらったのだ。

以降、小田はトラックダウンをビル・シュネーに委ねることになる。

帰国後、彼らはふたたび、十一月十日の姫路を皮きりに全国四十七カ所、五十八公演のコンサートツアー「We are」に出発した。

アルバム「We are」がリリースされたのは、十一月二十一日。すべてが順調に回っていた。オフコースというバンドが、紆余曲折を経て、ようやく、ここまで到達した。小田はそう思っていた。

メンバーも同様だったろう。たとえば大間も、この「We are」が一番好きなアルバムだったたと回想する。

「やっと完成品ができたなと思ったのね。どこに出しても恥ずかしくないというか、田舎で聴いても都会で聴いても、何かを感じてくれるはずだという、そういう自信がもてたアルバムでした。ご本人はどう思っているかわからないけど、小田さんのイメージがようやく具現化したアルバムじゃないかと思いましたね。そして俺たちはようやく五人のバンドとして、ひとつのものが作れたと思えたアルバムでした。『We are』のツアーも、毎回、毎回、グッとくるツアーでした」

しかし他方で、ファンが増え、騒がれるようになったことに比例して、この頃から、オフコースは不思議な嘲笑《ちょうしょう》を受けるようになる。

たとえば、「週刊新潮」のコラムに「女の子にキャーキャー言われながら、〝君を抱いていいの〟って、いい歳をして」と書かれた。さらにこの論調はエスカレートしていき、「暗い」「軟弱」「女々しい」……、こういう言葉がオフコースにまとわりつくようになるのは、このあたり以降だろうか。

当時、そう書かれて、どんな心境でしたか？　と、まだ五十代だった小田に訊ねたことがある。その時の答えは、次のようなものだった。

「女々しいと言われるのは、……………（かなり長い間、沈黙）、うれしいという感じではないよね。まだ三十代のころだから、『女々しくないよ、俺』っていうより、『女々しいのかなあ』とね。で、女々しいと言われる要素はなにかなと考えて、たぶん、声だなと思ったのね。同じことを歌っても、拓郎が♪結婚しようよ♪なんて歌っても、ああいう声だから、女々しいといわれなかったし、声かなぁ、高いからね。そのうえ、♪君を抱いていいの〜♪なんて歌ってたからかなぁ、いい歳して。俺も、♪君を抱いていいの♪って、それだけの意味じゃないだろうと、自分のなかでは思うけど、でも、それは説明することでもないと、俺は一切関わらなかった」

あるいは、こんなことも言っていた。

「イメージと闘おうとか、イメージを覆してやろうとか、思わなかったよね。女々しいと言われる部分は、言葉の表面的なことから言えば、女々しく捉えられる可能性は多分にあるし、自分としては、女々しさのなかの強さを見てくれない人は、そういう人なんだからとも思っていたよな」

いまとなれば不思議なこととしか思えないのだが、人気が高まれば高まるほどに、オフコースに対する揶揄《やゆ》や、意外なほどの評価の低さがまとわりついていた。とくに男性ファンは、オフコースファンであると公言することが恥ずかしいと、「隠れオフコースファン」なる言葉も生まれた。音に対して、先鋭的で画期的な試みを先取りしていたオフコースだが、そういったことはほとんど知られず、なにやら甘ったるい歌を歌うバンドと思われていたのだろうか。

小田は、ずっと以前、こんなことも言っていた。

「具体的に聞いたのは、俺がステージで涙して、それを見てお客さんも涙して、暗い、葬式みたいなライブをやっていると。それが一番大きかったんだね、暗いという表現は。それがもう蔓延《まんえん》しちゃったから。オフコース嫌いな人にはとっても都合がよかったんじゃない。だからオフコース聴いている人まで暗いと言われるから『隠れオフコースファン』なんて言葉もあったでしょ。なんか鬱陶《うっとう》しかったよね。いつまでたってもそれだったから」

あるいは、大間が記憶しているのはこんな光景だ。

あるラジオ局のディレクターがツアーの打ち上げ会場にやってきて、小田に向かって、「Yes-No」の前奏から出だしの言葉♪今なんていったの♪に入るところで半音転調する部分について、「小田さん、あの転調、気持ち悪いですよぉ、気持ち悪いなあ」としきりに難癖をつけていた。外の連中は好き勝手にケチをつけるのだなと大間は横で聞いていたが、ずっと後年、今度は逆に、いろいろな人が「この転調がいいんだよね〜」としきりに褒め称えているのを聞いて、「理解されるのにもずいぶん時間がかかったものだなと思った」と笑う。


他方、オフコースに魅了されていた音楽家たちもいた。

たとえば、その一人、ジャズピアニストの山下洋輔は、アルバム「We are」にすっかり魅了された一人だ。日本武道館の公演も観に行っている。彼は当時、「オフコース・シンドローム」と題したこんな文章を書いている。長文だが、面白いので、ぜひ読んでほしい。

「『We are』というレコードを聴き、そのライブを武道館に見に行き、非常に楽しんだ。これが始まりだ。若干興奮気味のまま家に戻り、同居人女とそのガキにライブの様子を話して聞かせ、レコードをかけまくった。すると、この二人もたちまち巻き込まれた。何度かけても飽きないというレコードの仕上がりのせいもある。やがて、朝の七時からレコードが鳴り、『トキニー、アイワー、チカラアー、ツキテー』などとわめきながら小学四年生のガキが学校に出掛けて行く毎日となった。或は、夜中に帰ると、母親が『いくつもの星の下で』をうっとりと聴いている。今まで知らなかった他分野のことであり、大変面白く、行きつけの酒場でも誰かれなしにこのグループのことを話そうとした。すると妙なことが起きた。どいつもこいつも、皆、長年の友人が急に何か『間違ったこと』を言い始めた、という顔つきになり、落ち着きのない態度となるのだ。『何でお前さんが』といって説教しようとした奴もいるし、黙ってアワレミの微笑を浮かべる奴もいた。話が聞こえないフリをしてどこかへ行ってしまった奴さえいた。

どうやら、このグループを面白い、と言うだけのことが異常的に大変であるらしいことが分かった。たとえば『RCサクセションが面白い』と言うのなら誰からも妙な目では見られないのだ。それは勿論『RC』も面白い。これも出掛けて行って目撃した。しかし、こういう分野（一緒にしてはいけないのだろうが）での初体験の縁というのはやはり強く、今さら急に心変わりはできない。一度きちんと感動させられたという事実があるのだから、その責任はとりたい。そう思いつつ暮らしていると、段々と『隠れオフコース』的気分になってきた。その内に、実は同じような奴が結構いることが分かってきた」

このあと、山下は、インタビューに来た音楽雑誌関係の女の子も、「実はオフコースが好きで」とヒソヒソ声で告白したと書き、「何か『オトナ』が聴くとキハズカシイのではないかという考え」があり、これは主に「歌詞に対する反応」らしいと気づき、さらにこう書いている。

「しかし、女子大生の姪が言うには、『三十過ぎた男があゝいうことをちゃんと言えるからこそエライ』のであり、最近中毒になったその母親にいたっては、『きかせて』のような歌が子供に分かる筈がない、あゝいうものは自分らの年（大変な年だが）にならねば絶対に分からん、などと断定してしまうのだ」

このような熱い支持の声が、当時、一体、どこまで小田の耳に届いていただろうか。

もう一人、当時、オフコースの音楽に魅了された音楽家の文章を紹介しよう。かまやつひろしだ。タイトルは、「OFF COURSE WE ARE…」。

「オフコースの音楽は、せつなくてほろにがい快感を運んでくれる。わかりやすくて品位があってイエテル、イエテルとうなずけるリリックス。肩の力を抜いて聞いていると一番気持のいいところにどんどんドライヴしてくれるメロディライン、そして無駄なく整理されたバックのサウンドアレンジ。シンプルな中に心地よいテンションがある。そして小田君の声質には嫉妬すら覚える。僕がオフコースの音楽がすごく好きなのは、ロマンティストであるからだけではなく、音楽の趣味がずば抜けて良いからだ。ボージョレーが身体を暖めてくれた冬の夜……フェラーリ・ディノのコックピットはジタンのマイズのけむりでいっぱい。勿論レシーバーからフル・ヴォリュームのオフコース。そして、そして……すべて思ひ通りに事が運ぶ。THANK YOU OFF COURSE!! By MONSIEUR」

いずれにせよ、オフコースは人気が出るようになってなお、彼らの前には、新たな試練が立ちはだかっていたように思われた。正しく評価されなかったのは、なぜなのか。やや嘲笑めいた評価は何だったのだろうか。

ずっと後年、小田は加藤和彦と「週刊文春」の二〇〇八年新春号で対談しているが、そこで小田は次のような発言をしている。ちなみに加藤と小田は同じ一九四七年生まれだが、加藤は早生まれで学年は一つ上。先に書いたように、一九七一年には約一年間、同じ事務所に所属しており、オフコースの二枚目のシングル「夜明けを告げに」は加藤の作曲だった。

対談は二〇〇七年秋、二人がちょうど六十歳を迎えたころに行われた。加藤はこの二年後に、自死している。

加藤　しかし、オフコースって音楽的に優れているんだけど不思議なグループで、うるさい音楽雑誌とかには記事で載せてもらえないっていうか、透明人間なんて書かれてた。いるけど見えない。

小田　それはもうずーっと。ロックじゃないみたいな。女・子どもの音楽と言われて……。今でもそうだもん。

加藤　だけど、あれだけ受け入れられていたし、明らかに歌謡曲とは違う。すごいハーモニーやっているし、とても高度なんですよ。まあ小田君のこと知ってるから、声高にその雑誌の連中に「何でお前らは～」とは言わなかったけれども。

小田　だからロック系とかブルース系の評論家の取材は嫌だった。どうせ、無理矢理セッティングされて俺の話なんか聞きたくないんだろうなと。思い出すね、色々……。

加藤　日本にはいまだにそういう音楽のヒエラルキーというものが存在するね。

小田　あるねえ、それはもうほんとに。そういう人たちがいまだに巣くってるというかさ、いまさら言ってもなんだけど。

この対談をまとめたのは、無署名になっているが、音楽評論家の田家秀樹だった。

「僕は当時、文化放送で、フォークロック系の番組をつくっていたので、オフコースは最初の

『僕の贈りもの』から聴いていました。一服の清涼剤みたいな印象でした。しかし一九七〇年代という時代は、ある種の泥臭さや挫折感をひきずっていて、そのザラザラした空気感のなかで、男っぽい嗄《しやが》れた声、力強さ、そういうものが好まれていたように思います。そんななかで、オフコースは毒気がなく、透明感や清潔感の印象が強かったし、怒りとか挫折感とも違う。ちょっとメルヘンティックな印象さえありましたね。女の子のファンが圧倒的に多いことも、その印象に影響していたかもしれないです」

では、きれいな高音の陽水の人気は？

「哀しくて儚《はかな》いですからね。拓郎でこぶしを振り上げた者が陽水で泣く、という時代でした。時代というのは罪なものですね。でもね、僕自身、一九八〇年に、武道館公演で初めて見て、え、オフコース、全然、思っていたのと違うじゃんと驚きました。そこから印象が全く変わりました。オフコースが好きだなと思った最初は『愛を止めないで』でしたね。あのスケール感と勢い。あ、これだと思いました。いまでも、あの歌は好きですね。ライブ感があるし、オフコースはあの曲で突き抜けたんじゃないかと思います」

それにしても、果たして、「女・子どもの音楽」だったのか。

改めて「We are」を聴いてみる。

小田の作詞作曲は六曲。「時に愛は」「Yes-No」「僕等の時代」「私の願い」……いまなお人気のある楽曲だ。確かに泥臭さや毒気とは無縁。しかし力強さはある。そんななか、ちょっと異色な印象なのが「きかせて」だろうか。山下洋輔も、「姪の母親が、『きかせて』のような歌が子供に分かる筈がない。ああいうものは自分らの年（大変な年だが）にならねば絶対に分からん、などと断定してしまうのだ」と書いた楽曲だ。

きかせて

窓は開けたままで
話しをきかせて
手紙もくれなかったね

そのひとといれば
すなおになれるの
きっと　やさしいひとなんだね

きかせて　どうして　あなたは
あの時たしかに　僕を

あの頃と同じだね
こうしていると
でもそれは　特別なことでなく

はやい方がいい……
……帰るなら……
はやい方がいいね

力強いドラムとベースの音から始まるこの楽曲は、不思議な魅力がある。余白の多い歌詞、重くも読める。ありふれたラブソングでは決してない。しかも白昼夢のような明るいけだるさが漂うメロディにのせて、小田の澄んだ高音で歌われると、たゆたうような時間の流れを感じさせ、さまざまな妄想に誘《いざな》われる。

ラブソングを書くようになってからも、「常套句だけで成立しているラブソングは嫌だった」と苦闘していた小田がつくりあげた世界、だろうか。しかし、当時、こういう歌も含め、どこまで評価されていたかどうか。ちなみに、トラックダウンを担当したビル・シュネーも、アルバム「We are」のなかで、この「きかせて」が一番好きな楽曲だと言ったという。ほかにも、PAの木村史郎はじめ、いま、この曲を好きな曲としてあげる人は少なくない。

鈴木康博の脱退

アルバム「We are」が十一月二十一日に発売され、オフコースは十一月十日から翌一九八二年三月二十八日まで、全国四十七カ所、五十八公演の予定で、コンサートツアー「We are」を行った。このツアーが始まってまもなくの十一月二十七日、札幌道新ホールで「オフコースの小さな部屋」と題されたコンサートを開いた。ここはツアー篇でも書いた一九七四年一月十日の観客が十三人しかいなかった時のリベンジコンサートである。今回は三万通の応募はがきが来て抽選がおこなわれた末の満員だった。「小さな部屋」と題されたように、ツアー中のほかのステージと違い、五人の曲のほかに、小田と鈴木の二人オフコース時代の演奏も聴かせ、昔のステージの模様をスライドで映したりもした。オフコースは、成長を続けていた。翌一九八一年二月七日からは、四日間の二度目の武道館公演も予定されていた。まさにフル活動、一年の大半はツアーかレコーディングの日々だった。

十二月一日、アルバム「We are」から「時に愛は」がシングルカットされ、発売された。B面は「僕等の時代」だった。どの楽曲をシングルにするか、A面をどの曲にするかは、オフコースのメンバーとレコード会社がいつも決めていた。この時、A面は「時に愛は」に決まっていたが、B面がなかなか決まらなかった。

そんな状況のなかで、この年の春からプロモーション担当に返り咲いていた上野がこともなげに、「『僕等の時代』がいいやん」と主張し、それに決まった。しかしこれは実は例外的なことであった。これまでずっとA面とB面で、小田と鈴木の楽曲を一曲ずつにしていたからである。しかし今回は、AB両面ともに小田の楽曲になってしまった。

四十年の時を経て、上野が当時を振り返って語る。

「箱根のスタジオでレコーディングしていた時、B面どうするって話になったんです。俺、『僕等の時代』が、B面ぽいやんって言いました。そしたらみんな黙っていた。俺は、二人がA面とB面を分け合っているなんて全く知らなかった。そういうバランスにしてたんだ、政治的にね」

どの曲をA面にするか、B面にするか、実は、みんなの記憶はさまざまだ。その時、その時、いろいろな決め方があったのだろう。ただ、レコード会社にしても、売れそうな曲が選択の基準であることは確かである。

そして結果的に、オフコースはずっと、一曲を除いてA面はすべて小田の曲、B面は鈴木の曲になっていた。鈴木の曲がA面だったのは、十二枚目のシングル（一九七七年十一月二十日発売）で、日本テレビ系列のドラマ「ひまわりの家」の主題歌として制作された「ロンド」のみだった。

このことはこれで終わった。十二月一日、このシングルが発売された。

十二月中旬、福島県郡山での公演のあと、次の新潟公演まで数日の空きがあり、当時、よく使っていた渋谷のマックスタジオで、メンバー全員でリハーサルがもたれた。そのあと、マネージャーの西沢から話があると、上野、小田、鈴木のみがスタジオに残った。西沢の話は、オフコース自前のスタジオを作ろうというものだった。それはずっと彼らの、とくに小田の念願だった。一度、箱根に候補地があったが、辺鄙《へんぴ》なため撤回されていた。そんな折り、ちょうど東京・表参道にスタジオに向く土地が見つかり、デザイン学校で学んだ経歴をもつ西沢は、スタジオの設計図まで作って、この話し合いに臨んでいた。

その西沢がノートを広げ、概略を話し始めた時、鈴木が「待ってくれ」と話を止めた。

「俺、オフコースをやめようと思っているんだ。だからその話は待ってくれ」

小田が四十年前のその時を回想する。

「ものすごくうれしいミーティングをしようという時だった。いよいよ自分たちの城をもって、いいものをつくろうと。俺はものすごく前向きだったからね。それは間抜けなくらいウキウキしていた。だから、えっ⁉　という感じだった」

鈴木は脱退したい理由を言わなかった。

小田が鈴木に、「二人で話そう」と、外に誘い、小田の車に乗り、目黒通りを走った。開いているレストランに入り、そこで二人は話を続けた。しかし、鈴木の決意は固かった。

この話は、当面、その場にいた四人だけの胸にしまっておくことにし、翌年三月、西沢からあとの三人のメンバーにも伝えられた。もっとも、勘のよい清水は、ずっと以前から危機意識をもっていた。そしてその遠因は上野のマネージメントにあると感じていた。

前年の春からプロモーション担当に返り咲いた上野は、オフコースの顔をはっきりさせるため、まず小田をオフコースの顔にし、ラジオ番組などには小田一人を行かせるようにした。そのやり方が時に極端な気がして、清水はいつしか気になっていた。

「小田さんの意見が五人の意見、バンドの意見だというやり方にしたとき、最初、俺も取材なんて面倒くさいから、小田さん、行ってきてよという感じだったんです。でもほんとは、五人いたら五人とも意見が違うから面白いんだよね。しかもそのなかでまとまろうとするエネルギーがスリリングなんで、結果として良いバンドになるはずなのに、話すのはいつも小田さんになった。〝マジョ〟がそう決めた時、一言いえばよかったと、あとからは思いましたよ。でも、そのころは、そんなに大事《おおごと》なことになるとは思っていなかった」

清水が好きなビートルズは成り立ちが全く違うとはいえ、すべてが四人均等だった。アルバムのジャケットは最初から最後の「Let It Be」まで、写真のなかで四人は均等に分割されていたし、記者会見でも四人は横に並んだ。

清水が話を続ける。

「ただ、だんだんこりゃマズイなと思い始めたんです。つまり小田さん以外はみんな同じになったわけで、俺たち三人はともかく、ヤスさんがそれでは可哀想だろうと。ツアー中の金沢かどこかで、〝マジョ〟を部屋に呼んで、『このままだと、ヤスさん、やめるぞ』と言ったんですよ。そしたら彼が、『実はもう、ヤスはやめることになってるんや』と」

松尾と大間は、清水が感じていたような状況には、全く気づかなかったという。とくに大間は「We are」を出した達成感を味わっていた時のこと、それを聞かされ、

「ようやくバンドとしてここまで来たのに、なんで、この人はそんなことを言うのだろうと、全く予想すらしていないことでした」

実際、このあとも、大間は、なんとか鈴木を引き留めたいと思い、鈴木に話しかけ続けていた。

一方、松尾はあとから思い返してこう理解したという。

「『JUNKTION』あたりまでの音づくりが、ヤスさんはやりやすかったんじゃないかなと感じました。AOR的な、ヤスさんはそっちのほうをやりたかったんじゃないかと。『Three and Two』あたりから、オフコースが売れたあとの音に囚われすぎてしまったのかなとか。『We are』あたりは、ヤスさんはもう苦しげに曲を書いていたような、そんな記憶があります」

バンドとなったオフコースは、鈴木がやりたい音楽から離れていったということだろうか。実

際、鈴木は二〇二二年のツアーパンフレット「Yasuhiro Suzuki 50(+2)th Anniversary」のなかで自らの音楽人生を振り返っているが、五人オフコース時代について、こんな発言をしている。そのまま引用する。

「『FAIRWAY』（一九七八年十月五日発売）の後あたりから、スタッフが『日本武道館へ行こう（目指す）！』と言い出した気がするんです。ところが俺も小田も『武道館を目指すなんて、必要ないんじゃない。多くの方が見に来てくれるなら市民会館を一週間とかやればいいじゃん！』と思っていたんですよ。そんな時に小田が『愛を止めないで』のメロディを書いてきて、ディレクターから『康、ちょっとこの感じをやってみない！』とボストンを聴かされたんです。いわゆるエレキ・ディストーション・サウンドのアンサンブル。デカいサウンドのアンサンブルで、これって武道館のサウンドだよねという事で、『愛を止めないで』の音をそういったアプローチで作ってみようという事になったんです。そこでセミアコからレスポールのようなソリッドなエレキに持ち替え、初めてディストーションを入れてビヤ〜〜ンという音を出したんです。僕はあんまり好きじゃなかったんですけどね」

「オフコースはロックバンドじゃないし！　という思いがあったんですね」という問いに対しては、こう答えている。

「仁、松尾、ジローの三人はバンドやっていたじゃないですか。だから『ロックやろうよ。チープ・トリックだって武道館やっているし……。やっぱり夢はローリング・ストーンズ！　年をとってもやっていければいいじゃん』って、マネージャーも絶対にできるとその気になっちゃってね。そこから俺も小田も『ロックって何？』という話になり、それまで注目してこなかったローリング・ストーンズとかも聴くようになったんです。まあ当時の産業ロックはアドリブも含めてサウンドはできあがっていたし、アドリブを売りにしてというサウンドでもなかったので、『康ならできる』というディレクターのゴリオシはすごかったなと、今は思いますね」

三人が加わり、音楽そのものが変質していくなかでの戸惑いについては、小田も当時、感じてはいた。二〇二〇年、私の問いにこう答えている。

「音楽的なことで言えば、自分がやろうとしているものを結構、変えられたということがあるのかもしれない。ロックの連中はよりシンプルにしようとしていたが、ヤスはシティ・ポップというか、AORというかさ、もう少ししゃれた感じをやろうとしていたのが、その芽をわりと摘まれてしまったということはあったかもしれないとは思う。簡単に言うと、ダーントタンとコードがおしゃれに変わっていく感じを、できるだけコードの数を減らすと、だいぶニュアンスが変わってしまうからね。そういうことが一回でなくあったんだろうね。それは俺もあったからね。常にドラムとベースが必要なのかという、俺の望んでいるニュアンスじゃないと思うこともね。でもそれは、若い連中に責任があるわけではないこと。試行錯誤だったんだな」

さらに当時、鈴木は歌詞を書くことが苦手だったと明かしている。

「メロディは時間が経過すればそれなりに出てくるので時間が解決してくれるんだけど、歌詞はいくら考えても出てこない！　メロディから自然と言葉が生まれてきたりしないんですよ。……加えて理工系だから本（小説）を読んでいない。それで小説も読み始めるんだけど、小説の物語の言葉の作り方と三分間の音楽の中での詞の構成は作り方が違うから、滅茶苦茶に時間がかかったし、言葉が出てこなかったなあ」

こうも言っている。

「一方、小田は自分の切ない気持ちを描いて、上手く自分の世界を見つけて作り出していたんです。『あしたのジョー』とか漫画も好きだった小田は、時代のポップ感覚をうまく取り入れるセンスがあったし、ファンレターもよく読んでいたんです。偉いよね。……だから売れる曲は小田に任せて、自分は音楽（サウンド）を追求してアルバムを充実させる方向へと気持ちが向かっていったんです」

しかしそんななかで、一九七九年ごろから曲そのものが作れなくなっていったとも表明している。「We are」のミックスのためロサンゼルスに行き、ＴＯＴＯのライブなど、向こうのミュージシャンたちの質の高いパフォーマンスを見たことも、生真面目な鈴木にとっては裏目に出たのかもしれない。

「みんな滅茶苦茶に上手くて、演奏のレベルも音楽的知識も違うわけです。……これから必死で練習をしても至ることはできないだろうなと、正直に言って打ちひしがれた部分もありました。そんな衝撃もあって、（一九）七九年あたりから曲が作れなくなってきて、オフコースを『辞めたい』ということを伝えたんです」

すべて、現在から振り返っての証言だ。ただ伝わってくるのは、オフコースが認知され大きくなっていくなかで、生真面目で不器用な性格ゆえか、袋小路に入り込み、壁にぶつかったような印象も受ける。鈴木自身が七十を過ぎて、「もっと鈍感だったら良かったのになという思いもあります」と語っている。

さらに清水は、音楽の作り方において、小田と鈴木の違いも大きかったのかもしれないと語る。

「小田さんの場合は、自分のなかに自分の骨格があったとしても、プリプロといいますが、コード進行しか書いてなくて、どんなメロディなの？　と大間が訊くと、小田さんは『いいんだよ、そんなのは』と言って一切聞かせないで、何にもないところからやり始めるんですよ。みんなと演奏しながら、ここは二小節増やそう、ここはカットしようとか、テンポを早めようとか、そうやって気がつくと、みんなで作っているんですよね。それに対して、ヤスさんは八割くらい自分で作ってくるんです。そうじゃない曲もありますけど、ほぼ作ってくる。だから、それに対して、俺らがなんか言うと、やはり当人は気分悪いですよね。変えられない。だから、その楽曲が膨らまないんです。結果、楽曲のパワーが全然違ってくる。みんなでやりながらまとめていった曲とみんながいじれない曲。そういうなかで、ヤスさんの居場所がどんどんなくなっていくということもあったのではないかと、あとからは思いました」

もっと日常的なことでいえば、既婚者の鈴木と残りの四人で、いつしか仕事が終わったあとの行動にも違いが出てきていた。昼の休憩時にも、みんなでお茶に行こうと誘っても、鈴木は「俺はギターの練習をしてるよ」と一人残ることも多かった。

少しずつ、少しずつ、歯車が狂い出していた。足下の地盤が少しずつ、少しずつ、崩れ始めていた。しかし小田は気づいていなかった。マイペースな人特有の、あるいは自身が自己顕示欲が薄い人だからなのか、小田には人の屈折した心理に気がつかないところがあるのかもしれない。

このころを考える時、思い出す逸話がある。

それは小田の学生時代、毎回、コンサートを手伝ってくれていた高校の仲間たちの一部から

「小田には感謝の気持ちがない」と責められたという話である。この時、小田はまさに青天の霹《へき》靂《れき》だったようで、こんな風に話している。

「みんな充実感をもって楽しくやっていると思っていたんだ。ステージに立って歌う係とサポートしてチケットを売る係の、役割の違いだけだと思っていたんだ。だから感謝の気持ちって言われて本当に驚いた。みんな楽しくやっていたじゃないかと。ヤスと地主は言われないわけよ。彼らには感謝の言葉とかがあったのかなあ。この時、あ、違ったんだと思ったんだ。全体を見れていない俺っていうのもあったんだろうね。突然の一揆みたいな感じで、すげぇショックだった」

状況は全く違うが、鈴木に『さよなら』は小田が書いた曲で、俺のヒットじゃない」と言われた時も、「えっ、『さよなら』はオフコースのヒットだろ」と思った自分がいたようなのだ。俺が、俺が、という意識が希薄な小田らしいエピソードとも言えるのだが、それでは済まないこともあるということだろう。

脱退の意向を表明したあとも、鈴木は契約が残る期間まで活動することになった。それは「応援してくれたファンやスタッフに挨拶したいので、これまで回ってきた場所、会場の全部を回れるようにしてほしい」という鈴木の希望でもあったが、メンバーにはそこまでは知らされなかった。

メンバーとオフコース・カンパニーとの契約は一九八二年七月三十日まで残すところ、あと一年半だった。さらにレコード会社との契約は一九八一年五月末までだったが、それではあと半年しかない。といってそこから二年では長すぎる。結局、東芝ＥＭＩとの契約は一九八二年十二月三十一日までの変則契約となり、この間、オリジナルアルバム二枚、ベストアルバム一枚、シングル盤三枚を出すことになった。

こうして鈴木は、やめると発言してから、約一年半、オフコースとして、一九八二年六月の日本武道館の公演まで、いままで通りの活動をこなすことになった。

この時点で、小田は鈴木の脱退後をどう考えていたのか。二〇〇五年当時の小田の証言だ。

「ヤスが抜けるなら、俺は解散だと思っていたね。俺はあいつなしで音楽をやるということは考えられなかったからね。いろいろ教えてもらうこともあったし、自分一人で音楽を構築できるとは思っていなかった。レコーディングはなんとかなっても、ライブは無理。だからこれで俺も、いよいよ音楽をやめるんだなと思っていた。音楽は好きだけど、一人でもやっていくぞというような、そんな気楽な思いは全くなかった。あまりにヤスに頼っていた部分が大きかったんだね」

こうも言った。

「あいつには力があったからね。歌もギターも上手で、自分にないものをもっているというのは明確にわかっていたから、片腕以上のものが捥《も》がれるというか、もっと打算的な気持ち。つまり、できないよ、ひとりじゃや。俺はなんにもできないやと。でもあいつは一人でやろうと決めていたんだ。一人でできると思っていたんだからね。それに対して俺は、オフコースはずっとあるものだと思っていたし、オフコースがあるから音楽をやってきたと思っていたからね。寂しいという以上の気持ちだったよね」

当時、清水、松尾、大間の三人は、そんな小田の気持ちは想像していなかったかもしれない。実際、松尾のこんな証言もある。

「曲は小田さんのほうがアピール度が強いんですけど、レコーディングしている時などは、ヤスさんがイニシアティブをとっていたんです。だから小田さんもヤスさんのそういう音楽的なところをすごく信頼していたと思います」

さて、鈴木が脱退を申し出た翌年、一九八一年は、どんな年だったろうか。

この年、二月に二度目の武道館公演が四日間（二月七日〜十日）あり、その後、一枚のシングルを作っている。「I LOVE YOU」だ。発売は一九八一年六月二十一日。

I LOVE YOU

流されて　流されて　僕のところへ
切ないね　あなたの　白い肌
あゝ　はやく　九月になれば
I LOVE YOU　I LOVE YOU

どうしたの　変わるこころ　不安になるの
あなたは僕を　しあわせにしてるよ
あゝ　はやく　九月になれば
I LOVE YOU　I LOVE YOU

誰もあなたの　代わりになれはしないから
あなたのまゝ　ここに居ればいいから
あゝ　はやく　九月になれば
I LOVE YOU　I LOVE YOU

このシングルには、いくつかの〝不思議〟がある。

一つ目はジャケットのデザインだ。ジャケットにこれまでと違ってメンバーは一切写ってなく（「生まれ来る子供たちのために」も文字のみだが）、ファンに向けての英文の手紙の、しかも下の断片のみが写っている。その英文の最後には、八月に十二枚目のアルバムのレコーディングが始まること、次のツアーが翌一九八二年一月から始まることが書かれていて、その下に大きくI LOVE YOU、正しくはI LIVE YOUのLIVEのIに斜線を引きOにしてLOVEにしているというデザインで、最後に小田の手書きと思われる「OFF course thank you」の文字。

二つ目は、このシングルの駅貼りの宣伝ポスターに、国会の強行採決のホンモノのニュース写真が使われたことだ。全面モノクロ写真の右下に「I LOVE YOU」の文字、さらにその下に非常に小さくオフコースとだけあり、ちょっと奇異な印象ともいえた。

三つ目は、この歌は次に出されたベストアルバム「SELECTION 1978-81」にまず入り、さらに武道館公演後にリリースされたオリジナルアルバムとしては十枚目のアルバム名となって、新たにレコーディングされ収録されていることである。つまり、「I LOVE YOU」はこの時期の小田にとって、特別なメッセージを込めた楽曲だったのではないかと思われる。小田は、「I LOVE YOU」というタイトルをつけたことを、二〇二〇年の時点で振り返り、こう言った。

「これまで自分たちがやってきたすべてのことを、いろいろな意味で〝I LOVE YOU〟と肯定してあげたかったんだな。そしてきれい事だけじゃ済まされないけど、この言葉で、すべてを乗り越えていけたらと思ったんだよ」

ではなぜ宣伝ポスターに国会の強行採決の写真なのかといえば、「社会的に最も嫌なこと、非常に怒りを感じること」だからだと話す。ちなみに、小田が学生時代、「反対」を表明しデモに参加した法案「大学運営臨時措置法」（大学立法）も、一九六九年、佐藤栄作第二次内閣下で、自民党が強行採決し成立させた法案である。つまり小田は自身を襲った解釈不能な混沌《こんとん》とした怒りを乗り越えていくために、社会的な大きな怒りを対峙《たいじ》させたのかもしれなかった。そこには幾重にも入り組んだ屈折があるのだが、伝わってくるのは、自分自身にも理解不能で制御不能な、誰に向けたらいいのかもわからない、静かな怒りだったのかもしれない。

では、何に対する怒りなのか。

やめるといった鈴木に対してなのか、鈴木の想いを見抜けなかった自分自身に対してなのか、幸福と感じていた絶頂から深い穴に突き落とされた運命に対してだったのか。たぶん、小田自身も混沌のなかにいたのだろう。だからこそ、怒りを乗り越えて、自分たちがやってきたことに対して、せめて、「I LOVE YOU」と肯定したかったのかもしれない。

では、シングル「I LOVE YOU」から始まった、五人オフコースの残り一年半とは、小田にとってどんな時間だったのか。

前年一九八〇年十一月十日から始まった全国ツアー「We are」は一九八一年三月二十八日に終わりを迎えようとしていた。メンバーにとって、とりわけ小田にとって、予想もしない状況でのツアー終了だった。最後の公演場所は仙台、宮城県民会館。舞台は最後の曲「愛を止めないで」が終わろうとしていた。一旦、照明が落ち、全員が大間ジローのきっかけのドラムを待っていた。そしてエンディングのコーラス、♪愛を止めないで〜♪と歌った瞬間、舞台の袖からスタッフたちによって大量のカーネーションが次から次へと投げ込まれた。小田は、当時、ファン会報誌に書いている。

「ぼくはあんな光景を生まれてから見たことがない。『ヤラレタ……！』と思った。うたおうとするけれど胸がつまって声にならない。もういちど『ヤラレタ！』と思った。……そしてぼくは嬉しかった。あんなことが起こったことが心から嬉しかった」

こうして〝激動〟の全国ツアーは終わった。

九月一日には、ベスト盤「SELECTION 1978-81」が出た。上野の怒濤《どとう》のプロモーション計画により、ラジオ・スポットCMが集中的に行われ、アルバムチャートのトップに立った。さらに上野は知り合いのNHKのディレクターに相談し、オフコースのドキュメンタリーを撮らせている。上野いわく「僕としては、ビートルズの『Let It Be』ですよ」というもので、それが一九八二年一月三日にNHK教育テレビ（現・NHK Eテレ）で放映された「若い広場　オフコースの世界」である。

そこでは九月二日から始まった「We are」に続く九枚目のオリジナルアルバムのレコーディング風景が撮られている。歌詞もメロディもタイトルも明らかにされないなか、コード譜を中心としたオフコース独特の音作り。鈴木も含めて全員が、和やかに、かつ熱心に、意見を述べ合っている。解散の影も、鈴木が離れていくという気配も全く感じられない。途中、気分転換の野球大会を楽しんでいるが、この時だけ「曲づくりが遅れている鈴木は不参加」という字幕が出る。

清水が話す。

「あの時期のヤスさんはえらいと思いますよ。やめると言ってからも、ツアーもやって、アルバムも何枚かつくって、淡々とやっていました。俺なんか、やめたいと思ったら、すぐにやめますからね。ヤスさんはえらかったし、逆に可哀想でしたよ、気の毒でしたよ」

十月になり、いよいよ歌入れになった。

小田が「哀しいくらい」を歌っている。ディレクションしているのは清水だ。

「Bのとこ、切ないね。もうちょい、練習する？」

メンバー同士でディレクションし合うのもオフコースの流儀だ。小田は納得いくまで同じフレーズを何度も繰り返す。結果、彼らのレコーディング時間は膨大になる。とはいえ今回の終了予定は十月二十五日。その日の夜には、ミキシングのため、メンバー全員がアメリカ・ロサンゼルスに向かう予定になっていた。だから延長は許されない。ボードの予定表には「10/25 終了　お願い　西より!!」という西沢によるメモ書きが貼られている。

しかし終了予定まであと六日という時、これまでの徹夜続きの疲労のためか、小田の声が出なくなった。そのあたりで撮影もしばらく中断。なんとか小田の声が復活してから、「愛の中へ」の小田と鈴木の合唱部分♪きかせて　あなたの声を♪が録られている。二人の高く澄んだ声によるハーモニーが、結成以来、オフコースの魅力だった。

音楽的知識、ギターの巧さ……小田が鈴木に頼る点は多々あったが、この美しいハーモニーを創り出す相棒としての鈴木の存在は計り知れぬほど大きかった。「ヤスがやめたら、自分はもう音楽は続けられない」は本音だったろう。当時、この「愛の中へ」の二人の作業をスタジオで見ていたフジパシフィック音楽出版（現・フジパシフィックミュージック）の柿崎譲志は、こんな風に語っている。

「いつも小田さんが主旋律を歌うと、『じゃあ次ヤス頼むぞ』と言い、ヤッさんはおもむろに譜面に向かって書き始めて、方向性さえ決まればレコーディングはすごく早かったです。『愛の中へ』のレコーディングのとき、ヤッさんがコーラスダビングをやっていて〈きかせて　あなたの声を〉というサビのフレーズが決まったら、どんどん声を重ねてダビングして、あっという間に終わって驚きました。うまく言えませんが、小田さんのハイトーンで鋼《はがね》のような素材の声に、そこにまるで金粉のようなヤッさんの声を振りかけて、素晴らしいハーモニーが生まれていました。だからヤッさんが抜けた時は、それが聴けなくなるのかって寂しい気持ちになりました」

言葉にできない

ＮＨＫの番組が、制作過程を撮影していたアルバムは、一九八一年十二月一日にリリースされた「over」だ。よく指摘されることだが、前のアルバム名とつなげると、〝We are over〟。「僕たちは終わった」。これがオフコース解散の噂となっていく。

アルバム「over」は、まるで別れがテーマである映画作品のサウンドトラックのような一枚だ。壮大で、哀しみを湛《たた》えた物語。そんな物語を予感させるような、一曲目は「心はなれて」の厳《おごそ》かで緊張感のあるストリングスで始まる。

音楽評論家・田家秀樹は、このアルバム「over」について、「それにしてもこれだけ毅然《きぜん》としてこれだけ誇り高く、これだけ静かな悲しみと強さを内包したアルバムがあっただろうか」と書き、こう続けている。

「作品化するというのはそういうことなのだと思う。個人的な感情におぼれずに客観的な作品として昇華する。そんな背景や経緯を知らない人でも、このアルバムに流れている汚れのない真っ直ぐな想いに胸を打たれるはずだ」

それにしても、小田の歌を聴いても、鈴木の歌を聴いても、そこに、決して楽ではなかった道のりを助け合い共に闘ってきた相手への惜別を歌っていると思えてしまう。しかも、田家が書くように、そこに甘ったるい感傷は感じられない。少し歌詞を紹介する。どう読めるだろうか。

心はなれて

出会って　愛して

ふたりだけは　こんなふうに
ああ　あの頃　まだ若かったね

あなたが　いたから
立ち上がれたこともあった
もう　遅すぎる　そこへは戻れない

いちばん　哀しかった
あの日さえもう　かがやいている
やがて　ひとり　窓の外は冬

ふたりで追いかけた
青い日々がこぼれてゆく
やがて　ひとり　窓の外は冬

心　はなれて
あなたのこと　見えなくなる
もう　ここから　先へは　ゆけないね

さらに「over」四曲目の小田の「ひととして」も、やはり、鈴木への別れの曲に聴こえる。「僕」ではなく、「僕等」であることも、そう感じさせる。

ひととして

出会いは風のようで　別れは雨のようで
すべてのことあるままに　流れてゆくもの

昨日は愛をうたい　明日涙をうたう
誰も同じところへ　とどまることはない

いま僕等はここに　立ち止まれないんだ
もう何もいわないで　あなたを忘れない
さあもう　僕等はゆくよ

ひととして生まれ来て　ひととして　哀しんで
ひととして愛し合い　それぞれの道へ

何処かでいつかは　会えるかも知れない

止めないで　誰にでも別れは辛いから
さあもう　僕等はゆくよ

鈴木にも、小田との別れ、鈴木自身の新たな旅立ちを感じさせる歌がある。全体はラブソングのように歌われているが、その一部を抜粋する。

君におくる歌

信じられないことは
僕が君に別れを告げたこと
君との愛は　もう終わりだと
この胸に言い聞かせる　ああせつなさよ

ふりはじめた雨は止まない
悲しいね　こんな別れは
今何を　言えばいいの
僕にできることは君に　この歌おくること

君を心から　愛していたい

君に心から愛されていたかった
離れて　離れてゆく
止められない　誰にも止められない
過ぎゆく日々を　振り返らずに
新しい夢を胸に　僕は今旅立つ

小田は「あなたを忘れない　さあもう　僕等はゆくよ」と歌った。そして鈴木は「過ぎゆく日々を　振り返らずに　新しい夢を胸に　僕は今旅立つ」と歌った。

それぞれが、それぞれの道を行くと歌った。共に闘った日々を思えば、鈴木が「信じられないことは　僕が君に別れを告げたこと」という歌詞は、やはり胸に迫る。僅か三年前には、鈴木自身が小田と古い友人の山本俊彦に向かって、こう話していたのだ。

「俺にはね、オフコースはあくまで理想の場に置いておきたい、という気持ちがあるわけ。……小田といつも一緒にいるとさ、常に自分とは違う発想に接していられるわけよ。……やっぱりオフコースという場では理想的なことを話し続けていたいわけよ、俺も……」

三年という時の流れのなかで、オフコースというバンドが想像以上に大きな存在になったこと、同時に、変質し、鈴木にとっては、理想の場ではなくなったということなのだろうか。

ところで、この「over」のなかで、いま最も多くの人に知られている歌は「言葉にできない」

であろう。

言葉にできない

la la la・・・・・
終わる筈のない愛が途絶えた
いのち尽きてゆくように
ちがう　きっとちがう　心が叫んでる

ひとりでは生きてゆけなくて
また誰れかを愛している
こころ　哀しくて　言葉にできない
la la la・・・・・・言葉にできない

せつない嘘をついては　いいわけをのみこんで
果たせぬ　あの頃の夢は　もう消えた
誰のせいでもない
自分がちいさすぎるから

それがくやしくて　言葉にできない
la la la・・・・・言葉にできない
あなたに会えて　ほんとうによかった
嬉しくて　嬉しくて　言葉にできない
la la la・・・・・言葉にできない

あなたに会えて　ウーウーウー
言葉にできない
今あなたにあえて　ウーウーウー

この歌はどんな風に作られたのか。四十年近くを経た二〇二〇年、小田はこんなふうに語った。

「あの曲を書いたときは、五人オフコースの最後のツアーに入る前で、そのツアーの核になる曲がほしいと思っていたんだね。というか、そういう核になる曲がないとツアーは成立しないぞという切迫感があったんだ。それでリハーサルをやったスタジオで、みんなが帰ったあと、ひとり残ってピアノ弾きながら考えた。渋谷のマックスタジオだった。細かいことは忘れちゃったけど、言葉を超えていく何かがないかなと、♪ら〜ら〜ら〜♪と、やっているうちに、♪ら〜ら〜ら〜♪の正体は何なのかと。突き詰めていくと、歌なんてもしかしたら、歌詞がないほうが強いんじゃないかって思ったのかな。このままの方がシンプルで強いって、それがちょうど当時のバンドのテーマだったからね。で、循環コードを弾きながら、♪ら〜ら〜ら〜♪って歌いながらメロディをちょっとずつ直していったんだと思う。で、次に、『哀しくて』『言葉にできない』、その二つの言葉が浮かんだんだ。この歌詞と♪ら〜ら〜ら〜♪はとっても辻褄《つじつま》が合う。で、『くやしくて』も浮かんだ。その時点では、とっても否定的な方にばかり言葉がいって、途中から、否定的で暗いまま終わるのは嫌だなと思い、『嬉しくて　言葉にできない』で締めくくればいいかなと。その日、スタジオに残ってほとんどできたね。ただ、♪終わる筈のない〜♪って部分がいつ浮かんだのかは、すっかり忘れちゃっているんだ」

こんなことも言っている。

「作っている時、自分で言うのも変だけど、あ、これはフツウの感じじゃないなと、これはフツウのパワーではないなと。そういう思いがあったよね」

人それぞれがそれぞれの想いを託せる「言葉にできない」。どう解釈するか、どう読むかも、人それぞれに委ねられる。それだけ、奥行きも深みもある楽曲といえる。小田をデビュー時から知る新田和長は、この歌を聴いた時の気持ちをこう話している。

「『哀しくて』、『くやしくて』のところまではこらえていた涙が『嬉しくて』でもう我慢出来なくなってくるんです。努力家だと思っていた人は、実は手の届かない天才だった。すごい歌ですね。六分二十三秒のどこにも省けるところがない」

また、「あなたに会えて　ほんとうによかった　嬉しくて　嬉しくて　言葉にできない」との歌詞に、プロデューサーの武藤敏史は私に、「僕は、あの歌は小田の鈴木康博への気持ちを書いたと思っています」とはっきり語っていた。同じように想う人は他にもいた。だとしたら、そこにあるのは小田の鈴木に対する、まさに「言葉にできない」ほどの複雑な思いだったはずである。それを乗り越え、最後に「あなたに会えて　ほんとうによかった」としたところに、この歌の強さと良さがあるといえるだろうか。

もっとも、小田自身はそんなことはひと言も言ってはいない。

ただ、鈴木がやめた武道館公演以降、小田はこの歌を封印した。オフコース時代、たった一度だけ歌ったのはオフコース最後の東京ドーム公演であり、それ以降も、ソロになってからも、ある時点まで、小田は長い間この歌を歌うことはなかった。

それについては、二〇〇五年に、私にこう話している。

「やっぱり、歌っていると、なんかこう、こみ上げてくるものがあるから、それが嫌だから、どうしてもそれを乗り越えられなかったんだね。それでやめようと思って。たまに、今日歌ってみようかなと思って歌っても、こみあげるものがあるから、それを見せる演出みたいに思われるのが嫌だし。どこからか、ようやく歌えるようになったんだよ。いつごろだったか、忘れたね。いま、当たり前みたいに歌っているからね。だから、あのころ、歌っていた意味合いと、いまは違うんだな」

つけ加えれば、この歌が広く知られるのは、歌ができてから二十年近くが経ってからである。そしてツアーで小田が「言葉にできない」をふたたび歌うのも、ちょうどそのころ、二〇〇〇年の全国ツアーからである。ちなみに、その時は編曲が異なるソロバージョンで、オフコースバージョンをソロになって初めて歌ったのは、つい最近の二〇二二年のツアーで、優に四十年の時間が経っていた。

もう少し、音楽的な見地から、アルバム「over」を見てみたい。

音楽評論家の萩原健太が、よく聴いたアルバムとして「over」をとりあげている。とくに『愛の中へ』が大好きだった。初めて聞いた瞬間から驚かされた」とし、次のように書いている。やや専門的な解説だが、引用する。

「必要最低限の、いや、最低限以下のフィルインしか入れず、たまにシンバルでアクセントを付けるのみで、あとはひたすらリズムをキープし続けるドラム。ほとんど余計なランをせず実直にルート音をたどり続けるベース。コードの変わり目までただただ和音を伸ばすだけのキーボード。何もしていないじゃないか、と。まじ、思った。隙間だらけ。その隙間を縫うように小田和正の個性的なハイトーン・ヴォーカルと、イーグルスばりのコーラス・ハーモニーと、緻密にフレーズを編んだツイン・リード・ギターが舞う。すごいな、と本気で感心したものだ。アーネスト・ヘミングウェイが『老人と海』を執筆する際、何度も何度も推敲を繰り返し、もうこれ以上はないというところまで無駄な言葉を削いでいったという有名なエピソードすら、ふと思い出したほどだった。俳句の在り方に似ているなとも感じた。そして、この姿勢はけっこうロックだなと思った。女々しいなんてとんでもない、と。このロックな〝何もしない〟感が雄々しく『over』というアルバム全体を貫いていた」

また「言葉にできない」の転調の見事さに触れ、こう書いている。

「確かにぱっと見の印象は穏やかで、とっつきやすく、保守的に思えるかもしれないけれど、小田和正が一見ひたすら親しみやすく思えるその音像の背後に周到に潜ませた音楽的アイデアやテクニックは、凡庸なロック・アーティストごときは軽々と蹴散らしてしまうほど、とてつもなく高度なものだった。〝静かな過激さ〟とでも言えばいいのだろうか。ぼくにとってはこの部分こそが、小田和正の最大の魅力だ」

一九八一年の秋は、五人オフコースになってから初めてツアーがなく、翌一九八二年一月二十二日から六月三十日までが、五人で最後のツアー「Off Course Concert 1982 "over"」となった。千葉県文化会館から始まったツアーは全国二十八カ所六十九公演。その最後が六月十五日に始まり三十日に終わる日本武道館十日間公演となっていた。武道館十日間は本邦初、しかもこの武道館公演に、五十二万通を超える応募はがきが来ていた。

二月一日には、「over」に入っている「言葉にできない」のシングルが発売された。そして三月八日からは、ツアーの合間を縫って、アルバム「I LOVE YOU」のレコーディングがフリーダム・スタジオで始まった。それは五人オフコース最後のアルバムとして、武道館公演が終わった翌日七月一日の発売が決まっていた。

メンバーは、ツアーとレコーディングで大忙しだった。レコーディングでは、小田と清水、鈴木と大間が組んで作業をした。つまり清水は小田のプロデューサー的立場となり、大間が鈴木のプロデューサー的立場としてアドバイスをしていた。アルバム「I LOVE YOU」収録の一曲となる「YES-YES-YES」は、ほぼ詞はできていたが、三小節だけが空白だった。

あの頃の僕はきっと　どうかしていたんだね
失すものはなにもない　君の他には
♪♪♪　♪♪♪　♪♪♪

この三小節の詞の部分がまだ決まらなかった。二番、三番はこうだ。

切ないときには　開けてみればいい
♪♪♪　♪♪♪　♪♪♪

でも大切なことは　ふたりでいること
♪♪♪　♪♪♪　♪♪♪

ここにどんな言葉が入るのか、この曲を左右する重要なポイントだろうと小田は考えていた。
そういう時、理屈で言葉は出てこない。一種の啓示のように、言葉がふっと浮かぶ。
この時もそうだった。

YES YES YES

思いっきり、いまを肯定する言葉。

いまを乗り切るには、これしかない、そう思えた。

そして、「YES YES YES」は、この歌のタイトルにもなった。スタジオに貼られた進行表に、この言葉を書いた。それを見た清水が言った。

「いいね、売れるよ、これ。シングルカットにできるんやないか」

こうして「YES-YES-YES」のシングル化が急遽《きゅうきょ》決定し、武道館公演の直前の六月十日に、シングルとして発売された。

YES-YES-YES

君が思うよりきっと　僕は君が好きで
でも君はいつも　そんな顔して
あの頃の僕はきっと　どうかしていたんだね
失すものはなにもない　君の他には
YES-YES-YES…
消えないうちに愛を　預けておくから
切ないときには　開けてみればいい
YES-YES-YES…

振り返らないで　今　君はすてきだよ

WOO…僕のゆくところへ
あなたを連れてゆくよ
手を離さないで

君の嫌いな東京も　秋はすてきな街
でも大切なことは　ふたりでいること
YES-YES-YES…
もっと大きな声で
きこえない　きこえない
YES-YES-YES YES-YES-YES-YES

当時のことを小田は言葉少なく、「すべてを全面肯定するような明るい曲、俺の気持ちのまさに反対、そんな曲を作りたかった」と言った。

五月十一日に、週刊誌に「オフコース解散」の記事が出た。

もっとも、彼らのなかで解散という決定はなされていなかった。実は、上野は「解散」と考え、七月一日付の朝日新聞・読売新聞・毎日新聞に「give up」という十五段広告を出すことを計画していた。つまりは派手な終わり方を演出しようと考えていた。しかし清水、松尾、大間は、そもそも「解散」自体に反対していた。

清水が当時を語る。

「小田さんは〝マジョ〟と同じで、最初、もうやめると言っていたし、本当にそのつもりだったと思う。それで、俺は小田さんに『俺が抜けても、こういう解散の仕方をするのか、なんか変やろ。それは変やろ』と言ったんですよ。その時、小田さんがどう答えたのか、それはもう忘れてしまったけど、結局、明確な解散はなくなり、新聞広告もなくなったんです」

小田は当初、解散しかないと思ったが、その気持ちを一旦下ろしたものの、続けるという意志が果たしてあったかどうか。「ヤスがやめたら自分は音楽はやめるしかないと思っていた」という言葉は本音だったろう。

このころになると、解散か⁉　という噂ゆえか、一般雑誌もオフコースを取材している。しかしその基調はあまり好意的とは感じられない。それらを見ると、改めて、当時のオフコースを取り巻く周囲の冷ややかさ、それに対する小田の諦念《ていねん》、苛立《いらだ》ちが感じられる。たとえば、一九八二年三月二十六日号の「アサヒグラフ」の小田と記者の一問一答はこんな感じだ。

Q　若いファンに対しての違和感は？
　声援で歌が聴こえない人には気の毒だと思っている

Q　若いファン向けということで歌を作ったりする？
　曲を作る気持ちは、昔からずっと同じ

Q　詞がやさしすぎやしない？

やさしい詞は書いたことがない。かえって自分ではすごく冷たい詞だと思う

Q　若い女の子にその本当の意味が理解できると思う？
その人なりにわかればいい。強制すべきものじゃない

Q　見たくても見られないファンに対して
コンサートというかたち自体、原始的なものともいえる。何か別の方法を探っているところ

Q　なぜこんなに人気が出てきたのだろうか
単に〝順番〟が回ってきただけ、ともいえる

Q　ビートルズをどう思う？
好きだけれど、おれたちは、やっぱりおれたちでしかないよ

六月六日、アルバム「I LOVE YOU」のレコーディングが終了。今回はツアー中のため、ビル・シュネーが来日し、フリーダム・スタジオでミックスダウンが行われた。そして七日早朝、ミックスダウンが終了、小田はじめメンバーはそのまま大阪に向かい、七日から十一日まで五日間、大阪フェスティバルホールでの公演を終え、十二日に帰京。日本武道館公演は六月十五日か

ら始まった。

十日間の武道館公演とは、どんなものだったのか。

小田自身は「十日間やることに対してはあまりなんとも思わなかった。スタッフがやりたいと言ったから、それに俺らが同調しただけで、特別な感慨はなかった。でも十日間の初日は巧く歌えた。あんなに声が出たことは、それまでなかったくらい」と話す。

とはいえ、やはり最終日は平常心ではいられなかったはずだ。この公演最終日である六月三十日の舞台は撮影された。

そのフィルムは空撮された東京のビル街から始まる。

国会議事堂の姿が見え、次に八角形の日本武道館の屋根が見える。カメラは館内に入り、舞台前のメンバーの様子が映し出され、そして彼らが舞台へと登場する。淡々と演奏が続く。ハイライトは、ちょうど半ばあたりの「言葉にできない」だろうか。キーボード前の小田が、感情がこみ上げ、歌えなくなる。

♪la la la……♪そこから、声が出ず、顔をマイクの上にふせてしまう。気を取り直し、終わる筈のない愛が途絶えた　いのち尽きて……と歌うが、また、声が詰まってしまう。小田は、心を鎮めて歌おうとするが、声にならず、観客席から悲鳴があがる。さらに、小田はなんとか、♪ひとりでは生きてゆけなくて　また……と歌うが、歌うというより、やっとやっと声を出している様子だった。松尾が吹くハーモニカの音色が寂しく響く。そしてようやく、あなたに会えてほんとうによかった　嬉しくて　嬉しくて　言葉にできない　la la la と歌いきった。

この歌の時、舞台に設けられた六面の巨大スクリーンいっぱいに、ひまわり畑の映像が映し出されていた。大輪のひまわりがオフコースと観客に向かって、静かに揺れていた。映像と音楽の組み合わせに強いこだわりをもっていた小田らしい企画だった。三年前、「生まれ来る子供たちのために」に合わせてヨットと海の映像を用意したムービーカメラマンの西浦清がこの「ひまわり」の映像の準備にも携わっていた。ひまわりの映像を探した結果、映画「ひまわり」（一九七〇年、ソフィア・ローレン主演）の冒頭シーンの広大なひまわり畑の映像の版権を買って使用することになった。映画では、引きから徐々に寄っていく映像だが、西浦たちは逆に寄りから次第に引いていく映像に変えている。この音楽と映像の組み合わせは語り草となり、その後、多くのアーティストたちの舞台で活用されることになるのだが、この舞台では、ひまわり畑の映像にかぶせて、最後に、「we are」と文字が浮かび、さらに「over」「thank you」と出た。アルバムのタイトルであると同時に、〈僕たちは終わった。ありがとう〉というメッセージともいえた。

熱狂の武道館公演のクライマックスはやはり最後であろう。

最後から三曲目の「Yes-No」あたりから観客は総立ちとなり、手拍子が始まった。「愛を止めないで」「I LOVE YOU」と続き、観客の悲鳴に近い叫びは次第に高まっていった。すべてを歌い終わって、小田はタオルで顔を一拭きし、鈴木はギターを降ろし、観客に片手をあげた。大間がドラム席から歩いてきて小田と握手し、松尾は目を潤ませ立ちつくし、清水も舞台を歩き小田と握手した。そして五人が一列に並び、観客に手を振りながら、舞台から消えていった。

アンコールはあった。アンコール一曲目はふたたび「Yes-No」。小田は声を詰まらせながら歌い、途中、キーボード席から出てきて、タンバリンを叩き、そのタンバリンを観客席に投げ入れ、さらに鈴木、松尾、清水のところに駆け寄り、一緒に歌った。舞台の映像はここで終わり、再び、上空から撮った日本武道館、さらに東京の街並みへ、そして空の彼方へと画面は切り替わって終わる。

実際の舞台では、アンコールは続き、「眠れぬ夜」「時に愛は」、二度目の「愛を止めないで」を歌い、彼らは本当に舞台から去って行った。そして会場が明るくなり、小田の楽曲「ひととして」のインストゥルメンタルが流れたが、観客たちに帰る様子は全く見られなかった。有名なエピソードであるが、いつしか観客たちの間から、この二十日前にリリースされたばかりのシングル曲「YES-YES-YES」の歌声が自然発生的に湧き上がってきたのである。この歌声を五人のメンバーは舞台の袖で聴き、感動したと書かれている記事もあるが、実際は、彼らはみな楽屋に戻り、この歌声には当初、ほとんど気づかなかった。ただ、スタッフたちが、このことを彼らに伝え、彼らは楽屋で、それぞれの思いのなかにいた。

こうして、武道館公演をもって五人オフコースは終わった。

この時のことを訊ねると、意外にも清水、松尾、大間の三人には、悲壮感はほとんどなかったようなのだ。

松尾は、この期に及んでも、そもそも鈴木が本当にやめるとは思っていなかった。

「ヤスさんがまたやりたいと言ってくるような気がずっとしていました。十日間やりながら、ひっくり返ると思っている自分がいました。僕は馬鹿で楽観的だったのかな。だから最終日の六月三十日に何か特別な思い入れはありますかと訊ねられても、全く何もなかったです」

清水も同様だ。

「俺も、ほんとにヤスさんはやめるのかなと思っていました。本当だとは思うんですよ、あの性格ですからね。でも『俺、やめるわ』と宣言したわけでもないし、武道館が終わって、いつもの『お疲れさま』って感じ。〝長いこと、お疲れさま〟ではなくてね、いつもの感じでした」

大間はどうか。

「俺、ドラムだから、ずっと、みんなの背中を見ているわけですよ。そうすると、俺にしかわからない微妙なことなんだろうけど、ヤスさんが撤回するとは全く感じられなかった。むしろけじめをつけようとしているんだなと、そう感じました。小田さんとヤスさんの間に、過去の友情はあるにしても、惜別の想いもあるにしても、もう終わりの感じが出ていると僕には見えました」

では、小田はどうだったのか。

小田は、これでオフコースは終わったと思っていた。

後年、この鈴木が抜けた一九八二年をもって、小田はしばしば、「(オフコースが)解散した時」という言葉を使う。私は正確を期すために、「鈴木さんが抜けた時ですね」とか「四人になった時ですね」と、その度に念を押すが、その言い方は訂正されず、何度も繰り返された。結局、小田にとっては、「鈴木の脱退＝オフコースの解散」との思いが、後年になればなるほど強くなっていった、そんな風に思われるのである。

I LOVE YOU

武道館公演の最終日の翌日、五人オフコース最後のアルバム「I LOVE YOU」がリリースされた。これまでオフコースはライブで再現できないことはレコーディングでもやらないのが原則だった。しかしアルバム「I LOVE YOU」では、レコードならではの実験的な仕掛けが試みられている。穿《うが》った見方をすれば、もうオフコースとして舞台で歌うことはないのだからという思いがあったからかもしれない。少なくとも五人で舞台に立つことはない、だからこれまでやってみたかった音楽的な試みを敢行したということだろうか。たとえば、小田作品の「決して彼等のようではなく」から最後の「I LOVE YOU」へ、その音楽的仕掛けについて、音楽評論家・小貫信昭はこう解説している。

「『決して彼等のようではなく』だが、足踏みの音をパーカッション代わりにシングアウトする、ワーク・ソングのような始まりから、同じリフを続けつつホーンなども加わりビルド・アップしていく構成で、〝心は 何処にある〟というサビの言葉が、シュプレヒコールのように繰り返される。問題意識溢れるテーマのミュージカル作品の、エンディング・シーンのようでもある。さらに小田の作品には珍しく、シンセやホーンがカオスのように混沌としてクライマックスを迎える。そして突然、重低音の号砲のようなものが響くのである。気づけば次の作品、『I LOVE YOU』へと繋がっている。シングルでヒットした作品だが、これぞまさに実験的なものである。ライブの再現性は度外視し、スタジオ作業で楽想を広げた結果、ポップ・ソングというより、モード・ジャズのような雰囲気にもなっていった」

またアルバム版「I LOVE YOU」では間奏に「ジョン・レノンが昨夜射殺された」という英語版のニュースに模した音声が読み上げられるという仕掛けがなされている。実際は、ビル・シュネーの友人の声なのだが、この言葉と、「誰もあなたの代わりになれはしないから」という歌詞が、ここではあたかも約一年半前に銃殺されたジョン・レノンを指しているかのような印象も受けるのである。

楽曲についても、見てみよう。小田が書いた「きっと同じ」と「決して彼等のようではなく」、どちらも意味深長な歌詞であるが、どう読めるだろうか。そこに諦念と開き直りのニュアンスも少し感じられるのは私だけだろうか。

きっと同じ

昨日のことは　誰れもきかない
変わってゆくのは　心も同じ
走り疲れて　ふり返れば
何もない今は　誰れもいない今は
僕はここに居て　まるで飾り気のない
明日を待っている

始まることも　終わることも
きっと同じだね　きっと同じだね
きっと同じだね

決して彼等のようではなく

時は誰れかを　道連れにして
幾つかの時代を　終えてきた
そのたび君は　ことば捜して
時代の後から　ついて来ただけ

心は　何処にある
心は　心は
心は　何処にある
心は　心は

なにを見ても　なにをしても
僕は　僕の　ことばでする

やりたいことも　やるべきことも
今　ぼくの中で　ひとつになる

ためらう　ことはない
このまま　走るよ

あなたの為にうたう
すてきなことだろう

心は　何処にある
心は　心は

君とは　いつまでも
心は　通わない

君とは　いつまでも
心は　通わないだろう
今こそ　焦らないで
今まだ　語るな
今なら　まだ戻れる
今なら　間に合う

アルバム「I LOVE YOU」に鈴木は三曲書いた。その一つ、「愛のゆくえ」はいろいろ想像してしまう歌詞であり、その曲調とあわせ胸に迫る歌である。

愛のゆくえ

ゆっくり　漕ぎ出したね　小さな船だった
僕等は　この船を　泊めようとしている
もう　やり直せない　二度とは戻れない
生きてゆくこと　哀しいね　哀しいね

静かに　ひとつの　愛が終ってゆく
ああ　誰にも　止められない　誰にも
なぜ今　振り返る　明日さえ見えない
くやしいのに　くやしいのに　振り返ることは
ああ　いつごろから　急ぎはじめたのだろう
いくつもあった別れ道　別れ道

いつまでも　この夢を　追い続けてゆくのさ
くじけても　くじけても　果てない夢だから
ああ　広い海よ　黄昏ゆく空よ
ひとりなんだね　僕は今　ひとりだね
静かに　ひとつの　時代が終ってゆく
ああ　誰にも　止められない

ああ　ひとつの　愛が終ってゆく
もう　誰にも　止められない

解散するとも続けるとも発表せず、五人オフコースは終わった。

鈴木は去り、残りの四人はしばらくバンド活動を休むことになった。

上野はオフコースから離れたが、オフコース・カンパニーはそのまま残し、事務所はこれまでの北青山から南青山の戸建てに移った。

武道館公演最終日を撮影した映像は、公演終了後、フィルムコンサート〝OFF COURSE CONCERT 1982.6.30〟として、九月二十日から翌年一月三十一日まで、全国二百四十カ所を巡回している。上映回数は三百九十三回にのぼる。このフィルムコンサートに、小田も西沢と共に福岡の会場に足を運んでいる。（さらにこのフィルムは四十年の歳月を経て、二〇二二年七月に、フィルムをリマスターし、ＮＨＫ－ＢＳで放映された。ちなみにこの放映日、小田は全国ツアー「こんど、君と」の大阪公演二日目だった）

もうひとつ、上野が最後に仕掛けた企画があった。それは、解散したオフコースの面々が五年後に一度だけ再結成し武道館公演を行うというストーリー仕立ての番組「ＮＥＸＴ」。これは武道館公演フィルムをテレビ局に売り込みたい上野が、「月刊プレイボーイ」に載っていた小説、ビートルズが解散後、リンゴ・スターがメンバーを集めて一回再結成コンサートを開くという物語をヒントに、同誌に許可をとったうえで、自分たちで制作（脚本・音楽・監督・主演）したものだった。これが九月二十九日ＴＢＳで放映された。この映像の一番の聴きどころはテーマソング「NEXTのテーマ〜僕等がいた」（小田和正作詞作曲）だろう。これを聴くと、ひとつの時代が終わったのだという寂寥《せきりょう》の思いに改めて囚われる。
小田は「僕等の終わりは　僕等が終わる　誰もそれを語れはしないだろう」と歌った。

僕等がいた

誰の為にでもなく　僕等がうたい始めて
歌が僕等を離れていったのは　ほんの少し前の冬の日

いつだってほんとうは　ひとりよりふたりの方がいい
あの時　大きな舞台の上で　僕は思っていた　夏の日

その時そこには　君たちがいたね
こころひとつで　君たちがいたね
僕等はいつも　憶えているよ
そのこころの叫びを

僕等の終わりは　僕等が終わる　誰もそれを語れはしないだろう
切ない日々も　あのひとときも　通り過ぎてきたのは僕等だから

あの頃確かに　僕等がいたね
誰も知らない　僕等がいたね
何も見えない明日に向かって　走る僕等がいたね

新しい時の流れの中で
いつかまた会える時がくるね
その時またここから　歩き出せばいいから

こうして、小田が「楽しかったね。毎日がピクニックみたいで」と振り返った五人のオフコース時代は、終わった。

武道館公演から約二カ月後の九月、小田は二人のオフコース時代に知り合った女性と結婚した。五人オフコース時代の終わりは、小田の青春の終わりでもあった、といえるかもしれない。

東京・沖縄公演延期、鈴木康博の横須賀ライブ、広島（8／24、25）

その決定は、七月二十九日金曜に伝わってきた。出演者の一人が新型コロナウイルスに感染し、代々木体育館での東京公演がとりやめになったという知らせだった。

その翌日、小田もコロナ感染が判明し、事務所の公式サイト「Far East Café」に小田自らが報告した。

心からのお詫びとお知らせ

皆さん、暑い中お元気でしょうか。
この度代々木のコンサートを
突然見送らせて頂くことになってしまい
ホントウに申し訳なく思っています。

自分も急いでＰＣＲ検査を受けましたが
残念ながら陽性でした。今は自宅待機で
立て直しに必要な時間を検討しています。

皆んなが楽しみにしてくれていた大事なツアー、
なんとか万全に近い形で再開したいと思っています。
思わぬ事態に対処が及ばないことも出て来るでしょうが、
出来る限り前向きに頑張ります。
皆さんも慎重の上にも慎重を重ねて日々を乗り越えてください。

たくさんの心配をありがとうございます。
皆の笑顔に会える日を楽しみにしています。

小田より

ファンの反応を知りたいと、事務所のサイトを見ようとしたが、アクセスが集中しているらしく、見られない状態が続いた。私自身は、事務所の吉田雅道から携帯電話へのショートメールで小田の感染を知った。その簡単なメールには、「昨日、ＰＣＲで判明しました。体調はまあまあ……良かったり悪かったり不安定ですね。喉をやられています。広島を目指す、って感じです」とあった。

小田はさぬきから戻って以降、家から全く出ていなかったという。その往復一緒にいたスタッフの船越も、さぬきの最終日、楽屋裏で一緒にご飯を食べていたスタッフの誰も感染していなかった。いまや、どこで何から感染するのかわからないケースが多いということだろう。小田自身も二度の抗原検査では陰性。しかし喉の痛みがひどく、なんとかPCR検査機関の予約をとりつけ陽性と判明した。結果、東京、沖縄が（この時点では）延期もしくは中止となり、いまさらながら綱渡りだった現実を思い知った。ようやく軌道に乗ったツアーがまた振り出しに戻ってしまう印象も受けた。

小田自身が「最後まで行き着けるんだろうか」――そんな不安のなかを漂っていた。

公演が一時、休演になった夏、春からツアー中の鈴木康博のライブに行った。

二〇二〇年にデビュー五十周年のライブをやる予定だったが、新型コロナウイルスの影響でできず、二〇二二年一月に「鈴木康博 LIVE 2022～おかげさまで50年＋2～」イベントを行い、三月五日からは「鈴木康博 LIVE2 022～十里の道も九里が半ば～」が各地のライブハウスを中心に行われていた。

私が訪ねたのは八月二十一日、神奈川県横須賀市、飲食しつつライブが楽しめる会場だった。みな、かなり熱心なファンのようだった。

鈴木康博はアコースティックギター一本で歌い始めた。この十年間にもオリジナルアルバムを四枚出しており、最初の歌は二〇一八年のアルバム「元気であれば」から「夢キッスR70」、つづけて二〇一九年発表の「心の言葉」を歌った。

心の言葉

かけがえない人生　たった一つの道　愛おしく思えるからこそ
一人一人に声かけたい　あなたへの言葉
ありがとう　ありがとう

さらに、オフコース時代のアルバム「We are」から「一億の夜を越えて」。ライブは軽快に進んでいったが、なにより饒舌なことに驚いた。最近思うこと、昔の思い出、そして楽曲のこと……。

「今年、七十四歳になりました。来年から後期高齢者です。コロナになりましたが、だいたい年金生活者ですから、生活は変わりません。仕事がなくても、土日にこうやってライブをやりますが、ウイークデーはエブリデーサンデーです。今日は一日、何しようかと過ごしていますが、そういうなかで、何かしなくちゃいけないと、一曲一曲やっているうちに形になっていったという感じです」

オフコース時代の思い出話もした。

「一九七〇年、三人でデビューしました。『群衆の中で』というタイトルのシングルで。そのころね、『ヤング720《セブンツーオー》』という若者向けの番組でプロモーションビデオを流そうと、羽田空港の端に金網があって、そこを走ってくれと、走るところを撮るからと。『群衆の中で』と、どういう関係があるのだろうと……」

そのころ、本格的に音楽の勉強をしようと、恵比寿にあったヤマハの音楽学校に通った話もした。同級生に、天地真理、桃井かおり、大橋純子などがいたと言い、そのころを歌った「映画」を披露した。

映画

どうしてるかな　あいつ今は
オレにギターを　自慢していた
どうしてるかな　あの人今は
マージャンいつも　付き合わされた

まさかだよ　もう五十年
手の届かない　年が流れた

何故こんなに懐かしい
何故こんなに愛しい
帰れない　あの日々が余りにも
鮮やかだから

……………………

……………若かった何もかも
映画を見ているように
目を閉じて　駆け抜けてゆく場面
鮮やかなまま

後半は最近の統一教会問題、ウクライナ侵攻にもちょっと触れ、「イマジン」を、♪想像してごらん　国境のない世界を♪と日本語訳で歌い、さらに最新アルバム「十里の九里」から三曲を披露した。

デビューから五十二年、ソロ活動を始めてから四十年近くがたっている。パンフレット「50(+2)th Anniversary」所収のインタビューの中で、音楽における試行錯誤の日々を語っているが、現在に繋がる歌やライブハウス活動の端緒をこんなふうに話している。

「ちょうど六十歳、還暦だったので、自分が音楽をやってきた中で感じてきたことや、今感じていることなど、音楽人生を歌にしなきゃいけないと思ったんですよ。それは新しいステージに向かうためのマイルストーンになるし、ここでそれを作っておこうという時期でもあったんだと思います。……感覚としては残しておくべきことを自分で見つけて記録しておくということで、ほかのシンガーソングライターの方たちはそうやって来たんだと、やっと気が付き、俺って遅れているんだなと自覚するわけですよ。それでこのころからかな、ライブハウスへの道を開拓し始めたのも……」

試行錯誤の日々のなかで感じた率直な想いを歌ったものも多かった。最後から二番目に歌った「海辺にたたずんで」（二〇〇七年アルバム「いいことあるさ」収録）もそうだろう。

海辺にたたずんで

海辺にたたずんで　風にあたれば
涙は流すなと　海は僕に言う

力のなさ嘆いたり　時代を恨んでみたり
過ぎ去った日々も　今では優しく微笑むよ

雲のむこうに　何かがある　いつもそう信じてた
精一杯生きる　尚も生きる
その果ての幸せ　夢見て

頑張らなくてもいい　ただ楽はするな
ため息はつくなと　夢が僕に言う

最後の楽曲は、四十代の時に作った「燃ゆる心あるかぎり」。「もう三十年も前になるのか」と言いつつ、歌詞の「男四十」を「男七十」と変えて歌った。

燃ゆる心あるかぎり

心から願う力が
すべて　形になるのさ

幾度も当たった　厚い壁越えて
その時初めてわかる

諦めない　それが答えだね
決して途中で投げたりしないこと
見えない未来　頼りないあの日より
自由に　夢を見てる

アンコールの最後は、オフコース時代の「でももう花はいらない」だった。歌の世界へと踏み込んだ若き日の決意を歌ったこの歌は、より迫力をもって迫ってくるようにも感じられた。自分の好きな音楽の道を自分のペースで貫いている、そんなことを強く思わせたライブだった。

十月には、バンドを入れてのライブが東京・渋谷のさくらホールで行われた。セットリストはほぼ同じだったが、観客は満席の約七百人。若い人の姿もあり、終演後のサイン会には、かなり長い行列ができていた。小田和正と鈴木康博、離れてしまったが、全く別々だが、それぞれが、自分の場所で、真摯《しんし》に、人生を賭けて、音楽と向き合っているんだな、そう強く思わせた。

小田のツアーが再開したのは、さぬきの公演からちょうど一カ月後の八月二十四、二十五日の広島公演だった。実感としては、もっと長い空白があったようにも感じられた。

ツアー当初から体調を崩し、座って演奏していたベースの有賀啓雄が治療に専念することとなり、この広島公演から急遽、吉池千秋に変わった。吉池が突然の出演打診の電話を受けたのは、広島公演のわずか一週間前のこと。実は吉池は小田がソロとなって初めての一九九〇年のツアーにオーディションを受けて参加しており、なにより中学生のころからの大のオフコースファンで、小田への思いは人一倍強かった。とはいえ、公演一週間前の打診は異例。それでも彼は受けた。

「なんとかするんだという気持ちしかなかったので、なんとかしました。僕は若い時に、本当に小田さんにお世話になりましたから。育ててもらったと思っていますから、なにがあっても……」

と、その必死の覚悟を最後は涙声になって語った。もっとも、舞台上の吉池は、そんな舞台裏を全く想像させないほど終始、にこやかに微笑んでベースを弾いていた。

ともあれ、まさに、新たな気持ちでの再スタートだった。

公演前のリハーサルでは、小田からも「再スタートのつもりで、頑張っていこうと思います」と挨拶があったが、声もよく出ていて、見守るスタッフたちを安堵させた。

一日目、アリーナ席はほぼ全員が立って、小田の登場を迎えた。

最初のMCで小田は「今日から、みんなに、楽しくではなく、幸せになって帰っていただきたいと思います」と発言。なぜ「幸せになって」と変えたのかと、後日訊ねると、こう言った。

「楽しくなんて言っている場合じゃないなと。少しでも幸せな気持ちを持って、帰ってもらう責任があるなと、そう思えたんだよ」

そして「水曜日の午後」を歌うコーナーで、「何をやったら、みんなが喜んでくれるか、いろいろ考えましたが」と、ピアノを弾きながら、吉田拓郎の「夏休み」を歌い始めた。会場からは拍手と歓声があがった。会場が広島であることから、広島と縁の深い拓郎が浮かんだのだろうか。あるいは親しい拓郎へのオマージュだろうか。少し前に、拓郎はテレビ出演などは年内限りと表明していた。

実は、同世代のアーティストのなかで、いち早く全国ツアーなるものを実践したのが吉田拓郎だった。最初のコンサートツアーは一九七二年十月から。その拓郎が、三十七年間続けてきた全国ツアーから撤退したのが二〇〇九年、六十三歳の時だった。ツアー途中で体調を崩し、不本意ながら中断するというものだったが、それ以前に、癌という病《やまい》を経験していたとはいえ、全国ツアーとは、それほど過酷なものなのだろう。拓郎自身、ツアーから撤退したものの、この時、同時に、「新作への情熱」を語っている。つまり全国ツアーと音楽への情熱は、別ものなのだ。

そして、小田は七十四歳。ツアー途中で七十五歳になる。拓郎が全国ツアーから撤退した年齢から数えても、さらに十二年近くが経とうとしている。小田自身、「この歳でやる仕事なのかな」と冗談めかして言ったりもしたが、そこには本音もやはり少し交じっているのかもしれなかった。

小田が「夏休み」を歌ったことは、すぐネットにあげられ、拡散したようだった。広島二日目、同じコーナーで小田は、「今朝、拓郎からメールがきましてね、『夏休みをやってくれたらしい、非常にうれしい』と。昨日一日で済まそうと思ったんですが、昨日、一番をやったので、今日は二番をやりますよ」と、二日目も拓郎の「夏休み」を歌い、会場を大いに沸かせた。

こうして、コロナからの復帰後、果たして声が出るのか、体力的に大丈夫なのかという周囲の心配をよそに、広島公演の二日間は盛り上がって終わった。全国のイベンターたちも、小田の様子が気になり、広島に集結していたが、小田の様子を見て安堵したようだった。

もっとも、小田本人のなかには、言葉にならないいろいろな想いがあったのだろう。本編最後の楽曲「君住む街へ」を歌いながら、一日目も感極まる様子が見られたが、二日目はとうとう途中、涙で歌えなくなってしまった。その様子を見ながら、やっぱり、「君住む街へ」なのだなと思ったものだった。

第6章
オフコース4人時代
1984-1989

一九八二年六月三十日の武道館公演最終日から約一年半、小田はこれまで出来なかったことに挑戦した。主に三つである。

一つ目は旅だ。

ロンドン、パリ、カンヌなどヨーロッパにも行ったが、なかでも印象深かったのは、三週間に及ぶ中国旅行だった。東芝EMIの社長が日中文化交流協会の招待で行く時に、当時制作部長の新田和長も誘われ、その新田が小田を誘い、小田が清水、松尾、大間を誘ったのである。北京、西安《せいあん》、洛陽《らくよう》、上海などを巡った。新田が語る。

「ちょうどヤスさんが抜けて、小田君は彼が抜けたオフコースなんて俺には考えられない、やめるべきなのかとずいぶん悩んでいた。そこで僕が中国の長い歴史、広い国土に立つと、何か答えが見つかるかもしれないよと誘ったんです。三週間の移動の多い長旅なのに、小田君は毎日触っていたいからとギターを持ってきて、えらいなと思いました。黄河を何時間もかけて渡った時も汽車の中でも、小田君がギターを弾いていたのがすごく印象に残っています。向こうで世話になった人たちとの間に友情が芽生えて、北京駅で別れるとき泣いたくらい。何かあると会食を催してくれて、お別れ会もしてくれて、その最後に、挨拶は得意じゃないから歌を披露しますと、四人で『いつも　いつも』を歌いました。♪あなたのことは　忘れないよ　故郷《ふるさと》の山や海のように故郷の友たちのように　またあう日まで　いつも　いつも　いつも　いつも♪　通訳の人がその歌詞を翻訳して、中国の人たちもみんな、泣いていましたね。見ていた日本側、高宮社長も私も音楽にも泣けましたが、泣いている中国の人たちを見て、さらに泣きました」

二つ目は、これまではほとんど経験してこなかったフィールドを広げた活動で、渋谷・公園通りのライブハウス「Egg man」で行われたジョン・レノン追悼イベント「ジョン・レノン・フォーエヴァー」に、一九八三年十二月八日、清水の友人の誘いで、四人で飛び入り出演した。これが四人オフコースでの最初の活動ともいえた。

さらに印象深かったのが、一九八四年二月十四日、タモリの「笑っていいとも！」のテレフォンショッキングコーナーに明石家さんまからのバトンを受け、小田が出演したことだった。当時、「笑っていいとも！」は始まってから約一年四カ月、多くの世代が見る人気番組となっていた。ジャズ好きなタモリは、フォークソング嫌い、特にオフコース嫌いを公言していた。そしてギャグなのか、本気なのか、オフコースは女々しいとか暗いなどと発言していた。この「笑っていいとも！」出演について、二〇〇五年の取材時、小田はこう回想した。

「『笑っていいとも！』のプロデューサーの横澤彪さんが『ひとつ、テレビに出て仲直りしませんか』みたいなことを言ったのね。何もしていないころだったので出たけど、結局、彼は目も合わせないし、番組内で握手をしてくださいみたいに言われて握手したけど、彼は何を仲直りするの？　って感じだったんじゃないかなあ」

たしかに、視聴者にもわかるほど二人の態度はギクシャクしていた。というより、タモリは小田を嫌っていることを隠さなかった。

果たしてこれは何だったのか。個人的な印象だが、一九七〇年代という時代が、どこか暗く陰《いん》鬱《うつ》で内省的な時代だったとすれば、一九八〇年代になり、漫才ブームが起こり、暗いことが悪のような、イケテナイことのような、そんな風潮がテレビによって作られていた。そんな風潮のなかでも、当時、タモリはことさら「暗い」を小馬鹿にする発言をしていた。しかしタモリのデビュー時の暗い芸を知る者には、偏見を懼《おそ》れずにいえば、当時のタモリは自分の内なる暗さを自己嫌悪し隠蔽《いんぺい》するために、他者を攻撃しているようにすら感じられたものだった。

「笑っていいとも！」の出会いから四十年、二人はこの間、共通の知人の結婚式で出会い、握手し、話すようにもなったといわれる。しかし、そもそも一九八〇年代、ジャズ好きのタモリは、タモリが好きな山下洋輔があれほどオフコースの「We are」にハマって高く評価していたことを知らなかったのだろうかと、可笑《おか》しくも思うのだ。

三つ目は、この一年半に小田が最も熱中したことである。日本版グラミー賞創設のために奔走したのである。これからは裏方として音楽業界を変えたいと思ったようなのだ。

二〇〇五年当時、これについて、こう話していた。

「オフコースのころからレコード大賞なんていらないと言ってきたけど、みんなが本当に欲しい賞があれば、音楽をもっと向上させられるんじゃないかと思っていたんだね。誰かが賞を取ったら、みんなで祝福できるのが文化だと考えていたんだよ。そういう音楽の賞と場があったらいいなと思ったんだ。あのときは周りが見えなくなるほど入れ込んだ。熱に浮かされていたね。グラミー賞はこうして始まったという英語の文書を訳した資料もつくった。俺は面識のない人間と会って話をするなんて絶対したくないのに、連日やっていたからね。会ったことない人のマネージャーに連絡して、その本人と初めましてと挨拶して、俺はこう思っているんだけど、一緒にやらないかと話した。この野郎と思った奴もいっぱいいたけどさ、七割くらいの人は、それはやるべきだし、やろうよ、協力するからと言ってくれた」

ホテルニューオータニに部屋をとり、二十〜三十人が集まり、会合を二、三回持つまでになった。

「(矢沢）永ちゃんにも会ったし、陽水とも初めてゆっくりしゃべった。永ちゃんはとても意義のあることだと褒めてくれてぜひやるべきだと言ってくれた。ただ自分は遠くから応援するよと。彼らしいよね。拓郎や小室等さんは賛同してくれた。桑田くん（佳祐）は意外にも協力するよと言ってくれた。ユーミンは『私はもう認めてくれてる人がいるから、いらない』って。それはしようがない。(山下）達郎くんにも電話して、初めましてから始まって、なんかしゃべりまくっていたね。音楽に対する思いがあるからね。反対ではないけど、その方向は違うんじゃないかと。ただ、この時、この人には参加してほしいと思う人間が賛同してくれなかった。半年以上やっていたんじゃないかな。結局、とても小さな形のものなら成立したんだろうね。でも当時、俺はそれでは嫌だった。みんながいて、みんなが祝福してというのをやりたかった。ただ、いま思うと、それは間違っていたと思う。どんな小さな形でも、一方的に〝あなたに賞を贈ります〟でよかったと思うんだ」

それにしても、この時、小田を突き動かした原動力は一体、何だったのか。

小田自身も、わかるようでわからないのかもしれない。音楽が好きで突き進んだ世界。とはいえ隣り合わせにある芸能界やレコード大賞に対する違和感。同じ音楽の世界にいながら非社交的な性格ゆえ他のアーティストたちとの繋がりもほとんどなかった小田だが、仲間と何かを志すことが好きな一面もある。この時、それが作動したのだろうか。この試みは挫折に終わるが、小田はこの思いを持ち続け、二十年近くのち、「クリスマスの約束」というテレビ番組の場を持ったとき、その願いを改めて表現することになる。

緑の日々

鈴木康博が抜けたあと、四人での活動は、一九八四年一月のレコーディングから始まった。四月にシングル「君が、嘘を、ついた」、六月にアルバム「The Best Year of My Life」をリリースした。このいわばバンド定番の始動の仕方が、メンバー三人にも、待っていたファンにも、普通の再始動と受け止められた。

しかし、いったんは解散と思っていた小田にとって、通常の再始動は居心地が悪かった。では、どんな再始動なら許されるのか。

再始動にあたって、小田が三人に二つの提案をした。

一つは、とりあえず期間を三年と区切り、各人がバンドを離れてもやっていけるだけの力をつける活動もやっていこうという提案だった。ソロでもやっていけるという考えは以前から小田の本音であり、すでに一九八二年一月三日放映のＮＨＫ教育テレビのドキュメンタリー

「若い広場　オフコースの世界」のなかでも、小田はカメラに向かって似たような発言をしている。その部分はこんな感じだ。

――これからどうやっていきたいですか？
小田　グループ五人で一つの塊《かたまり》という時期はもう過ぎてきた気がしますね。
――ということは、それぞれソロ活動を始めるということですか？
小田　いや、そういうことじゃなくてね、……もっと自分個人が考えていけばいい時期、ソロアルバムをもしやりたいというならやればいいし、……いままで五人でやってきたものを今度は一人にかえって精進していかないといけないという時期みたいな気がするんですけどね。

もともと小田は三人に曲を作ることを強く勧めていた。アルバム「I LOVE YOU」には松尾の曲が二つ入っているし、オフコース休止中、松尾は同じ東芝ＥＭＩ繋がりで、稲垣潤一のデビュー曲「雨のリグレット」を作曲している。小田は三人に、バンドを離れてもやっていける力を持つことを求め、そのうえで三年と区切ることで三人に緊張感を持たせたいと考えたのだろう。

もう一つ、小田は「The Best Year of My Life」なる標語を掲げた。「これから毎年、毎年、去年よりいい年にしていこう、ベストイヤーにしよう」という意味だった。もっとも、標語以上に何か具体的な提案があったかといえば、それはとくになかった。三人にも、この標語に絡む記憶はとくにない。

では、この標語の真意は、いったい何だったのだろうか。

再始動させてしまった小田の矜持とでも言おうか。言葉は悪いが、なし崩し的に再始動させてしまった小田の自らへの戒《いまし》めの言葉だったのではなかろうか。

小田は思ったはずである。

「あの十日間の日本武道館公演を、オフコースのピークにはしない」

それは、四人になっても続けることに舵を切った小田のプライドと言ってもいいだろう。言い方を変えるならば、やめるという決断をしなかった自分に、小田は納得できない、やや後ろめたい気持ちすらもっていたのかもしれない。「The Best Year of My Life」は、そんな自分への戒めであり免罪符《めんざいふ》であり、プライドを持つための標語ではなかったか。

つまり、小田はその最初から、構えていたし、屈折していたし、その反動で、新しい何か、意味ある何かを始めようと力んでもいたと思われる。

この当時のことを訊ねると、小田は言葉少なにこう言った。

「『The Best Year of My Life』という、いまが一番いいときなんだということからスタートしたいという気持ちがあったけど、タイトルをつけたからといって、そううまくはいかないぜと、跳ね返された気がしたね」

では、メンバーの三人は、当時、どんなことを感じていたのだろうか。

松尾一彦は、三年と区切られたことが何より嫌だったと話す。

「小田さんも手探りなんだろうと思ったけど、まず何年やろうというのがすごく嫌だった。三年はすごく短く感じたし、三年だけやるというのとは違うと思っても、三年で何ができるのかと思ってしまった。俺なんかは、変な力みがあった気がします。作曲においても、ヤスさんがいたころはもう少し気楽に曲を書いていたんです。でも四人になってからは、変わったことをやらなければという心境になって、自分としては気張りすぎたというか、最初のアルバムに『愛よりも』という曲を書いたんですけど、いまになると、あれはオフコース的では全くないなと思いますし、相当気負っていましたね」

翌一九八五年の最初のツアーも辛かったという。

「ギターの音が決まらなくて、ツアー中もずっと自分が出したい音が出なくて、まるで穴があいているステージ衣装を着たままやっているような感じでした。辛くて辛くて、早くツアーを終わりにしたかった。でも、あとから考えたら、俺が出したい音はオフコースには合わない音だと気づいて、考え直して、一九八七年のツアーからは、エフェクターを多用するようにしたんです」

伝わってくるのは、四人になってからの、不思議なまでの気負いと緊張感である。

大間ジローはどうだったのか。

「当時、僕が一番積極的に四人になってもやろうと言ったと思います。だって『We are』『over』と来て、これで終わるのは切なすぎると。でも四人で始めてすぐ、あ、全く別ものなんだと気づきました。やっぱり小田、鈴木といて、清水、松尾、俺がいる。二対三のマッチングが良かったんですね、音楽的にも人的にも。その両雄のなかの一人が不在になる、誰も代わりはできない、そう思いました。意地を張って、四人になってもオフコースだと言い続けていましたが、やっぱりオフコースは五人なんだと、最初のツアーあたりで、そう思いましたね。みんなもそう思ったんじゃないかな。ツアーが終わってから、それぞれソロ活動になるわけで、それなりに意味があったと思うんですよ。ただ小田さんが三年で区切るといった記憶は、僕にはないんですよね」

清水仁はどうだったのか。

「小田さんは五人の頃から、三年計画を立てて、アルバムをいつ出す、ツアーをいつからやる、それをクリアすると、次の三年計画を立てるというのをやっていたんじゃないかな。四人になって三年というのもなんとなく覚えていますけど、三年やってダメなら、それでいいじゃんと、俺はそういう気持ちでした。でも、正直に言うと、俺は、四人になってからのオフコースのほうが好きだったんです。ライブのやり方も、可能性を感じたというかね」

まさに三人三様である。

彼らの当時の思いを聞くと、四人オフコースはその最初から、不思議な緊張感と行き違い、齟《そ》齬《ご》があったように感じられる。


では、最初のアルバム「The Best Year of My Life」はどんなものだったか。

九曲中六曲が小田の作詞作曲だ。その意味では小田の色合いが濃いように思われるが、これまでの印象とはかなり異なる。「We are」や「over」からは、かなり遠くに来てしまったという感慨も浮かぶ。小田自身が「新しいオフコース」として、これまでの自分の殻を破ろうという意図があったのだろうか。このアルバムの前に先行シングル曲として出した「君が、嘘を、ついた」も、アルバム一曲目の「恋びとたちのように」も、これまでの小田の世界とはかなり異なる印象である。サウンドもそうだが、情事めいた歌詞の世界にもそれは言える。また松尾自身が作曲し、「オフコース的ではなかった」と回想する「愛よりも」は、たしかにヘヴィなサウンドのロックで、あきらかに異質である。

そんななかで、いまに続く小田の世界と感じる曲は「緑の日々」だ。従来のオフコースらしいコーラスの美しさもこの曲には生かされている。ソロになってからも、ライブで小田がよく歌う曲でもある。私が「四人になってから楽しかったことは何かありますか?」と訊ねた時に、小田はただ一言、「四人になっても続けたからこそ、『緑の日々』もできたし、『君住む街へ』も生まれたんだ」と答えたことがある。

ところで、このアルバム「The Best Year of My Life」は、それまでの東芝EMIから出されたのではない。東芝EMIから部署ごと独立して作られたレコード会社「ファンハウス」から出されている。オフコースも新生なら、レコード会社も新生だった。とはいえ、スタッフはすべて同じ。つまりファンハウス設立の首謀者は、二人オフコースを東芝と契約させた新田和長。共にファンハウスに移った営業の斎藤隆がその経緯を語ってくれた。

「一九八〇年前後、東芝EMIのなかに第二制作部ができて、元々、制作部、宣伝部、営業部と分かれていたものに録音も含めて、新田さんが各セクションから人材をひっぱってきて、第二制作部という一つのユニットを作ったんです。我々としては、仕事もやりやすくなったし、実績も上がった。制作の担当には、武藤にオフコース、新田さんに甲斐バンドやチューリップ、長渕剛と、それぞれアーティストもついていた。しかしあとから聞くと、結束力が強いだけに、外からは入りにくかったと。そして新しい社長がきて『宣伝費が非常に多い、それは制作が二部に分かれているからだ』と、第二制作部は解体させられてしまった。その時、新田さんがこれではダメだと、独立へと向かっていったのです。しかし東芝ＥＭＩ全体の売上げが三百億円中、第二制作部だけで百億ありましたから、独立に際してはすったもんだがありました」

結局、オフコース、稲垣潤一、さらに新田と親しかった坂本九、加山雄三もファンハウスに移った。その坂本九はこの翌年の一九八五年八月十二日、日航ジャンボ機墜落事故で亡くなり、斎藤はその遺体が見つかるまで群馬県藤岡市の体育館に詰め、遺族に対応し、その亡骸《なきがら》を東京に連れ帰るまで不眠不休の日々を送った。

ファンハウスはその後、大きくなり、小田の二百五十万枚以上を売り上げた「ラブ・ストーリーは突然に」など多くの実績をつくるが、バブル崩壊のしばらくあとにレコード会社ＢＭＧに吸収された。

さて、この時期、小田が熱中したことの一つに、映像を作ることがある。

元来、小田は新しい企画を考えることに長《た》けていた。ライブ中の舞台に、大きなスクリーンを張り、「生まれ来る子供たちのために」の時は、沖縄の美しい海やヨットが大海原を進む映像を流し、武道館十日間公演の「言葉にできない」では、スクリーン全面にひまわりの映像を流したものだが、この四人時代には、映像そのものを自らが制作・監督するようになる。

当時、シングル発売に合わせてのプロモーションビデオはまだ普及していなかったが、小田はまず、シングルの「君が、嘘を、ついた」のプロモーションビデオを外部に依頼して作った。しかし満足のいくものではなかったため、次のシングル「夏の日」では、小田自らが監督することにした。撮影期間は七月六日から十三日の八日間。ここでは、ドラムの大間ジローを主人公の青年にして、三十五ミリフィルムで撮影、八分間の作品にした。これは、当時としては画期的な試みだったが、簡単なドラマ仕立てになってはいるものの、四人の演奏シーンも織り込まれていた。

さらに三枚目のシングル「緑の日々」では、清水をボクサー役に、北海道・帯広で撮影開始、約二週間の撮影期間を経て、九月十七日に東京で撮影終了という本格的な作品となった。清水はボクシングジムに一カ月半通い、役作りまでするという凝《こ》り様だったし、ヘリコプターからの空撮シーンもあった。全体に暗いトーンの映像で、プロモーションビデオというより、まるで短編映画のサウンドトラックのような印象だった。この時の撮影は映像カメラマンの西浦清。「生まれ来る子供たちのために」の背景に流す海の映像を撮って以来、小田の映像を担当するようになっていた。西浦が当時を語る。

「『緑の日々』は曲が五分しかないのに、プロモーションビデオは十五分もありましたからね。小田さんはドラマにしちゃったんです。空撮をし終えて、帯広の飛行場に着いた時、なかなか迎えの車がこないので、お茶を飲みながら小田さんと映画の話をしましたよ。そのころは、小田さんも僕らと話すようになっていて、その時のことはよく覚えています。結局、曲も十五分にアレンジして、このプロモーションビデオを映画館で一度流したことがあるんです。この時、映画関係者に、これをもっと長くすれば映画になりますよと言われたらしいの。そう言われて、小田さんは映画をつくる気になったのではと、僕は思っていますね」

この後も、小田の映像制作は過熱していくが、結局、小田は、この再始動期に、バンド活動だけではない、もっと創造的な何かに挑戦したかったのだろうと思われる。

実は、小田はまだ全く無名のころ、聖光学院の後輩に「音楽を媒体としてオフコースというブランドを作るんだ」と発言し、呆れられている。大言壮語《たいげんそうご》しない小田にしては珍しいことだったが、当時の小田の頭の中には、音楽から派生しさまざまなジャンルを駆け抜けたビートルズがいたのかもしれない。しかし当時は、鼻で笑われたこの夢物語も、ヒットを飛ばし続けたこの時期なら、〝オフコースブランド〟で、何かができるのではないか、小田がそう考えたとしても不思議はない。言葉を換えれば、こういう「夢」を実現させていくことだけが、鈴木脱退後もオフコースを続けていくことの理由になる、大義名分になると、小田は思っていたのかもしれなかった。もっとも、この映像への偏愛は、いつしかメンバー間の齟齬の原因になっていったようにも思われるが、それはもう少し後の話だ。

空が高すぎる

小田がこの時期、もうひとつ熱中したのが、アメリカ進出である。

公言する、しないの差はあるが、日本の少なくない音楽アーティストたちが当時アメリカ進出という夢を追った。しかし坂本九の「SUKIYAKI（上を向いて歩こう）」以上にアメリカで知られた日本の歌は出ていないし、成功したアーティストもいない。小田もそんな挑戦者の一人といえる。

ずっと後年、二〇一三年に、吉田拓郎の対談番組「YOKOSO」（NHK‐BS）に招かれ、小田は拓郎と対談している。その番組の中で非常に印象深かったことの一つが、対談後半、拓郎がしきりに日本の音楽のアメリカ進出について熱く語り、これに対して小田が醒めて答えていたことだった。
少し紹介する。

吉田　なんで日本の曲はアメリカのビルボードのベスト10にすら入らないんだろ。

小田　やっぱり、必要とされてないんだね、ひとつは。で、日本で一生懸命いい音楽作ろうと思って、世界で通用するものをつくろうとするんだけど、結局、アメリカに限っていえば、ただ亜流で、その優れたものは向こうにすでにあるんだよな。それより優れたものはゴマンとあるわけで、そこに切り込んでいくには、やっぱり亜流じゃないものなんだけど、それを積極的に誰かがやってないよね。

吉田　なんで、若い人はそこに対して、一位というところに情熱を燃やさないのかな。

小田　そこはもう見てないんじゃないの、どう?

吉田　チャンスはあると思うんだよ。これまでも、ひっかかりそうな人、ボーカリストやミュージシャンもいたと思うんだけど、俺は正直言って、ここ十年や二十年、もう若い人たちは、そんなこと、もうどうでもいいと思っているのかなという気がするんだよね。僕らにしてみると、どうでもいいことではなくて、ダメだ、目指さなくてはというのが、僕の時代にはあったわけ。俺が作った曲をロッド・スチュアートが歌ったらいいのになとか、ボブ・ディランに一曲歌わせたかったなとかね。冗談でも思うんだよね。

小田　それは、お前がそういうのがあるんなら、いまからでも、行動を起こすべきだと思うし、やってほしいよな。

吉田　小田和正、自分が作った曲が、向こうのチャートにこの曲は入ったっていいんじゃないのと思ったことない？

小田　世界も大事だけど、やっぱり、年とったからかもしれないけど、日本の人が喜んでくれる曲を書きたいなと（笑）、姑息《こそく》かい？

吉田　いやいや、それでいいと思うけどね。

小田　これ、アイツが歌ってくれないかなって、その思いはなかなかいいなとは思うよね。

二〇一三年当時、拓郎は六十七歳、小田は六十六歳。なにより伝わってくるのは、拓郎と小田二人のアメリカという音楽市場に対する温度差だ。拓郎は若い人への叱咤《しった》激励も含めアメリカの音楽界への野心を語り、小田は妙に醒めていた。しかし見方を変えれば、これは挑戦しなかった者の悔いと、夢は果たせなかったが挑戦した者のいわば達観のように私には聞こえた。小田にとっては、挫折ではあったが、やるだけのことはやったという満足感もやはりあったのではなかろうか。

では、小田和正のアメリカ音楽界への野心、その経緯はどんなものだったろうか。

小田はビル・シュネーを通じて、これまでもアメリカのレコード会社とコンタクトをとっていた。さらにビートルズを手がけたジョージ・マーティンとも、一九八二年のヨーロッパ旅行の際、ロンドンのスタジオで会っている。感触は悪くなかったが、いつも問題は言葉だった。最低限、英語の詞が必要だった。そこで小田は、この数年間にオフコースとして作った楽曲を英語にした英語詞アルバムを作ろうと考えた。英詞を担当したのは、ビル・シュネーに紹介されたランディ・グッドラム（Randy Goodrum）。アーカンソー州出身の小田と同い年のミュージシャンで人気ソングライターである。詞の意味を小田が説明しながら、ランディ・グッドラムが英語詞をつけるという作業を行った。

できあがったアルバムは「Back Streets of Tokyo」。

たとえば、「君が、嘘を、ついた」は「EYES IN THE BACK OF MY HEART」、オリジナルアルバムに未収録だった「call」は「SECOND CHANCE」、シングルB面だった松尾の「LAST NIGHT」も「LOVE'S DETERMINATION」となっているが、印象深いのは「over」に収録されていた「哀しいくらい」の英詞版「MELODY」、もうひとつ「ENDLESS NIGHTS」だろうか。「ENDLESS NIGHTS」は、小田が最初から英語の発想で書いたもので、日本語タイトル「たそがれ」とともに、いまなお小田の人気曲としてライブでしばしば歌われている。

しかしこのアルバムはアメリカでリリースされるまでには到らなかった。一九八五年八月、それは英語詞アルバム「Back Streets of Tokyo」として日本でリリースされた。そして小田は、この作業を経て、一層、アメリカへの思いを強めていったのだろう。翌一九八六年五月、しばらく滞在するつもりでアメリカに向かった。四人のオフコースが活動を再開して約二年、全国ツアーもなく、バンド活動を休止し、各自のソロ活動期間とした時期だった。

「バンドがなんとなくギクシャクしていた、そんな時にアメリカに行ったんだ。当時はすごく長くいたと感じたけど、振り返ってみれば短かったな。でも家を借りて、半年以上はいたからね。そこで、コンピューターのマニュアルを読んで、デモテープを作り始めた。全部一人でやったから、勉強になったんだ」

デモテープが完成すると、それを基に、現地の一流ミュージシャンたちが、小田のアレンジ通りに演奏してくれた。

当時のウエストコーストで一番旬《しゅん》だといわれたギタリストのダン・ハフ（Dann Huff)、TOTOで長く活躍したベーシストのデヴィッド・ハンゲイト（David Hungate)、この六年後に心臓発作で急死するTOTOのリーダーでありドラマーのジェフリー・トーマス・ポーカロ（Jeffrey Thomas Porcaro）たちだ。音が鳴り始めた時、小田は雷に打たれたような衝撃を受けた。

「ナマでいきなりこんなことまでやれるんだと思った。アメリカはすごいとずっと日本から見てきたけど、本当にすごいと思ったね。でも、楽曲作りに関しては、ずっと以前、二人オフコースのころ、勝手に想像していたことを向こうのスタッフとやって、その制作過程を目の当たりにして、やっぱり、こういう風に考え、こういう風にやっていたんだと確認するような作業だった。考え方はアメリカも同じなんだと、追っかけてきたことは間違っていなかったんだと、それを確認できたことはすごく大きかった」

このアルバム制作中に、アメリカではリリースできなかった「Back Streets of Tokyo」の曲がアメリカのFM放送でかかっていると人づてに聞いた。「FOOL」（「恋びとたちのように」）と「ENDLESS NIGHTS」がよくかかっているというのだ。詞を書いたランディ・グッドラムが曲をかけてくれたFM局のDJに電話で確認してくれた。

「誰かがそのDJのところにレコードを送ってきたんだそうだ。そしてそのDJが『ENDLESS NIGHTS』がなかなか良かったと言ってくれたらしい。そこで俺は『いま、ロスに住んで、ソロのプロジェクトをやっている』と自己紹介した。そしたらそのDJが、『そうかい、新しい曲が出来たら、持ってこいよ』と言ってくれたんだ。ランディ・グッドラムも『残れ、もう少し我慢して残れば、忍耐力があれば、お前の音楽は成功する』って言ってくれた。でもだんだんと億劫《おっくう》になってしまったんだ」

小田自身も一度だけ、カーステレオから流れる自分の曲「ENDLESS NIGHTS」を偶然、聴いた。すでにエンディング部分だったが、それは紛れもなく自分の曲だった。しかもそのあとに流れた曲は、イーグルスの「ホテル・カリフォルニア」だった。小田はその時、「いま、一番、アメリカに近いな、近づいたな」と実感した。しかし小田はアメリカにこれ以上残ることをやめ、作り終えたソロアルバム「K.ODA」をもって、十一月二十四日、帰国した。「K.ODA」は、一九八六年十二月三日、日本でリリースされた。

アメリカに挑戦した日本の歌手、アーティストはかなりの数いるが、その経験について、皆あまり発言していない。そんななか、やはりアメリカに何回も通い、挑戦した矢沢永吉が、NHKのドキュメンタリー番組「ドキュメント矢沢永吉～70歳　最後のレコーディング～」のなかで、語っていた言葉が興味深かった。矢沢は小田より二歳年下だが、単身渡米し、アメリカのレコード会社と契約したのは、小田の渡米より五年早い一九八一年である。矢沢は六十九歳の時点でこんなふうに回想していた。

「一年がたって、三年がたって、五年がたった時に、わお俺はまず扉としては正しいよね。扉としては海の向こうの本場に来たんだってことは正しいでしょ？　こういう連中たちと知り合いになって、俺のこの奥底にあるものを揺さぶってくれる。すげえ、俺、来て良かったと思います。だけど、何年何年何年いて、あれ？　ひょっとしたら俺、何？　ただ洋楽にかぶれてびっくりしてショック受けて、そこ、そこにいるだけ？　っていうところに思い始めるんですね。……どう逆立ちしても、おまえは東洋からきた矢沢永吉、日本のベーシックの、そこをおまえはどう思っているんだっていう、矢沢、おまえらしさ、おまえ的、俺たる俺っていうのはどうすりゃいいんだ？　ってところに行くんだよ」

アメリカに全力で体当たりしてこその実感、だろうか。体当たりしてこその、相手の土俵の大きさ、壁の厚さ、それを全身全霊で受けとめた者の言葉だろう。表現の仕方こそ違うが、小田の思いと通じていると感じる。

そして矢沢は、こうも言っていた。

「最後になるかもしれない今回の曲づくり、テーマは〝洋楽にしない〟〝難しくしない〟〝偉そうな音楽にしない〟。とにかくわかりやすくて直球でストンと来る音楽を作りたい。もう今は憧れでLAどうだ、アメリカどうだ、海外すげえだろう、そういうものじゃないんだと、それもなにも全部嚙み砕いてジャパンのジャパニーズというのを大事にしてる」

小田が拓郎に語った言葉、「世界も大事だけど、やっぱり、年とったからかもしれないけど、日本の人が喜んでくれる曲を書きたいな」に、どこか通底していると感じる。

アメリカで制作した「K.ODA」は、結果的に、小田和正の初めてのソロアルバムとなった。

全八曲。アレンジには、小田とともにダン・ハフが五曲に参加し、前述したような一流ミュージシャンが演奏。このなかの「1985」はのちにシングルカットされ、小田のソロデビューシングルともなっている。アルバム「We are」のレコーディングも担当したＰＡの木村史郎はのちに、この「1985」を小田の楽曲の中の好きな一曲としてあげ、その理由を「ＴＯＴＯのメンバーの生演奏で、ジェフ・ポーカロとデヴィッド・ハンゲイトですからね。サウンドが全然違って、グルーヴ感がすごいです。あのグルーヴ感に小田さんの声がのっている。最高です」と語ってくれた。

そんななかで、最後の楽曲「空が高すぎる」は印象が異なる。小田の澄んだ高い声で真っ直ぐに歌われるバラードだが、聴く者の心を切々と揺さぶる。実は、この楽曲は、二人のオフコース時代、一九七五年ごろにつくられた楽曲が元になっている。当時は、完成度が低いと感じたのだろう、アルバムにも収録されず未発表のままであった。それをこのアメリカでつくり直したのである。歌詞も冒頭の二小節をのぞき、書き直している。小田自身が「カリフォルニアの空を見上げて作ったのではなく、遠く、日本の秋の空を想って作った」と話している。

いったい、何を想って作ったのか。

空が高すぎる　（「K.ODA」バージョン）

空が高すぎる　たゞそれだけで
言葉を失くして　立ちつくした日々
誰れもが皆んな　輝いていた
それぞれの笑顔で　それぞれの涙で

僕等はいつでも　同じ夢を見てた
やがてこゝには　もう誰れも居《い》なくなる

今　通り過ぎた　あの青い風が
心をあの頃へ　運んでゆく

僕等はいつでも　同じ夢を見てた
やがてこゝには　もう誰れも居なくなる

なつかしいひとを　壊れた約束を
哀しい愛を　心に刻んで

あれはたゞ僕等が　若すぎただけ
やがてこゝには　もう誰れも居なくなる
もう誰れも居なくなる

空が高すぎる……

高く美しい声で静かに歌われるこの歌を聴くと、不思議な哀しみが襲ってくる。声に翳りはない。気高く、力強い。なのに、その歌声は寂しい。過ぎ去った時間、去ってしまった人を想う。諦念や、無常感が襲ってくる。

それにしても、最初にこの歌を作った時から十年余りも後に、しかも異国の空の下で、小田は何を想って、この歌を作り直したのだろう。明らかなことは、この十年余の時間とは、小田にとって、自分を取り巻く環境が予想もしなかった方向へと激しく移り変わっていった、そんな時間だったということである。

僕等はいつでも　同じ夢を見てた
やがてこゝには　もう誰れも居なくなる

「僕等」は、一体、誰たちなのか。学生時代の友人なのか、一緒にアメリカに挑戦しようと頑張っていた鈴木康博なのか、初々《ういうい》しかったころの五人オフコースの面々なのか。やはり、そんなことも想像する。

ちなみに、ソロになってまもないころ、小田はツアーのアンコールの場面で、よくこの歌を歌った。そしてソロとして初めてのベストアルバム「Oh! Yeah!」の一曲目に、この歌は再び収録された。

もっと近くに

日本に戻ると、小田はもう一度バンドに向き合い、四人オフコースとしては二枚目となるアルバム「as close as possible」を制作した。小田がアルバムタイトルを「as close as possible」（もっと近くに）としたのは、よく知られているように、離れていきつつあったメンバー同士、もう一度できるだけ親密に、との想いを込めたと言われる。

前年、メンバーはそれぞれソロ活動をしており、その活動がさまざまな形でこのアルバムには投影された。たとえば小田は、アメリカで学んだコンピューターを使った音作りをこのアルバムに活かした。さらにこのリズム・トラックを日本で行ったあと、サックスやホーンなどの録音はロスで行い、この時、「K.ODA」に結集したアメリカの一流ミュージシャンたちが、たとえばドラマーのジェフリー・ポーカロなどが参加した。

さらに、このアルバムには人の広がりが見られた。

渡米前の一九八五年、小田は松任谷由実、財津和夫と三人で、シングル「今だから」をリリースしているが、その時、編曲を務めた坂本龍一にこのアルバムの中の一曲「嘘と噂」でキーボードを弾くことを頼んでいる。さらに坂本のツテで大貫妙子が部分的に参加している。オフコースのアルバムに女性ボーカルが響くのは非常に新鮮だった。

また十曲中、小田が五曲を作詞作曲（ただし一曲は松尾と作曲を共作）、ランディ・グッドラム作詞、ダン・ハフ作曲の楽曲も小田がボーカル、さらに松尾も五曲（一曲は小田と共作）の作曲に関わり、清水も初めて松尾と曲を共作しリードボーカルを担当するなど、小田はもちろん、ほかのメンバーのソロ活動での経験や成果も多様に投影された。また松尾は作詞を秋元康と松本一起に頼むなど、結果的に、この一枚は従来のオフコース的なアルバムから最も遠く離れていると感じられるものとなった。音楽評論家の田家秀樹は、このアルバムを評してこう書いている。

「松尾一彦のロック・センス、清水仁のリズム＆ブルース、そして小田和正が体験してきた洋楽の方法論が混じり合い重なり合った四人のオフコースのカラフルなアルバムは、明らかに八二年以前とは違った。第三期オフコース――」

別のところで、こうも書いている。

「それ以前のオフコースとは、あきらかに違っていた。カラフルで、ポップなビートに彩られたノリの良いサウンド、清水仁や松尾一彦のヴォーカルに、小田和正がコーラスで加わったりという臨機応変なアンサンブルは、彼らが、バンドとして新しい世界に手をかけたことを物語っていた」

田家は、このアルバムの多様さを肯定的に評価している。

では、実際、この時点での新生オフコースは、どんな様子だったのか。

一九八七年三月二十八日、アルバム「as close as possible」をリリースさせ、オフコースは四月十七日から「OFF COURSE TOUR 1987 "as close as possible"」を開始させた。九月六日まで、全国五十カ所六十九公演。田家は、このツアーにも時折、訪ね、ツアーレポートを書いている。そこでなにより印象的なのは、二年前の四人オフコース初ツアーとの違いである。すなわち、二年前の「OFF COURSE TOUR 1985 "The Best Year of My Life"」が、客席もステージ上も「異様な緊迫感に包まれていた」ことに比べて、今回は明るく、リラックスした雰囲気だったとレポートしている。

田家が伝えるメンバーそれぞれの証言も前向きだ。

松尾は「バンドらしさは、ものすごく出てきてるっていう気はするのね。……一体感っていうのかな。自分でいうのも、何か変なんだけど、あらためてオフコースってすごいと思っているんです」と語る。

清水は「ライブって楽しいなあって再認識できたんじゃないかな、オフコースで。……オフコースでライブやって、良かった、楽しいねって思えたのは、うん、初めてかもしれないね。……今から始まるんだよ。そう思うよ」と手放しの評価である。

大間もこう言っている。

「去年、ソロをやるまでって、仁さんにしても松尾にしても、オフコース、オレはロックだっていう気持ちが、どっかにあったと思うんだよね。それがソロになって自分の中のオフコースが何なのかをわかったんだと思うよ。今までの積み重ねでもあるけどね」

小田はどうだったろうか。

「次の活動を保証してくれるツアーだったという気はしますね。……まだ来年のことは決まってないけど、今年よりもっとやりたいと思っているもの」

しかし現実には、このわずか一年半後に、オフコースは解散するのである。

果たして、解散は予想外のことだったのか、あるいは必然の結果だったのか。それを明らかにしていく前に、当時のオフコース・カンパニーについて少し見ていきたい。

四人での活動を再開したオフコース・カンパニーは、有限会社から株式会社に変わった。同時に、スタッフにもさまざまな変化があった。

一つは、新たな社長の登場である。

それまで社長は小田和正だったが、あくまでも肩書きのみで、小田は経営の視点を持った人物に社長職を代わってもらいたいと考えていた。そして人伝《ひとづ》てに紹介されたのが、岡田正嗣だった。岡田は、日本IBMに勤めていたが、一九八一年に同社を退社後、音楽関係のマーケティング会社を立ちあげた人物で、小田はマーケティングの視点に魅力を感じたともいえよう。さらに、四人のアーティストをマネージングするトップには、神部一夫が迎え入れられた。神部は、アーティストのイルカの夫で、イルカの会社の社長でもあった。しかし神部は、二つの会社の社長を兼任していたためか、オフコース・カンパニーに専念できず、岡田が慣れないアーティストのマネージングまでタッチせざるを得ない状況にもなった。

岡田がオフコース・カンパニーに入ってきたのは一九八五年。そして同じ一九八五年一月に、岡田より一足先にオフコース・カンパニーに入社したのが、現在も小田と併走している吉田雅道である。岡田と吉田、後年、大きな影響を及ぼすこの二人を中心に少し見ていきたい。

元々、吉田は、明治大学の野球部時代に、よく行く仙川《せんがわ》（調布市）のレストランでオフコースの当時のツアーマネージャーだった富樫要と知り合い、オフコース・カンパニー〝野球部〟の助《す》っ人《け》を頼《と》まれたことが縁で、小田はじめメンバーやスタッフと親しくなっていた。もっとも、知り合った当初、吉田はオフコースの楽曲すら知らなかった。知り合ってしばらくして誘われたコンサートで「さよなら」を聴き、有線放送で聴いたことがあるこのヒット曲を歌っているバンドだったのかと驚いたという顚末《てんまつ》だった。その吉田は大学卒業後、日本生命に入社し、営業部で順調に仕事をしていた。そんな吉田に、オフコース・カンパニーの西沢一彦が「こっちに来て一緒に仕事をしないか」と誘ったのである。もっとも吉田は当時、すでに結婚し子どもが生まれるころで、そんな異業種への転職は考えられなかった。しかしその後、再び誘われ、一九八五年一月、思い切って、オフコース・カンパニーに入社したのである。

岡田と吉田が入社した一九八五年は、四人のオフコースが再始動して二年目、全国ツアーが終了し、それぞれが個別の活動に移っていった時期だった。吉田の記憶では、メンバー間に少しずつ齟齬が生まれ始めており、会社内の雰囲気も決して良いとはいえなかった。そして、そんな状況を一層悪化させた要因の一つに、新しい社長、岡田正嗣の存在があったように思われる。

岡田は一九九四年、四十九歳で亡くなっているので、慎重に関係者の証言を見ていこうと思うが、明らかなことは、清水、松尾、大間の三人と岡田との間に溝ができていったことだった。メンバー三人の岡田に対する不信感、まずはこのことを抜きには考えられないように思われる。

清水は、岡田についてこう回想する。

「俺はあの人が社長になることには反対した。経営の実務をやるのはいい、でも社長は小田さんのままでいいんじゃないかと。でも小田さんは自分はやらないと。岡田さんは、変な人でした。みんなで草野球しているところに銀行マンを連れてきたり、メインバンクを勝手に一つにしたり、経営を任されているのは私ですよというアピールです。俺はすごい違和感があった。なにかというとすぐ、合法的合法的って言うんですよ。合法なら何やってもいいのかと思いましたよ。小田さんが決めろよと。俺はそういう気持ちでやっていた。でもそういう話すら、だんだん言えなくなっていった。最後のころ、小田さんは、もう全く事務所に出てこなくなりましたから」

松尾はこう回想する。

「たとえば契約内容の変更を岡田さんが言ってくる。それによれば、俺たちの収入は減ることになる。そうすると、仁さんが『それは岡田さんの考えなの？　小田ちゃんの考えなの？』って訊く。そうすると、岡田さんは答えに詰まって何も言わない。そういうことがたびたび起きるようになりました。小田さんから話してくれれば納得したと思うんです。俺らみんな結婚し、もう五人のころのように合宿もしなくなっていました。小田さんとも、普段、コミュニケーションをほとんどとらなくなっていきました」

当時を振り返って、小田はこう話す。

「もっと話し合ってケンカしてでもお互いを理解すべきだったんだ。それが出来なかったのは、自分が未熟だったからだね」

この岡田社長について、吉田はこう話す。

「芸能プロは銀行に軽視されがちな業界でしたから、小田は音楽プロダクションとして社会的に認められる会社にしようと思ったんだと思います。小田がその説明をみんなにしなかったことはないと思うのですが、ただ、メンバーは岡田さんが苦手でした。やや上から目線の印象もあり、考えていることが伝わりにくいところもあった。でも決して悪い人ではなかったです」

岡田の不評を感じて、小田は古いつきあいのファンハウスの社長になっていた新田和長に岡田のことを聞きにいったこともあった。新田はたぶん、小田には控え目に言っただろうが、後年、私にはこう本音を漏らした。

「ＩＢＭにいて、計数に強いということだったけど、僕らからしたら、メチャクチャやりづらい人でした。ただ、小田君が連れてきたと思うから口をきいていたというか。途中から来て、シロウトがなんだという話ですよ」

岡田は、事務所の経営をスリム化し健全化したいと考えたようである。膨れ上がっていた人員を削減し、銀行を一本化し……、しかし性急すぎたこと、やや誤解を招きやすい人柄だったことが事務所内でもレコード会社からも反発を呼んだ。他方、小田は「自分がいては岡田が仕事しにくいのではないか」と気を遣い、「あえて会社に出てこないようになる」。すべてが悪い方向に空回りしていった。

しかしこのころはまだ、小田はバンドを続けて行くつもりだっただろう。実際、先に見たように、一九八七年の全国ツアー「OFF COURSE TOUR 1987 “as close as possible”」では、四人は仲良くやれていた。

君住む街へ

バンドメンバーの四人の仲が修復不可能になるのは、最後のツアー前、ツアーリハーサルの時である。何かが決定的に起きたという話ではない。あったとしても、ささやかな、事件ともいえない出来事である。仲が良かったころなら、「ゴメン」のひと言で終わっただろう。そうならなかったのは、すでに小田と三人との関係が明らかに変質していたからである。

変質していった理由も単純ではないだろう。

そもそも小田のなかには、鈴木が脱退したあとも、自分がオフコースを続けていることへの違和感がずっと気持ちの底にあったのだろう。そのうえで、三人との間にあった、音楽的な違和感、生活感覚における違和感、舞台づくりにすら齟齬が生まれていたように思われる。小さな罅《ひび》が見え隠れし、それが次第に大きな亀裂となっていった。

ここでいま一度、小田と三人との間にあった違和感、齟齬を少し具体的に見てみよう。

元来、小田とロック志向の三人とは音楽のめざす志向性が異なっていた。五人で仲良くやっていたころは、その違いが音楽を力強くし、魅力的にもした。それはプロデューサー武藤敏史がめざしたことでもあった。しかし、小田には、常に違和感の残ることでもあったようだ。

二〇二〇年、小田はこんなふうに回想した。

「俺がつくる曲は本来、バンドぽくなかった。だから自分で書いていて、ああいいな、いいのできたなと思っても、ドラムとベースがいる以上は、常にドントントンツー、ドントントンツーとなっていなくてはいけないいんだ。自分が伝えたいものがバンドでやるとなくなっていくんだね。それは自分がちゃんと音楽を支配できていなかったからなんだ。バンドにして、エレキ、ドラム、ベースを入れた時、思ってもいないいい感じになったというのもあるけど、ちょっとつまらないものになっていったというのも多いんだ。自分が主張できるまでにはちょっと時間がかかったね」

小田は半端でなく人に気を遣う人物である。しかし音楽に関しては妥協しない人のはずだったが、この言葉を聞いた時、そこでも気を遣っていたのかと、少し驚いたものである。オフコース後半、四人になってから、彼らとの音楽性の違いから生まれる違和感が、小田のなかで澱《おり》のように溜まっていたことは想像に難くない。

　大間は、こんなことを記憶している。

「四人になってのツアーの時、小田さんがこの曲の時は、自分に照明を当てないでくれと言ったことがあるんです。それは松尾が書いた『愛よりも』というロック調の曲で、ああいうのは苦手だったんだなと思います。ある時は、仁さんが作った曲のミックスを朝までやって、すべて終わって、少し寝ようと思っていたら、六時か七時に小田さんから電話が来て、その日は御殿場の工場にデータをもっていく日だったけど、小田さんが『あのさ、あの曲、アルバムに合わないんだよな、はずさないか』と。俺は『いや、小田さん、ミックスもマスタリングも終わって、そりゃ、駄目でしょ』と取り合わなかったんです。当時は、仁さんに対しても、あれだけ一生懸命つくったのに、はずすのは申し訳ないと思いましたしね。でもね、いまから思うと、『もう一回、聴いてみようか』とか『並べてみようか』とか、俺も提案すれば良かったと思います。小田さんは、執拗《しつよう》なまでにプロデュースをしていたと思うし、誰よりもオフコースのことを考えていた。当時、もっともっと小田さんの意見を尊重すれば良かったと思いますよ」

　少し補足するならば、小田は自分の意見をストレートに全員に言うことはたしかに少なかったようだ。小田自身が後年、「ジローに伝えると、ジローの解釈も含めて、他のメンバーに伝えてくれた」と発言している。小田にすれば、自分の考えを一方的に言うことには遠慮があったのだろう。しかし、清水や松尾に言わせると、そこにものすごく違和感があったという。清水の楽曲の件も後で知り、清水も松尾も「直接、言えばいいのに」と腹を立てた。さまざまな行き違い、空回りが起きていた。松尾はこんなことも語っている。

「小田さんは、メンバー全員でプロデュースしているという扱いにしてくれていたけど、当初、それはすごく有り難かったですけど、実際、摩擦も増えるし、本当はほとんど小田さんがプロデュースしていますよ。それである時、吉田に言ったんです。小田さんが全部プロデュースしたほうがスッキリしていいんじゃないかと。そしたら吉田は『小田さんはOKしないと思う。みんなでやると言うはずです。小田さんはそういう人だと思います』と。話はそこで終わったんです。でも僕は、小田さんが『アイデアを出せ』と言えば言うほど、お互いが違うということを確認しあうことになるって思い始めていたんです」

小田から見ると、三人に対する違和感は、音楽以外でも膨らんでいった。実は、こっちの方が大きかったのではなかろうか。たとえば、レコーディングスタジオなどでメンバーが、車やマンション、お金の話をすることを小田はひどく嫌った。

「まず生活を守るお金が第一だったり、そんなことから、俺はだんだんイライラしていった。音楽的なことではないね。価値観の違いかな。しようがない。年上だからいろいろ言うんだけど、説得しきれなかったところもあるね。一対三。プレッシャーマンと呼ばれていたのも、生き方だね。死ぬほど頑張れ、妥協しないで、頑張れるところまで頑張れと。いつもそうだったからね。それが当たり前だと思っていたんだね。それが当たり前じゃないと気がつくのは、ずっと先のことだから。誰でも頑張るものだと思っていたからね」

お金の使途についても、噛み合わないこともあった。たとえば小田は、積極的にプロモーションビデオを作っていたが、メンバーから疑問の声があがったという。小田が言う。

「当時はまだプロモーションビデオなんか他ではやっていないころで、俺はみんなも気に入るだろうと思って、結構、金をかけてやっていた。だけど、四人時代のとくに後半、あんな無駄な金を使わないでもらいたいみたいなことを言っているメンバーがいると聞いて、へぇーって。そんなこと、ゆめゆめ思わなかったからね。音楽で集まった金は、全部、先行投資しようと思っていたからね。そういうことしか、俺は頭が回らなかった」

もっとも、松尾は「制作費のことなんて反対した覚えはない」と言い、むしろステージで流す映像そのものに違和感をもったことがあったと話す。たとえば川崎球場を借り切り、観客席に何百人とエキストラを入れ、高校野球の九回最後というシチュエーションの映像を撮ったことがあった。担当した西浦清によれば「コンサート中に流す映像で、ピッチャー最後の投球で、バッターは三振になるという内容で、ハイスピードカメラを借りて白黒で撮ったものでした」というが、松尾にはその映像が「泥臭くお涙ちょうだい風に感じた」のだという。もっとカッコいいプロっぽいステージをやりたかったのだと話す。もっとも西浦によれば、この映像は評判が良く、のちに第一生命のCMとして使用され、「市川崑が同じテーマで撮り継続された」というのだから、これはどんなステージをつくりたいかという感性の違いだったとしか言いようがないだろう。

楽曲作りに関しては、小田はこんな違和感を語った。

「歌詞を書け、俺も一緒にするから書けと俺はよく言っていた。そうすると人に頼んだりして、それも近しい同じ思想の奴に頼むのならともかく、流行作家に頼んだりする。それでは何の意味もないんだ。その意味でも、必然的にだんだんうまくいかなくなった」

では、外の関係者はどう見ていたのか。

新田和長は、三人のメンバーに非常に厳しい見方をしていた。

こう断言する。

「三人をあんなに温かく迎え入れたのに、親の心子知らずみたいな時がありましたね。小田さんのリズムに対する感覚が少し弱いとか、もっとビート感を出さないととか。要するに、ドラム、ベース、エレキギターの音をもっとあげていかないとダメだと言っていました。向こうのロックバンドを聴くと、歌なんか、こんなに小さいじゃないかと。たしかに探すと、そういう歌が小さなバンドはあるんですよ。でも、そんなのはたいしたバンドじゃないんです。本当のいいバンドは、ビート感もあるし、リズムの楽器も十分聞こえるけれど、歌もそれに負けず大きいんです。歌が命だぞと、詞が命だぞと。だから成功するんです。あの当時、小田君はあの三人の反乱、反乱といってもいいと思うけど、闘っていたんだと思います」

そして改めてこうも言った。

「三人はみんないい連中だったけれど、あの時期の小田君に対するあの雰囲気は良くなかったと思います」

ところで、音に対する小田と三人との考え方の齟齬と関係があると思われるのが、PA木村史郎の一時撤退である。木村はオフコースが初めて全国ツアーに出た一九七七年から常にツアーに帯同していたPAエンジニアだったが、四人オフコースになってから、その音に違和感を強く抱くようになった。木村が語る。

「楽曲がロック志向になって、ヤスさんがいた時代とは違っていきましたが、それはそれとしてやっていました。しかし次第に、バランスが崩れるほどのギター、ベースの音重視の要求となり、対応しきれないと思うことがありました。演奏を出せる限界まで出すと、歌はそれ以上出せないんですよ。自分が思っているような音が出せないのならばと、僕は一度、自分から外れました」

ちなみに、次のツアーは別のＰＡエンジニアが帯同したが、結局、小田は途中で木村に戻ってきてほしいと頼み、木村との関係はその後、現在にいたるまで続くのである。

では、武藤敏史はどう見ていたか。言葉少なに、こう回想した。

「四人になって、メンバーにいろいろ配慮することに、小田さんは疲れたんじゃないかな。四人の時もすごい曲がいっぱいありますが、他のメンバーにも詞を書かせたり、バンドを維持するために気を遣ってやっていましたけど、結構、辛かったんじゃないかと、僕は見ていて思いました」

小田自身は、当時を振り返り、「バンドをやっているのに、どこかバンドじゃない方向へ行きたがっていて、混沌とした感じだった」とだけ回想した。

他方、三人には三人の言い分があっただろう。

彼らが一番に訴えたのは、とくに清水と松尾が何度も何度も繰り返していたのは、小田が事務所にほとんど出てこなくなり、コミュニケーションが全くとれなくなったということだった。どんなことでも、小田から直接言ってくれれば受け入れたということだった。さらにマンションや車の話について訊くと、清水はこう言った。

「小田さん、正しいと思うね。俺らなりにものすごく迷走した時期があったよね。自分のままでいられない時期があった。もともとたいした育ちじゃないから、貧乏人がお金を持つと、ゴルフしたり、車買うくらいしかできなくて、それに気がつくのにずいぶん時間がかかって、子どもっぽい話をしてたなと思うよ」

清水とは五時間近く話をした。話し始めてまもなく、一人語りのように呟いた。それが印象的だった。

「自分は平坦な道をずっと歩いているつもりだったけど、オフコースが認識されていって、新聞に載ったりとかして、上り坂で登っていく、周りから認識されていく。でも自分はずっと平坦ですからね。そのギャップがしんどかったですよ。楽しもうとした時期もありましたけどね、お金もいっぱいもらったんでね。じゃ、車でも買おうかとか、そういうことをしてみたけど、でも自分というのは、やっぱり、ずっと（手で平らを示す）こうなんですよ」

一九八八年一月、小田はシングル「君住む街へ」をリリースした。これは前年のツアー中に作られ、ツアー最後の日本武道館公演の終幕後、エンディングソングとして初めてインストゥルメンタルの形で流された。

後年、小田自身が「自分の生涯で大事な一曲は？　と訊かれたら、必ず候補に入ってくる曲。自分が歩いてきた音楽人生に、常に張りついているっていうか、自分と一緒にいる感じの曲」と語っている曲である。

君住む街へ

そんなに自分を責めないで
過去はいつでも鮮やかなもの
死にたいくらい辛くても

都会の闇へ消えそうな時でも
激しくうねる海のように
やがて君は乗り越えてゆくはず

その手で望みを捨てないで
すべてのことが終わるまで
君住む街まで　飛んでゆくよ
ひとりと思わないで　いつでも

君の弱さを恥じないで
皆んな何度もつまづいている
今の君も　あの頃に
負けないくらい　僕は好きだから

歌い続ける　繰り返し
君がまたその顔を上げるまで
あの日の勇気を忘れないで

すべてのことが終わるまで
君住む街まで　飛んでゆくよ
ひとりと　思わないで　いつでも

雲の切れ間につき抜ける青い空
皆んな待ってる　また走り始めるまで
その手で心を閉じないで
その生命が尽きるまで

かすかな望みが　まだその手に
暖かく残っているなら
あの日の勇気を忘れないで
すべてのことが終わるまで
君住む街まで　飛んでゆくよ
ひとりと　思わないで　いつでも

二〇二二年のツアーでも、小田が感極まり歌えなくなったのは、大抵、この「君住む街へ」を歌っている時だった。小田自身が作ってから三十五年たったいまもなお、この歌を歌う時、心動かされている。不思議な歌である。

作られた時期ははっきりしている。

一九八七年、四月から始まったツアー「as close as possible」も半ばを迎えた六月十九日から二十三日まで、四国の徳島から高知まで公演地をまわった際、そのバス移動の車内で、小田はギターとノートを持って後部座席に一人座り、曲作りをしていた。その時に作られた歌である。小田の記憶によれば、「さほどの時間がかからず、わりとすーっとできた曲」だったという。

実は、いまでこそこの歌は小田らしい楽曲と感じるが、このような他人をそっと励ます歌を、小田はそれまであまり作ってこなかった。「言葉にできない」も「生まれ来る子供たちのために」も、心に沁《し》みるメッセージを含んではいるが、あくまでも小田自身の思いである。いわば他人に寄り添う歌はここまでないのである。その意味でも、この「君住む街へ」は、その後の小田和正の歌の一つの始まりといえた。バンドがギクシャクするなかで、しかしまだそれを乗り越えようともしていたなかで、この歌はつくられた。小田自身が苦しかった時だからこそ、この歌は生まれた。そういえる気がする。

「君住む街へ」は、阪神大震災時、公演自体は中止になっていた神戸の御影《みかげ》公会堂の敷地で、大阪公演の合間を縫って、急遽行った野外コンサートでも最初に歌われた。倒壊した建物がまだ残るなか、多くの被災者がやってきて、この歌を聴いた。当時、小田のツアーマネージャーになって一年目だった串田俊哉は、その光景を見て、「音楽の力はすごいなあとしみじみ思いました」と振り返って語ったが、「君住む街へ」は、小田和正の音楽人生後半期を暗示する歌となり、小田に新たな力と方向をもたらした歌といえるかもしれない。

実際、この歌は、後年、さらに大きな力を発揮しているような気がする。

二〇一六年の全国ツアーにおいて、「君住む街へ」はツアータイトル（「KAZUMASA ODA TOUR 2016〝君住む街へ〟」）となり、次の二〇一八年のツアーにおいても、本編の締めの歌として丁寧に歌われている。二〇一九年のツアー（「Kazumasa Oda Tour 2019〝ENCORE!! ENCORE!!〟」）の横浜アリーナの会場で、やはり最後に歌われた「君住む街へ」を聴いた音楽評論家の田家秀樹は、感動の余韻が残るなか、ブログにこう書いていた。

「うまく言えないんですけど、教会みたいな気がしたんです。……ここでは泣いてもいいんだと思えるような時間というのかな。全てが許されると思えるようなコンサート。スピリチャルなものを感じました。（中略）……それはゴスペルとかソウルとか、音楽のジャンルには収まらない気がしました」

小田自身が、この歌を歌いながら、時に、涙している。この歌が、小田の人生の中でも、とりわけ精神的に辛いと思える時期につくられたことと、それはやはり関係あるのかもしれない。

アルバム「Still a long way to go」は、一九八八年三月三十日からレコーディングが始まり、五月二日に終了、六月一日にリリースされた。タイトルは、この三カ月前に制作した小田のソロアルバムに予定していた言葉を、「ソロよりバンドっぽいかなと思い」、こちらにつけた。「これからも長い道のりだね」――小田はどんな気持ちで、このタイトルをつけたのか。

「Still a long way to go」の一曲目を飾るのは「君住む街へ」。現在、私たちは小田だけが歌うバージョンを聴き慣れているが、このアルバムでは小田、清水、松尾の三人がメインボーカルを分け合っており、バンドからのメッセージという広がりも感じさせる。そのプロモーションビデオは、雪深い北海道・小樽の高校生たちの日常を切り取ったような映像で、厳しさのなかにも光を感じさせるものとなっていた。

このアルバムも、前作以上に、外部のさまざまな人物が関わっている。なかでも驚きをもって受け止められたのは、清水が作曲した「逢いたい」の作詞が吉田拓郎だったことである。

清水がオフコース以前にいた「ザ・バッド・ボーイズ」のデビュー曲「ビートルズが教えてくれた」(一九七三年)は、岡本おさみ作詞・吉田拓郎作曲であり、二人の間には縁があった。いや、もっといえば、バッド・ボーイズが大阪・道頓堀のディスコで演奏していたころ、そのディスコによく遊びにきていたのが拓郎の最初の妻・四角佳子で、彼女がバッド・ボーイズを上野に紹介したという縁があった。しかし清水は詞を拓郎に頼むことを小田に事前にひと言も報告しなかった。小田はこれを知り、ショックを受け、落胆したのである。

清水が当時を回想する。

「小田さんが一曲書けというから曲は書いたけど、詞は小田さんじゃないなと感じたんです。それで上野に相談したら、『拓郎がいいじゃん』と。俺は、えええっー、それ、ちょっとインパクト、キツいんじゃないのと思ったけど、でも、俺のなかにも、そうだな、拓郎さんかなと思うところがあった。拓郎さんに会って、デモテープを聴かせたら、書いてくれると。ただ拓郎さんから『僕とか私とかいう言葉は使わないぞ』と言われ、あ、ヤバいなあと思ったんですよ。オフコースのどのアルバムのなかにも、『俺』って言葉はないんです。打ち合わせが終わって、事務所に帰ったら、小田さんから『なんで拓郎なんだよ』と言われて、俺、何も言えなかったと思います。お互いリスペクトしているから、いろんな思いがあったんじゃないですか。俺はたいした考えもなく、そういう行動をとってしまったんですけどね、やっぱり上野が悪いんだな（笑）。でも、小田さんはこの曲のレコーディングの時、いいピアノを弾いてくれたんですよ」

小田は、日常の会話においては、普通に「俺」である。しかし、小田の歌には、いまに到るまで、「俺」「お前」という呼称はない。実は『俺』は一回くらいあるかな」と本人は言うが、具体的な記憶はないらしい。それが小田の歌の世界観である。小田が考えるオフコースの世界観だったろうし、そういう世界観を守ることを小田は大切にしていた。さらに、頼んだ相手が拓郎だったことが小田を複雑な気持ちにさせたことは想像に難くない。後年、小田は拓郎と非常に親しくなるが、この時点では、拓郎のラジオ番組にゲスト出演したという程度の関係でしかなかった。そんな波乱のあった「逢いたい」だが、オフコース最後のシングル「夏の別れ」のB面に収録されている。

このアルバム「Still a long way to go」では、本来の小田の色合いが戻ってきたように感じる。「終わり」を感じさせる歌が印象に残るのは、結末を知っているからだろうか。たとえば、「夏の別れ」では、♪ここからは別々の夏　思い出は思い出として♪と歌い、「Still a long way to go ―また会う日まで―」は、まるで卒業式の合唱曲を小田が一人で歌いあげているような、そんな寂しさと決意が感じられる。これを聴くと、小田はこの時点ですでに、「オフコース卒業」を想っていたんだなと感じる。こんな詞だ。

Still a long way to go —また会う日まで—

海原はるかに　胸踊らせて
旅立ったあの頃が　まるで昨日みたい

思えば何度か　躓きかけて
そのたびにあの心を　遠く思い出してた

いつかまた君とも　何処かで会えるね
流されていても　いつでも忘れていないから

終ることなく繰り返す　出会いと別れと
いちどだけのこの人生　心に残る人たち

いつかまた君とも　何処かで会えるね
流されていても　いつでも忘れていないから

思いはただひとつ　追いかけてゆく
そのためにきっと僕は生まれてきたのだから

このアルバム制作が終わり、オフコースはツアーの準備に入った。リハーサルは一九八八年五月九日から三十一日まで続いた。

そのリハーサル中に、小田と大間の間で、「事件」は起きた。メンバー間に、かつての和気《わき》藹々《あいあい》の雰囲気はすでになく、コミュニケーション不足ではあったがこの少し前、小田の二枚目のソロアルバム「BETWEEN THE WORD & THE HEART」を大間が全面的に手伝うなど、とくに両者の仲が決裂していたわけではない。そんななかでのちょっとしたトラブルだったが、それについて、それぞれの記憶が違うのだ。清水、松尾、小田、吉田、皆に話を訊いたが、その記憶がそれぞれ違う。しかも当の大間は忘れたいという気持ちがあったからなのか、この「事件」をほとんど記憶していない。いわば真相は藪《やぶ》の中なのだが、言葉をかえれば、それほどささやかなこと、誰の記憶をとっても、たいした事件ではなかったはずである。しかし、この日をもって、小田は完全に三人と袂《たもと》を分かつことを決意する。

オフコース最後の全国ツアー「STILL a long way to go」は、六月九日、前回同様、千葉県文化会館から始まり、翌年二月三日、日本武道館までの約半年間の日程で始まった。全国八十三カ所百二公演。それまでのツアーはほぼ完売だったが、この時、少しだが売れ残りが出た。かなり小さな都市まで回ったこともその理由かもしれないが、小田は「勢いのある時期は完全に過ぎたんだな」と思う。そしてツアー中、小田と他のメンバーは、楽屋も別、行動も別、全く会話のない状態となった。小田が言葉少なに語った。

「四人の最後のツアーは重かった。他の三人には可哀想だけど、あと何本、あと何本と、あの時は終わっていくことにホッとしていた。それにやっぱり、気持ちが一つになっていないから、力が出なかった」

ツアー中、小田はかつて嫌っていたにもかかわらず、ネスカフェのテレビコマーシャルに出演している。この仕事を受けたら、決定的なことになるなと思ったうえでのことだった。

「もう身軽に、何をやってもいいんだという気分だった。自分にとって、向こう側だった世界に弾みをつけて飛び出すという意味でも、この仕事は大きかった」

バンドは最後の時を迎えていた。

全国ツアー中の十一月八日、スポーツ紙はオフコース解散を報じた。

五人から四人になった時は、とくに何も発表もせず、曖昧なまま推移させたが、今回は、事務所で一番若かった吉田雅道がメンバー一人一人に「曖昧なままでは、再活動はいつですか？　と、質問され続けることになります。今後のそれぞれのためにも発表すべきだと思いますが」と問いかけ、結果、ファンクラブ会報誌に解散すると書き、これを会員に封書で送り、届いた日を見計らい、スポーツ紙に発表したのである。

ツアーは、解散発表後の一九八九年二月三日、日本武道館で終わった。

しかし吉田と共に四人に最も近かった若いスタッフ、今は亡き菊池章の強い要望で、二月二十六日に、「The Night with Us」と題して、東京ドームで一夜限りの最終公演が行われることになった。菊池は当初、「ドームの真ん中にステージをつくり、四本のピンライトだけでやって欲しいなあ」と望んだが、それは当時の音響機器の関係で不可能だった。しかし曲順も前のツアーとは全く変えることになり、それに向けて新たにリハーサルが行われた。

公演前日、東京に大雪が降った。

メンバーは元東芝ＥＭＩの社長の呼びかけで最後の会食を持ち、そのあと、小田は新田とともに、東京ドームに下見に行った。会場では、舞台の設営が進められていた。

実は、この前日二月二十四日、昭和天皇の大喪《たいそう》の礼が行われていた。この年の一月七日に崩御《ほうぎょ》した昭和天皇の葬儀である。氷まじりの雨が降りしきる寒い中で行われた大喪の礼の日、東京ドームではオフコース最後の舞台設定の準備が始まっていた。東京での公演を主催するキョードー東京の阿部陽子は入社二年目、「Still a long way to go」のツアーからオフコースの担当となっていた。阿部が語る。

「オフコースの担当になった途端に、オフコースは翌年解散すると聞かされたんです。日本武道館での三日間公演で終わる予定でしたが、そこから近い日程で、最後に一日、東京ドームでやりたいと。東京ドームが空いていたのが二月二十六日で、結果的に『大喪の礼』の翌々日でした。前々日から始まる舞台の仕込み期間、東京ドーム周辺は検問態勢が非常に厳しく、舞台装置の荷物を運ぶ仕込みトラックのなかも全部開けられチェックされました。さらに東京ドームは前年にできたばかりで、建築的に珍しいとのことで、大喪の礼に参列するため来日した各国要人がドーム見学にやってきて、突然、ドームの電光掲示板に訪問された要人の国の国旗が表示されたりしました。そんな不思議なときに、解散コンサートは行われたんです」

阿部はこんな話もしてくれた。

「五万人の観客相手ですから、チカラを合わせないとできない。曲や曲順を決めるときも、四人でものすごくミーティングをしたと、最後の話し合いはちゃんとやったと、当時、マネージャーの菊池さんから聞きました」

当日は、最後のリハーサルが淡々と行われ、本番となった。

清水らの「最後のボロボロの姿を残したくない」との主張から、今回は映像は撮らないことになった。しかし当日、あくまでも記録として、映像制作会社ギルフィルムのカメラが何十台か入った。もっとも、その編集作業は現在に到るまで行われていない。

オープニングには、グレン・ミラーの「ムーンライト・セレナーデ」が流れ、四人が登場。一曲目は「緑の日々」、二曲目には直前のツアーでは最後の楽曲だった「君住む街へ」が歌われた。さらに五人最後のオフコース武道館公演最終日、小田が途中歌えなくなって以降、封印されていた「言葉にできない」。この時も、小田は声を詰まらせた。そして本編の最後は、これも四人になってからは歌われなかった「生まれ来る子供たちのために」だった。アンコールには、多くのファンがまだやっていないと待望していたであろう人気の楽曲、「Yes-No」「眠れぬ夜」「愛を止めないで」が歌われた。そして最後にアカペラ「いつも いつも」が歌われた。

こうして、すべてが終わった。

小田は楽屋にも寄らず、さっと外に出た。

「解放感だったな。あんなに見事に吹っ切れることはないだろうというくらい吹っ切れた」

当時の取材に、小田はこうも答えている。

「僕はこれからひとりの人間で、等身大で生きていけばいいと思うんだよね。今までは、バンドの大きさをある意味で演出しなくちゃいけない時もあったからね。そういう意味では、もう自分だけ生身の等身大でいいんだから。これからどういう評価を受けて、どういう規模で、それをどうつなげていくかっていうことを、自分自身で考えてゆけばいいわけだからね」

松尾は、その日、演奏が始まった瞬間、ぐっと感情がこみあげ、「本当にこれで最後なんだ」と実感した。客席がすごく遠くに感じられた。観客の反応がまるで見えなかった。

解散に到った原因はなんだと思うかと松尾に訊ねると、「結局、僕らは、ヤスさんの代わりにはなれなかったということだと思う」と言った。さらに、「人生のなかで、オフコース時代とは何でしたか?」と訊ねると、「ハイライトですね」と即答し、こう続けた。

「もう少しいい音楽も残せたかなと思うけど、それはいま考えればであって、あのころはできる限り精一杯やったと思います。一番の思い出は、五人時代のツアー合宿やレコーディング合宿。みんなとわいわいやっていたのが、本当にいい思い出です。四人になってからは、合宿は全くやっていないんですよ」

清水は、最後の東京ドーム公演には反対だった。

「俺らは……俺は、冷静を装っていましたけど、俺もみんなも、少しおかしかったかもしれない。小田さんが一番冷静だったかもしれないですね」

清水は、公演中より終演後のドームからの帰り道の記憶の方がより鮮明に残っていると言う。

「お疲れさんと言って帰った時、その寂しいことね。タクシーに一人で乗って、あれっ、俺、明日からどこに行けばいいんだろう、明日から誰に連絡すればいいんだろう、誰から連絡が……明日からどうなるんだろう。ものすごく寂しかった記憶があります、それだけはよく覚えています」

　この心情は長く続いたという。

「こんなこと言いたくないけど、しばらくしんどかったですね。うつ病みたいになりましたよ。眠れないし、いろいろ生活の不安もあるし、自分は何をしたかったのか、何をしたいのか、それだけを考えて、しばらくしんどかったですよ。結構、長かったです。俺、意外と立ち直りが遅いんですよ。その後、拓郎さんの全国ツアーがあり、そのバックを二ツアーくらいやりましたが、その頃まで、ずっとしんどかったです」

　ずっと後年、清水は撮影を担当したギルフィルムを訪ねる機会があり、そこで初めて、東京ドーム公演での自分らの映像を見せてもらった。

「けなげに一生懸命やっていたんだなと思いましたよ。その時、残しておいてくれて、ありがとうございましたと言いました。感謝しましたよ」

　大間はどうだったろうか。

「日本武道館では寂しさがあり、終わりたくなかったけど、感傷的なものは武道館で終わり、東京ドームは最後のお役目というか、僕は吹っ切れていました。本来、五人で終わったはずなのに、あの日本武道館十日間で終わったはずなのに、ここまで出来たんだから、よしとしなくてはいけないのかと思っていました」

　そして三十余年を経た二〇二一年、こう話した。

「六十七年間生きてきて、あの十三年間がないといまの自分はない。濃密な、人とのマッチング、一たす一は二ではなく、千だったり、一万になるような、マジックみたいなものを感じました。やりがいのある時間だったし、ずっとありがたいと感謝しています。小田さんと鈴木さんが長兄、僕と松尾が七歳違いの弟、その間に仁さんがいて仲をとりもってくれた。仁さんの存在が大きかったですよ」

こんなことも言った。

「解散後まもないころ、武藤（敏史）さんと飯食って、その時、武藤さんから『ジロー、勘違いするなよ、オフコースは九九パーセント小田和正だからな。勘違いするなよ』と言われました。わかっているわ、バカヤローと当時も思ったけど、でも、いまになって、ほんとにわかる。そのオフコースに入れてくれたのも武藤さんだったし、目をかけてくれたのも武藤さんだった。武藤さんの功績は大きいですよ。武藤さんの存在は大きかった」

その武藤敏史は、オフコースをプロデュースしたほかに、数多くのミリオンセラーを出している。たとえば、寺尾聰作曲の楽曲に、松本隆に作詞を依頼し、これが一九八一年の「ルビーの指環」でミリオンセラーになったのをはじめ、上司にあたる新田によれば、「東芝EMI時代、武藤君は一人で会社全体の売上げの三分の一を担当していた」。そして新田とともにファンハウスに移り、一九九六年、フリーのプロデューサーとなった。小田はじめオフコースのメンバーとの交流は続いたが、晩年は家にひき籠もり、全く人に会わないようになっていた。そして心臓を患い、コロナ下の二〇二一年七月十二日に永眠。享年七十三だった。オフコースを実質的につくり、ほかのアーティストも含め、数多くのヒット曲を生み出した名プロデューサーでありながら、自慢めいた言葉はひと言も口にせず、訥々《とつとつ》と語る姿は志高い職人という印象を抱かせる人だった。

こうして、小田和正のオフコース時代は終わった。

解散から三十一年が経った二〇二〇年十月、オフコース時代とは何でしたか？　と改めて小田に訊ねた時、「解散直後、よく同じ質問をされて『先生のいない学校みたいだった』と答えていたけど、いま思っても、どうしたらやりたい音楽を作れるのか、そのために、人と交わり、試行錯誤しながらやった、その試行錯誤がオフコースのカラーになったと思う」と答えた。

小田にとって、それはあくまでも、音楽家として辿ってきた道のりであり、それ以上でもそれ以下でもないようだった。しかし、あえていえば、団体戦が好きな小田が、その団体のあり方、人との距離の取り方、さらに人との関係において、大きな代償と屈折と挫折を経験したこともまたたしかである。以降、小田が人との関係において、どこか距離をおくことと、容易にその胸の内を見せないことと、時に「水くさい」と言われるほどの気の遣い方をすることと、それは無関係ではないような気もするのである。

愛媛（9／10、11）、福岡（9／17、18）

全国ツアーが始まってから三カ月が経過した。本来、十一番目の公演地になるはずだった愛媛県武道館は、今回のツアーのオープニングフィルムのなかに登場した場所である。撮影は、二〇一九年七月三十一日。盛り上がる観客に向かって、小田が「また、会おうぜっ！」と片手を振り上げて約束した、コロナ前最後の公演地だった。それから三年と数カ月が経っての実現となった。

季節は初夏から盛夏を経て初秋へと向かっていた。

今回、セットリストの四曲目は、季節にこだわって少しずつ変えていた。

郡山公演では、春の歌ともいえる「Re」が歌われ、新潟公演からは四人オフコース時代に書いた「夏の日」を歌った。そしてこの愛媛の一日目のみ、そろそろ秋に近づいたからと「秋の気配」が今ツアー初めて歌われた。オフコース初期の歌ながら、根強い人気をもつ楽曲で、それが歌われるや、会場から歓声が上がったが、二日目はまだまだ暑いからと、「夏の日」に戻された。

「夏の日」は、四人オフコース時代に出された二枚目のシングル曲である。非常にリズミカルな楽曲だ。小田が監督し、大間ジローが恋人を追う青年を演じた八分間のプロモーションビデオも作られた。そのビデオ映像のなかに、四人が演奏するシーンもある。三十七歳の小田がにこやかにキーボードを弾いて歌っている。青年期から壮年へと向かう、ちょっと〝男の色気〟を発散させていたころの小田である。

それから三十八年と数カ月の時が経っている。驚くことは、小田の声が当時と変わっていないどころか、むしろより力強くなっていることだろう。

この愛媛公演では、小田は何を思ってのことだったのだろうか。「水曜日の午後」を歌う前、ピアノの前に座っての短いＭＣの際、突然、「えー、なんか、さっき、こんな歌も歌ってみたいな」と言い、♪昨日　夢を見た　あれはいつの頃　大きな自由に　包まれてた♪と、四人オフコース時代の最後のアルバム「Still a long way to go」の最後の曲「昨日見た夢」の一節を歌った。さらに、続けて、「なんか、番組かなにかで、ヤスがこの歌を好きだと言ってくれたのを聞いて」と、♪君にも愛にも疲れてしまい　とおり過ぎた若い日を知る♪と「ひとりで生きてゆければ」の一節を歌った。

一見、なんの脈絡もなしの歌の選択と展開だったのだが、ふと、面白いことに気がついた。「ひとりで生きてゆければ」は、大間ジローがプロデューサーの武藤敏史に誘われ初めてドラムで参加した曲、つまり二人のオフコースが変貌していく第一歩の曲であり、「昨日見た夢」は、その果ての最後の曲。つまり五人が四人になり、その四人が解散に到る最後の最後に小田が作った曲なのである。つまり二人のオフコースが大きく変わるその端緒とそのちょっと無残な最後。小田にはたぶん、そんな認識は全くなかっただろう、ただ、ふっと、思いついた、そういうことだったただろう。だからこそ、面白いなあと思うのだ。小田の無意識が、なぜ、この二曲を呼び寄せたのか――そんな勝手な空想もしてみたのである。

ところで愛媛で、いちばん印象深かったことは、舞台上のことではなく、バックヤードでの出来事だった。

二日目の昼過ぎ、まだ小田が楽屋入りする前を狙って、スタッフとバンド、ストリングス全員による、あるイベントが行われた。それは九月二十日の小田の誕生日プレゼントとして、全員で、舞台上で「こんど、君と」を歌い、その様子を映像に録ることだった。そしてその映像は、誕生日に近い次の公演地、福岡の二日目のリハーサル後に小田に見せる予定だった。

この催しの発起人は上川内桂子。小田のツアーに一九九九年から随行している舞台監督助手である。二〇〇二年のツアー以降、公演日程に小田の誕生日、九月二十日が入っている場合は、小田へのプレゼント企画を考え実践してきた。それはたとえば、スタッフ一人一人が自分の写真と小田への言葉を書いた寄せ書き集だったり、全てのセクションごとのコメントを撮影・編集し、全員で舞台から「おめでとうございます」と言っている映像など、手間をかけた企画である。

そして今回、上川内は歌のプレゼントはどうかと思いついた。音声に関することなので、小田の事務所の望月英樹とＰＡの木村史郎に相談。「いいんじゃないか」と言ってもらい、次は楽曲を何にするか、五曲を選び、スタッフ全員に広島公演終わりまでの締め切りを設けてアンケートを取った。その結果、最も多かったのが「こんど、君と」だった。ちなみに、次点は「風を待って」。

歌の練習は各自でやってもらい、この愛媛公演二日目、小田の楽屋入りの前に撮影が行われたというわけだった。

舞台上には、演奏するバンド、ストリングスの面々、小田の事務所の吉田たち、ソニー・ミュージックレーベルズの野口悦子、舞台監督の長橋達雄、舞台制作、大道具、電飾、電源、楽器、物販の全スタッフが集結した。

小田のスタッフたちが、何役もこなすことはすでに書いた。たとえば、公演中のスクリーンに、小田やバンドの面々、時に観客を映す映像班は、元来、別の本職を持つスタッフたちで、その象徴ともいえるのは、本来はトラックで機材を運ぶトランポの浅野謙司だったりする。彼ももう十年も撮影班に参加し、文字通りスタッフの一員となっている。またツアー全体をうまく回すために多方面でツアー管理をするツアーマネージャーの串田俊哉も、もう三十年近く、この撮影隊のメンバーだ。曲を聴くと、勝手に身体が動くほど、撮影にも精通していると話す。彼らもセッティングを終えて参加。ＰＡや照明などは各部署で参加。これを撮影するのは、毎年、小田の一年を記録するＤＶＤ「LIFE-SIZE」制作のため、今回のツアーにもすべて帯同している西浦清と大竹真二の映像カメラマンチーム、それとスチールカメラマンの菊地英二の三人。前夜、西浦と大竹は、その撮影の打ち合わせを終演後の舞台でさんざんやっていたが、その演奏、合唱、撮影の光景を観ながら、改めて、小田チームの年齢層の厚さ、その多くが小田との長い歴史をもち、それゆえ生まれる不思議な一体感を感じたものである。

まさに〈チーム小田〉。

小田自身がツアーを〈全員の団体戦〉と称するのは、単なる言葉の綾《あや》ではないのだとつくづく思う。さらにいえば、スタッフや現地スタッフまでが、どの公演地でも、何曲かコーラスに参加するのももう当たり前になっている。

今回は、新型コロナのため、舞台には上がらず、観客から見えないところで何曲かコーラスをする「影コーラス隊」として参加、まさに文字通りの〈総力団体戦〉なのである。そんな〈チーム小田〉だからこその、小田の誕生日サプライズ企画だといえよう。

小田にこの映像を見せる予定は、九月十八日、公演二日目のリハーサル後とのことだった。

小田の誕生祝いの映像を小田に見せる予定だった福岡公演の二日目は、延期となった。「空前の大型台風」のためだった。一日目、現地に着くや、その決定を聞かされた。素早い対応だった。

しかし一日目、会場のマリンメッセ福岡の周辺には、まだ、雨すら降っていなかった。リハーサルは十四時三十分近くに終わり、その日、誕生日だという新加入のベース・吉池千秋のために、バンドやストリングスメンバー、小田らが集まり、ケーキを囲んでハッピーバースデーを歌っていた。十五時半の開場後の観客の出足もいつも通りだった。一万人が入る会場は、立見席まで埋まるほどだった。

この日、「水曜日の午後」を歌う前のＭＣで、小田はこの二日後の夜に放映予定の財津和夫の番組に触れた。

「みなさん、ご存じかと思いますが、財津がＮＨＫの特番で、なにかやると、コメントをするよう頼まれまして、『心の旅』を歌ってくれと頼まれたわけではないですが、ちょっと歌ってみようかな」

と、「心の旅」を少し歌った。番組のこともあるだろうが、財津の出身地が福岡だからでもあろう。

この番組は、「僕の〝最後の歌〟を届けたい～財津和夫　ＴＵＬＩＰラストツアー」で、番組内で小田は若いころ、チューリップのデビュー曲である「魔法の黄色い靴」をよく歌っていたことを話していた。

財津と小田の出会いも、あの一九六九年の「ヤマハ・ライト・ミュージック・コンテスト」だ。もっとも、当時、小田の方には財津の記憶はないが、財津にとっては二位になったオフコースの記憶は鮮烈だった。

しかしその後、勢いは逆転。財津は一九七〇年に「チューリップ」を結成、何度かメンバーを変えながら、一九七二年に再上京し、小田たちと同じ東芝音楽工業から「魔法の黄色い靴」でメジャーデビューした。

当時、これを聴いた時のことを小田は番組内で、「僕はそもそも転調が大好きだったので、転調につぐ転調、あの展開に本当にビックリしたし、こいつ才能あるなあと思った」と語っていた。

チューリップは翌一九七三年、三枚目のシングル「心の旅」が大ヒット。当時、楽屋を訪ねると、彼らは出前のコーヒーを飲んでおり、「あー、楽屋でコーヒー飲めるのか。売れるってこういうことか」、そう思ったと後年、語ってもいる。

それにしても、この福岡一日目、一番印象に残ったことは、小田の声だった。声がよく出ているだけでなく、非常にきれいでのびやかだった。ああ、こんなに声の調子がいいのに、明日中止なんて、もったいないなあ、そう思ったものだった。

しかし、「空前の大型台風」では仕方ない。翌朝、小田もバンドメンバーも、朝の新幹線で福岡を後にした。

第7章
ソロになって
1989-2000

小田和正のツアーで、「ラブ・ストーリーは突然に」は必ず歌われる。

二〇二二年の全国ツアーにおいても、「ご当地紀行」を挟んで後半四曲目に歌われた。その前がオフコース時代の人気曲「Yes-No」だったので、会場はほぼ総立ち状態で手拍子となる。ことに新型コロナ流行の前までは、小田が花道から降り客席のなかに入り、観客にマイクを向け、多くの人がこの歌の一節ずつを照れながらも歌う場面が見られた。この曲がドラマ「東京ラブストーリー」のテーマソングだったことはよく知られている。まだバブル経済の浮かれた空気が少し残る一九九一年の作品だ。主役の一人を演じた鈴木保奈美は当時二十五歳。中高生のころ、オフコースに熱狂した世代ともいえる。まさに現在、小田のコンサートに足を運ぶ主要な世代である。だからだろうか、どの会場でもこの歌は盛り上がる。

二百五十万枚以上を売り上げた小田最大のこのヒット曲は、小田が一人になってからわずか二年余の時期に生まれた。

それは小田にどんな影響をもたらしたのか。

オフコース解散後の一九八九年から二〇〇〇年まで、つまり小田がソロで活動を始めた最初の約十年間、二十世紀最後のこの十年間を、私はあえて小田の「迷いの時期」と名付けたい。「ラブ・ストーリーは突然に」の大ヒットも、あれこれ思い悩む遠因の一つだったかもしれない。

一人になって、小田は悩み、試行錯誤した。そう思える。

一九八九年二月末日。オフコース・カンパニーは閉じられた。

小田と三人のメンバーの関係は、二月二十六日の東京ドームで終わった。それ以降、小田は三人にほとんど会うこともなかった。オフコース・カンパニーのスタッフたちは、せめて最後に社員旅行をしたいと三泊四日の北海道旅行に出掛けた。

その三泊目の札幌に、ひょっこり小田が一人でやって来た。

「どうしたんですか？」

当時二十九歳だった吉田雅道が驚いて声をかけた。

「うん、飛行機に乗ってきちゃった」

小田が照れくさそうに言った。

「いやいや、どうして来たんですか？」

吉田が重ねて訊いた。

「うん、社長らしいことをひとつもしてこなかったから、みんなにお礼とメシでもと思って……。ちょっといいか。話できる？」

「もちろん、いいですよ」

小田が吉田と木下智明を前に話し始めた。

「『FAR EAST CLUB』という会社をつくろうと思うんだ。FAR EASTって、アメリカから見て遠い東、そこで頑張るという意味合いなんだ。どう思う？」

「いいじゃないですか」

小田は自分の考えをしばらく語ったあと、吉田に訊いた。

「で、お前はどうするの？」

吉田は、その時の気持ちをそのまま言葉にした。

「もう正直、マネージメントの仕事は辞めようと思っています。東京で他の仕事を探すか、田舎に帰ろうかと思っています」

小田はしばらく考えてから言った。

「お前がやりたい仕事があれば、この会社でやればいいんじゃない？」


オフコースの他のメンバーは全員、オフコース・カンパニーを離れ、それぞれ別の会社に所属することがすでに決まっていた。しかし、小田だけが沈黙したままだった。とはいえ鈴木が脱退した時には、音楽を続けるかどうかさえ、なかなか決心がつかない小田だったが、一人になった時は、音楽を続けることに、不思議なほど迷いはなかった。

「五人の解散のときは、自分はこの先、音楽をやっていいんだろうかとさえ思ったけど、一人になったときは、やれるという自信はなかったけど、わりとすぐやってみようかなと思ったね」

そのエネルギーの原点には、アメリカでの経験があったかもしれない。彼の地で、いま一度、自分の原点、想いを確認したのかもしれない。もはや中途半端には音楽はやめられない、そう思えたのかもしれない。

だからこそ、社名は単なる社名ではなく、自分を支える原点を示唆する言葉にしたかったのだろう。「世界の東の片隅から、世界に向かって、世界の人たちの心を相手に音楽を作っていくんだ」という原点である。

「向こうの音楽を聴いて、憧れて憧れて、追いつけないかなと思っていたけど、向こうは別にいらないと、自分の音楽なんて必要としていないんだとわかった。でもそこに蓋《ふた》して、何もなかったように再出発するのは違うと思ったんだよ。かつて自分はそういう思いがあったんだし、それを視野に入れるということだよね。自分たちはほんの世界の片隅にすぎないけど、世界の人たちの心を相手に音楽をつくっているんだという気持ちはもっているべきだと。自分の立つ場の名前として、FAR EASTがとってもふさわしかったんだよ」


小田たちはまずは根拠地となる事務所探しから始め、六本木の交差点にほど近い元麻布にある外国人住宅のワンフロアを家賃一カ月八十万円で借りることにした。当初、家賃三十〜四十万円のオフィスを探していたが、思うような物件がなく、不動産屋から勧められた古いが広い家に小田が興味を持ったのである。しかし八十万円という金額を果たして払っていけるのかどうか、少し迷う小田に吉田が言った。

「じゃ、当初の予定に合わせた物件をもっと探しますか?」

それを聞いて、小田はきっぱりと言った。

「いや、八十万円払えないなら、きっと四十万円も払えないよ」

いまでもこのやりとりを思い出すと、吉田は可笑しくなる。小田は案外、優柔不断な一方、一度決めたら迷わない。この時も、このやや乱暴な論理で八十万円の家を借りることにした。とはいえ、スタジオの改築費など合わせると「冷や汗が出てくるようなお金がかかる」状況だった。吉田は「清水の舞台から飛び降りる覚悟でとりあえず三年間頑張ってみましょう」と応じた。

小田和正四十一歳、吉田雅道三十歳の時である。

一九八九年五月十日、小田和正の個人事務所、株式会社ファーイーストクラブが設立された。挨拶文には、「理想を後回しにせず、いつも期待し、期待され、『やったね』といえる仕事をひとつひとつ積み重ねていきたいと思っています」と、やや気負いある思いを書いた。

一九八九年。思い起こせば、世界は激動の時代だった。東欧の国々、チェコスロバキアもルーマニアもポーランド、ハンガリー、ブルガリアも、この年に社会主義体制を終焉《しゅうえん》させた。ベルリンの壁が崩壊したのも一九八九年十一月だ。他方、日本はバブル経済真っ盛り。小田の個人事務所が設立されたちょうど一カ月前には川崎の竹藪で一億円分の札束が発見されるという、とんでもない事件も起きた。そんな浮かれた日本社会の空気とは裏腹に、小田にも吉田にも浮ついた気持ちはなかった。吉田は「本当にどこまでやっていけるのかわからない、混沌とした感じで始まりました」と回顧する。

当時のスケジュール表をみると、ほとんど連日、スタジオに籠もってのレコーディングだ。音楽をつくること、もはやそこからしか道は開けない。スケジュール表からは、そんな覚悟が立ち昇ってくる。

もっとも、最初の最初、小田の仕事は自身の歌ではなく、鈴木雅之から歌を書いてくれという依頼だった。鈴木は、かつて顔を黒く塗りブラックミュージックを歌っていたグループ「シャネルズ」（のち「ラッツ&スター」に改名）のリーダーだった人物で、小田と全く接点はなかった。ただグループ時代から大瀧詠一や山下達郎にプロデュースを頼んでいる。そんな鈴木からの要望は一つ、「女々しい曲を書いてほしい」だった。

人の楽曲をつくる。それは小田にとってほぼ初めてのことだった。

「オフコースのころ、依頼はあったけど、イルカのプロデュースを一回やっただけで、あとは一切関わらなかった。俺が器用にできるとも全く思えなかった。だから財津（和夫）が（松田）聖子ちゃんに曲を書いたりしていたけど、よくそんな器用なことができるなと、本気で感心していたものね」

オフコース時代、多くのことを「NO」と拒絶してきた。しかし一人になって、小田はその意識をガラリと変えねばと考えた。

「否定してきたものを全部やってみようと思ったんだね。とにかく、自分に対してニーズがあるということがとっても新鮮だった。自分にそういう求めに来る人がいることに対して、応えたいなと思ったんだよね。マーチン（鈴木雅之）と俺、ミスマッチみたいなことを言われたけど、それは望むところでね。むしろミスマッチをやるんだと。いかにも俺みたいなことを表現する気は全くなかったね。マーチンの曲（「別れの街」）は話題になって、メディアに取り上げられてうれしかった。そのあともマーチンに何作か続けて書いた。そのころだな、自分もできるんだと思ったのは。でも、人に提供するというのは全責任を負うというか、その人の何かを担うわけだから、全力で注がないと失礼になるからね、そのプレッシャーはものすごくあったよね」

小田にインタビューしていて、以前からすごく不思議に思うのは、小田が時折、「全く自信がなかった」という言葉を口にすることだった。他の人に曲を書くというこの話も、二十年近く前のインタビューの時にも、「受けたいと思ったこともないし、やりたいと思ったこともないね。そんなことは俺にはできないと思っていた。いちばんデカい理由はやっぱり音楽的な知識がないというか、自分の曲だったら、自分が直しながら構築して、なんとなく曲らしくなってくる。それを渡せばいいいんだろうけど」と話していた。この時も、私は「では、自分の才能に自信をもったのは、いつごろですか」と質問しているが、小田は「自分もできるんだなと思ったのは、マーチンに二、三曲書いたころからかな。コンピューターの導入で、直しながら構築できるようになったのも大きかった」と答えている。

そしてこう続けた。

「みんな、どうやって書いて渡しているのかなあって思ったりしていたけどさ、どうやらみんな、もっと気楽に書いて渡していたらしいんだ」

小田は几帳面で完璧主義なのだ。「気楽」ができないともいえる。たぶん、一人でスタートすると決めた状況だったから、小田は思い切って引き受けたのだろう。そして結局、そのことが小田の自信に繋がった。

Little Tokyo

十月には、鈴木雅之のプロデュースを終えて、小田はレコード会社ファンハウスの中に、自分の個人レーベルを作ってほしいと頼んだ。当初、レコード会社の感触はよくなかったが了承され、小田は「Little Tokyo（リトル・トーキョー）」という個人レーベルをつくった。

こうして、極東の地から音楽を発信する拠点ができあがった。

「俺なんか、レーベルなんかどうでもいいよという人間なのに、自分のポジションというか、気持ちの置きどころみたいなものを、当時、すごく求めていたんだろうね。だから最初の歌のタイトルも『Little Tokyo』（一九八九年十月十八日発売）。都会の小さな片隅でという歌で、一人になって、つっぱっていたんだな」

さらにこの時期、小田が呪文のように言っていた言葉がある。

「下世話で行こう」だ。

「ストイックでは行き詰まるということだったんだろうな。自分の感性で『いい』と思うものだけにこだわるのではないということだ。演じていかないと、枯渇《こかつ》しちゃうというか。作家的、アーティスティックなことではなくて、ポップということ、どんな人にも届くような流行歌でいいという気持ちだった」

小田の意識の底には、オフコース時代初期の、あの「必要とされない」恐怖が蘇っていたのかもしれない。ちょっと偏屈《へんくつ》ともみられた理想主義。まずなんでも拒否することから始めていたあの時代。それがずいぶん世界を狭くしていたことはたしかだ。しかし齢《よわい》四十を過ぎて、日本版グラミー賞創設をめざす運動を経験し、アメリカでの音楽体験を経て、小田自身が変わったということでもあったろう。もっとも、補足するならば、「下世話でいこう」などという、そんなキャッチフレーズを自らに課すこと自体が小田らしいとも言える。どこかでずっと聖と俗に囚われていた小田だが、あえて書くなら、下世話な部分が少ない小田が〝下世話になろう〟を課題としたのではなく、自分の中に十分ある〝下世話〟に寄り添ってみよう、自分の中にある〝下世話〟を解放してあげよう、そんな風に思える。

そんな小田の「下世話でいこう」を最初に体現した歌が、「恋は大騒ぎ」（一九九〇年二月二十一日発売）だった。屈託のない歌詞、飛び跳ねるような明るく軽い曲調。小田の脳裏には、サザンオールスターズの「勝手にシンドバッド」があったというが、その後、コンサートでこの曲になると、色とりどりの大きな風船が会場に舞う楽しい演出も見られた。

「『恋は大騒ぎ』が断片的に浮かんできた時、この曲は一人になった時の出発としてふさわしい曲だと思ったんだ。それをスタッフに伝える時も、わくわくしていたんだよね。みんな、どう反応するのかなと。案の定、『えっ？』って感じで、『マジすか』『面白いね』と、思った通りの反応だったんだ。音楽的には、随所にオフコースを引きずっているところはあったけど、コンセプトとしては『下世話でいこう』だからさ。でも、市場の反応は静かだったな。ただずっとあとで、若い連中と交流してみると、『恋は大騒ぎ』が好きだったという奴が結構、いたんだね。そういう反応が当時、もっと欲しかったな（笑）」

小田の曲の中で、「恋は大騒ぎ」が一番好きと答えた若いアーティストの一人に、ロックバンド「くるり」のボーカル岸田繁がいる。後年になるが二〇〇七年九月、くるりが主催する「京都音楽博覧会」に招かれ、小田も参加。その時にこの話を聞いたのである。

当時、シングル盤ＣＤの大きさは直径八センチ、ジャケットは紙で横約八・五センチ、縦約十六・五センチの細長いものだった。そこには走っている男性の後ろ姿をメインに、色とりどりの華やかなコラージュの絵が描かれていた。小田は「もっと思い切りチャラチャラした感じにしたかった」と言うが、いま改めてそのジャケット絵を見ると、カラフルな世界に向かって走っていく小田に似た男性の後ろ姿は、あたかも、〝重苦しかった〟オフコース時代に、「さよなら」を告げているようにも見える。

一九九〇年五月にはソロになって初めてのアルバム「Far East Café」をリリース、その直後からソロ初の全国ツアーが五月三十一日千葉県文化会館を皮切りに、十一月七日まで全国四十カ所五十七公演が行われた。いずれも二千〜三千人ほどの市民会館クラスの会場である。

この時からバックバンドFar East Club Bandが帯同、キーボードの栗尾直樹は当初から現在に到るまでのメンバーである。当時、栗尾は二十九歳。バックバンドの経験はいろいろあったが、驚いたことは小田のリハーサルが一カ月と長いことだった。通常は三日から長くて一週間。それが小田は一カ月。ひたすら反復練習。しかしやっていくうちに、その意味がわかってきたという。

「十日、二十日とすぎていくと、やっぱりその先に見えるものがあって、あ、なるほどなと。無意識に手が動いている状態になるというのもその一つだけど、二十日くらいをすぎると、音楽のことを純粋に考えられてくるんだなと思ったんです」

最初のアルバム「Far East Café」の一曲目は「勝手に寂しくならないで」。そのタイトルに端的に表れているように、自分を必死に鼓舞しているような印象も受けるアルバムだが、とくに感じられるのは楽曲から立ちのぼる「色気」とでも言おうか、やはりオフコース時代の楽曲とは印象が異なる。

このころから、吉田雅道が小田の活動全般のマネージメントを担当するようになる。ファーイーストクラブを設立して半年余り、吉田は同じ建物内にいても、小田とほとんど顔を合わせることもなかった。彼は彼で、「会社を継続させるためには、小田の仕事以外の収入源を確保する必要がある」と考え、「小田に寄りかからず、自立しようとあちこち歩き、毎日喘《あえ》いでいた」。しかし、小田のマネージメントを自ら希望していた木下智明から、自分はレコーディングなどの音楽担当となり、総合的なマネージメントは代わってほしいと頼まれたのである。結局、吉田が小田をマネージメントすることとなった。

そんな吉田がまず作成したのが通称「吉田メモ」なる小田の三カ年計画表だった。横軸が日時、縦軸は何段にも分けられ、そこにレコーディング、コンサート、CF収録……などさまざまなジャンル分けが書かれていた。その一番下に「映画」とあり、計画表によれば、三年目に映画制作となっていたのである。

「小田は、映画なんて夢みたいなことを入れるのは恥ずかしいと言いましたし、僕自身もやり方もわからなかったし、恥ずかしかったですよ。でも挨拶文に『理想を後回しにせず』と書いたわけですからね、モチベーションを高く持っていたかった。小田のなかでは、当初、全くリアリティーはなかったんじゃないかな。でも、当時の小田は、人前で歌いたいと思うような気持ちもなかったですからこっちで、ツアーやってくださいと会社の立場で言わないとやらないみたいな、そういうせめぎ合いでやっていました。そんななかで映画を入れてみたんです」

ツアーのあとすぐ、小田は第一生命のコマーシャルフィルムを撮る仕事に入った。同社の仕事では二作目となった。これは映画へのステップとして、映像監督の仕事を周囲にアピールしておこうと吉田が考えたものだった。この時はクリスマスの二日間しか流れない映像で、小田は長い橋を自らひたすら走る企画を考えた。橋は撮影の許可の関係も含め、NYのブルックリンブリッジと決まった。小田は前日にNYに入り、翌日、ひたすらブルックリンブリッジを走り、西浦清はそれを小型セスナ機から空撮。小田は撮影後すぐに帰国した。後日、西浦が走っている小田の顔のアップもほしいと提案し、芝浦のビルの明かりを背景に撮った部分を合成した。オフコース時代からのプロモーションビデオ制作も含め、小田のなかには、自分を音楽へと導いた原点ともいえる映像、映画への思いはさらに強くなっていた。

このころ、小田はこんな文章を書いている。

かつて人生わずか五十年といった。もしその頃だったら、僕の場合、「集中力を総動員してあと一仕事、それで引退って感じかな」と思いつつ喫茶店を出た。（中略）夏の夕べは都会には珍しく、満天の星に変わって。……ふと僕は、やっぱりどうしても映画を作りたいと思った。今の気持ちのままで作りたい映画。そのタイトルバックは、エンディングは、テーマ音楽の旋律は、と胸は躍る。きっとこの夏の仕業に違いない。夏は、自分を自分にとってのいちばん純粋な原点へと追い込んでゆく

小田はこの時、四十三歳。いま思えば、まだ若い。しかし、ポップスを歌う人間として、かつて三十歳になっても歌っている自分の姿が想像できなかった小田は、さすがに五十歳が限度ではないかと思っていた。そこに向かっている現在、自分を音楽の世界へと誘った原点、「ムーン・

リバー」という映画音楽の世界がどんどん大きくなっていた。映画に挑戦しないのはかつての自分に対して卑怯だと思う気持ちさえも生まれていたのではなかったか。

実は、右の文章は、小田が一人になってから一年間、朝日新聞神奈川版に月一回、頼まれて書いたエッセイの一部だ。本当は二年間の連載を頼まれたが、これ以上は無理と一年でやめさせてもらった企画だった。たぶん、小田のことだから、推敲し推敲し推敲し、しかしそんな努力はレコーディングだけで十分と断ったのであろう。それが一九九〇年の年末に一冊の本になった。タイトルは『TIME CAN'T WAIT』。時は待ってくれない。

実は、少し前に、全く逆の意味の歌を書いている。

歌のタイトルは、「time can wait」、時は待ってくれる。

こんな詩だ。

time can wait

捨てる夢の代り　そこで何を見るの
かわいた心は　みたされないまゝ
ためらいがちに　そこで見送るなら
その愛　終わりまで見届けて

いくつもの　ため息をきいた
数え切れない　いいわけをきいた
例え夢を追いかけて　立ち尽くしても
一人にはならないさ　誰れかが見てる

そして、この歌はこう続く。

たゞこれだけはいつも忘れないで
夢を追いかける人のために時は待ってる

自分を鼓舞するようにも聞こえる。

「夢を追いかける人のために時は待ってる」

小田のなかで、映画制作、正確に言えば、いい映画音楽を伴った映画をつくりたい、もっと煎《せん》じ詰めれば、いい映画音楽のアルバムをつくりたい、その夢がじわじわと大きくなっていったと思われる。結果的に、「吉田メモ」は、小田のなかに潜んでいた願望を引っ張り出した。吉田メモ、恐るべしともいえた。

ラブ・ストーリーは突然に

小田最大のヒット曲、「ラブ・ストーリーは突然に」ができたエピソードはよく知られている。シングル「Oh!Yeah!」を用意している時に、音楽出版社（フジパシフィック音楽出版）の担当から、その話は舞い込んだ。それは「Oh!Yeah!」のB面に用意していた「FAR EAST CLUB BAND SONG」をフジテレビのドラマ主題歌に提案してもいいかという話だった。そのドラマはプロデューサー・大多亮、原作・柴門ふみ、脚本・坂元裕二、演出・永山耕三ほか、主演・鈴木保奈美、織田裕二の「東京ラブストーリー」だった。プロデューサーは「これでもいいけれど」と言いつつ、「ほんとは『Yes-No』と『君が、嘘を、ついた』を合わせたような、八ビートの情熱的な曲がほしかったんだ」と吉田に洩らした。それを吉田が小田に伝えたのである。

「それなら、本来の欲しいものに近い曲にしないと失礼なんじゃないかと言ったんだ。ちょうど、そのころ、三連符が繋がっていく曲をつくりたいというアイデアがあって、それなら書き直すよと言ったんだ。当時は、馬力があったんだね。三連符が連なっていくのはユニークだし、情熱的な感じがするし、♪たたん♪たたん♪たたん♪とできたけど、これにぴったりくる言葉は探せるかなあと、そこが戦いだった。でも、あの曲は早くできた。ちょうど、『Oh!Yeah!』のレコーディングをしていた最中に作ったんだ」

それが「ラブ・ストーリーは突然に」だった。この歌は、ギターのカッティング音から始まるイントロも印象的だが、これが出来た経緯も、比較的知られている。レコーディング合宿中にその日の仕事が終わり、皆で部屋飲みしていた時である。小田が「まだイントロに納得していないんだ」と話した。小田がソロになって以降、ずっとレコーディングに参加してきたギタリストの佐橋佳幸もやはり、何かが足りないと感じていた。その佐橋がふと、あの印象的なイントロを思いついた。すぐに皆でスタジオに戻り、イントロを変えたのである。佐橋が後年語っている。
「なんであのイントロが思いついたのか、実は今でもわからない。でもドラマのなかでこの曲を聴いた時、これはバッチリだとビックリしましたね。普通のスタジオだったら、皆、家に帰ってしまっていた。合宿みたいな環境じゃなかったら生まれなかったんじゃないかな」

ラブ・ストーリーは突然に

何から伝えればいいのか　分からないまま時は流れて
浮かんでは　消えてゆく　ありふれた言葉だけ
君があんまりすてきだから　ただすなおに　好きと言えないで
多分もうすぐ　雨も止んで　二人　たそがれ
あの日　あの時　あの場所で　君に会えなかったら
僕等は　いつまでも　見知らぬ二人のまま
誰かが甘く誘う言葉に　もう心揺れたりしないで

切ないけど　そんなふうに　心は縛れない

明日になれば君をきっと　今よりもっと好きになる
そのすべてが僕のなかで　時を超えてゆく

君のためにつばさになる　君を守りつづける
やわらかく　君をつつむ　あの風になる

あの日　あの時　あの場所で　君に会えなかったら
僕等は　いつまでも　見知らぬ二人のまま

今　君の心が動いた　言葉止めて　肩を寄せて
僕は忘れないこの日を　君を誰にも渡さない

君のためにつばさになる　君を守りつづける
やわらかく　君をつつむ　あの風になる

あの日　あの時　あの場所で　君に会えなかったら
僕等は　いつまでも　見知らぬ二人のまま

誰かが甘く誘う言葉に　もう心揺れたりしないで
君をつつむ　あの風になる

あの日　あの時　あの場所で　君に会えなかったら
僕等は　いつまでも　見知らぬ二人のまま

こうして、予定していたB面は「ラブ・ストーリーは突然に」に差し替えられることになったが、ここでひと悶着《もんちゃく》が起きた。レコード会社「Little Tokyo Label」の担当、九谷和貴が、どうしても「ラブ・ストーリーは突然に」をA面にしてくれと頼んだのだ。小田は「それはできない」と断った。しかしさらに粘り、吉田から「無理だ」と断られたあと、ツアー中の小田が滞在していた名古屋のホテルにまで東京から車を飛ばし、真夜中、小田の寝込みを襲った。

「電話がかかってきて、どこにいるんだと訊いたら、ホテルの下にいますと。なんだよ、そんな無茶するなよって。ずいぶん熱い奴だなと思ったけど、いま思うと、強引なだけだったな」

小田は仕方ないなと彼の思いを受け入れ、両A面とした。

本来A面の「Oh!Yeah!」は第一生命のコマーシャルに使う予定の曲で、第一生命はこれをA面にとは言ってはいなかった。しかし小田は、感謝の意を込めて初めてA面にしたいと決めていた。一度決めたことに対して、小田は頑固だ。結果、両A面という変則で売り出されることとなった。ちなみに「Oh!Yeah!」の印象的なフレーズ♪嬉しい時は右　左の肩は涙♪を聴いた時、武藤敏史はその少し前に、小田とゴルフをやった時のことを思い出したという。小田がスコアカードを置いたので、なにげなく見ると、そこに「嬉しい時は右、左の肩は涙」と書いてあった。

「ゴルフをしながら詞が浮かんだのでメモしたんですね。切り替えは早い人で、四六時中考えているわけじゃないだろうけど、それは印象に残っていますね」

一九九一年二月六日、シングル「Oh!Yeah!／ラブ・ストーリーは突然に」はリリースされた。その日、小田と吉田はゴルフ場にいた。朝食の時、レストランに置かれたスポーツ紙を見ると、全紙とも「ラブ・ストーリーは突然に、空前の大ヒット」の大見出し。テレビの朝の情報番組でも報じていた。それを見て小田が言った。

「俺たち、ここにいていいいの？」

吉田が答えた。

「でも東京に戻って、何するんですか？」

それがその後起きた想像すらしていなかった怒濤の現象の始まりだった。

当時、ファンハウスの宣伝部にいた斎藤隆も、レコード店から「お客がなにやらただならぬ動きをしています」との報告を受けていた。初回数は十四万枚、それも通常に比べても十分多かったが、さらに次から次へと追加注文が殺到し、一週目で早くも八十万枚を売り、工場がフル稼働しても出荷が間に合わない事態にまでなった。なにしろ、小田自身が「あっちこっちの親戚から頼まれたけど、あれは手に入らなかった。ほんとにびっくりした。売れるというのは、ああいうことなんだな」と振り返るような現象だったが、斎藤はこう述懐する。

「ミリオンというのは、一九七五年の『およげ！たいやきくん』と一九七二年の宮史郎とぴんからトリオの『女のみち』以来、ずっとなかったんです。突然変異だと思いましたね。ただ、半年後、チャゲアス（CHAGE and ASKA）の『SAY YES』がまたミリオンとなり、小田さんのヒットはミリオン時代の前兆だったんだなとあとからは思いました」

小田がこの曲を初めて人前で歌ったのは、発売から三カ月ほどたった五月十八日。ベストアルバム「Oh!Yeah!」発売を記念しての深夜ライブでだった。場所は、新宿にあった日清パワーステーション。

「凄かったよね。みんな『わぁーっ』となって、お客が初めてナマで聴いたんだなというのがよくわかった。規模は違うけど、サイモン&ガーファンクルが初めて『明日に架ける橋』をやったとき、曲名を言っても観客はシーンとしていたのに、演奏が終わって、わぁーっとなった。彼らと比べたら、スケールは小さいけど、初めてというのは一回しかない。ナマで初めて披露したときの観客の歓声というのは忘れられない」

このころの小田は、自分が不思議な時空間にいるような気がしていた。想像すらしていなかったほどの大ヒット。それは小田の気持ちをザワザワと不穏な気持ちにもさせた。小田は「ごほうびが早すぎたと思った」し、「足元をすくわれてはいけないと警戒する気持ちの方が大きかった」と言う。実際、事務所のスタッフにも幾度となく、「こんなことはキセキのようなものだから、こんな時こそ、いつも以上に謙虚な気持ちで」と伝えた。自戒でもあったろう。

ソロになり、ファーイーストクラブという事務所を作ってからまだ二年も経っていなかった。会社のメンバーは六人足らず。創立時からいる吉田雅道、木下智明のほかに、オフコース・カンパニーの最後のころにレコーディングスタッフとして入ってきた望月英樹、やはりオフコース・カンパニー終盤期、大間ジローの楽器担当として入り、このころはまだアルバイト的に関わっていた船越達也などスタッフがいたが、当時の事務所の様子を誰に聞いても、拍子抜けするほどみな一様に、「それ以前と、全く何も変わらなかった」と証言する。そして「むしろレコード会社の方が舞い上がっていたかもしれないですよね」と話す。実際、ファンハウスはこの翌年、東京・恵比寿に立派な社屋を建設した。

もうひとつ、一九九一年は、小田にとって、この大ヒット以上に大きな出来事があった。この歌が発売されるわずか十日前の一月二十七日夜、母きのえが亡くなった。発売前に、ドラマの主題歌をやったんだと、CDを見せてはいた。前年の十一月から入院しており、覚悟はできていた。しかし、いざ亡くなると、その喪失感は想像を絶した。地主道夫はその日、小田から電話をもらった。小田はただひと言、「逝っちゃったよ」と呟いたという。

母の死について、一年半余り経ってからだが、小田はこんな文章を書いている。

オフクロが死んだ。自分の極く身近な人で死んだ初めの人がオフクロだった。こんな言い方は少しおかしいかも知れないけれど、かけがえのない人だった。入院したのは一九九〇年十一月。武道館でのコンサートの初日で、心配するからと、自分には知らされなかった。すべてのコンサートを終えてから、何度も見舞いに通った。オフクロの手なんか握ったのはどれくらい振りだったのだろう。励ます積りだったし、安心してほしかったから。手を離したのはいつもオフクロの方だった。「もういいよ」という気持ちだったのかも知れない。その意志を感じた。立派な最後だった。大勢の人たちが葬儀に参列してくれた。嬉しかった。おふくろはいささか心苦しかったに違いない。そういう人だった。人間はひとりで生きてはいないんだと、つくづく思った。親戚はもちろん、仕事関係の人たちに、信じられないほど世話になった。第一生命のクリスマスのCMで、僕が一生けんめい橋の上を走るのを楽しみに見ていた。見舞いの人に「あれはニューヨークで撮ったんですよ」と説明していたときいた。「東京ラブストーリー」の三回目くらいまでは見ていた。「テンポが早いドラマだ」と言っていた。

一九九一年は、小田にとって、気持ちが落ち着かない年と言えた。

そんななかで、映画の準備が粛々《しゆくしゆく》と始まった。「ラブ・ストーリーは突然に」発売の約一カ月後の三月十八日から映画のプロットづくりのための合宿を、吉田と二人で箱根の仙石原《せんごくはら》で行っている。さらにロケハン、打ち合わせ、撮影、映画音楽のレコーディングと、小田は超多忙な日々のなかを疾走した。あとから考えれば、それは不思議な時空間だった。

この時のサウンドトラックともいえるアルバムが「sometime somewhere」。作られた映画は「いつか どこかで」。建設会社の設計部に勤務する主人公とリゾート開発をめぐるライバル会社の女性が絡む恋愛映画で、東宝系で一九九二年二月全国ロードショー公開された。これがひどく不評だった。ちょうど異業種有名人が次々と映画を制作し、それをあまり面白く思わない風潮も加わったのだろう。当時、常に映画現場で小田に帯同していた船越達也が回想する。

「映画のスタッフって、プライドが高くて、こっちを見下している雰囲気をひしひしと感じましたね。ちょっと歌が売れたからって映画わかってんのかよ、みたいなね。口調は穏やかでしたが、棘《とげ》があって、そうでない人もいるんだけど、そういう人が目立つ。嫌だなあって思っていました。いい経験させてもらったという感じでしたね」

映画評も厳しかった。これについて、二〇〇五年当時、小田はこんな風に話した。

「映画は大きかった。あれだけ叩かれて。自主上映じゃなく、全国一斉ロードショーだものね、大騒ぎのロードショー。それはそれで良かったんだよ、マヌケで。いい経験したよ。オフコースの最初、前座で早く帰れといわれたことも、オフコースの最後の辛かったことも、映画で叩かれたことも、今となってはすごくおかしいものね。貧乏自慢じゃないけど、すっごくおかしいよ」

この時、私はこんな風に質問を続けた。

「無名時代の小田さんの経験と、逆に名前があるからこそ叩かれた映画の経験とは少し違うのではないですか？」

小田の返答はこうだった。

「いまの時点で考えればそうだけど、もっと先にいって見れば同じじゃないかな。起きてしまった事象は同じものだものね。必要とされないという」

「二つの共通項は〝必要とされない〟なんですね？」

「必要とされないいってことで傷つくんじゃないの、きっと。お前たちの歌はいらない、かぐや姫を見たいんだ。お前のつくる映画なんか見たくない、お前、才能ないもの。もちろん映画も一本目からすごくいい映画ができて、いまに至ればいいけど、二本目に至るまで、ここが一番学習するところなんじゃないか」

LOOKING BACK

アルバム「Far East Café」（一九九〇年五月九日発売）に続き、映画「いつか どこかで」のサウンドトラックといえる「sometime somewhere」（一九九二年一月二十五日発売）、さらに一九九三年十月二十七日にはアルバム「MY HOME TOWN」がリリースされた。この約三年半の間に、「ラブ・ストーリーは突然に」というとんでもない大ヒットがあった。そんな流れのなかでつくられた「MY HOME TOWN」とは、どんなアルバムだったのか。

タイトル曲になっている「my home town」は、小田のふるさと・横浜を歌い、いまでもライブでよく歌われる小田の代表曲の一つだ。さらにアルバムに先行してリリースされたシングル「風の坂道」は小田自身が好きで、その歌詞世界も含め、小田らしい楽曲だ。もっとも、これは予定されていたものでなく、小田がピアノでポロンポロンとやっていて、すっと出来たもので、事務所のスタッフの反応が良く、予定曲を押しのけてシングルになったものである。

しかし、アルバム「MY HOME TOWN」の売上げは二十万枚程度だった。決して悪い数字ではないと思うが、やはり二百五十万枚を超えた「ラブ・ストーリーは突然に」の大ヒット、これが収録されたベストアルバム「Oh!Yeah!」の約百五十万枚、「sometime somewhere」の約70万枚と比べた時、このアルバムは売れなかったとの危機感を小田や事務所は持った。

「みんな、オリジナルアルバムなんてもう聴きたくないんだなと思ってさ、ソウル・ミュージックの要素なんかも意識して一生懸命作ったんだけど、ここで俺はいったんスネたんだな（笑）。いま思えば、全部自分の責任なんだけど、当時、自分の責任にしきれていない。一生懸命作ったのにうまくいかないなあと。ユーザーとコミュニケーションがとれていないなあという思いだったね。曲に原因を求めるよりも、消費者のほうに原因を求めたんだな」

このころ、小田はもう一つ、別の悩みも感じていた。

「曲を書き始めると、『またこのコードから始まっている』とか『また似たようなの書いてる』と思えてさ、二つくらい同じコードが続くと、もう気になってしまっていた。また同じようなのを書いてると思われる恐怖なのか、自分自身が嫌なのかよくわからないけど、そういうことが続いて、身動きがとれない感じだった」

本来、冷静で慎重な小田でさえ、この時期、感覚が少し歪《ゆが》み、神経質になっていたのだろうか。楽曲作りにおいても、小田は無意識にだが、自分の軸を少し見失っていたのかもしれない。三十年近い歳月を経て、改めて、アルバム「MY HOME TOWN」を振り返って、こんな感想も口にした。

「中途半端な構成だよな。ポップな感じでいこうとしつつも、自分の本音も入れて。自分でなくてもいいものと、自分でなくてはダメなものが混在しているよな。『my home town』や『風の坂道』は、こういうのは好きなんだよなと思ってやりつつ、結局、非常に市場に寄り添った、そんな思惑も見えるよね。模索している感じだな」

そんな小田がこの時期、新たに試みたのが、オフコース時代の楽曲をアレンジし直すことだった。まず、一九九三年三月に「緑の日々」、さらに九月には「Yes-No」。これは「風の坂道」のB面に入った。オフコース時代には、A面が小田の曲ならB面は鈴木康博の曲だった。さらに四人になってからはB面には松尾一彦の曲が入ったりした。

では、一人になってどうするか、一つはそんなB面問題もあった。もちろん、バンド時代とは違うアレンジへの興味もあった。結果的に、「緑の日々」「Yes-No」に続き、翌九四年には「夏の終り」をアレンジし直し、これは「真夏の恋」のB面に入れている。そして、これらの集大成の形で、一九九五年、小田は改めてオフコース時代の歌を作り直す（LOOK BACK）作業を続け、一九九六年二月に「LOOKING BACK」をリリースした。この売上げが約六十万枚、オリジナルアルバム「MY HOME TOWN」より売れたのである。

では、この「LOOKING BACK」とは一体、何だったのか。

「みんながオリジナルはもう欲しくないのかなという想いから、〝LOOKING BACK〟をしてみようという発想では全くなかったよ。〝LOOKING BACK〟はあくまでも、自分が拙《つたな》かったと思う部分を改修したかったことと、これを直すとしたら、どう直す？　みたいな、企画としての面白さ、音楽的な課題を与えられたからやってみた。完成した時、まるで時間という長いトンネルを抜けて、昔の自分に会いに行くような、そんな気持ちにもなった」

具体的に、どの曲をどう直して面白かったのか？

「『Yes-No』は〝LOOKING BACK〟したら面白いだろうなと、ずっとどこかで考えていて、ある日、疲れてもう帰ろうと思った時、ふと、跳ねたりして趣向を変える手があるなと浮かんだんだ。実は俺はあんまり好きな手ではないんだけど、『Yes-No』が跳ねるなんていうのは、思いも寄らなかったけど、ちょっとやってみようと。跳ねて♪今なんていったの？♪、あっ、これかあと思って、ちょっとR&Bみたいな、カッコ良いじゃんと。〝LOOKING BACK〟の妙味というのはこういうところにあるのかあと思ってさ、ちょっと笑っちゃうみたいな。ただライブハウスや小さな会場では素敵だけど、大会場ではそうじゃないよな、言ってみれば臨機応変なんだ」

こんな話もした。

「『僕の贈りもの』は絶対、子どもたちに歌ってもらいたかったからね。アレンジし直していると、これはもうこういう風に歌ってもらうために生まれた曲なんだと思えてきた。♪冬と夏の間に♪、あそこも跳ねてるんだよ。『さよなら』も、しっとりやってみたいという想いは以前からあったかな。オフコース時代と全然違うものになったけど、お客さんはやっぱりオリジナルを聴きたいみたいで、オリジナルというのは強いね。それをだんだんと思い知らされるんだけどな」

このセルフカバーについては賛否両論があった。オフコース時代の音源を好きな人も、当然いた。しかしこの時期の小田にとって、〝LOOKING BACK〟をするという行為は、たぶん、必要で必然のことだったように思われる。小田は「LIFE-SIZE 1996年版」（ファンクラブ限定DVD）の中でこんなことを言っている。

「自分にとって〝振り返る〟ということが、どんな意味をもつか、いまだ結論なんて出るはずもないけど、僕の場合は、なぜか何をやるにもすべて冷静で計画的にやっているように思われますが、実際はせっかちだし、結構、いい加減だから、もっと考えてやるべきだ、あれは絶対違うと後悔したりすることがあって、しかもそれを放っておくことができないから、やり直したいことばかりが増えていく。それが自分だから仕方ない。でもこうしていろんなことをやってきたけど、それはこれからやろうとすることのための気の遠くなるような長い準備だったんじゃないかな。この先、自分がどうしていくか、すべてはそこにかかっている。LOOKING BACK というのは、そういうことなんだと思います」

結局、小田にとって、この時期は、どう音楽に向き合い、どんな歌を作っていきたいか、自分の活動を改めて振り返る時間だったのだろう。

この「LIFE-SIZE」の中で、小田は自分の原点といえる横浜の街をさまようように歩きながら、かつての楽曲について語っている。それにかぶせて、映像では、オフコース時代の楽しげなスナップ写真、「We are」「over」のオフコースのライブ映像、さらに「緑の日々」のオフコース時代のプロモーションビデオの撮影の様子も収録している。さらに驚いたのは、この「緑の日々」が流れるシーンで、小田は「東京ドームで最後のコンサートをやった時、この曲を一番、最初に演奏したのは、何か特別な理由があったのか、いまは覚えていない」と語り、このナレーションにかぶせて、東京ドームでの四人のオフコースの演奏シーンの映像が使われていることだった。この時のフィルムはいまだ編集も公開もされていないのだが、ここでは観客席も含め、ごく短い時間だが、当時の映像が使われていた。

結局、小田はこの時期、オフコース時代も含め、自分自身の音楽と真正面に向きあっていたのだろう。そこにはやはり、さまざまな迷いや不安や葛藤があったからだろうか。

ソロになって一九九三年まで、コンスタントにオリジナルアルバムを出してきた小田は、これ以降、一九九七年にテレビドラマの主題歌となったシングル「伝えたいことがあるんだ」とベストアルバム「伝えたいことがあるんだ」を出す以外、一九九四年以降の六年間、オリジナルアルバムを一枚も出すことはなかった。

キャディ

ソロになってからの〝試行錯誤の十年間〟で、小田にとって、最も大きな出来事と言えるのは、キャディ体験ではなかろうか。それはゴルフ誌「ALBA（アルバ）」からゴルフ好きの小田が連載を依頼されたことから始まった。小田は、面識のあったプロゴルファーの青木功のキャディを体験し、その記事を書くことになった。

時は、一九九三年十月。場所はアメリカのランチョパークゴルフクラブ。全米シニアツアー公式戦。せっかくだから映像でも記録しておこうと、西浦清が同行し、二人の会話も録れるように小田にピンマイクをつけて、その三日間の様子をすべてカメラに収めた。

試合は二日目に一位になった青木が逆転され、三位に終わるという波乱に満ちた面白いもので、さらにそこに失敗続きの小田が青木に叱られる、といったシーンまでが撮られていた。

吉田はその記録映像を見て、ドキュメンタリー番組としてテレビでOAできないかと提案、小田がその映像を編集した。それが一九九四年五月五日にテレビ東京で放映された「キャディ　青木功／小田和正～怒られて、励まされて、54ホール」となった。

放映後、これが予想外の反響を呼んだのである。

「自分と全く関係ないことを一生懸命にやったというおかしさなんだけど、俺の音楽なんて聴いてもくれなかった、鼻にもかけてくれなかった人たちが、街で、『アンタ、アレ、可笑しかったねえ、面白かったねえ』と声をかけてきたんだ。それがとっても新鮮だった。嫌じゃなかった。他の事務所から、『あんなの出しちゃっていいんですか』とずいぶん言われたらしいけど、俺は『えっ？　なんでダメなの？』という気持ちだった。あのころからだな、結構、開き直って、自分がマヌケな感じは全然いいんだ、面白いってことが重要なんだなと思えたんだね。ずっとバンド時代から、必死に頑張って、カッコよく見せなければならないとやってきたけど、等身大でいいんだと思ったんだな」

「キャディ」での小田は、言うなれば、中学生ごろまでの、友人や家族に見せていた姿だった。ちょっと剽軽でおっちょこちょいでおしゃべりな男の子だ。「キャディ」では青木との関係で、そういう素顔を見せることができたのだろう。そういう素顔を見せられなくなったのは、人一倍、人見知りなこともあったろうし、照れもあれば、媚びるのは嫌だという気持ちもあったろう。

そもそもオフコース時代、音楽を追求することに前のめりで、聴く人のことは二の次だった。音楽の求道者ではあっても、エンターテイナーではなかった。そんな小田が、「アンタ、面白いね」と見知らぬ人に声を掛けられたことが、予想外にうれしかったのだ。彼自身が、「和ちゃん」と呼ばれていたころのような、剽軽な自分を出すことが思いのほか楽しかったのかもしれない。小田はそれを、「鎧《よろい》をとり、本来の自分を見せる」と解釈し、「等身大」と名づけ、以降、小田の活動の旗印となっていく。エンターテイナーへと変わる旗印とも言えた。一九九四年十二月に行ったライブのタイトルも「等身大」という意味の「life-size」。さらに、小田の一年間の活動や様子を撮影し、それを毎年一本にまとめる「LIFE-SIZE」なる企画DVDも一九九四年からファンクラブを対象に制作するようになった。

また、この一九九五年のツアーから、小田は公演地を事前に歩いてフィルムに収める「ご当地紀行」を始めた。同年一月七日から始まった全国ツアー「FUN MORE TIME!」も半ばを過ぎた四月、四日市で、それは始まった。小田自身、ホテルと公演会場の往復だけでは、どの会場の印象も均一に近く、もっとそれぞれの土地に来たのだという実感が欲しかった。同時に、なによりコンサートにもっと自分を、自分の「等身大」を出したかったのだろう。このツアー時から、小田に付き添うことになった船越達也の存在も大きかったかもしれない。船越は、小田のソロツアーの最初からモニター用の撮影を担当、さらに笑いのセンスも含め、小田はやりやすいと感じたのではなかったろうか。

次の九七年のツアー「THRU THE WINDOW」からは、小田にピンマイクをつけ、その声を拾うことにしたが、小田はそれぞれの町で出会った人々や動物との交流を通して、埋もれていた自身の〝剽軽で毒舌なキャラ〟を次第に出していくようになる。その意味で、「等身大」とは、小田にとって、シャイな自分を覆う鎧を脱ぐことであり、どこか頑なで偏屈にもなっていた自分を「和ちゃん」時代に戻す「自己解放」の意味合いも持っていたのではなかったろうか。

私が二〇〇五年、初めて「小田和正」を取材した時、「等身大」を掲げて早や十年の歳月がたっていたものの、この「等身大」は当時まだ小田の旗印であった。それほど小田にとって、それは簡単なことではなかったのだろう。舞台の上で、いかに自分を晒《さら》し、観客を楽しませるか、当時、その発言が非常に印象に残ったものである。たとえば、こんな感じだった。

「体力的には大変だけど、自分をさらけ出すために『ご当地紀行』をやり、花道をつくり、観客に手を振って、そうすることによって自分を解放していったんじゃないのかな。身体の形や動きというのは、結構、気持ちに与える影響が大きいからね。オフコースの頃は、肩より上に手をもっていこうと思っても、それから手を振ろうとしてもできなかった。それまで手を振ったことなかったものね。スカしているといわれても、肩までが精一杯なんだよ。それがだんだん手が上にあがるようになって、どこか解放されて、それで勘違いしてもいけないけどさ、身体の動きって結構気持ちに与える影響がでかいよね」

「キャディ」の影響は、もう一つあった。ドキュメンタリーは面白いと思ったのだ。

小田は次の映画を一作目の映画作りでの失敗の体験を元にした半ドキュメンタリーの物語にしようと考えた。これが一九九八年一月公開の小田和正監督・脚本・音楽による二作目の「緑の街」である。アーティストが周りの反対を押し切り映画をつくると宣言、軋轢《あつれき》のある現場、何度も暗礁《あんしょう》に乗り上げるも完成にいたる物語だ。そして失敗は繰り返さない。今回は大手の映画会社とは組まず、すべて機材持ち込みの自前のシネマツアーを敢行した。「コンサートツアーを始めたころの気持ちに近かった」と小田は言うが、映画の評判もよく、小田は少し「仇討《あだう》ち」した気持ちになる。

もうひとつ、この一九九〇年代半ばごろ、小田にとって貴重な経験となったのは、泉谷しげるが始めたチャリティー活動への参加だったろうか。

一九九三年七月十二日、北海道南西沖地震が起き、奥尻島を中心に甚大な被害が出た。まもなく泉谷しげるは都内でゲリラライブを敢行、十一月十五日には北海道の厚生年金会館で「奥尻島救済チャリティーコンサート」を行うが、たまたま北海道にいた小田は、忌野清志郎や桑田佳祐らと共に、飛び入り参加した。

さらに一九九四年三月十三日には、長崎公会堂で、「長崎・普賢岳噴火災害救済コンサートメッセージソングの日」が企画され、小田も参加。ほかには、吉田拓郎、井上陽水、忌野清志郎、さだまさし、伊勢正三、浜田省吾、大友康平らが参加した。この活動は続き、泉谷と拓郎と小田が中心になって打ち合わせを重ね、「スーパーバンド」として集合。泉谷の言葉を借りれば、「小田さんが今回のステージのプロデューサー、舞台の構成担当」であり、「拓郎がアイデアマンとして活動」し、一九九四年八月十六日に日本武道館で「日本をすくえ'94　奥尻島、島原・深江地区救済コンサート」、一九九六年九月には神戸ワールド記念ホールで「日本をすくえ'96　阪神・淡路大震災復興支援コンサート」を大々的に開いたのである。

そこでは、泉谷、拓郎、小田の三人のアカペラによる「バンザイ」で幕開けし、オープニングは拓郎の「落陽」、場内割れんばかりの拍手のなか、つづけて泉谷のメインボーカルで泉谷の「眠れない夜」、小田はキーボードで参加。途中、「ラブ・ストーリーは突然に」は泉谷、小田、大江千里、伊勢正三、坂崎幸之助、稲垣潤一、大友康平。「Yes-No」は小田のボーカルに加えてほぼ全員で、そして最後には参加した若手アーティスト全員で「あの素晴しい愛をもう一度」を歌った。このときの、プロが歌うからこそのすさまじく素晴らしいハーモニーが、ずっと小田の脳裏に残った。そしてそれがずっと後年、ある試みとなるのだが、なによりこの時、小田にとって貴重な体験となったのは、チャリティーに参加したことと同時に、世代を越えたアーティストたちと膝つき合わせての交流が持てたことだったろう。結果的に、これは小田の世界を広げた。吉田拓郎と親しくなるのも、これ以降のことである。

一九九七年九月から翌九八年一月まで、全国ツアー「THRU THE WINDOW」が神戸から始まり、全国五十カ所六十四公演が行われた。神戸から始めたのは、一九九五年、阪神・淡路大震災が起きた時、二月に予定されていた神戸公演ができなかったからである。せめて代わりにと、四月の大阪公演の合間に、神戸の御影公会堂裏で野外の無料コンサートを開き、近くの団地などから子ども連れの人たちなどが見に来てくれた。

「あの時、自己満足かもしれないけど、やって良かったと思った。そしてまたツアーができるなら、その時はこの町から始めたいと思ったんだ」

このツアーの途上で、小田は五十歳になった。

小田のなかに、そろそろ少しずつ活動を収束していくころなのかなという想いも生まれていた。このころ、小田はこんな発言をしている。

「俺くらいの歳になるとさ、アルバムでもツアーでも、何かをやるとなったら必ず『集大成』って言葉がつきまとうわけ。確かにオリジナルアルバムなんか出してもあと一枚かな、なんて思ってるし、映画もあと二本撮れればぱって感じだから、仕方ないと言えば仕方ないよな。結局、残された時間をどう使うかってことだと思うんだ。同世代の仲間とはよく『あと十年だよな』って話すんだけど、これからはもう『引き算』なんだよ」

当時は、サラリーマンも六十歳定年、それ以上は働かないのが一般的だったが、ましてポップスターはそろそろ幕引きを意識するころだったのだろう。

　オリジナルアルバムについても、「やっぱり、ちゃんとしたコンセプトのあるものじゃないと。そう思うと、俺のファンはもうオリジナルアルバムなんて求めてないような気もするし」と語り、五十歳を迎えた前回のツアーについても、ツアーパンフレットにこう書いている。

「『THRU THE WINDOW』は、自分としてはとっても納得できるものだったので、そのツアーを乗り越えていくのはとっても大変だし、できればそのツアーを最後にしたいくらいの気持ちでした」

　すべてが、なんとなく、そう遠くない終着地点に向かって、ゆっくりと進んでいるかのような時期だった。当時、吉田雅道がつくっていた三カ年ごとに計画を入れる「吉田メモ」は、一九九七年ですべてが終わっていた。映画一本、シングル三枚、ベストアルバム一枚が予定され、それはすべて終了していた。そして一九九八年、レコード会社との契約も満了させて白紙状態。吉田はあえて次の予定を何も入れずにいた。小田に、残りの時間は自身のやりたいことを入れてほしいとの想いがあったからである。


　そんないわば白紙状態の時に、あの自動車事故は起きたのである。

　ゴルフ好きな小田は一九八二年から、周囲の親しい仲間たちと、毎年一回、ゴルフコンペ「DEATH MATCH」を実施していた。一九九八年の七月は、栃木県のゴルフ場で予定されていた。小田はその前夜、シルバーのセルシオを運転し、東北自動車道を走っていた。小田の車の運転は、結構、乱暴だ。ややスピード狂のきらいもある。その日、雨が激しく降っていたが、速度は百キロ近くになっていた。

「雨が降っていたからか、ピシャッと水がフロントに跳ね上がったとき、一瞬、前が見えなくなった。それが次第に雨も小やみになって、ああ、危なかったな、危険だったなと思った直後だったんだよ」

ちょうど都賀《つが》のパーキングエリアを越えたあたりだった。

タイヤと路面との間に水膜ができることで、車が瞬間、浮かんだようになり、アクセルもブレーキもきかない状態となった。「ハイドロプレーニング現象」というのだそうだ。直線で小田の車はスリップし始め、次に左回転しながら、車体の一部がガードロープに衝突した。

この時のことを、のちに小田自身が書いている。そのまま引用する。


まるでその時を待っていたように「スッ」とタイヤが左へ滑り始めた。ほんとうは「何故か突然タイヤが……」と書きそうなところだけれど、自分の中でどこか予測しているようなところがあったから「やっぱり」という気持ちに近かったのだ。それがほんとうなら、そんな強がり言って格好つけてないで、素直に速度を落として走っていたはずだろう、と言われれば返す言葉が無い。愚かにもそれが出来ない。ずっとそれが出来ないでこれまで走って来た。視界のすべてを遮る滝のような水しぶきを上げて走っているトラックの脇を命がけで「えいっ！」と何台も抜いて行く。そのたびに「相変わらず無茶してんな、こんな運転してちゃ絶対危ないよな」と、いつになく思ってはいた。でも、やめない。愚かにもやめない。格別急ぐ必要があったわけでもない。激しく雨がたたきつける東北道の下り車線、何台かのゴルフ場に向かう仲間たちの車は、僕のうしろを走っていたのだから。その瞬間「しまった」とは思ったけれど、どこかの新聞に書いてあったようなパニックにはならなかったし、ブレーキも全く踏まなかった。一本目の白い破線を横切りながら、ハンドル操作がいっさい役に立たないのが分かった。車は更に左へと流されながら、時計と反対方向に回り始めた。「絶対ぶつかる」と思った。走馬灯のように一瞬にして過去を見るということもなかった。「次の瞬間は死んでるかも知れない」と思った。後方車を確認する余裕はなかった。幸い「恐い」と思う時間も無かったし、誰かの顔が浮かんで来るということもなかった。最初の衝撃をイメージした直後、車は思い切ってガードロープに激突した。7月22日夜、9時20分のことだった。

小田は、激しい衝撃を受けて、後部座席へと飛ばされた。真ん中の車線を走っていたため、ガードロープまで距離があったこと、間近に後続車がいなかったこと、中央分離帯で止まったため反対車線には飛び出さなかったことが幸いしたが、車の右前部と右後部が大破。後日、この事故を報じる記事は「九死に一生を得た」と書いた。

最初に小田の車に気づき、確認しに行ったのは、少し後ろを走っていた船越達也だった。

「だんだん車が詰まってきて、あれ、事故かなと思っていたら、右車線に車が横になっていて、車のナンバーが小田さんの車で、僕は慌てて車を路肩に止めて見に行ったんです。すっごく怖かったです。だって、血だらけで倒れていたらどうしようかとか思って。小田さんは飛ばされて後ろの席にいたんです。意識はあって、『やっちゃったよ』って、最初に言ったと思います」

先にゴルフ場に着いていた吉田雅道は、小田が救急車で運ばれた上都賀総合病院にすぐ駆けつけた。病院に着くと、首にコルセットをはめ、車椅子に乗せられた小田がいた。吉田を見て、「おー、やっちゃったよ」と、苦笑いしながら言った。この時点では、小田自身はプレーは無理でも、大会のスコアの集計係くらいできる気でいたらしい。しかし、検査の結果、鎖骨と肋骨三本が折れており、首の骨がずれて神経を圧迫していた。無理に動かすと、他の神経にも麻痺《まひ》が及ぶ危険性があるとのことで、夜間は、顔の両脇を固定し、絶対安静の状態となった。吉田は病室で小田に付き添い、夜を明かしたが、小田は何度もうめき声をあげ、必死に痛みに耐えていたが、吉田は「小田はひと言も弱音を吐かなかった」と回想している。

「とにかく一日目は痛くて一睡もできなかった。その時、幻覚みたいのを見たんだ。天井に眼鏡をかけた男がいて、毛筆の字が見えて、それはその男が着ていた浴衣で、横にいた吉田に聞いたけど、『そんなの見えない』と。でも気味が悪かったり怖かったりはしないんだ。少しうとうとして、また目を開けると、今度は花が落ちてきて、次に座布団が落ちてきて、しかも古い時代のものらしく、毛筆で旅館の名前が書いてあって、でも俺の顔には当たらずに、途中で止まるんだ。三日くらいで終わったけど、西浦にその話をしたら、西浦が立花隆の『幽体離脱』の話をして、その本（『臨死体験』）を買ってきてくれたんだ。似ているんだけど、俺は意識があって見てるし、自分が浮かび上がって（幽体離脱して）、自分を見ているのでもないからね。ただ、こういう世界があるんだと思えたなあ。あとで病院に聞いたら、一日目は痛み止めの注射は打ってなくて、だから自分のなかでドーパミンが出ていたんじゃないかと思うんだ」

この不思議な体験が、以降の小田にどんな影響を与えたのかはともあれ、自動車事故が小田にもたらしたものは大きかった。なかでも最も大きな影響は、ファンたちからの「生きていてくれただけで良かった」という言葉だった。

「その言葉は、衝撃的な言葉だったんだ。身内でもないのに、そんな風に想ってくれる人たちがいるんだと。待ってくれている人がいるんだと。何か返したいと本気で思ったね」

小田の〝アキレス腱《けん》〟は、あえていえば、「必要とされない」という意識だと感じてきた。オフコース初期の経験が、小田の意識にはいつまでも染みついているように感じる。その後、どんなにヒットを飛ばし、人気が出ても、人というのは心の根底に苦渋時代の苦い想いを沈殿させ、それがふとしたときに蘇るようだと、私は他の成功者の例でも感じていた。小田の場合、それが「必要とされない」という意識である。アルバム「MY HOME TOWN」が思いのほか売れなかった時、そこに意外なほど拘泥《こうでい》したのは、やはりこの意識ゆえではなかったか。だからこそ、事故の時、一番響いた言葉は「生きていてくれただけで良かった」だった。身内でもない、見知らぬ人たちからも、自分は「必要とされている」という実感。そしてそれに対する返答は、結局、生きて、歌をつくり歌うことであったろう。

小田は七月三十一日に退院するや、八月半ばから曲作りを始めた。

それは事故前に、NHKからテレビドラマの主題歌として依頼されていたものだった。やや皮肉めくが、ドラマの題名は「必要のない人」だ。さらに、九月十二日には、「丁重にお断りしましょう」と提案する吉田を制して、福岡・海の中道《なかみち》海浜公園で催されたスターダストレビューとのジョイントコンサートにも予定通り参加した。そこで陽気な根本要に「スペシャルなメンバー、はるばるイタリアからやってまいりました、ジッコリーナ・おーだ！」と紹介され、小田は登場した。

「あそこで俺は一線を越えたかもな。スタレビと出会って、俺も〝越えてもいいのかな？〟って思ったもんな。もちろん事故のこともあったけど、俺のなかのリセットボタンが押されて、新たに何かが始まったんだよ」

個人主義

小田が、自分からオリジナルアルバムを作ると吉田に伝えたのは、事故後しばらく経ったときだった。自分から何かを提案することがほとんどない小田にとって、それは初めてのことだった。

一九九九年夏から事務所のスタジオでプリプロ作業が始まり、十二月から翌二〇〇〇年三月上旬まで都内のスタジオでレコーディングに集中した。終了後すぐにロスに行き、ビル・シュネーのミックスダウンが終わったのが二〇〇〇年三月七日。発売は四月十九日だった。

オリジナルアルバムは六年半ぶりだった。

小田は、アルバムのタイトルを「個人主義」とした。

「これまでだったら、こんなタイトルは付けなかった。それまではやっぱり、市場に寄り添ったような、みんなが聴きたがっているような、そんな思惑があったけど、この時はもっと自分本位な、すごく開き直ったという記憶がある。売れるに越したことはないけど、セールスは考えなかった。セールスのためにやってもしようがないぞと、むしろ問題提起みたいな意識で、エイっという感じだった」

アルバム「個人主義」は、明らかにその前までのアルバムとは違うものだった。圧倒的に、作りたいという強い思いが伝わってくるアルバムだった。過去や人生を振り返るだけでなく、現在の自分をもみつめている。小田の声にも強さがある。意志の強さ、何かへの思いの強さが感じられた。「MY HOME TOWN」のころ、同じコードや似たコードを書いていると思われることへの恐怖から「身動きがとれない感じになっていた」が、そんなことも気にならなくなっていた。

「あれこれ言われる筋合いはないって、軽い開き直りの心境になった。それに同じようでも微妙に違うところはたくさんある。むしろ同じテーマでも、微妙に違うものがあってもいい。むしろそのテーマでいくつも書きたいなら書いたらいいいんだし、音やメロディも、変に技巧に走ったりしなくなって、とっても素直で自由にもなったんだ」

アルバムの一曲目に、♪ありがとう　いつも　いつも♪の言葉から始まる「忘れてた 思い出のように」を置いた。事故後すぐ、自然に出てきた言葉「ありがとう」である。先行発売されたシングル曲「woh woh」はラブソングだが、ラブソングは以前に比べると少ない。ラブソングのようで、過去に思いを巡らせ、現在を、未来を想う、そんな歌が並ぶ。小田の等身大の呟きが聞こえるような歌。あるいは静かな決意が伝わる歌。力強い想いもある。日常のふとした一瞬を切り取った歌にも、小田の本音が囁かれている。軽快なミドルテンポの「青い空」も、そんな歌だ。

青い空

この雨は　もうすぐ　止むだろう
西の空はすでに　明るくなって　雲が途切れてる

新聞を　今日　開いたら　社会のすべてが
つまらない嘘に　思えて来たんだ

なんだか　僕は　大きな過ちに
ずっと　気づかないで　いたみたいだ

捜してるものはきっと　最初から今もずっと
いちばん近いところに　隠れてるんだ

思っているよりずっと　この街は　大きくて
ちっぽけな　僕は　どうでもいいらしい

思ってたよりもさらに　ずっと　ずっと　早く
人生は　過ぎて行くみたいだ

事故前に頼まれて、退院半月後に作ったNHKドラマ「必要のない人」の主題歌もアルバムに収録されている。「君たちを忘れない」だ。かつての仲間との思い出に想いを馳せている歌詞である。事故直後のこと、生きていたとの実感もまだ生々しい時だからこその想いであったろう。

君たちを忘れない

ありふれた愛も　届かぬ想いも
果たせない夢も　今　きらめいている

数え切れない出来事　その時　その場所で
忘れられない人たち　出会いと　別れと

すべてのことがこうして　ひとつになってゆく
涙にくれた日々も　愛の日々も

この場所へくるたびに　心は揺れてる
みんなここにいた　あの日は帰らない

小田が「あの時だから書けたという気がする」と振り返るのは「19の頃」だ。19は、洋楽に恋い焦がれていたころの年齢である。

19の頃

19の頃　僕は　見つめてた
遥かな世界を　海の彼方を
聞こえて来る音に　恋をした
それが僕には　愛だった

ずっとずっと　憧れていた
心も　からだも　奪われて
ずっとずっと　追いかけていた
果たせぬ恋とは　知るすべもないまゝ

でももう　こゝからは　追いかけない
夢見た世界に　今　別れを告げる

洋楽への憧れから始まった小田の音楽人生。

かつて憧れの地で挑戦し、跳ね返されたものの、なお世界の人の心を相手に、音楽を作っていく。そんな自身の決意を改めて歌っているのか。このアルバムをリリースした直後に「とっても心情的に、個人的に、……それが集約されている曲」と語っていた歌である。

さらにアルバム「個人主義」のなかで、とりわけ多くの同世代が注目したのが「the flag」だった。

the flag

たゞ　若かったから　それだけのことかな
あの頃　僕らは　傷つけ合っていた

汚れなき想いと　譲れない誇りと
迷いのない心は　どこへ行ったんだろう

あの時掲げた　僕らの旗だけが
今も揺れている　時の風の中で

それからの　僕らに　何があったんだろう
変わってしまったのは　僕らの方なんだ

自由な翼を　僕らは　たたんで
二度と　そこから　飛び立つことはなかった
やがていつの日か　この国のすべてを
僕らが　この手で　変えてゆくんだったよね

僕らが　この手で　すべてを

こゝから　行くべき　その道は　どこかと
できるなら　もう一度　捜さないか
戦える　僕らの武器は　今　何かと
それを見つけて　こゝへ　並ばないか

僕は諦めない　誰か　聞いて　いるか
僕は　こゝにいる　誰か　そばに　いるか
やがていつの日か　この国のすべてを
僕らが　この手で　変えてゆくんだったよね

あの時掲げた　僕らの旗だけが
一人揺れている　時の風の中で

この歌はやはり、一九六〇年代後半から一九七〇年代初頭にかけて、全国に燎原《りょうげん》の火のように広まった学生運動を想い起こさせる。小田も、たしかに、その中にいた。小田はいわゆる政治的な人間ではないが、自分の世代について「物事を自由に考えることを、確実につかみ始めた最初の世代」と語るように、自由かつ批判的に物事を見る眼を時代のなかで育《はぐく》んできた。しかし、若いころのそんな眼や志を、どこかに置き忘れてしまってはいないか、そんな想いがあったのだろうか。

実はこの少し前、小田は妹尾河童の小説『少年H』に非常に感銘を受け、その読後の感想を「漂流する国」と題してファンクラブの会報誌「PRESS」に載せている。『少年H』は第二次世界大戦前から戦後までの、とりわけ戦時下の過酷な現実を少年の眼を通して、むしろ淡々と描いた妹尾の自伝小説ともいえるものだが、小田はこんな風に書いている。

「……まるで『H少年』の同級生である自分がそこにいて、一緒に戦争の中で生きて来たことを思い出しているようだった。日本が戦場になってしまったその時、信じられないくらい大きな入道雲が真っ青な空に輝いていたことを、誰をも決して裏切ることのないあの風が優しく頬をなでて行く、今と何ら変わることのない夏だったことを。ひとつひとつが、心に届いた。日本という国に裏切られた『少年H』の純粋な気高さが切なかった。（中略）この頃僕はつくづく日本が誇りにできるような国であって欲しいと思うようになった。（中略）『オレたちは一体何をやって来たのだろう』。数十年の遠回りを覚悟した上で、勇気を持って、一刻も早くここから離れて行かなければ、日本はきっと何処へもたどり着けず、ずっと漂流し続け、心ある若い人たちを裏切り続けることになってしまう。僕は今からでも、少しでも『少年H』が誇りを取り戻せるように生きて行かなければと思った」

「オレたちは一体何をやって来たのだろう」との悔いから、「the flag」は書かれたのだろう。「数十年の遠回りを覚悟した上で」、小田はかつての仲間たちに当時の自分たちの決意を改めて呼びかけたかったのだろう。「やがていつの日か　この国のすべてを　僕らが　この手で　変えてゆくんだったよね」という決意である。

この「the flag」は、小田の身近な同世代からの反応も大きかった。

「『個人主義』はいろいろなところから反響があったね。とくに『the flag』は反響が大きかった。（松山）千春がこれを聴いて、『こういう歌が好きだ。こういう曲を書かないとダメなんだよな』と言ってくれたし、仙ちゃん（星野仙一）はこの歌を聴いて泣いたと言ってくれた。元総理の細川護熙《もりひろ》さんも、対談したとき『良かった』と言ってくれた」

「個人主義」は、アルバムチャートで四位となった。五十代のアーティストが、オリジナルアルバムでベスト10に入るのは初めてのことだった。

小田がスタジオに籠もり、アルバム「個人主義」を制作していた一九九九年。のちに小田にとって、大きな「贈りもの」ともいえる企画が、立て続けに二つ進行していた。

ひとつは、八月、国連難民高等弁務官事務所（ＵＮＨＣＲ）から、世界の難民の状況とＵＮＨＣＲの活動への支援を訴えるテレビコマーシャルに、オフコース時代に作った「生まれ来る子供たちのために」を使わせてほしいとの依頼だった。ＵＮＨＣＲは、一九五〇年に設立された難民問題を扱う国連の機関で、このころ、高等弁務官に初めて日本人の緒方貞子が選出されていた。このコマーシャルは、同年、ニューヨークのＩＢＡ（世界のテレビ・ラジオ広告）賞を受賞するなど高い評価を受け、現在に到るまで「生まれ来る子供たちのために」は、ＵＮＨＣＲのホームページで使われている。

さらにこの申し出の直後、やはり同じ一九九九年秋、明治生命がテレビコマーシャルのコンペを行い、結果的に、オフコース時代に作った「言葉にできない」を使用することに決まったのである（二〇〇四年に同社と安田生命が合併し明治安田生命に）。

当初、コンペでは、「緑の街」が提案され、コンペに勝ってからは新曲を作ることになっていた。吉田雅道は「言葉にできない」を使えないかと、広告代理店を通して明治生命と交渉した。小田は、一九八二年の日本武道館公演最終日に感極まりうまく歌えなくなって以降、この歌を封印していた。次に歌ったのは、オフコース最後の一九八九年二月二十六日の東京ドーム公演で、やはり小田は少し感情がこみあげ、ＭＣで「だからこの歌はやりたくなかった」と言い、ソロになってからも〝LOOKING BACK〟されていなかった。しかし吉田はこの歌にこだわり、小田に再び歌わせることも含めて、いくつかの障害をひとつひとつクリアし、この歌を押し通したのだった。

こうして、小田が自動車事故を経て、一つの曲がり角にいたと思われるちょうどその時、かつて小田が特別な思いを込めてつくったこの二つの歌が、形を変えて再び、より多くの人の耳に届くことになる。とりわけ「言葉にできない」が注目されるのは、後述するが、この数年後のことである。

二〇〇〇年五月十一日から全国ツアー「SAME MOON!!」が千葉県文化会館から始まった。「個人主義」をリリースしてから約一カ月後のことだ。「SAME MOON」は同い年のビル・シュネーとよく交わした言葉で、「離れていても同じ月を見ているよ」の意味を込めた。

「Far East Club Band」には、最初から参加のキーボード栗尾直樹のほか、一九九五年「FUN MORE TIME!」から加わったドラムの木村万作、一九九七年の「THRU THE WINDOW」から加わったギター稲葉政裕が現在まで変わらぬメンバーである。

ツアーは十月十二日まで全国四十六カ所五十九公演。小田のなかで「普遍性のある作品を作りたい」という志と「自分の歌が好きな人たちを喜ばせたい」という気持ち、この二つの想いのなかで、小田は二十世紀最後の全国ツアーを回った。

そしてこの年の十二月三十一日大晦日の夜、小田は生まれた土地に近い八景島シーパラダイスマリーナヤードで、真冬の野外での年越しライブを行った。

発端はいわば思いつきであり、成り行きともいえた。ツアー中の横浜の「ご当地紀行」のVTRで、「あそこに八景島があるけど、皆さん、イベントやりますか?」と発言するや、会場が

「わーっ」と盛り上がってしまった。

その流れで、大晦日のカウントダウンを実施しようと、この海沿いの会場となったのである。タイトルは「ちょっと寒いけどみんなでSAME MOON!!」。このライブで、小田は初めて会場全体に大きく花道を張り巡らせるという試みを行った。広い会場の隅にいる観客のところにも近づきたいという想いからの提案だった。

小田は一曲目から花道を歩きながら歌った。自分の席のすぐ近くまで小田が来るという状況に、小雨が降る中にもかかわらず、会場は最初から盛り上がった。真冬の夜、帽子にダウンコートという完全防寒だった小田も、早くも二曲目で一番上のダウンコートを脱いでのパフォーマンスとなった。海風が吹き、雨からみぞれに変わる、厳寒の会場。しかしそこは、一人になって、迷いつつも試行錯誤してきた、必死にあがいた十年間の末に、小田が辿り着いた夢の舞台のようでもあった。

終わりが近づいた時、「my home town」を歌いながら、小田は涙が止まらないようだった。ここまで来たな、いろいろあったが、ここまで……さまざまな思いが去来した。

これ以降、小田の大きなライブ会場には、花道が縦横に作られ、小田はそこを歩きながら、時に走りながら歌うようになっていく。

一人になって、試行錯誤し、ときに迷い、ときに決断し、ときに冒険し、ときに落ち込み、そうやってあがいた十年間の末に、小田は次のステージに辿り着いた。時はちょうど二〇〇一年、二十一世紀が始まろうとしていた。

横浜（9／27、28）、名古屋（10／8、9）

ようやくホームタウン横浜にやってきた。

小田も一日目、最初のＭＣで、「あんまりいろんなことが続くので、もうここまでたどり着けないんじゃないかと不安に思ったこともありますけど、今日、こうしてここに戻って参りました！」と話した。最初から、リラックスしているような、昂揚しているような、そんな雰囲気が感じられた。今回、初めての首都圏での公演でもあった。

横浜アリーナは一階席二階席、びっしり観客で埋まり、その規模の大きさ、人数の多さに改めて圧倒された。アリーナの花道も二四〇メートルと長く、そこを小田は時に跳ねるように歩いた。

六曲目、これまでピアノを弾きながら歌っていた「水曜日の午後」の代わりに、「my home town」を歌った。やはり、横浜でだけ歌う特別感がある。さらに「my home town」の前のＭＣで、地元ならではの思い出話を楽しそうに話した。

「みなさんのなかで、昔、伊勢佐木町にあった〈博雅《はくが》〉という中華料理屋さんをご存じの方、いらっしゃいますか？　焼きそばがとっても美味しくて、何度も行きましたが、みなさんもぜひ味わっていただきたいですが、ずいぶん前になくなってしまいました。伊勢佐木町から日ノ出町に向かって歩くと、〈小町〉という甘い物屋があって、部活の帰りによく行ったものです。もちろん見つかると怒られますが、ドキドキしながら寄りましたが、十年ほど前になくなりました。で、その五丁目通り、という言葉があるのか知りませんが、ここと鎌倉街道がぶつかったところに、昔、ピカデリーという映画館がありまして、洋画ばかりやっていまして、もちろん見つかると怒られますが、そこで『ウエスト・サイド物語』などを観て、感激して帰ったのを思い出しますが、なくなりました。時は流れております」

誰にでも故郷《ふるさと》はあるが、小田和正のように故郷が好きな人は幸せだなと思う。「my home town」の歌詞のように、「ここで夢を見てた」からだろうか。「ムーン・リバー」に出会い、音楽に惹かれ、高校の友人たちと歌を歌い、ハーモニーに惹かれたのもこの地だ。

大学時代に鈴木康博や地主道夫とバンドを組み、友人たちが手伝ってくれて演奏会を開いたのもこの地だ。

二人オフコースが初めて自分たち中心の演奏会を開くことができたのも、この横浜だ。

小田のまさに原点、想いは常に横浜に戻ってくるのかもしれない。

安らぎと不思議な緊張と、それが横浜一日目だったように思われる。

二日目の最初のMCで、小田はそんな前日の自分をネタにした。

「昨日は、横浜初日ということもあり、えらく力んだあげくに、すごく疲れてしまいました。しかし、今日は二日目、最終日、さらに力んでいきたいと思っております！」

季節感にこだわってきた四曲目は、前日から「秋の気配」に変わっていた。季節だけでなく、やはり、この歌は、横浜で聴きたい人が多いだろう。

あれがあなたの好きな場所　港が見下ろせるこだかい公園

やっぱり、小田の青春の歌だと感じる。

さらに、横浜公演二日目で、ファンが驚き、喜んだのは、「生まれ来る子供たちのために」を歌う前に、ピアノに座り、唐突に（という言葉がふさわしく感じるほど）、「空が高すぎる」を歌い始めたことだった。わずか四小節ではあったが、それは本当に貴重だった。

「空が高すぎる」は、一九八六年、オフコースの四人時代、アメリカでの活動を目指して単身ロサンゼルスに滞在し、向こうの音楽プロデューサーやミュージシャンと作ったアルバム「K.ODA」に収録されている曲である。他の曲がバンドサウンドのグルーヴ感が全面に出ているのに対して、この歌だけは小田の高い声だけが静かにせつなく響くバラードだ。ソロになったばかりのころ、アンコールで時折、歌っていたが、最近はほとんど歌われなかった曲である。

空が高すぎる

空が高すぎる　たゞそれだけで
言葉を失くして　立ちつくした日々

誰れもが皆んな　輝いていた
それぞれの笑顔で　それぞれの涙で
僕等はいつでも　同じ夢を見てた
やがてこゝには　もう誰れも居なくなる

小田は、この日、横浜の秋の高い空を見上げ、何を想ったのだろうか。

あれこれ想像してしまうのは、この歌から立ちのぼってくるせつなさのためかもしれない。

ところで、この二日目、最後にもう一度、バンドメンバーを紹介するところで、小田は自分の名前を言う前に、さりげなく、「スタッフのみんな」という言葉を加えた。それは今回、初めてのことだった。前日の昼、スタッフたちが制作した誕生日プレゼント映像を、リハーサルのあと、小田に披露されたことを受けてのことだっただろう。実際、MCでも、それについてこう触れていた。

「きのう、スタッフたちがリハーサルの時（ここで少し涙した）、こうなるからしゃべりたくなかったんですが、スタッフたちが、『こんど、君と』を誕生日のお祝いということで……ステージで歌ってくれたんですね、すごく感激しました。いつか、『こんど、君と』をみんなと歌える日がくると信じています」

これ以降、小田はMCでもしきりに、「ツアーでは観客のみんなと『こんど、君と』を歌えると思っていたのに、（コロナは）手強いです」と発言するようになった。ツアーは順調に進んできた、しかし、本来やってきたように、みんなと歌うことはできない。その想いを強くしているようだった。

十月に入り、二度目の名古屋公演だった。場所は前回と変わり、伊勢湾に突き出た埠頭《ふとう》に新しく建て替えられた施設「ポートメッセなごや新第一展示館」。十月一日開場で、小田の公演が「こけら落とし」となった。小田も、最初のＭＣでこんな風に話した。

「名古屋ポートメッセ、こんなに広い場所とは知らなかった。おまけに、今日は『こけら落とし』だというので、評判を落とさないように、みんなに少しでも幸せをもって帰ってもらうよう頑張りますので、よろしくお願いします！　頑張るといっても……おじさんにも限界がありますが頑張ります！　バンドの連中も、楽屋でずっとコーラスの練習をしていて、僕も身が引き締まる思いでした……」

とにかく広い会場だった。しかも「展示館」の名の通り、横二一〇メートル、幅九六メートル、横にただただ広い平面の空間だった。しかも楽屋として使う部屋が少ないため、広い会場の一部を黒幕で区切り、そこをスタッフルームとして使っていた。それでもなお、舞台に向かっての横幅は一五〇メートル近く。花道はこれまで通りあるが、両端の席からはかなり遠くに感じられた。

率直に言って、劇場というイメージからは、やはり遠い。だからこそ、この場所で、ＰＡの良さと照明の力を改めて感じた。

広い会場で、どこの座席でも、気持ちよく同じように小田の音楽が聴けるのはＰＡの力である。舞台上のバンドの面々が出すそれぞれの楽器の音量、その上に乗る小田の声。そのバランスを調整するのもＰＡである。もちろん、スピーカーの性能の発達もある。しかしそれをいくつ、どういう向きに吊るすか、それもＰＡの仕事である。

小田のコンサートのＰＡエンジニアは本編で紹介した通り、木村史郎。小田より三歳年下の七十代のベテランだ。オフコースが初めて全国ツアーを試みた一九七七年からツアーに帯同し、五十年に近いつきあいである。オフコースが初めて日本武道館公演をする時に、スピーカーを設置したのも木村である。そんな木村がいまなお、小田のツアーに同行し、今回も三時間近い公演中、ずっとミキシング卓を動かし続け、小田の声とバンド一人ずつが出す楽器の音とのバランスを調整し続けている。同時に、音の反響を相殺《そうさい》するスピーカーの配置も、木村の〝技〟である。実際、この横長の会場を上手から下手まで、後ろをずっと歩いてみたが、どこの場所でも同じように小田の声とバンドの楽器が気持ちよく聴こえていた。

もう一つ、殺風景な平面の会場を、いわば劇場のような空間にするのが、照明の効果といえるだろう。激しいサウンドの「Yes-No」では赤と緑のレーザー光線が飛び交い、「言葉にできない」では、水色、紫、緑、青……の細い光線が降り注ぎ、小田がひとり歌う「生まれ来る子供たちのために」では宇宙空間を思わせる広がりのなかで小田とピアノを浮かびあがらせる。

それらの光の構成を考え、プログラムを作っているのが照明担当の佐々木好二だ。小田より一歳年下のやはり七十代。佐々木もまた、小田と出会って五十年の歳月が経っている。

佐々木が初めてオフコースを見たのは一九七三年八月、北海道旭川公会堂でかぐや姫と出ていた時だという。当時、佐々木は二十五歳。十九歳の時、たまたま一日のバイトのつもりで関わった札幌の照明会社での仕事が面白くなっていた。その日、東京の照明会社のアシスタントとして加わり、オフコースのハーモニーの美しさに痺《しび》れた。そして上京し勤めた照明会社で、再び、オフコースと出会う。一九七六年十月二十三日、中野サンプラザホールでの第六回「オフコース・リサイタル　秋ゆく街でⅢ」では照明チーフとして働いた。大間、清水、松尾の三人が初めてそろって出演した舞台だった。まさに五人オフコースの出発のころである。その後も、佐々木は「こんなにすごいバンドなのに、なんで売れないんだろう、もっと売れてもいいのにと歯がゆく思って見ていました」と話す。だから一九七九年一月、「愛を止めないで」が出て以降の勢いは、本当にうれしかったと言う。

「どんどんお客さんが増えてきて、コンサートの熱量もだんだん上がってきて、これって、来たんじゃない！　というのがあって。ツアーをやっていても、ものすごい高揚感がありましたよ。ああいう経験はそうないことで、ものすごく貴重な経験をしたなと思っています」

しかしその後、会社のシフトの変更でオフコースから離れざるを得なくなったが、その後、会社が倒産。何人かで新たに会社をつくり、再び、オフコースと関わることができた時、鈴木はすでに辞め、バンドはすっかり様変わりしていた。しかしそれ以降も、小田がソロになってからも、一貫して佐々木は小田の舞台の照明を担当し続け、今回のツアーに到っている。

このがらんとした平たい会場を濃密な「劇場」に変えて、小田の歌とバンドの演奏に浸らせてくれる。そこにＰＡと照明の力が大きく貢献している。

第 8 章

クリスマスの約束

2001-2009

一年の活動を振り返る二〇〇一年度版「LIFE - SIZE」の冒頭、小田和正は坂道を自転車を漕いで登る映像にかぶせて、こんなナレーションを入れている。

「いろんな人たちと交わって活動してゆきたい、と思うようになったのはいつごろからだったろう。どんなことがあったとしても、それを乗り越えて、あえてそれをやることが、いまの自分にとってかけがえのないことだと、確信をもつようになった」

二〇〇一年からの、つまり二十一世紀からの小田和正の活動は、それ以前とは変わった。多くの人と出会い、共同作業することを積極的に求めるようになった。

そこには何があったのか、どんな思いがあったのか。


二〇〇一年は、「LOOKING BACK 2」のレコーディングから始まった。それが終わると、六月末からはアルバムのプロモーション企画として「トーク&ライブ」を行った。福岡、名古屋、大阪、札幌、仙台、横浜の六カ所。こぢんまりした会場で、ファンと向き合い、ギターとアコーディオンだけのコンサート。歌の合間には、軽快なトークにも挑戦し、頻繁に笑いが起きた。

一体、いつから、こんなにしゃべりがうまくなったのか。たとえばある日は、「和正」という名前の由来の話。

「この子はとってもきかん気の強い子になりそうだから名前で抑えようと、親が易者に相談してつけたんです。田村正和とか、とっても字が似ていて、新聞に名前が出ているとドキッとするよね。ＯＤＡ（政府開発援助）も嫌ですね。ＯＤＡの見直しとかって、俺を見直してどうするんだって」

笑いが何度も起きる。

半年がすぎたころ、テレビ局からある依頼が舞い込んだ。それは、予想もしていなかった出来事へと発展していった。

依頼の最初は、ＴＢＳの番組「うたばん」で「さよなら」を歌ってほしいというものだった。少し検討した結果、小田はこの依頼を断った。いい感触で受けてもらえると勝手に予想していたＴＢＳ側は、これで俄然、意固地になった。番組プロデューサーの阿部龍二郎は、その後、こう語っている。

「最後の最後に小田さんが音楽番組のトーク部分について納得できない部分があり、首を縦に振らなかったと聞きました。納得いかない気持ちのまま帰宅し、『LOOKING BACK 2』の『さよなら』を初めて聞いた。衝撃を受けた。中学三年の時に知った『さよなら』ではなかった。生意気を言わせてもらうなら、『良くなっていた』『磨き込まれていた』『生まれ変わっていた』。このアーティストは凄い、こんな凄いアーティストに出演を断られたんだ。すぐさまＡＰ（アシスタントプロデューサー）の服部英司にメールを打ちました」

阿部　さよなら聞いた……凄かった……悔やまれる。

服部　同感です……自分も納得出来ません。
阿部　絶対に俺たちの番組で歌って欲しかった。
服部　特番なんか組んじゃうとか……。
阿部　やるか……やるゾ。同期の編成に持ち込んでみる。

二〇〇一年六月八日、特に何も決まっていない段階で、ＴＢＳ側と小田の初顔合わせが行われた。小田の会社ファーイーストクラブの会議室だった。

ＴＢＳ側に明確な企画案はなかった。ただ漠とした想いを小田に伝えた。

「僕たちが普段生業としている音楽番組の作り方に対する罪ほろぼしのような番組、視聴率やプロダクション行政などに拘泥することのない番組を作りたい」

これに対する小田の言葉はこんな感じだった。

「君たちが普段どんな仕事をしているか、そんなことは俺は知らん。でも、方向は俺の考えていることと同じだ」

この初顔合わせの小田の印象を服部はのちにこう書いている。

「初対面の帰りのタクシーのなかで、ウチの阿部が『だいたい難しそうな人って会ってみると実は気さくということが多いけど、小田さんはそのままだったな。一度も笑顔を見せなかったゾ』」

次の打ち合わせは、少し時間を空けて、八月十四日。ＴＢＳ側に小田を説得するための具体的な企画はいくつかあったが、むしろ小田の側に漠としていたが、長い間抱いていた思いがあった。それはもう二十年近くも前に熱中し、しかし挫折した日本版グラミー賞創設の企画だった。あの企画の肝は、賞の創設そのものより、アーティスト同士がお互いの楽曲を讃え合う、そういう場を創ることだった。この想いに繋がるような音楽番組はできないものか、小田と吉田は、考え始めていた。

その後も、打ち合わせは頻繁に行われた。八月二十三日、八月三十一日、九月七日、九月二十一日、九月二十八日……、それらのミーティングについて、阿部は後にこう語っている。

「学生時代の数学の個人塾に再び通っているような気分でした。宿題が不完全なまま訪れても、見捨てることなく丁寧に教えてくれた老教授。そのやさしさに『来週こそは裏切っちゃいけない、ちゃんとやっていこう』、そう思いながら帰路につく訳ですが、最後まで裏切りっぱなしでした。そんなことをありありと思い出すほど、不勉強でなさけない生徒のようなTBSチームでした。本当にいつ小田さんに怒られるかビクビクしていました。ちなみにプロデューサーの私は何度かズル休みしました」

八月の末、小田はその時点で、いいなと思う曲をあげて、それを歌うアーティストに小田から依頼し、番組で一緒に歌うという企画を考えた。人選は、だからもちろん、小田が決めた。この時も、阿部は衝撃を受け、のちにこう回想している。

「小田さんのあまりに生真面目なところが怖かった。アーティストのキャスティングを『オレがやるよ』とおっしゃられた時には息をのみました。とんでもない苦労をひとり背負い込もうとする小田和正の潔《いさぎよ》さに畏怖《いふ》し、自分たちの不甲斐なさに……というより自分の不真面目さを恥じ入りました。小田さんと対峙すると不思議なことに自分というものをあらためて考えさせられてしまうのです。帰りのタクシーの中ではいつでもそうでした」

阿部は人選まで小田にやらせてしまい、不甲斐ない、申し訳ないと思ったようだが、根本的に、そこから間違っていたとも言えた。小田はあくまでも自分がいいと思う同時代の歌を讃え、そのアーティストと歌いたいと考えたのだから、人選を小田が行うのは当然のことだった。しかし、TBSは、それを「やらせてしまった」と考えた。以降、打ち合わせのたびに、このテレビ局の常識と小田の発想のズレがいたるところで見えてくることになる。

八月三十一日。企画もある程度かたまり始めた。順調に進んでいくと思ったのだろう。阿部は打ち合わせの場で、「ギャラクシー賞がとれるようなものにしたいな」と発言している。


九月七日には、小田がレコーディング中の東京・文化村スタジオで、打ち合わせをもった。小田が話し始めた。

「俺がいいなと思った曲を演奏する。その曲は、その人が出演しなくても歌う。来てもらえなかったとしても、いつか、一緒に歌えるかもしれない。で、その曲に敬意を表して、できるだけ原曲に近く、努力してやると。次の曲も、来てくれないかもしれない。それでもやると」

ゲストが来なくても「やる」という小田の決意に、阿部が黙っていられず、小田の言葉を制止した。

「小田さん、それは……」

しかし小田は、TBSスタッフの動揺に頓着《とんちゃく》せず、話し続けた。

「来なくても、声をかけるのは、(山下)達郎、桑田(佳祐)、ミスチル、SMAP、で、『桜坂』

というのは、思いのほかいい曲で、ヒットして、みんなに支えられた曲というのは、全部、やっぱり強いなと思ったんだ」

そこでまた、阿部がたまらず発言する。

「たとえば泉谷（しげる）さんの曲はやらなくても、泉谷さんと小田さんでトークしてもらうというのは……」

「それは全然、別のコーナーになっちゃうよ。音楽番組にトークというのが、もしかして楽曲よりも重要な位置を占めていることになってるけど、でもやっぱり主役はあくまでも楽曲だから」

ここで阿部が、なぜトークが必要なのかを話し始める。

「歌って、その、歌番組やっていると、（視聴率が）ほぼ落ちるんです。それはなぜかというと、予定されたものが出るだけだから。最初に歌うところはいいんですけど、何回か歌っていくと、どうしても落ち方は激しくなる」

小田が反論する。

「そうしちゃったのは、やっぱり、作り手側に責任があると思うんだよ。……歌が始まったら、落ちるのわかっているから、じゃ、トークを膨らませてというのは、俺は、それこそ、音楽番組の首を絞めることだと思うんだよ」

小田は、彼が提案した七人（グループ）に手紙を書いた。山下達郎、桑田佳祐、松任谷由実、宇多田ヒカル、桜井和寿、福山雅治、ＳＭＡＰ。文面ももちろん小田が考えた。当時は、まだパソコンは使われてなく、小田は便箋に向かい、ペンでひたすら書いた。こんな文面だった。

突然、勝手な手紙を出す無礼を許してください。TBSから、現在ある音楽番組をやれないか、という打診がありました。そして考えました。この国で、僕等のような音楽をやって来た者にとって、いま大切な事は何だろうと思ったのです。それは同じ時代を生きてきて、音楽を創った人達を認め、愛し、尊敬することなのではないだろうかと。偏見を承知で、非難を覚悟のうえで、無数にある名曲のなかから一方的に七曲を選びました。それで、あなたの曲をその一曲に選ばせてもらいました。ここからが本題です。この曲を一緒に演奏してもらえないだろうか、というお願いの手紙だったのです。もし残念ながら、あなたの不参加が決まったら、自分ひとりで演奏するつもりで臨んでいます……。

小田の字は、癖があるようで端正、しかし端正なようで癖がある。字は体《てい》を表すというが、本当にそうだなと感じる。二〇〇五年に、事務所の吉田から、取材の感想をファンクラブの会報誌に書いてと言われた時の一文に、私はこう書いた。

「小田さんはアクがあるようでなく、ないようであるのです。いや、アクは十分あるのですが、それは油絵のではなく、水彩画のアクなのです。これ、正直、むずかしいです」

小田は手紙を書き終わり、あとはひたすら楽曲の練習に励んだ。若い世代の歌は、そのリズム感もテンポも、難しかった。宇多田ヒカル「Automatic」、Mr.Children「Tomorrow never knows」、

SMAP「夜空ノムコウ」……。

九月二十一日、打ち合わせ。小田が出演依頼したアーティストたちは誰も来ないのではないか、そんな不安のなか、阿部が思いあまってこう発言する。

阿部　僕ら、番組を立ち上げるというときに、声をかけたアーティストが出る出ないというのは、結構大きいです。

小田が自ら出演依頼したのに、そのアーティストが出ないというのは小田の名前に傷がつくのではないか、TBS側はそんな心配をしているようだった。

小田　たとえば番組で、桑田をはずして、なんにもなかったような顔をして、桑田の話は一切、出ないというのは、すごくおかしいよね。この番組の一番のテーマは、誰も出てくれなかったという、俺はそれでもやっぱり声をかけ続けて歌うよ。

錚々《そうそう》たる名前だけが並び、結局、誰も出ないなんてことは、テレビ局としてはありえないことだったのだろう。阿部は小田の言葉を遮るように言った。

阿部　それでは番組は成り立たないです。あ、出ない、出ない、出ない、というなかで、あっという人が出てくれるということが、番組のすべてだと思うんですよね。

両者の考えは、全く噛み合っていなかった。TBS側は、はなはだ凡庸な定型に囚われていた。最後には、これぞという人が登場するという、どんでん返し的な定型である。しかし小田にとって、そんなバラエティーの定型など、何の意味も持たなかった。このときの小田は、ひたすら、いいと思う楽曲を正確にきちんと演奏しながら歌えるのか、そこに集中していた。サザンオールスターズの「勝手にシンドバッド」の、その早口な言い回しに、思いのほか苦労していた。そんな時、手紙を出した七人の中の一人から、小田に直接、返事がきた。

山下達郎からだった。

封筒の裏に、自筆で「山下達郎」と書かれていた。

山下は、番組に参加は出来ないと返信してきた。それ自体は残念ではあったが、達郎から直接返事が来たこと、そしてその内容に、小田は感激した。山下の返事はこうだった。

前略　小田和正様

ご丁寧な直筆のお手紙をいただき、ありがとうございました。……番組に対するご趣旨は十二分に理解いたしておりますが、いかんせん、私はこれまでテレビの番組というものに一度も出演したことがありません。……もともとご縁がなかったうえに、キャリアが加わって……今さらどうにもなりません。小田さんをはじめ、諸先輩が今なお堂々たる現役としてご活躍されているということは、私のような者にとりましては大きな励みであり、目標でもあります。もともとこの曲（クリスマス・イブ）という曲はオフコースに触発されて作ったものです。青山のアパートの一階がオフコース・カンパニーで、二階に私の所属事務所があった時代でした。……バンドで挫折した私にとって、オフコースはとても重要なライバルで、敵がバンドのコーラスなら、こっちは一人でとか、こういったしようもないことを若気の至りでいろいろと考えたものでした。長い時を経て、小田さんにこの曲を歌っていただける時代になったとは、本当に感慨無量です。今後とも一層のご活躍を陰ながらお祈り申し上げております。

草々

２００１年10月20日

山下達郎

ほぼ同じ時代から音楽の世界で生きてきて、決して交流があったわけでもなく、むしろお互い意識しつつ避けているようなところがあった。しかし小田は山下達郎を認め、尊敬の念も抱いていた。山下達郎も似たような想いを抱いていたことがその返信に書かれていた。何十年の時を経て、その想いが通じたような気がした。小田は十分すぎるほどうれしかった。

十一月二日、打ち合わせも大詰めに入った。阿部が、

「放送枠がクリスマスの夜と決まりました。小田さんが、サザンをいきなり歌うとか、これは逆にいうと、クリスマスでしかできない奇跡なんじゃないかと……」

「だから、俺は最初から言ってるだろ、出ないことが売りで、でも最初に言ったとき、君らは一

瞬、曇った顔をしたから……こういう機会はとってもありがたいことでね、達郎との出会いも……見た人は、ああ、いいプレゼントだったなというものが絶対できると思うんだよ」

十一月に入り、収録スタジオの舞台装置の模型をTBSがもってきた。白基調で、美術も凝《こ》っていた。当日は、ライトで色も変化させて調整するとスタッフが説明した。しかし、小田はきっぱりと言った。

「こういう美術もいらないから。俺は演奏でなんとかするから、お前らも、なにも置かないことでつくってくれよ。なにか置かないと、ここが埋まらないのなら、客がそれをやってくれると思うんだ。外側からより、内側から、考えたほうがいいと思うんだ」

阿部が反論する。

「テレビ的に考えると、『桜坂』というと、やっぱり桜っぽい感じで歌っていただいたほうがいいのかなと」

小田 そういうのは、あまりに直接的というか……、(俺は) 楽屋で歌っているような、そんな感じでいいと思うけどな。(背景は) 黒でいいんだ。

TBS側が考えた舞台装置は、ほぼすべて小田の反対で撤回された。

残ったのは、舞台美術に頼らず、陰影に工夫を凝らしたステージとそれを囲む観客のみとなった。

山下達郎の返信を受けて、小田は「この日のこと」という楽曲をつくりあげた。この番組を引き受けた時から、番組のテーマ曲を書こうとは決めていた。そして達郎の返信を読み、それは一気にできあがった。

この日のこと

ずっと　woo　ずっと　君のことが　気になってた
いつの日か会いたいと　遠くから思っていた

こうして　今日　会えたね　何を言えばいいんだろう
来てくれてありがとう　嬉しかった　ふるえるくらい

同じ時を生きていた　別々の場所で
聞かせて君の歌を　その声で　あの歌を

想いは　いつか　きっと　届いてくれるんだね
決して忘れない　かわした言葉を　その笑顔を
今日という　この日のことを

十一月下旬、多くのアーティストたちがテーマ曲のコーラスに参加した。財津和夫、鈴木雅之、坂崎幸之助、大友康平、Ｋｉｒｏｒｏ、CHAGE and ASKA、根本要、山本潤子、岡本真夜、佐藤竹善、コブクロ……。小田が一人になってから曲を提供したり、コラボレーションしたことのある面々である。

十二月四日、本番同様のリハーサルが行われた。場所は、東京ディズニーランドに近い、いまはなくなってしまった東京ベイＮＫホール。

冒頭、小田がピアノを弾きながら「言葉にできない」を歌った。リハーサルとは思えない、全身全霊を沸き立たせた歌声だった。番組スタッフの中には小田のナマ歌をこれまで聴いたことがない者も多かった。彼らの大半は、この歌声で、今回の収録が単なるゲストゼロの敗色漂うものとは違う番組となることを予感した。阿部も後日、こう話している。

「あの瞬間、みんな、ぶるっときた。あの時、この番組はすごいことになるぞと思ったとみんなが言います」

本番は十二月五日。

観客を前に、小田の第一声はこうだった。

「お待たせしました。結論から言いましょう。今日は、誰も来ません。（悲鳴）なんで、そんなに嫌がるんだよ、ひでぇーな、ま、期待させた僕が悪いんだけど。でもそんなこと言って、最後に誰か来るんじゃないのって、来ないいって、私が最後まで引っ張っていきますから。まあ、僕もさんざん断ってきました。オフコースの時は、もう何頼まれても『出ません』『出ません』、全部、断ってきたので、よくわかります。もう一人で歌うわけですよ、これから。で、私は、どんな歌を選んだでしょう？　初めてなんですよ、人の歌を歌うのは。ほとんどカラオケにも行かないし。今回、人の歌を歌ってみたら、とっても貴重な経験をいっぱいしました。それぞれの楽曲には、それぞれ素晴らしい世界があって、お世辞抜きで、僕は感動しました。一曲目です」

そんな軽妙なトークのあとに、小田は一曲目として、SMAPの「夜空ノムコウ」を歌った。ゲストは誰も来ないと宣言しているにもかかわらず、それは不思議なほど、ワクワクさせる始まりだった。

二〇〇五年の取材時、小田にとって人生で大きな出来事を三つあげてほしいと頼んだ時、小田は「建築との訣別」「オフコースの解散」と挙げたあと、「テレビをやったのも可能性の一つかもしれないな。でも、いまの時点ではまだ入らないよな」と言った。当時はまだわからないとしたものの、この「クリスマスの約束」が自分の音楽人生にとって大きな出来事になるのではないか、そんな予感がすでにあったということだろう。それはなにより二〇〇一年一回目の度肝を抜くような、これまでになかった、音楽番組のホームラン的大成功から始まったといえる。

その記念すべき一回目をもう少し辿ってみよう。

小田はSMAP「夜空ノムコウ」につづき、福山雅治「桜坂」、サザンオールスターズ（桑田佳祐）「勝手にシンドバッド」を歌った。この時のMCで、小田は、桑田がある夜、突然、電話をしてきて、映画の試写に来てくれといったエピソードも語られた。さらに、「桑田の歌のなかで俺が一番好きな歌」として「真夏の果実」を挙げて、これも歌った。歌詞がストレートに心に響く小田の歌い方は、桑田とはまた違う歌の魅力を引き出していた。つづいてオフコース時代、同じ東芝EMIの試聴版で初めて聴いたという荒井由実「ひこうき雲」、「練習しましたけど、もうむずかしくって、どういうメロディなの、これ。もうオジサン、降りるよみたいなね、俺の時代は終わったな、もう俺は去るべきかな、……冗談ですよ。歌ってみてわかったけど、さっきのユーミンの瑞々《みずみず》しさ同様、こんな詞をよくこの歳で書けるな、行間もあり、ディテールもあって、素晴らしいです」とユーモアたっぷりに紹介した宇多田ヒカル「Automatic」、そして桜井和寿(Mr.Children)「Tomorrow never knows」、最後に山下達郎からの返信を「もう番組に出てくれたのと同じくらい価値がある手紙だと思う」と感慨深く読みあげ、達郎の「クリスマス・イブ」を歌いきった。

番組に貫かれていたのは、小田がずっと抱いていた想いだった。

「僕が代表して、『あんたの曲、素晴らしいよ』って言うことによって、行きつける場所があるのではないか、聞き方によっては横柄に聞こえるかもしれないけど、そういう『場』を作ってみたかった」

小田はつくづく有言実行の人だなと感じる。若いころ抱いた日本版グラミー賞への想いを、二十年の歳月を経て実現させてしまう胆力、粘り強さ。もっとも、この時、小田は六キロも痩せてしまい、スタッフから「すぐに病院にいったほうがいい」と本気で心配されている。冷静なようで、後先考えない、そういう面もあるのだろう。

自己ベスト

「クリスマスの約束」の経験は、小田自身にも、その楽曲にも影響を及ぼした。「クリスマスの約束」の収録が終わるやすぐ、小田は頼まれていたフジテレビのドラマ主題歌のレコーディングに入った。

それが「キラキラ」だった。

「『クリスマスの約束』と平行しての作業だったから、断ることもできたけど、こういう時こそ、力が出たり、テンションが高かったりするんじゃないかとも思ったし、とにかく明るい曲、元気が出るくらい明るい曲を作ろうと思った。ちょっとアイデアもあって、メロディがまず浮かんだ。どんな詞があるだろうかと思ったよ。そしてキラキラキラ、ユラユラユラと浮かんだ。こんなオッサンがキラキラキラ、ユラユラユラなんて歌っていいものかって思ったけどね。でもあのメロディは譲れないと思った。途中、テレビ局から『恋ノチカラ』ってタイトルで作れないかと言われたけど、ちょっと違うなと。自分のなかでは新鮮味もほしかった。で、『キラキラ』、一見、幼稚なタイトルだけど、俺なりに納得する部分があったんだ。『キラキラ』には、『クリスマスの約束』で取り組んだいろんなアーティストたちのエッセンスがいろんな形で入ってきていると思うんだ」

二〇〇二年二月二十七日、シングル「キラキラ」が出たあと、引き続き、四月二十四日、ベスト盤が出された。オフコース時代の「秋の気配」から「キラキラ」に到るまでの十五曲を選抜。

名称は、オリンピック放送でしばしば耳にする「自己ベスト更新」なる言葉から連想し、小田が「自己ベスト」と命名した。そのテレビCMは、小田が自転車で坂道を登りながら早口で収録曲の一節ずつを歌うという滑稽《こっけい》なもので、このベスト盤はオリコンのアルバムランキングで五百週連続のランクインを果たし、結果的に三百万枚を超える驚異的な売上げとなった。

さらにこの年五月二日から全国ツアー「Kazumasa Oda Tour 2002 "Kira Kira"」が始まった。全国二十五カ所三十九公演。「クリスマスの約束」を全力で走りきった小田が、その勢いのまま全力疾走し続けている印象だった。

この時のツアーで特記すべきことは、二〇〇〇年大晦日の八景島ライブで初めて試みた「花道」をアリーナ会場に設置したことだった。小田が広い会場に作られた花道を時に歩きながら歌うようになるのは、この二〇〇二年のツアー以降である。こうして五十歳前後に、時折、漏らしていた〝そろそろ引退〟など、もう遠い話のようになっていく。

もっとも、このツアー時、小田は、米子《よなご》で過労と風邪から喉に炎症を起こし声が出なくなり、米子、福岡、鹿児島では、公演が延期となった。オフコース時代も含め、こんなことは本当に稀《まれ》なことだった。

当時、小田はこんな文章を書いている。

「興味を惹かれる仕事の依頼、手伝ってあげたい仕事、どうしてもやらなくちゃと思っていること。そんなことがどんどん重なってきて心も身体も動きが取れなくなり、結果がなかなか出せない。それが自分を責め始める。でも、ずっとそうしてきたから、自分を責めることで乗り越えてきたから、これを突破してこそ初めて激動と言えるんだ、滞っているだけではさざ波も立ちはしない。そこから身を引こうという気はなかった。しかし絶対量としてこんなに忙しかったことはなかったのか、体力が落ちたのか未だに判断はつきかねているけれど、結果としてみんなに迷惑をかけることになった。自分の環境に変化があったことに気づかなかった」

そしてこの時、小田は改めて、あの自動車事故の時の気持ちを生々しく思い出したとも書いている。そしてあの事故後に作った歌「woh woh」の一節が、弱っていた自分の心に改めて突き刺さったという。それはこんな一節だ。

woh woh

確かなことなど　今何もないけど
ほんとうに　大切なことは　君が教えてくれた
僕は君に　なにも誓えない
でも　僕は君のために
せいいっぱいの　人生を生きる

この詞の「君」とは、小田にとって、いつも自分を応援し支えてくれるファンを指している。一九九八年の自動車事故以降、小田にとって、「歌を作って歌う」行為の意味が、自己表現であると同時に、時に、それ以上に、何か大きな使命のように感じられていく。それがこの二〇〇年代以降の小田和正となっていく。
先の文章は、そのあと、こう続いている。
「ライブでみんなの顔を見ていると、どれだけみんなが待っていてくれているか良く分かる。それが僕にとっての支えだから、なんとか期待に応えたいと思う。僕は思った、走れるうちはやっぱり走ろう」

その翌二〇〇三年、小田は、テレビ東京系列のニュース番組「ワールドビジネスサテライト」のエンディングテーマソングとして「明日」を作っている。これは、自動車事故を経た後、一日一日を噛みしめるように生きてきた小田の当時の実感があってこそ生まれた歌だっただろう。世界では、アメリカのブッシュ政権がイラク戦争へと踏み切った時期だった。小田のなかに、その意識もあった。

明日

君のために　ありふれた　明日だけを願う
待ち合わせた　あの駅へ　走る君が見たい
もし　当たり前の　笑顔消えて
哀しみだけが　世界をつつんだら

たゞ祈り続けること　そのほかに自分が
できること　その時あるだろうか

明日　きっと　またこゝで　その笑顔に会いたいから
透きとおる　日射しの中で　この坂の上　君を待っている

君のために　ありふれた　明日だけを願う
あの交差点で　交わし慣れた　さよならを聞きたい

でも　分かっていても　やがて人は　同じ過ち繰り返すんだ
あのとどかない想いは　忘れられた約束は
雨に打たれたまゝ置き去りにされて

明日　きっと　またこゝで　その笑顔に会いたいから
透きとおる　日射しの中で　この坂の上　君を待っている

いつもあの店で二人　街ゆく人を見てた
なにげない毎日が　手の届かない　思い出にならないように

涙に震えながら　戦うべき時があるんだ
守るべき人のために　その哀しみを　乗り越えるために
明日　きっと　またこゝで　この世界が続く限り
透きとおる　日射しの中で　この坂の上　君を待っている
でも　世界中の君たちよ　気づかないうちに　いつからか
大切なことが僕らの　心の外へ　こぼれていないか
明日　きっと　またこゝで　その笑顔に会いたいから

この歌はまた、東日本大震災のあと、再び、〝ありふれた日常〟の大切さを想う歌となる。

「クリスマスの約束」は、予想を超える反響を呼び、放送のあと、Mr.Children の桜井和寿から小田は手紙をもらった。そして二〇〇二年、二〇〇三年と、その後も続くことになるのである。

二〇〇二年には、小田は自分の楽曲のほかに、さまざまなアーティストの歌を一人で歌い倒した。椎名林檎「ギブス」、ボブ・ディラン「風に吹かれて」、松任谷由実「海を見ていた午後」、宇多田ヒカル「First Love」、MONGOL800「小さな恋のうた」、吉田拓郎「今日までそして明日から」……、さらに昨年の放映後に桜井和寿から来た手紙を読み、Mr.Children の「ＨＥＲＯ」

を歌った。また女性アーティストの歌が多いことに少し驚いたが、なかでも印象深かったのは、小田が中島みゆきの「化粧」を歌ったことだった。しかも初期のフラれ歌を選び、それがものすごく心に沁みる歌となって伝わってきた。小田は、歌の世界における呼称にこだわってきた。「俺」という言葉も使わない。そんな小田が、「化粧」では「あんた」と歌った。

化粧

（中島みゆき作詞作曲）

化粧なんて　どうでもいいと思ってきたけれど
せめて　今夜だけでも　きれいになりたい
今夜　あたしは　あんたに　逢いに　ゆくから
最後の最後に　逢いにゆくから

あたしが出した　手紙の束を返してよ
誰かと　二人で　読むのは　やめてよ
放り出された昔を　胸に抱えたら
見慣れた夜道を　走って帰る

流れるな　涙　心でとまれ
流れるな　涙　バスが出るまで

バカだね　バカだね　バカだね　あたし
愛してほしいと　思ってたなんて
バカだね　バカだね　バカのくせに
愛してもらえるつもりでいたなんて

不思議な違和感と同時に、非常に説得力があることに驚きもした。

実は、ＴＢＳは当初、小田に少し前のヒットであるＭＩＳＩＡの「Everything」を打診した。これに対して、小田は「その歌やアーティストを否定するわけではないけど、俺がなぜ、わざわざそれを歌うのか」と言い、代わりに中島みゆきの「化粧」を提案し、こう言った。

「『流れるな　涙　心でとまれ』って、どうやって、あんな詞がつくれるのか、ムダな言葉がひとつもないんだよ」

結果的に、小田がこの「化粧」を歌った時間が、この年の「クリスマスの約束」中、最も高い視聴率を記録したのだという。どれだけ多くの人がその歌声に惹きこまれたことかと思ったものである。


そして二〇〇三年には、初めてゲストが出演した。

「僕とはふた回り以上違います、若いです」と紹介され、まず、ゆずが登場。彼らとは事前に短い曲も作っていた。続けて古い友人、財津和夫と「青春の影」を一緒に歌った。さらにスターダストレビューの根本要。そして最後に、二〇〇一年に手紙を書いた七人のなかの一人、桜井和寿がゲストとして登場したのである。

二年越しのハッピーエンドともいえた。

二人の事前の打ち合わせ風景も、ドキュメンタリー風に番組内で紹介された。二人で何を歌うのか、当初、二人の意見は折り合わなかった。そのあたりも見せたうえで、最終的にはその折衷《せっちゅう》案《あん》ともいえるレパートリーとなった。すなわち、まず小田のピアノ伴奏で、桜井ひとりで彼が希望した「言葉にできない」を歌い、そのあと、二人で、桜井が希望した「タガタメ」、続けて小田が希望した「HERO」を歌った。桜井が退場したあと、小田がこんなMCをした。

「『言葉にできない』を歌ってくれましたが、あの歌は一九八一年、僕が三十四歳のときにつくりました。桜井君はいま三十三歳、年があけると三十四歳というから、ちょうど彼は同じ年齢の頃、僕が作った歌を歌ってくれて、うれしく思いました」

思い返せば、「言葉にできない」は、当時、無二の音楽仲間だった鈴木康博がオフコースを離れる時に作った曲だ。

鈴木との最後の舞台、一九八二年六月三十日の日本武道館公演で、小田はこの「言葉にできない」を涙にくれて半分も歌えなかった。そしてその日本武道館公演後、憑《つ》かれたかのように、小田は日本版グラミー賞創設に奔走したのだが、挫折。当時、音楽仲間といえる人物が、ほとんどいなかった小田にしてみれば、時空を超えて、〝同い年〟の音楽仲間が自分の楽曲を「いいね」と讃えてくれた、そんな気持ちになったのかもしれなかった。

小田は、このあと、もう少し年齢にこだわり、こんなMCを続けた。

「泉谷しげるは、なんと二十三歳の時に、『春夏秋冬』を書きました。驚きました。拓郎は『今日までそして明日から』を二十五歳で書いています。当時、同じような年くらいの僕は、それを聞いて、ぶっとびました。すげえなあと。素敵な、突き刺さるような歌を書いてほしいと、書き続けてほしいと期待しています」

翌年二〇〇四年には、TBSから思いがけない提案を受けた。深夜枠とはいえ、小田の音楽番組「風のようにうたが流れていた」が十一回シリーズで始まった。テレビ出演すらほとんどなかった小田の初のレギュラー番組だった。小田は初回の冒頭、ピアノを弾きながら「Let It Be」を歌い、そのあとナレーションで番組の意図をこう語った。

「振り返ってみると数えきれないほどの歌がそれぞれの時代に流れていました。そしてそれは記憶の中に吹く風となって、いまも流れ続けているのであります。この番組は、僕の人生という全く個人的な時間軸に沿って、そんな風のように流れていた音楽、そして出会った人たちをいまの気持ちでたどってみようという、そんな思いでスタートすることになりました」

番組では、一回目は、小田が幼いころ聴いた音楽、母親が歌う童謡や小学校で毎日歌っていた賛美歌、そして地元の商店街に一日中流れていた歌謡曲などがとりあげられた。二回目は一九五〇年代、一九六〇年代のアメリカンポップス、三回目はギターで一生懸命練習したPPM……。ゲストも呼び、一回目は島倉千代子が「からたち日記」を歌った。島倉の出演は、一九九五年に楽曲「あの頃にとどけ」を提供した関係もあったろう。そのことについて小田は番組内で、「そんな人に自分が曲を書くようなことは夢のような話でした。当時のうち（小田薬局）の店員さんたちも、彼女のファンだった小学校の同級生たちも、きっと喜んでくれるに違いありません。すぐに彼らの顔が浮かんできました」

と語った。

五回目はGS（グループサウンズ）の時代がテーマとなり、ムッシュことかまやつひろしがゲストだった。番組内では「GSの中にも自分で曲を書いている人がいて、その中でも、ユニークで才能溢れるミュージシャンがいました。彼がつくる曲はいつもお洒落で哀愁もありました」と紹介された。そして小田がかまやつの数多くの楽曲のなかで一緒に歌おうと選択した一つが、「ゴロワーズを吸ったことがあるかい」だった。一九七五年に大ヒットした「我が良き友よ」（吉田拓郎作詞作曲）のB面に入っていたかまやつひろし作詞作曲の歌である。小田は「これを初めて聴いた時、ぶっ飛びましてね、何回も、何回も聴きましたね」と話した。ゴロワーズとは、フランスの煙草の銘柄で、フランスの名優ジャン・ギャバンが吸っていたことでも有名で、そのことは歌詞の一番で歌われているが、この歌の肝は、三番と四番だろう。かまやつひろしは、そこで「君はたとえすごく小さな事でも　何かにこったり狂ったりした事があるかい……狂ったように　こればこるほど　君は一人の人間として　しあわせな道を歩いているだろう」と歌っている。

六回目には、ゲスト出演が無理ならと小田が北山修に手紙による質問を行い、その返信が読み上げられた。その手紙のなかで、北山は当時、自分も、「女々しい」と言われていたというエピソードを披瀝《ひれき》し、小田はこれに対してとても感慨深げであった。小田は、この番組を通して、自分の音楽遍歴を辿ると同時に、自分の血肉になっている楽曲や音楽の潮流を改めて発見したようだった。そしてそれは、このあと出されたアルバム「そうかな」に反映されていったように思われる。

たしかなこと

ところでこの時期、小田の楽曲を聴かない人の耳にもテレビを通して小田の楽曲が印象深く入ってきていた。それは明治生命のコマーシャルだった。

一九九九年から、明治生命は、一般募集した家族写真に「言葉にできない」を乗せたコマーシャルを始めていたが、二〇〇一年、それはとりわけ大きな反響を呼んだ。「たったひとつのたからもの」篇と題されたシリーズだった。ある両親と長男の誕生から六年間の写真に「言葉にできない」が流れる九十秒のCMフィルムである。

それは黒バックに「平成4年10月19日　神様からの贈り物が届きました」の文字から始まる。お母さんが赤ちゃんにミルクを飲ませている写真。さらに「生まれた季節の『秋』と主人の好きな『雪』を合わせて秋雪《あきゆき》と名づけました」の文字。赤ちゃんの寝ている写真。「生後一ヶ月　ダウン症と判明。合併症が原因で余命一年と告げられる」の文字。少しずつ成長していく秋雪くんと両親のスナップ写真に小田の歌声が重なる。三歳の時、「いずみの学園」入園、保母さんに抱っこされ笑う秋雪くん、保母さんに支えられ、かけっこをする。「生きる。ただ精一杯生きる」の文字。水遊びをしている姿。絵本を見ている秋雪くん。「秋雪と過ごした6年の日々」の文字。親子三人の写真。「あなたに出会わなければ知らなかったこと……」。お父さんに抱きしめられた画像に「ありがとう。」の文字がかぶる。

映像から伝わってくるのは、この親子三人のひたむきさとかけがえのなさと温かさだ。同時に、「言葉にできない」という楽曲が秘めていた魅力がより表出したともいえた。それは小田の楽曲が本来もっていた力であったろう。

前にも書いたが、明治生命が小田和正の楽曲を使うことを決めた時、担当者たちは新曲を想定していた。しかしそこを当時は過去の曲とされていた「言葉にできない」で押し通したのは、小田の事務所の吉田雅道だった。結果的に、このコマーシャルが、小田和正の楽曲が持っていた潜在力と魅力を広く知らしめることとなった。そしてたぶん、そのことは、小田自身の意識にも、影響を与えていったのではないか。それが二十一世紀になってからの小田和正を、意識的にも無意識的にも、形作っていったようにも思うのである。

そもそも「言葉にできない」は、不思議な歌だ。鈴木康博がバンドから突然、抜けるという事態の中で、小田がつくったことは何度も書いたが、もっと言えば、小田はあの時、〝確かなこと〟、〝堅固で変わらない世界〟などないということを痛切に感じたのではなかったろうか。当たり前にずっと続くと信じていた世界が突然、壊れて消えていく。鈴木の突然の脱退は、小田にとって、そういうことだった。つまり、「言葉にできない」とは、この世界はいつ失われたり消えたり壊れたりするかもしれないという諦念と背中合わせのなかで歌われたものであり、そんな世界だからこそ、「あなたに会えて　ほんとうによかった　嬉しくて　嬉しくて　言葉にできない」と強く、切実に感じ、それを歌ったといえようか。

この「言葉にできない」が改めてクローズアップされて数年後、明治生命は安田生命と合併し、

「明治安田生命」となり、小田はその新会社からも「言葉にできない」に代わる新しい曲を依頼された。小田は二十年以上も前に書いた「言葉にできない」を十分すぎるほど意識し、新曲をつくった。それが二〇〇五年五月にシングルとして出された「たしかなこと」である。小田はここで、〝哀しみの絶えない〟時代のなかで、特別なことではなく、ありふれた普通の日々の大切さを、見過ごしがちな〝小さな幸せ〟を歌っている。言葉を換えれば、いま自分がいる世界が、いかに移ろいやすく、儚いものか、脆《もろ》いものなのか、不変なこと、確固としたことなど何ひとつないのだと痛烈に感じているからこその思いであったろう。「たしかなこと」の歌詞はこうである。

たしかなこと

雨上がりの空を見ていた　通り過ぎてゆく人の中で
哀しみは絶えないから　小さな幸せに　気づかないんだろ

時を越えて君を愛せるか　ほんとうに君を守れるか
空を見て考えてた　君のために　今何ができるか

忘れないで　どんな時も　きっとそばにいるから
そのために僕らは　この場所で
同じ風に吹かれて　同じ時を生きてるんだ

自分のこと大切にして　誰かのこと　そっと想うみたいに
切ないとき　ひとりでいないで　遠く　遠く離れていかないで

疑うより信じていたい　たとえ心の傷は消えなくても
なくしたもの探しにいこう　いつか　いつの日か見つかるはず

いちばん大切なことは　特別なことではなく
ありふれた日々の中で　君を
今の気持ちのまゝで　見つめていること

君にまだ　言葉にして　伝えてないことがあるんだ
それは　ずっと出会った日から　君を愛しているということ

君は空を見てるか　風の音を聞いてるか
もう二度とこゝへは戻れない
でもそれを哀しいと　決して思わないで

いちばん大切なことは　特別なことではなく

ありふれた日々の中で　君を
今の気持ちのまゝで　見つめていること

忘れないで　どんな時も　きっとそばにいるから
そのために僕らは　この場所で
同じ風に吹かれて　同じ時を生きてるんだ

どんな時も　きっとそばにいるから

二〇〇五年には、三年ぶりの全国ツアーが予定されていた。その前に、小田はアルバムをつくることになっていた。レコーディングのプリプロは二月十七日から事務所のスタジオで始まり、四月一日から十九日までは渋谷の文化村スタジオでレコーディングが行われ、二十日にはいつも通り、ビル・シュネーによるトラックダウン作業を行うためロサンゼルスへと向かった。

このオリジナルアルバム「そうかな　相対性の彼方」が発売されたのは六月十五日。ソロとしては七枚目、オフコースを離れ、小田和正となってからは五枚目、前作「個人主義」以来五年ぶりとなった。

アルバムタイトル「そうかな」は、「相対性の彼方」から二文字ずつとって「そうかな」にしたと当時、小田は語っている。アルバムジャケットも、たしかに、「小田先生」が黒板の前で物理理論を解説しているようなコミカルなイラストである。では、なぜ、「相対性の彼方」なのか。

アルバムが出た直後、二〇〇五年の私のインタビューに、こう語っている。

「個人主義とつけたあと、もう抒情的なタイトルはつけられないだろうと考えたんだね。そのときに、ふっと、普遍的なことを目指してやってきているんだけど、普遍的という言葉は文字にすると気恥ずかしいという思いがあるからさ。普遍的なものをめざしてやっているんですかと訊かれると、いえ違いますといいたくなるような言葉じゃない？　それはもっと綿々《めんめん》としたものということで、もう私はそこには近づけません、いくらやっても近づけません、でも僕は近づけないながらに頑張りますという気持ちでやってきているからさ。そこに何かご褒美があるような、彼方にあるような。over the rainbow みたいな。何もないのかもしれないけど、何かこう、一点の光明というか。そこから相対性の彼方という言葉が浮かんだけど、『相対性』という理屈っぽい言葉と、『彼方』というとっても抒情的な言葉が一緒になっているのが素敵だなと思ってね」

興味深いのは、前作の「個人主義」というタイトルと「そうかな」（相対性の彼方）というタイトルの関係である。両者は一見、正反対のようで、実は、両者は繋がっている、通底している、ある意味で同じものの表と裏、のような気がすることだ。片や、自動車事故後、市場というものに囚われないで、徹底的に自分を軸に集中的に曲を作った「個人主義」、他方は、自分が密かに志向する普遍性のある作品づくりをめざした「そうかな」。「個人主義」を作ったからこそ「そうかな」があるような、「そうかな」の芯には「個人主義」があるような、とでもいおうか。そして小田はその創作を通して、「初期に書いた曲も最近の曲も、言いたかったのは、ひとつのことなのかもしれない」と、改めて自分の軸を再確認したようなのだ。

「そうかな」収録曲のなかで、事前に依頼されて作ってあった楽曲は七曲。

TBSのドラマ主題歌「まっ白」、ロボットコンテスト東京大会のテーマ曲「僕らの夏」、シチューのコマーシャルと、アニメ「雪の女王」の主題歌にもなった「大好きな君に」、テレビ東京のニュース番組「ワールドビジネスサテライト」のエンディングテーマ曲「明日」、映画主題歌「僕ら」、自身の番組のテーマ曲「風のようにうたが流れていた」、そして「たしかなこと」。アルバム制作時に新たにつくった楽曲は「静かな場所」「Re」「正義は勝つ」「そして今も」の四曲（のちにドラマやCMに使われたものもある）。

小田は収録曲全体について「そうかな（相対性の彼方）というタイトルを思い浮かべ、そこに引き寄せながらつくった」と語っている。同時に、「風のようにうたが流れていた」の番組を通して、改めて振り返った音楽からさまざまな影響をうけたとも語っている。たとえば、「そして今も」は「七〇年代のバンドっぽい、イーグルスとか、ああいう泥臭い感じが狙いだった」。また「僕らの夏」は、中国の楽器二胡《にこ》の音色が印象的だが、「東洋のAORみたいな仕上がりだよな。『風のようにうたが流れていた』で服部良一の音楽をとりあげ、『蘇州夜曲』はいいなあと思ったから、その記憶のカケラがあったんだろうね」と語っている。

さらに、会報誌「PRESS」インタビューで小田は、当時、こんな発言もしている。

「自分から、というのと、人に頼まれてとか影響されてというのは、その間に線を引けるものではないからね。それは限りなく同じだということでね。（中略）そもそも音楽を作るっていうのは、甚だファジーなことだしね。歌詞の言葉ひとつ違えば、テーマは別の方向に行くし、メロディだって、音がひとつ違えば違ったとこに行く。そのなかで完璧なものを目指す、となるとね。

あんまり頑張らないほうがいい場合もあるし、でも、頑張っちゃう自分もいる。しかも、みんなは俺が意図した以上に何かを汲み取って聴いてくれるし、自分と同化したりもしているわけだしね。だからなんかこう、曲を作ること自体、摩訶不思議なのさ」

大好きな君に

二〇〇五年、「そうかな」の発売直前の六月三日、三年ぶりの全国ツアーが静岡から始まった。十二月の名古屋まで全二十三カ所四十公演。「クリスマスの約束」はじめテレビ出演の影響も大きかったのだろう、これまで以上の観覧希望者が見込まれ、このツアーは、イベンターからの要請もあり、ほぼすべての会場が観客数一万人前後の広い「アリーナ」となった。当初、小田は会場の広さに反対したが、多くの観覧希望者に対応するには、それしかないと説得され、受け入れることにした。そしてそれなら、あの八景島ライブのように、これまで以上に縦横に花道を設営しようということになった。

ツアーのタイトルは、「あの八景島で出会った笑顔たちに会いにゆく」という意味を込めて「大好きな君に」。ソロになってからは一度も行われなかった沖縄公演が、この時、初めて十月に予定された。またこれまでも何度かアジアツアーは行ってきたが、今回は、全国ツアー中の十一月六日に、台湾公演が組まれることになった。

このツアーの小田を特徴づけるなら、花道をひたすら走る小田の姿であった。小田自身、振り返ってこう書いている。

『大好きな君に』のツアーのテーマは『少しでもみんなの近くへ』であって、もちろん、走ることがテーマというわけではなかった。のだけれど、アリーナはあまりに広くて、『近くに』という想いに、遠くで手を振っている人たちを見ると、思わず走って行ってしまった。で、一度走ってしまうと、もう走るのが止まらなくなり、みんなも喜んでくれて、いつしか、走ればみんなとつながれる、ひとつになるような気持ちになっていった」

ほかにも、このツアーは、これまでと少し違う特徴が見られた。五十代以上の男性の姿が目につくようになったことだった。これもテレビ出演の影響なのか、三百万枚以上を売り上げた「自己ベスト」の余波なのか。オフコース時代から小田をよく知る四国のイベント会社デュークの宮垣睦男も、「チケットが売れるスピードが前回二〇〇二年より遥かに勢いがあって驚きました。昔はオフコースの音楽なんか聴きたくないやと思っていたオヤジたちが来だしていて、もう想定以上の勢いでした」と証言する。

小田の大学の同級生、角田稠史も、この時初めて、小田のステージに足を運んだ。その心境をこう語った。

「彼の音楽がテレビから聴こえてたことはあったけど、ちゃんと聴いたことは一度もなかったんです。でも『自己ベスト』が出た時、彼の遺言じゃないかと思い、初めて買いました。さらに次に出た『そうかな』も買ったら、いまの自分の想いが入っていて、いいなあと思ったんですよ。それで武道館のコンサートに初めて行きました。すごかったですね。感動しました。ウルウルときましたよ。カズマサは昔から大事にしていることを持ち続けているんだなと感じました」

彼ら団塊の世代は、六十歳を目前としていた。

角田に言わせれば、「団塊の世代はひとくくりにされ、いろんなトレンドを作ってきたが、ずっと集団のなかで生きてきた」。しかしこの先、だんだん集団から離れ、個になっていく。では、それぞれが個としてどうやって生きていくのか、それを考え始めたころだった。そんな時、ずっと個で生きてきた小田のことが、小田の歌が気になったと言う。

ツアー中に、小田がテレビのインタビューを受けることも初めてだった。その後、番組主題歌もつくることになるフジテレビの「めざましテレビ」もこの時初めて、小田にインタビューした。NHKも七月二十三日、香川県さぬき市の野外劇場「テアトロン」でインタビューし、朝のニュース番組「おはよう日本」で放映した。さらに八月十七日、日本テレビ「ザ・ワイド」もインタビュー。小田も緊張していたろうが、取材側も緊張していた。たとえば、六月十一日、大阪城ホールで初めて小田にインタビューしたフジテレビの軽部真一アナウンサーは、後年、小田と親しくなるが、当時についてこんな風に私に語った。

「僕はあの時点で、相当な数のインタビューをしていましたし、キャリア的にも四十歳を超えてかなりの場数を踏んできていたなかで、小田和正さんは相当気難しい、手強い人なんじゃないかと思って緊張して会ったら、ほんとに手強い人だったんですよ（笑）。小一時間ほどのインタビューをしましたが、うーん、自分としてはそんなに盛り上げられなかったというか、そうそう、笑わなかったですよ、小田さんはほんとうに笑わなかったです。とても難物で、忘れられないインタビューでした」

もっとも、その夜、大阪城ホールの公演を観たあと楽屋を訪れると、小田はタオルを首からさげた格好で軽部たちを笑顔で迎えた。軽部も緊張していたが、小田自身も、軽部以上に、テレビインタビューに緊張していたのだろう。実際、長いキャリアがある小田にとっても、この二〇〇五年の全国ツアーは、新しい扉を開くような、そんな緊張感あるツアーだった。全公演が終わった十二月、小田はこんな文章を書いている。

「『大好きな君に』は毎回イチから組立直さなければいけないライブだった。これから始まることを体に覚えさせようとしても、終わって行くとともにそのほとんどがこぼれ落ちていった。うまくできたこともまずかったことも、感覚的な形として何も残らない、身についていかない。でも今、その時の気持ちに戻って思い起こしてみると、ほんとうは自ら捨てながら進んでいったような気がする。ツアーが始まってすぐに、明日も今日と同じ自分で臨もうとするのは恐らく間違いだと感じたのだ。会場ごとに大きく変わる舞台環境、初めて来てくれる人たちの予想もつかないさまざまな期待、前回の『キラキラ』を超えて行くに違いないと信じているずっと応援してくれてきた人たちの想い。同じことのくり返しで超えられるわけがなかった。だから、いつも未知の場所へ飛び出して行くようだった。『今日はどうなるんだろう……』。でもそれは望むところだったはず。ずっとそんなふうにしてライブをやりたかったのだし、やるべきだと思っていたのだから。それにしてもこの年になってあんなライブをするなんて二十年前、十年前、五年前すら想像もしなかった」

ツアーのちょうど半ば、九月二十一日、日本武道館の公演二日目、小田はMCで、前日五十八歳の誕生日を迎えたと話し、バンドのメンバーたちからiPadをプレゼントされたとうれしそうに話したあと、呟くように言った。

「こんな歳になったんだなあ、信じられないよ」

　客席で聞いていた私は、なぜかこの言葉が奇妙なほどいつまでも頭に残った。五十八歳になると、六十歳還暦が実感を伴って迫ってくるのかもしれない……。そして実際、小田が本気で「老い」を意識し、発言するようになるのは、これ以降のこととなる。


　十月の沖縄公演のあと、十一月には台湾での公演がもたれた。

　この公演に向けて、小田は、中国語の完璧な発音をめざし余念がなかった。小田の場合、普通に努力するというレベルとは少し異なる。尋常ではない努力をする、という言い方の方がより正確かもしれない。自分への負荷のかけ方が普通ではない。二〇〇二年の東南アジアツアー時でも、終了した段階で異変が起きた。吉田が語る。

「頭の中がいっぱいいっぱいになっちゃったんだと思うんですけどね。終了した段階で、頭のなかがポンと飛んじゃったみたいで、僕ともう一人のスタッフ以外の名前が出て来なくなっちゃったんです。幸いすぐに治ったんですけど、帰国後、ＭＲＩをとりました。何もなかったから良かったですけどね。あの人は『まあいいか、なんとかなるさ』という抜き方をしない人ですからね。したがらないというか。だから疲労が本番時点の最後にピークになる」

　二〇〇五年のこの台湾公演でも、小田は自身を徹底的に追い詰めていた印象だった。この時、自分に強いた課題は二つ。ＭＣをすべて中国語と英語で行うこと。「君住む街へ」を完璧な中国語で歌うこと。小田にとって、「完璧」が肝である。だからこそ、小田はのたうちまわる。しかも、イメージされているほど、強くもないし、前向きでもない。だからこそ、ひとり、のたうちまわるのだろう。

台湾公演が終わって九日後、まだその記憶が生々しい時に、以下のように私に語っている。小田の意外なまでのマイナス思考ぶり、しかもそれを自身で乗り越えていく、そんな等身大の本音の片鱗が窺《うかが》える。

「前日、舞台の設営に時間がかかって、リハーサルは無理と言われていたけど、どうしてもその場に立って、中国語で歌って、どのくらいマズいかを自分で検証したかったんだ。だからなんとか時間をつくってくれと頼んでね。ただ、あの日、台北近郊まで『ご当地紀行』に行って、すごく疲れちゃって、でもやっぱり、音合わせはやっておいたほうがいいと思ったんだね。普段はそんなことないけれど、自分が気になっている、マズいところばかりやっておこうと、だからますますマズいんだな。あれ、やべえな、全然うまくいかないと思って。自分がマズいところばかりやっているからマズいんだけど、そこまで思いが至らなかったんだな。で、スタッフに、『銀座カンカン娘』は、うまく伝わるかどうかわからないからやめようかと言ったんだ。そしたらスタッフが『いや、やりましょうよ』と。背中をどんと押されるという表現があるけど、その言葉がまさにそうで、そうだなと思ったわけさ。冷静に考えて準備した時点で、それがいいと思った自分の判断を信じようと。現場にいると、自分が冷静だと思っていても、いろいろ考えてしまって。自分ができることを一生懸命やるんだと口ではよく言うけど、それがなかなかできないんだね。その先のマズいことばかりがどうしても頭に浮かんでくる。でも、この時、ツラいのを先取りするのはやめようと。ツラいことは、起きた時点で、対処するしかないわけだから、そう思って出て行ったんだ。それが結局、良かったと思う。不安を消して、なんとかやっと落ち着いて、最初の挨拶で、『わぁーっ』と喜ばれて、それでようやく解き放たれた感じがしたね」

台湾公演は冒頭、小田の言葉掛けから盛り上がった。そして二曲目の「ラブ・ストーリーは突然に」で、小田は早くも客席に飛び降り、歌いながら、一気に会場の階段を駆け上った。台北インターナショナル・コンベンションセンター内のホールは日本ではあまり見られないほどの急勾配の会場で、その長い階段を小田は駆け上り、そして駆け下り、次の「キラキラ」でとうとう一周した。中年の台湾の男性が小田に抱きつく様子も見られた。台湾では日本のテレビドラマも放映されていて、「ラブ・ストーリーは突然に」など馴染みの曲も少なくないと聞いた。しかもMCを中国語と英語で行い、台湾の人なら誰でも知っているという「望春風」を中国語で歌い、さらに「君住む街へ」を中国語で歌った。しかも完璧に。会場は終始、日本でもあまり見られないほどの歓喜と熱狂が渦巻く空間となった。小田は最後、舞台の上で、思わず顔を覆って泣いてしまった。

こうして台湾公演は大成功といえる盛り上がりで終わった。

この時、吉田が私に言った言葉は忘れられない。

「人から期待されているからというのともちょっと違う気が僕はしますね。もっと自分よりで、自分が決めたことに強い。何かを決めた時の小田はとっても強いんですよ、自分の内側に向かっていってる感じ。自分に期待している感じ。自分の生き方としてどうなんだということをいつも問いかけているように感じます。そういう時の小田はとても強い」

この全国ツアーの最終地は名古屋だった。十二月半ば、名古屋に五十八年ぶりの大雪が降った。その雪が残るなか、公演前日、小田はいつも通り、ご当地紀行の撮影を行っていた。名古屋駅前で、船越のカメラの前で、独特な口調でこう叫んだ。

「私は一九四七年生まれ、五十八歳。でもなんの因果もありませんっ」

二〇〇五年ツアーのすべてが終了したあと、楽屋では全スタッフがアーチをつくり、小田を迎えていた。小田はそこを感慨深そうに、しかしとくに大きなリアクションはせず、うれしそうに歩いていた。その夜の居酒屋で開かれた打ち上げの席には、恒例の全国のイベンターたちが参加、この時も小田は端のほうに静かに座っていた。そして挨拶を促され、少し前に、ベッドから落ちて肩を痛めたという話をしたあとに、「まだまだ走れると思う、ベッドから落ちなければ」と挨拶し、喝采を浴びた。「ベッドから落ちなければ」と照れ隠しで言いつつ、小田のなかに新たな意欲が生まれていることの表明のように、それは聞こえた。

この二〇〇五年の全国ツアーの途中から、私は雑誌「AERA」の「現代の肖像」の企画で、小田和正を取材することになった。それが始まりだった。この取材時、私は小さなメモ帳を常に携え、聞いた話や気づいたことを書き記していた。十八年を経てそれを見ると、どんな人物なのか、模索していたことがわかる。

たとえば、そのメモ帳に、私はこんなことを書いていた。

「集中力があると思われがちだが、吉田に言わせると『集中力はないですね。次から次から他のことに考えが移っていく』とのこと。子どものころ、一時間の授業が『退屈で退屈でしょうがなかった』というから生来のものだろうか。インタビューでも、相手に厳しいのは、退屈なことに耐えられないからかもしれない。たとえ退屈でなくとも、小田は意外にも、きちんとかしこまることが苦手なようだ。『カタチにこだわる』の真逆、『カタチにはまる』ことが本能的に気恥ずかしい、そんな印象がある。初対面の挨拶をきちんとしないとか、笑顔を見せないとか、そんな印象の悪さをずっと言われてきたのもここに起因するのだろうか。カタチ、お約束ごと、お世辞、体裁、それらが苦手だ。しかし、ハナから破天荒な人ならいいのだ。小田さんに破天荒さはない。ある意味、端正で几帳面な印象だ。だから誤解されるのか。そこの矛盾がよくわからない……」

「小田さんは退屈が嫌い。企画を次々考えるのはそれもあるのだろうか。毎回、ＭＣも替える。スタッフのためでもあるが、自分のためでもある。生真面目なのは言うまでもないが、決まり切ったことをするのが嫌いなのだ。楽屋に遊びにきた（笑福亭）鶴瓶が『小田は順序を踏んで進んでいくタイプかと思ったら、何事も思いつきでパーッと行っちゃう天才肌の人の思い切り志ん生タイプなんだ』と語っていたのを、横で聞いていたベースの有賀啓雄が語っている」

小田の次なる全国ツアーは、三年後の二〇〇八年に行われた。が、その前に、二〇〇六年、二〇〇七年も見ておこう。

二〇〇六年には、桜井和寿と小林武史が中心になって立ち上げた環境保全のためのプロジェクトに対する非営利の金融機関「ap bank」のフェスに初参加した。いわばアウェーの会場だったが、小田は第一声の「お待たせしました～」から一瞬にして会場を小田色にした。一曲目の「ラブ・ストーリーは突然に」で、早くも舞台から降りて会場中央を走りながら歌った。ＭＣでは、こんな本音も話して笑いを誘った。

「私はかつてオフコースというそこそこのバンドをやっておりましたが（会場から笑い漏れる）、……そのバンドは非常に頑なバンドでして、まわりと交わるというようなことは一切、拒絶しておりました（笑いおこる）、ところが、私は一人になりまして、自分がもしかして一番失ったものは、人と交わるということではなかったか、ということに気がつきまして、それ以降、にわかに人と交流するようになりまして……これが楽しい！」

当時の小田の本音だっただろう。この年九月二十三日には、「吉田拓郎&かぐや姫コンサートin つま恋 2006」に足を運んだ。拓郎は二〇〇三年、癌の手術を受けた後も、精力的にツアーを行っていたが、とくにこの二〇〇六年のつま恋には、約三万五千人を集め、午後一時開演、八時間半のコンサートだった。小田はそこで、拓郎、かぐや姫、さらに小田同様コンサートを観に来ていた松山千春、イルカ、山本コータローなど、一九七〇年代に交流があったメンバーとの再会を楽しんだ。

二〇〇六年には、アメリカでのリリースにも再度挑戦している。

八月末から、ロサンゼルスに赴《おもむ》き、カーペンターズの大半の曲やマイケル・ジャクソンやマドンナにも楽曲を提供しているアメリカを代表する作詞家の一人、同い年のジョン・ベティスに曲の世界観を説明しながら、英詞をつけてもらった。ジョン・ベティスは作業を通して、小田の楽曲について、こんな感想を語った。

「『さよなら』の、あの言葉と音階の結びつきには特別なものがあるから、英語の言葉ではあんなに見事にはまらない。彼はすばらしい詞のセンスを持っている。彼は純粋なポップ・ソング・ライターだよ、音楽的に何の壁もないね」

さらにランディ・グッドラムとも再会し、「ラブ・ストーリーは突然に」の英語版もつくっている。グッドラムは、「小田さんは僕の心を動かす数少ないライターの一人なんだ。この結果がどうなろうと、本当は問題じゃないんだ」と語った。

この作業をしていると聞いた時、「やっぱり、諦めない人なのだな」と思ったものである。世代を超えたコラボレーションにも、積極的であった。KAT-TUNに楽曲を提供し、レコーディングにも立ち会っている。

僕らの街で

この小さな街で　この時を生きて
僕らは　出会った　あのまぶしい　夏の日
僕らは　いつも明日を見ていた
ほんの少し　背伸びするようにして

小田が好きな「夜空ノムコウ」のアンサーソングをイメージして書いたといわれるこの曲への思い入れは強く、のちにセルフカバーしてツアーでも歌っているが、この年の「クリスマスの約束」で新曲として歌おうとも考えていたが、ＴＢＳの阿部プロデューサーは難色を示した。そこで代わりに作った曲が、のちに「東京の空」とタイトルのつく楽曲だった。会議室での打ち合わせ中、小田が部屋からパソコンをもってきて聴かせた。阿部プロデューサーはひと言、「ちょっとびっくりしました。TBSってタイトルになっていましたけど……」とだけ言った。

この「東京の空」は、二〇〇六年のTBS「クリスマスの約束」で初披露され、のちにフジテレビのドラマ「それでも、生きてゆく」の主題歌にも使われるが、音源化されるのは制作から約五年後の二〇一一年。その時に、もう一度、この歌については、じっくり見ていきたい。

翌二〇〇七年九月二十三日には若手バンド「くるり」が主催する「京都音楽博覧会」の第一回に出演している。くるりの楽曲「ばらの花」をコラボし、これは翌年くるりのシングルに収録され、さらにこの共演は、ネット上でも反響を呼んだ。

たとえば、こんな感じ。

「このコラボレーションはホントに神がかってます」
「至福……声っていうのは本当に凄いですね……、感情が一気に盛り上がりました」
「この場にいました。鳥肌立ったの今でも覚えてる」
「繊細なのに通るよね小田さんの声 魔法みたい」

くるりの岸田繁は、この時の小田の印象を「ヒリヒリするほどの現役感に驚いた」と語ったが、このフェスの打ち上げで、ルーマニア出身のジプシー・バンドが小田の還暦祝いにと不思議な音楽を演奏、これに対して小田も音楽で応えた。この時、岸田は「この人には音楽の神様がついているのだな」と感じたと話している。また、後年、小田にインタビューした作家の姜信子は書いている。

「私はくるりと小田さんの『ばらの花』の共演が大好きなのですが、……くるりのような個性的なバンドとも我を失くさず共演できる幅、やはりこれはすごいことですね。この人は『水』、それもいろんなミネラルを無理なく溶かして吸収しちゃう『軟水』だなと改めて思いました」

さよならは　言わない

さて二〇〇八年。

小田は三年ぶりの全国ツアー「今日も　どこかで」に出ることになった。オリジナルアルバムは間に合わなかったが、ツアーへの要望が強く、前年の十一月に「自己ベスト2」を出し、ツアーを優先させた。四月五日から九月二十六日の大阪城ホールまで、全二十九カ所五十二公演。公演の規模は三年前より、さらに広がり、公演数も十公演以上増えた。それでもチケットの入手困難が続き、イベンターからは追加公演の依頼が来ていた。前年九月には六十歳、還暦を迎え、小田もスタッフも挑戦の気持ちが強かった。

初日は静岡エコパアリーナ。三年前と同じ会場から始まった。

始まってまもなく、MCをする小田に向かって、観客席から若い女性の「チョーカッコいい」の声が飛んだ。小田はすかさず「チョーカッコいい小田さんも六十歳になりました」と応じ、観客の笑いを誘った。いまや「高齢者」の定義は六十五歳以上だが、やはり六十歳・還暦は大きな節目だ。これ以降しばらくの間、小田は舞台の上で、しばしば年齢を口にするようになる。実年齢と自分の感覚とのギャップ、違和感から、その発言は生まれているように感じられたものだった。当時の観客層は四十代が多い印象だったが、制服姿の高校生も時にいたし、二十代らしき女性の姿も見られた。当時、小田はこんなことを私に漏らしている。

「中高年は元気をもらえると言って来てくれるけど、若いアイドルのコンサートに行ったっておかしくないような、二十歳の子たちが来るってのは、どういうことかなあ。四十や五十のオッサンの歌ならまだしも、六十のジジイの歌を聴きに来るっていうのは……不思議だよな」

ツアーが始まってまもない五月二十六日、父、信次が亡くなった。九十四歳になる直前だった。その日、好きな店の餃子が食べたいと言いだし、夕方近くに食べたが、夜、急変し、兵馬は十一時ごろ、駆けつけた。父は「和正はどうしてるんだ？」と訊ね、兵馬が「いま、向かっているから」と答えると、安心したように「そうか、じゃ、ちょっと寝るわ」と眠りにつき、それっきりとなった。兵馬が語る。

「和正が来たときには、モニターの生命線がまだ少しだけあったけど、そのまま逝った。だから親父は、自分はまだ寝ていると思ってるんじゃないかな。親父は、和正のコンサートには必ずいつも行っていた。大好きだったし、うれしかっただろうと思う。俺らにはとんでもない親父だったけど、ある時、ふと考え方を変えたんです。親父は俺らのために、わざとあんなとんでもない親父を演じてたんだ。だからあんな安らかな死を迎えることができたんだと」

結局、この年のツアーは、九月までのアリーナ公演はどこも即日完売、小田に新たなモチベーションを持たせたいとの吉田の狙いもあり、秋にドーム公演が追加された。当初、アリーナ会場でさえ広すぎると考える小田は、ドーム公演には反対だった。しかし、七月末、ギリギリのタイミングで決断。九月にドーム公演が発表された。

十一月二十六日、二十七日に東京ドーム、十二月六日にナゴヤドーム、十二月二十日に京セラドーム大阪である。

東京ドームは一九八九年、オフコースが最後の最後に公演した場所だ。それから十九年が経っていた。そのこともあり、古いファンの一部からは、小田和正のコンサートもいよいよ最後かもしれない、そんな憶測も囁かれた。そんななか、ドーム公演が決まってすぐ、小田は新曲に取りかかった。タイトルは「さよならは　言わない」。

「引退公演とかこれが最後のツアーとか、そういうことを言う気はないんだ。あとから、ああ、あの時が最後だったねということはあるだろうけど、自分からそんな宣言をする気は全くない。だいたいデビュー何周年とか、そういうことを謳《うた》ったこともない。もう走れない、もうダメだ、そうやって終わっていくんだと思う。だから『さよならは　言わない』は素直に自分の気持ちを書いたんだ」

小田周辺のスタッフにも、この「さよならは　言わない」が好きだという人は多い。各分野で格闘し、辛いことも過酷だったこともあったろうが、三十年、四十年の歳月を、全力で駆け抜けた日々を、人はどんな思いで振り返るのか。当時の小田の思いが歌詞にそのまま表れている。

さよならは　言わない

ずっと　楽しかったね
あの頃　まわりの　すべてが
やさしく　いつも　僕らを　つつんでいるように見えた

語り合って　語り尽くして　あてもなく　さがしてた
その道は　果てしなく　どこまでも　どこまでも

悲しみは　やがて　消えることを　知った
喜びは　いつまでも
輝き続けることも

戦い続けた　わけじゃない　流されて来たとも　思わない
追いかけた　夢の　いくつかは　今　この手の中にある

晴れわたった　こんな日は　いつでも　思い出す
飛ぶように　駆けぬけた　遠い日の　僕らのことを

こころは　今も　あの時のまま
思い出に　そして　君に
だから　さよならは　言わない

ずっと　ずっと　楽しかったね

晴れわたった　こんな日は　いつでも　思い出す
飛ぶように　駆けぬけた　遠い日の　僕らのことを

たとえ　このまま　会えないとしても
思い出に　そして　君に
きっと　さよならは　言わない
決して　さよならは　言わない

東京ドーム公演が決まって、小田が考えたもう一つのことは、アリーナよりさらに広い会場で、どうやって観客に近づけるかだった。四月、マリンメッセ福岡で公演した時ですら、その広さに呆然とした。その福岡公演から戻った日、小田は事務所で私のインタビューにこんなことを話している。

「デカいとこでやる一体感はある。でもあの距離はないよな、いいのかなあという意識が拭《ぬぐ》いきれないんだ。舞台が小さくしか見えない。自分だったら、あんな広い会場に見に行きたくないわけだよ。だから一回でもいいから、君たちがそこにいるの、わかってるからという意思表示ができないかなと思ったんだ。遠い席まであがりたいと思ったんだよ。二日目の時、登ったら、車椅子の人たちが結構いたんだ。酸素マスクしたまま手拍子してくれていた。行ってよかったなあと思ったな」

ちなみにマリンメッセ福岡はキャパ数が約一万五千人だ。これに対して、東京ドームは五万五千人。いったい、東京ドームではどうするか。

まずはやはり、縦横に花道を作ることだったが、その距離は約五〇〇メートルとなった。歌いながら走ることはなかなか難しい。そこで小田が考えたのが、自転車に乗って、花道を走りながら歌うことだった。自転車は、スタッフが近所に買い物に行く時にいつも乗っているものが使われた。さらにこんなことも考えた。キョードー東京の阿部陽子の話。

「アリーナの外周に厚い板を張り巡らせ、そこを自転車で一周してから、〝どーも!〟と現れることを御自身が考えたんです。ところがゲネプロの時、みんなを楽しませようと、自転車をものすごいスピードで漕いで回っていて、積んであった機材につっこんで転び、腰を強打してしまったんです」

小田は一見、慎重そうな印象だが、以前の自動車の大事故といい、不思議なほど無謀な面があり、しかも懲《こ》りない人のようなのだ。この時も、右大腿骨《だいたいこつ》と右関節の損傷が重く、そのゲネプロ終了後、整形外科で、「絶対安静」と診断される。東京ドーム公演の五日前のことである。

そして公演初日。小田はなんとか自力で歩けるようになったが、心配させないようにと少し走って、逆に症状を悪化させてしまう。しかも自転車にも乗ってみせたのである。阿部の証言。

「ご本人は意地でもやると、本番でも、自転車を転がしていました。でも自転車から降りて、センターステージのピアノまで歩いて行くのさえ、ものすごく痛くて大変だったはずなんです。なのに、足をひきずって、ピアノにたどり着くと、新曲の『さよならは 言わない』を歌いました。この時が、『さよならは 言わない』のお披露目だったんです。まだ誰も聴いたことのない新曲をそこでやる。自分のなかでも、これは絶対、歌わなくてはというのがあったと思います。ピアノを弾きながら、切々と歌っていて。『満身創痍《まんしんそうい》』って、こういうことを言うんだなと思いました」

こうも話す。

「あの時、本人が言わないかぎり、誰もやめてとは言えなかったです。ものすごい意志をもってやっているし、大きなチームのリーダーですから、いろんなものを背負っていると感じました。私は払い戻しの算段とかもしましたし、当日（中止）の発表があるかもと思いながら、毎日ドキドキしながら、準備をしていました。でも、吉田（雅道）さんは『歌うことには支障がないから』とおっしゃり、やけに明るくふるまっていて、だから逆に、ものすごいプレッシャーなんだなと感じましたし、小田さんは痛いのを見せたくないから、楽屋に籠もっていて、大丈夫なわけがなく、それでも負けず嫌いだから頑張って、結局、その後、ナゴヤドームも大阪ドームもやり遂げました。昔のオフコースのころだったら、たぶん、あそこまでの根性はなかったと思うんです」

そもそも、小田が「走る」ということを意識的に始めたのは二〇〇五年のツアーからだ。当初、それは私には、少し奇異に映った。なぜ走るのかと問うと、「一生懸命ということをストレートに伝えるってことだと思うんだ」と答えた。その言葉を聞いた時、結局、小田和正の〝走る〟は〝高音〟と繋がっているんだなと感じたものだった。限界を超えるほど頑張る、それでこそ何かを伝えられる、何かが得られる。本来、体育会系の資質のある小田らしい発想と言ったら、失礼だろうか。

こうして、ドーム公演は成功裡に終わった。

22分50秒

二〇〇九年の「クリスマスの約束」は画期的なものだった。

私はその日、テレビの収録現場で、驚くような場面を観ていた。何が起きたのだろう？　一体、これは何なのだろう、何かすごいことが起きているのではないか、それはそこにいたすべての観客の想いだったのではなかろうか。

〝みんなで歌う〟という言葉から連想されるものとは違った。合唱とも違った。いままで観たことのない光景だったし、聴いたことのない歌声だった。

この年のＴＢＳとの打ち合わせは、少し早めの五月に第一回がもたれた。そこで小田はこんな提案をした。

「もう一回、初心に戻って、他の音楽番組とは一線を引きたい。この指とまれみたいにして三十組から集めて、一堂に会して、一気にメドレーで、自分たちの歌をみんなで三十曲歌っちゃうのはどうだろう」

これに対するTBSの阿部プロデューサーの反応は「とっても面白いんですけど、『日本をすくえ』とかテーマがあると……」と言いつつも、ここまでの小田に対する信頼だったのか、三回目の打ち合わせの時点で、「実験ですよね、壮大な」と言い、「やりましょう。決めちゃいましょう」と小田の案に乗った。

しかし、問題はむしろここから始まった。

小田は八月に入り、参加を呼び掛けるメールを何人かのアーティストたちに送った。

前略。お願いの手紙です。ずっと考えていました。大勢のアーティストが一堂に会して、一気に歌いたい歌を全員で歌うとどうなるんだろう。参加してくれるアーティスト自身の曲を一曲ずつ一気に次々と歌い倒す、それがどうしたんだと言われても、はなはだ無責任ですが、返せるような確かな答えはありません。何かが伝わるかもなどとも言えません。でももし、面白そうじゃん、つきあってもいいよ、膝を軽くポンと叩いて同意してくれるようなら、参加して頂けないだろうかというお願いです。大義名分はありません。どんなところにたどり着けるのか、それだけです。

その後、曲決めも含め、三～四人で構成される小委員会を作ろうとの小田の提案で、根本要、スキマスイッチ（大橋卓弥、常田真太郎）、いきものがかりの水野良樹がメンバーとなり会議を開いたが、彼らも小田の趣旨を理解しかねていた。

水野が言った。

「おっきな趣旨がなんか一個あれば集まりやすいのかなーって」

それに対する小田の答えは、

「趣旨ねーんだよ」

根本が率直にこう訊ねた。

「小田さんが一番リアルに見えてる部分があると思うんですよ。完成形とかね。それをもう少し具体的におっしゃっていただけたら、僕らも、ああそうかとなります。もう少し、イメージが欲しいんですよ」

大橋も、こう訊ねた。

「雰囲気は『We Are The World』で合っているんですよね？　僕はそこに向かおうとしていると思っているんですが……」

これに対する小田の返答は、「『We Are The World』はもちろん素晴らしいんだけど、俺はあそこからは離れた方がいいと思うんだよな」というものだった。

これに対して、さらに水野から「それぞれのアーティストの曲をワンコーラスずつ続けて歌うことが果たしてその曲を讃えることになるのか」という疑問も呈された。この一回目の会合は、夜十時に始まり、深夜二時まで続いたが、最後までイメージを共有することはできなかった。なにより若いメンバーは、小田の提案の意図を理解しかねていた。拠って立つ既成のイベントもなく、名目もなく、アーティストが何十人も集まり、一斉に歌うなんて、果たしてできるのか、できるとしても、何のために……。疑問符ばかりが浮かんでいた。

ＴＢＳとの打ち合わせも、堂々巡りのくり返しだった。

その後、根本の提案で、メドレーのデモンストレーションを録音した。この時点で趣旨に賛同したアーティストが二十人ほど集まった。声を合わせて歌ったデモテープを聴き、小田は「面白かった。みんなで作り上げていくというのがね」と感想を述べたが、それはあくまでもデモテープにすぎず、何をめざすのか、この時点でも、参加者にすらまだ何も見えていなかった。

九月になり、小委員会がもたれ、そんな不安が再び吐露された。

水野　長く聴くのに耐えられるのかなと感じましたね。

常田　ほんとに全員が歌ってしまうと、やっぱり個性が消えますよね。

大橋　要さんがソロになった時とか、広瀬（香美）さんがソロになった時のほうがカッコいいんですよね。みんなで歌っているところよりも。

根本　どうしてもこれ全員で……、見えない。

大橋　全員で責任を取るっていう以上は、僕はカッコよくないことはしたくないんですよね。

小田と若手の委員会メンバーとの意見の隔たりは縮まるどころか、むしろ広がったようにも感じられた。

大橋は、みんなで歌うことによって「全部の曲を殺してしまう気がします。少なくとも歌い手の歌心は伝えられない、もう一辺倒の棒になっちゃう気がするんですね」と言ったが、これに対して、小田は「俺は二十人で歌ってもね、ただの棒にはならないっていう、そういうものを描いているんだよ」と発言したが、その想いは伝わりにくかった。根本は半ば冗談めかして、「小田さんが三十分間、ピアノで歌ってくれた方がよっぽどインパクトありますよ、テレビの前は」と言ったが、小田は「ただの棒にならない」と言い、こう続けた。

「俺は高校野球とか団体戦みたいなことがすごく好きなわけだよ。もちろん個人プレーも大事だけど、誰かのファインプレーがチームを救ったり、それでチームが勝つといいよな。もちろん今回、誰かと勝負するわけじゃないけど、音楽で何かを達成するという、最後まで歌いきったら、すげえだろうなあって思うのさ」

この発言に、最も不安を口にしていたスキマスイッチの二人も「すごくわかります」と頷いた。全員の沈黙がしばらく続いたあと、大橋がこう発言した。

「小田さんが立ち上げた企画を、僕らがそんな風な邪魔をしていいのかなって。いや、もうここまで来たんだったら、僕はそのバシッと決まったことに対しては、やりますよ」

みなが帰ったあと、小田は「簡単なことではなかったんだな」と呟いた。そして、参加アーティスト全員にメールを書いた。

ほとんどギブアップという感じだったんですが、せっかく参加を楽しみにしてくれている人たちもいるので、簡単に引き下がってはいけないと考えました。

そして早速、メドレーのアレンジを再開した。この企画は多くのアーティストが一堂に会して、リレー式にそれぞれの持ち歌を冒頭はそのアーティストだけで、そのあとは全員で声を重ねる、これを繰り返すというものだったが、曲目、曲順、曲それぞれのコーラスアレンジ、さらに曲と曲を繋ぐ部分のアレンジが重要であり、それはすべて小田の役割だった。一曲ずつ曲名を書いた紙を床に置き、その順番を確認しながらのアレンジ作業が続いた。同時に、参加メンバーが三々五々集まり、デモテープ作りも行われた。

十月に入り、ＴＢＳとの八回目のミーティングがもたれた。この秋、小田は「サマーピクニック　フォーエバーin つま恋」や MONGOL800 が地元沖縄で主催する「What a Wonderful World!! 09」などに参加、この日も沖縄から戻って数日後のことだった。この期に及んでも、ＧＯサインは出したものの、ＴＢＳ側はその内容がよく理解できず、戸惑っているようだった。阿部プロデューサーは、「団体戦を戦うっていうのも、何のために、どうしてっていうのがほしいんですね。そうじゃないと気持ちが入らないというか」と発言。

小田は、

「理屈を探すようなことではないと思うんだね、君が探しているような。……あんまり面白くないってことだな」

阿部は、

「いやいや、これは面白いですよ。でも、これはなんのためにやるんだというか……」

この言葉に対して、小田はこう返した。

「最初の時に、出演者が来ないと番組にならないんですって、お前、言ったろ？　今回も、それと同じようなジレンマがあるんだ、俺の中に。勝算は大事だけど、それがないと乗れないという雰囲気になるとさ。ここから何が見えるんですかって訊かれるのは……俺にも確信があるわけではないけど。結果はついてくるって俺は思っているから。リスクがなければ新しいことはできないし、そういう企画だと思うんだよね、俺は」

十月からはバンドのリハーサルが始まった。いつものバンドメンバー、木村万作、稲葉政裕、栗尾直樹、有賀啓雄のほかに佐橋佳幸なども入って、膨大な五線譜によるリハーサルである。場所は新宿区信濃町駅近くにあるマックスタジオ。小田から「今年の『クリ約』はこんなことになりまして、基本的にはこれをもう全部一曲のようにして覚えないと」と挨拶があった。

そしていよいよ、十一月五日からアーティストたちのリハーサルが始まった。リハーサルにアーティスト全員が揃うことは難しい。毎回、来られる人だけでやるというやり方になった。しかも、各自に送られた全メンバーの楽曲の楽譜を暗譜してこないことには目標のレベルには達しない。どのアーティストもかなりの予習復習が必要で、そこが問題だった。

そんな空気のなか、リハーサル二日目、小田が冗談めかしてこう言った。

「フミヤ君は非常にちゃんと予習されてきました。私、驚いてしまいました」

みなが笑って拍手するなか、藤井フミヤが笑いながら言った。

「それ、偏見があるような。大成功したらビックリするよね、これ」

「大成功しないとダメなんだよ」

「うん、だって、ありえなくない？　こんだけ真面目にみんなさ」

二十一人（組）が順番に自分の楽曲を歌い、そのあと全員で合唱するのだが、その複雑にアレンジされたハーモニーの楽譜がすさまじいものだった。根本が言った。

「この譜面を最初に見せられたらビビりますよね。みんな嫌がりますよ。参加は無理無理って」

リハーサル七日目の十一月十一日、リハーサルが終わったあと、場所を変えて、「結団式」が開かれた。和やかな雰囲気のなか、根本が発言した。

「こんな二十分も歌っておいてですよ、タイトルが『大メドレー』。それで済むんですか、小田さん。まずタイトルでしょう？　何日練習してるんですか。やりすぎでしょ。バンドは完全に飽きてますよ」

しばらくして、小田が根本の発言を受けて発表した。

「タイトル決まりました！　『22分50秒』です」

全員が声を合わせて歌う時間の総計である。わっと拍手と歓声が起きた。

二十三日間に及ぶリハーサルが終わったのが十一月二十七日。二十九日には、会場である幕張メッセイベントホールでゲネプロが行われ、翌三十日、とうとうテレビの収録日となった。

収録を待つ楽屋は、静かな高揚感に満ちていた。

小田がまず一人で登場し、「風のように」を歌った。この時点で、観覧希望の抽選に当たった観客たちは何が始まるのか、想像すらしていなかった。

小田の歌が終わると、舞台は暗転。しばらくして舞台に光が当たると、そこに総勢二十一組三十三人のアーティストが揃っていた。全員でまず「クリスマスの約束」のテーマソング「この日のこと」を歌った。歌い終わると、そのまま突然、藤井フミヤが一歩前に出て、スタンドマイクの前で「TRUE LOVE」を歌い始めた。観客からどよめきが起きた。藤井がワンコーラスを歌うと、後ろのメンバー全員も声を合わせて歌い出した。たくさんの声が合わさり響き渡る。そのパワーは予想以上のものだった。続いてハイタッチして根本要が前のスタンドマイクへ、「今夜だけきっと」を歌い始める。後ろの全員のハーモニーが心地良く響き渡る。そして三番手に広瀬香美が登場、「ロマンスの神様」を歌う。後ろのメンバーは二人ずつ組んでスタンドマイクの前に立ち、皆、楽しげに歌っている。いわゆる合唱とも違う。躍動感、楽しさ、スリリングでもある。一体、何が始まったのだろう、ワクワクしながらも、会場にいた観客の大半がどんどん立ち始めた。四番手に登場したＪＵＪＵは、「明日がくるなら」を冒頭しっとり聴かせ、サビのところで他のメンバーの美しい歌唱が何重にも重なる。それは不思議な感動だった。続けて松たか子「明日、春が来たら」、中村中「友達の詩」、佐藤竹善「LaLaLa」、Crystal Kay「恋におちたら」、一人ずつがリレーのバトンを受け取るように、順番に前のスタンドマイクにきて、自分の持ち歌を歌い、そこに圧倒的な声量による美しいハーモニーが重なっていった。ＡＩ「Story」、鈴木雅之「夢で逢えたら」、一青窈「ハナミズキ」、山本潤子「翼をください」。このあたりになると、観客たちも、いままで見たことない、何か大変なことが起きているのではないかと思い始めていた。個々のアーティストの歌唱の魅力、さらにプロのアーティスト三十三人が楽曲を支えあい創り出すハーモニーの力がその歌の新しい魅力を創り出していた。清水翔太「HOME」、続いて小田和正が前に出て「YES-YES-YES」を歌った。いつも以上に楽しげに、弾けている感じで歌っているのが印象的だった。次に小田とハイタッチしてキマグレンが前に進み「LIFE」、後ろのアーティストたちも、観客もみな少し跳ねながら手拍子をしている。次にAqua Timez「虹」、バンドの場合はボーカリストが前に出たが、通常は歌わない他メンバーも後ろで全曲の合唱に加わっている。スキマスイッチ「全力少年」、大橋は歌い終わると、後ろに戻り、小田とうれしそうにハイタッチした。そして平原綾香「Jupiter」、夏川りみ「涙そうそう」、圧倒的な歌唱が続く。財津和夫「青春の影」、最後は、いきものがかり「帰りたくなったよ」だった。

終わった瞬間、アーティストたちも観客たちも一体となって不思議な感動に包まれ、みなが拍手をし続けた。小田がマイクを持ち、「どうもありがとう！」と叫んだ。拍手が鳴り止まなかった。小田がさらに「言葉を失います。いやあ、驚いたね」と言葉を発したが、拍手はまだ止まらなかった。小田はこのあと、「これは僕が聞いた一番長い拍手だと思います」と言ったが、実際、五分を越える拍手が続いた。そして小田が続けて何か話すのかと、観客の拍手は一瞬止んだが、またすぐに拍手が始まった。しばらくして、小田が口を開いた。

「みんなが寄ってたかって僕のことを虐《いじ》めましたが、やっぱりやって良かったとほんとに思います！　いろいろ言葉にして讃えたいですが、言葉にすると、なんか全部こぼれていってしまいそうな気がするので、何も言わずにおきます」

そして他のアーティストたちにも何かひと言をと促した。

根本要は「今日最後の聖恵ちゃんの声を聴きながら、もう終わっちゃうぞと、僕ら、いままでに味わったことのない感動をもらえた気がします。本当に小田さん、ありがとう」。

大橋卓弥は「この感動はほんと味わったことないですし、これから先、これを味わえることはないんじゃないかと思うくらいほんとに気持ち良くて、本当に涙が出てきました。小田さんがおっしゃっていたのは、これだったんだなと、すごくわかりました」。

ＪＵＪＵは「かれこれ学校卒業しまして何十年くらい経つと思うんですが、久しぶりに怖い先生の授業に宿題をしていかないことが、どれだけ怖いかというのを思い出しました。でも宿題っていいなとすごく思えたし、歌をやってきて良かったと今日ほんとに交ぜていただいて思いました」。

藤井フミヤは「長年小田さんが夢見ていたこの夢に参加させてもらえたことはほんとうれしく思います。ミュージシャンは、役者さんと違って、共同作業があんまりないんで、実に身勝手が多いんですが、こうやって一団となってひとつのものをつくりあげるというのは、日本の音楽業界でも初めてなんじゃないかというくらい、その瞬間をみなさんはひょっとしたら目の当たりにしたんじゃないかと思います」と発言した。

それにしても、この「22分50秒」とは何だったのだろうか。

一人一人が個性をもったプロの歌い手たちが一堂に会し、声を合わせ一つの楽曲を歌う。「委員会」の若いメンバーが危惧《きぐ》したように、それでは個性が消され、面白くないのではないか、そう考えるのが普通のことだったかもしれない。

では、なぜ、小田はそう思わなかったのか。

ひとつは、一九九〇年代、泉谷しげるや吉田拓郎と行った「日本をすくえ」の活動の際、全員で「あの素晴しい愛をもう一度」を歌ったときの感動があった。

「それがすさまじく、ここまで来るかっていうくらい……やっぱり素人の合唱団ではこんな響きはないなという、もう驚くほどの出来栄えだった。絶対行けるはずだっていうのは、原点はそこにあったのかな」

　プロが本気で、すべて暗譜し、声を合わせた時、何か別の世界が生まれるのではないか、全く違う景色が見えるのではないか、小田の憧れであり、好奇心でもあった。

　十三年を経た二〇二二年末、改めて、小田に二〇〇九年の「クリスマスの約束　22分50秒」について訊ねた時、小田はこんなふうに語った。

「声が合わさってというのは、アーティストの声だからね。それは重要なポイントの一つだけど、一番重要だったのは、我の強い人たちが集まっているにもかかわらず、自分が一番目立ちたいということを一切、素直に払拭《ふっしょく》して、大げさにいえば、自分は捨て石になってでも、なんとなく見えるゴールに向かって、みんなと一緒に行くんだという、それがデカかったね。きっとどこかに行けるという、みんながそう思っているということをすごく感じた」

　それにしても、かつて、人との交わりに対して拒絶といえるほど消極的だった小田和正が、二〇〇〇年代以降、急速に変わり、人とのつながりに惹かれ、人とのつながりを求めるようになった。そのひとつの到達点が、この二〇〇九年「クリスマスの約束」の「22分50秒」だったのは、いろいろな意味で象徴的であった。

　仲間という存在と一つの目標に向かって闘うこと、声を合わせること、ハーモニーへの憧れ、歌を通して人とつながること、そして人を感動させること。考えてみれば、高校三年生の秋、仲間四人で毎日毎日練習し、学園祭の舞台を熱狂させたあの日、そこから始まった小田和正の音楽人生の、紆余曲折を経つつも闘ってきたその道の、それは一つの到達点だったといえるのかもしれなかった。

埼玉（10／19、20）、神戸（10／29、30）、横浜（11／8、9）、沖縄（11／30、12／1）

すっかり秋も深まり、首都圏は横浜に続き二カ所目の埼玉。舞台はさいたまスーパーアリーナ。その会場の広いこと。正確にいえば、その圧倒的な高さだろうか。すり鉢のような会場は五階席まである。下から見上げると怖いほどだ。一番高いところで二七メートルとか。一万五千人が入るという観客席はびっしり埋まっていた。小田も、同じ感覚だったようで、MCで、「あんな高いところまで……どうも！……頑張りマス！」と叫んで、始まった。

ここでは、入場者全員にサイリウムライトが渡された。軽く折ると一定時間光る使い捨ての簡易なライトだ。本編最後の曲「君住む街へ」の時、これを使うよう指示があり、真っ暗になった会場に、一階から五階席まで、このサイリウムの光が会場中に溢れるように煌《きら》めいた。下から見上げると満天の星が煌めくような、最上階から見ると青白く輝く海蛍のような。その光景は思いがけないほど美しかった。そのなかを小田和正の高く澄んだ声が響き渡る。感動的で、心憎い演出といえた。

その埼玉二日目、「水曜日の午後」の前に、この曲を作ったころの埼玉にちなむ思い出話を披瀝した。それが若いころの小田の自意識を彷彿とさせ、面白かった。

「えー、四十年くらい前のことですが、僕の話はだいたい、そういうのが多いですが、まだオフコースを二人でやっているころだと思うんですが、たぶん、大宮市民会館で何かあったんですね。呼ばれて、ギターを抱えて、京浜東北線で、京浜東北って、通勤電車ですからね、なんか白い目で、なんだこいつらみたいに見られながら。会館で何を歌ったのか、全然覚えていませんが、終わって、また駅に戻ったんですけど、その時に、ほんのわずか、十人といなかったと思いますが、たぶん、ファンの方々がついてきてくれて、駅までですよ、一緒に。話すわけではないですよ。行きの時から、お腹が空いていたものですから、当時、ホームに立ち食いソバがあったんですよ。帰りはここで立ち食いソバ食おうと思っていて、食べたはいいんですが、その少女たちが、じっとずっと見ているわけですよ、立ち食いソバを食べているのを。それを周りの大人たちが、なんだ、こいつらみたいに。そんときの少女の一人二人が会場にきてくれているんじゃないかなと、そう思いながら、今回はやってきたんですけど、思い出しますね、その景色をね」

その時の少女たちが、この会場にきているんじゃないかという思いは、決して、飛躍した話ではないだろう。実際、さまざまな人生の局面を経験してもなお、ずっと、三十年、四十年、五十年近く、小田のファンでい続けている人は、驚くほど多い。小田のファンクラブ会報誌「PRESS」に載るファンの話には、いつも圧倒される。

「高校生の時に秋の気配に恋をして……四十年近くが経ちました。ずっと心のどこかに『小田さんの気配』を感じながら生きてきたような気がします」

「二十代からずっと小田さんを追いかけて、もう六十代……主人より長いお付き合いです」

「小田さんに出会った時、私は中学生で小田さんは三十五歳だったと思います！　三十七年、あれからずいぶん長い間たくさんのことを継続してきた力は本当にスゴイ！」

十月末は、神戸での公演だった。会場の神戸ワールド記念ホールは、焦茶色《こげちゃいろ》で楕円形のドームだ。天井は非常に高く、陸上のトラックのような会場、二階席もゆったりしている。本来八千人が入る会場だが、巨大な花道が作られるため、観客数は五千五百人。今ツアーで、もっとも少ない座席数だが、どこからでも舞台と花道が近くに感じられるいい会場だった。

小田の一日目の第一声は「ツアーもいよいよあとわずかです。振り返ってみると、いろいろなことがありました」だった。六月初めに始まり、あっという間に夏が過ぎ、秋も深まり、この日は少し寒いくらいだった。

今回のツアーが始まる前、小田の声が果たして出るのかどうか、誰もが小田の喉を気にしていたが、このころになると、もう誰も小田の声を心配しないようになっていた。多くの人が、小田和正はまだまだ歌えるし、歌うことで、小田自身が元気になっているような気がしていた。

バンドのメンバーの気持ちも同様だった。小田がソロになった時からずっとメンバーであるキーボードの栗尾直樹は、「バート・バカラックって、もう九十代だけど、まだ歌っているよね、小田さんも九十代まで歌ってほしい」と言い、今回、広島公演から加わったベースの吉池千秋も「百歳まで歌ってほしい」と言ったりした。それは冗談めかしつつも、本気の願望のようでもあった。

元オフコースの松尾一彦が、「小田さんは、俺たちみたいなのではなく、いまのバンドとのような関係のほうが気持ちいいんだと思う」とぽつりと言ったことがある。音楽的に信頼し合うが、ほどよい距離感もある、という意味だろうか。

バンドの面々は、オフコースの元三人と比べても、もはや比較にならないほど長く小田とツアーをやってきているが、そこには親しさと同じくらい、遠慮と気遣いも介在していると感じる。そもそも小田のバックバンドは、演奏がうまいだけでは成り立たない。

ギターの稲葉政裕が教えてくれたが、「小田さんのところは、楽器で複雑なメロディラインを演奏しながら、全く違う音程を歌う、つまり音階の違う手元と口をシンクロさせるため、かなり難しいので、毎回、まずは、歌のリハーサルから始まるんです」。さらにストリングスの面々も、演奏だけでなく、歌を歌っている。第一バイオリンの金原千恵子は、「〝小田和正〟の後ろで、ハンドマイクもって歌うなんて、夢のような現場ですよ」と笑う。

ストリングスがステージに参加したのは二〇〇八年のドーム公演から。ツアー全行程に参加するようになったのは二〇一一年のツアーからだ。第一バイオリンの金原千恵子、第二バイオリンの吉田翔平、ビオラの徳高真奈美、チェロの堀沢真己。彼らが参加するようになり、小田の音楽は一層、豊かで華やかにもなった。金原が教えてくれた。

「アレンジも小田さんご自身がやっていますが、非常に特徴があるんです。風のような、川のような、すごく横の流れだなあと思うんです。フレーズが長いというか、譜面は簡単なんですが、弾くのがすごく難しいんです。とくに、第二バイオリンとビオラの内声の使い方がすごく上手で、独特。四人で弾いてもすごいけど、何十人かで弾くと、滲むというか、水彩画みたいな、小田さんのカラーがすごく出ている感じがします」

今回のツアーでは、新型コロナウイルスのため公演後の食事会はなかったが、これまでのツアーでは終演後、小田やバンドメンバー、身近なスタッフは毎回、打ち上げ食事会を開いてきた。ギターの稲葉に言わせると、

「打ち上げはあっても、通常はバンドだけ、本人は来ない。でも、小田さんは全箇所参加して、今日のライブはどうだった、音楽はどうだと、ワイワイする。そんなアーティストはいまは一人もいないですよ」

と話す。さらにこうも言う。

「拓郎さんが四十五歳の頃、ツアーに参加しましたけど、そのころは拓郎さんも打ち上げやっていましたね。拓郎さん、小田さんの世代だけですね。あの世代の人たちは、コミュニケーションのツールとして音楽があるという感じで、すごく素敵ですよね」

一九九五年から参加のドラムの木村万作も、

「もう主将って感じですよ。大切にしてもらっていると思うから、みんな、小田さんのために最後まで頑張ろうという気持ちになる、そこはやはり野球部の主将をやってきた人の感じはしますね」

近すぎず、しかし親しく、一緒に音楽を創っていく仲間。団体戦が好きな小田和正が、到達した〝バンド仲間〟の在り方かもしれない。

十一月八日、九日、最終地の予定だった横浜公演となった。しかもこんな大規模ツアーは、

この年で終わるとも思われていた。

しかし現実には、このあとに八月の沖縄の振替え公演があり、翌年には、やはり八月に中止になった東京の代替公演、さらに各地のイベンターの希望によって、二〇二三年にもさらに全国九カ所でツアーが行われることが、この横浜で発表された。小田がそれを言うと、会場には歓喜の声が上がった。なにやら、「終わりのない旅」が続いていくような気さえした。

さて、二度目の横浜アリーナ。小田は不思議なほどリラックスしていた。MCも冴え渡った。一日目、今回のオープニング映像に登場した白い犬の話をした。それが非常に受けた。

「オープニング映像に出てきた僕と共演していた犬ですが、あの犬は、フェスタという名前で、八年ほど前のやはりツアーのオープニング映像で、僕と一緒に気球に乗ったんですけど、そのとき、フェスタが非常に賢い犬だから、一度会った人は絶対忘れない、そんな風に言っていました。だからきっと、今回、尻尾《しっぽ》を振って飛びついてくるんだろうと、いろいろ想像して楽しみにしていました。ところが、もう僕のことなんて覚えている気配もないし、それどころか、迷惑そうな、おまけに力は強いからひっぱり回されました。なんだよと、がっかりしていたら、誰かが、小田さん、フェスタは人間で言うと、ちょうど小田さんと同じ年齢くらいなんです。それじゃ、しょうがねえな、どんどん忘れちゃいますからね、そうか、俺と同じかと、急に、フェスタが愛おしくなりました。フェスタと僕の小さな物語でした」

二日目は、子どもの頃の商店街での思い出だった。

「京浜急行の金沢文庫という駅のすずらん通りのなかほどにうちがあり、その商店街の端に床屋さんがありまして、小さいころ、その床屋さんで髪を切っていたんですけどね。やっと順番がきても、必ず、僕の次の人に『お待たせしました』って。えっ、僕の番ですよと言えるわけもなく、おとなしくしていると、どんどん後になって、時どき、『この子の番なんじゃないの？』と言ってくれる親切なおじさんがいましたけど、でも店の人が『あ、いいんです』。何がいいんだか、わからない。それでやっとみんないなくなって、自分の番が来たなと思ったら、京浜急行の電車がばーっと入ってくるんですね。そうするとたちまち大人の人がまたいっぱい入ってきて、僕は子どもながらに、ずいぶん不条理なことがあると、ズルをする大人にはならないぞと、その時、決めました。もうひとつ、商店街の話ですが、よく駄菓子屋さんに行ってました。十円玉を固く握りしめて。何を買おうか、迷って、迷って、その店に着いてもまだ迷っていると、その店のオヤジさんが出てきて、『それにしなよ』と、えらく面倒くさそうに言うと、それにしちゃうわけで、もう帰りはいつも後悔の気持ちで、なんであれにしちゃったんだろう（笑いおこる）、あのオヤジのせいだ（笑）、というわけで、商店街にまつわる話でした」

小田のＭＣを聞いて笑っていたら、小田がずっと以前に話した古今亭志ん生話を思い出した。それはオフコースがまだ全く売れていなかった若いころ、横浜から東京まで自分の車で通っていたが、その車内でいつも志ん生のテープを聴いていたという話だ。

「混沌としまくっていたころ、聴きまくっていたね、毎日、毎日、聴いていたからね。ライブだから、若い女の子の声とかも入っていて、志ん生は六十すぎてるのに、こんなにもってけちゃうんだなと。驚異的なことだからね、すごいなと思ったものね」

二十代の鬱屈していた青年が七十代の巨匠に抱いた憧れと羨望。しかしその五十年後には、こんな未来が待っていたのだ。志ん生自身、人気が出たのは戦地から戻り、六十も近くなってからである。人生はわからないし、だから人生は面白い。

そんなMCも滑らかだった横浜公演、小田はつい「ファイナル」と言いそうになり、「セミファイナルです。沖縄のイベンターが今日、遊びに来ているので、傷つきますから」と笑わせた。

二〇二二年ツアーのゴールはもうあと少しだった。


十一月三十日、十二月一日、沖縄公演だった。

小田は、ソロになってからしばらく沖縄に来ることはなく、初めて小田が沖縄公演をしたのは二〇〇五年と遅かった。輸送の問題もあった。それを「沖縄をやらないなんてダメですよ」と叱咤したのは、スターダストレビューの根本要で、この二〇〇五年の舞台ではその根本がゲストで登場した。当時の会場は宜野湾《ぎのわん》市の沖縄コンベンションセンターだったが、以降、小田はすっかり沖縄が気に入り、イベント会社PMエージェンシーが作ったスタジオでレコーディングを行うこともあった。二〇〇八年のツアーからは、会場は宜野湾市の野外の海浜劇場となったが、同じ野外でも、さぬきのテアトロンとは雰囲気が少し異なる、独特な開放感がある。たぶん、さぬきの場合は、大半が県外からの来場者に対して、沖縄は地元の人も多く、手に手にビールを持って楽しむ人の姿が見られたものだった。

しかし二〇二二年、その屋外劇場が建て替えのため取り壊され、会場は沖縄市に新しくできた沖縄アリーナとなった。しかも夏真っ盛りの予定が晩秋となったが、季節に合わせて

「秋の気配」を歌うのではなく、「宜野湾の海浜劇場で歌う『夏の日』が大好きだったので」と、「夏の日」を歌った。

二日目には、以前、屋外劇場で「夏の日」を歌っている映像をモニターに流しながら歌った。そして「沖縄に来るとほっとします」と言い、沖縄の歌を歌いたいと、二日目、BEGINが作曲した「涙そうそう」を歌った。声の張りもあり、元気な小田がそこにいた。

観客席にいた四国のイベント会社デュークの宮垣睦男は終演後、「とってもいい顔をしていたなあ、こんなに明るい人でしたかね、みたいな異常なノリだったというのが僕の感想です」と言った。

ツアーが終わってしばらくしたころ、「全国ツアー、終わってどうですか?」と訊ねると、「とにかくほっとした。それに尽きるね」と言った。とくに何が印象に残っていますかとさらに訊ねると、「いやいや、もう何回も言うけど、お客さんが貴重な時間を使って、お金を使って、あんなにたくさん……しかもすごく喜んでくれて、毎回、びっくりした」。「びっくりするんですか?」とさらに訊くと、「うん、当たり前だとは一回も思えない」、そう答えた。

こうして、二〇二二年の全国ツアーは、幕を閉めた。

第9章
会いに行く
2010-2019

小田和正の二〇一〇年代もまた、東日本大震災を抜きには考えられない。

二〇一一年三月十一日。小田は、三月末から始まる予定の全国ツアーのリハーサル中だった。場所は東京世田谷区にあるタッドポウルスタジオ。その時、東京でも、経験したことのないほどの大きな揺れを感じた。その後の報道を見て、小田は予定されている全国ツアーは無理だと感じた。

「ツアーは難しいと思ったよ。物理的よりも精神的に難しかった。歌なんか歌っている場合じゃないというか、歌を歌って、それが救いになるっていうイメージが最初はもう消えたよね。多くの人がそうだったように、歌ってなんだろうと。日常というものがどれだけ大変なことかと。自分の歌を聴くのが、どんどんしんどくなっちゃってさ。なぜかわからないけど、言葉がどれをとっても、そこ（震災）にむすびついていくから。だから、あの日から聴かなかったものね」

しかし、ツアーは約一カ月半遅れて、五月七日、長野から始まった。ツアータイトルは本来の「どーもどーも」に「その日が来るまで」というサブタイトルがつけられた。

ツアー初日、会場には、緊張感と不思議な高揚感が漂っていた。

冒頭、小田は「明日」を歌った。二〇〇三年にテレビ東京の「ワールドビジネスサテライト」のエンディングに依頼されて作った曲だったが、この状況のなかで、それはまた新たな響きをもって伝わった。

明日　　（1番）

君のために　ありふれた　明日だけを願う
待ち合わせた　あの駅へ　走る君が見たい

もし　当たり前の　笑顔消えて
哀しみだけが　世界をつつんだら
たゞ祈り続けること　そのほかに自分が
できること　その時あるだろうか

明日　きっと　またこゝで　その笑顔に会いたいから
透きとおる　日射しの中で　この坂の上　君を待っている

「リハーサルを再開してからも、一曲目から歌おうとして歌えなかったものね。歌い出しの『君のために　ありふれた　明日だけを願う』も、全部の言葉も、あまりにストレートだからさ、ずっと以前に書いた歌があんな感じで跳ね返ってくるとは思っていなかった。初日は、これでいいんだというものを確信したいという気持ちが強かったな。でも何にも関係なく、楽しくやるんだというのもあった。俺ばかりが気張っても仕方ないし、気持ちがチグハグにならないようにね。とにかく自分の思いを伝えようという、そこが一番にあったたね。思っていることは全部伝える。それを毎日、毎日考えていたな」

小田は一曲目の「明日」を歌ったあと、あの日以降の自分を静かに語った。長いMCだった。そして最後の曲の前には「僕はぜひとも日本が復興していくのを見たいので……身体に気をつけて長生きしたい」とも語った。そんな言葉が大げさに感じられないほど、被災地でなくとも、当時、日本人の多くは打ちのめされていた。

最後の楽曲は、約一年前に映画「ロック～わんこの島～」（二〇一一年七月公開）の主題歌にと頼まれ作った「hello hello」だった。映画は三宅島の噴火時の少年一家と犬の物語であり、少年に語りかける歌はやはり震災後の状況のなかでシンクロして響き、小田自身も歌えなくなる場面もあった。

こうして、二〇一一年、小田の全国ツアーは粛々と始まり、十月二十六日まで、東北地方を除いた地域で行われた。五大ドームも含む二十五カ所四十八公演と、大規模なツアーだった。しかもこのツアーから、バイオリン、ビオラ、チェロなどストリングスの面々も全行程帯同することになった。

どの会場も、驚くほど静かな熱気に覆われていた。

当時、私は、いくつかの会場で感じた印象を雑誌「ＡＥＲＡ」に書いている。少し引用する。

今回、ツアーを見てきて、改めて感じるのは、小田和正の歌の力である。その歌がもつ包容力といってもいい。小田の歌は時代の色や匂いを感じさせないと言われてきた。しかし二〇一一年のいま、小田の歌は、なんと心に強く優しく沁みてくることか。時代が小田の歌を必要としている、そんな気がする。四国のイベント会社デュークの宮垣睦男社長は、長野の初日からいくつもの公演を見てきて語る。

「ほとんどのお客さんが涙を流している。それを見て、本人もぐっと感極まってしまってね。たとえば『今日も どこかで』、前回のライブであれほど聴いていたのに、僕には違う曲に聴こえてしまって、この状況にまさにストライクにはまってしまった。すごい曲だねと本人にメールしたんですね。みんなそれぞれにストライクになる言葉があるんですよ。リタイアした人もいっぱいいるし、若い人もいっぱいいる。それぞれに響く歌があるんでしょうね。お客さんの異常な熱気というか、こういうコンサートはあまりないです。

いつのことだったか忘れたが、「小田和正の歌はどの時代に突出しているか、〝時代の歌〟になっているか」といった雑談を吉田雅道としたことがあった。私の念頭にはどうしても一九七〇年代の拓郎や陽水がいて、では小田和正の歌は、どの時代にとりわけ必要とされた（る）だろうかと思ったのである。ファンの人にとっては、それはずっとであって、無意味な設問なのは十分承知だが、会場でその時の会話を思い出し、そうか、小田和正は現在、二十一世紀、二〇〇〇年を超えてから、さらに一層、人々から、時代から、必要とされているのではないか、そう感じたものだった。

このツアーが始まる直前の四月二十日、小田はアルバム「どーも」を出した。当初は発売も心配されたが、前年からレコーディングが行われ、作業は終わっていた。「どーも」というとぼけたタイトルについて、小田は「俺がステージで叫ぶ時みたいに〝どぉ〜もーっ!!〟って、この一言で、いきなりみんなの懐に入って行けるというかね」と語っている。なにより、〈挨拶する人、渡す人がいてこそ成り立つ言葉〉である。自己表現で完結していた音楽作りから、人に聴いてもらう、人に手渡す音楽へ、まさにそれを象徴する言葉とも言えた。

同時に、「クリスマスの約束」に挑戦し、多くのミュージシャンと交流し、世界を広げた小田の十年間が凝縮されているアルバムとも言えるだろう。多彩であると同時に、言葉の重みが加わり、聴き応えのあるアルバムである。

全十曲中、依頼されて作った楽曲は五曲あるが、小田の場合、それはあくまでもきっかけであり、歌には小田の想い、こだわり、表現が色濃く織り込まれている。たとえば、ドラマ「獣医ドリトル」の主題歌である「グッバイ」は、「風」が印象的な、不思議な味わいの歌だ。

グッバイ

広がる空の　青さを　今日は　悲しく思う
大きな雲が　空を　低く　横切ってく
そして　あの　長かった　夏も　終わろうと　している

どれだけ　近づいても　遠い　こころがある
どれだけ　手をのばしても　かなわない　想いがある
吹き抜けてく　風は　強く　こころも揺らす

まっすぐな　愛と　くじけそうな　夢と
ちっぽけな　誇り　それだけを　抱えて
僕らは　向かうべき　その場所を
目指して　行く　ほかはない

こずえに　緑が　また　よみがえるみたいに
僕らの　いのちは　ずっと　つながって　ゆくのか
幸せと　涙の　記憶　繰り返しながら

風の強い　こんな日は
人生が　大きく　変わってゆく
good-bye　good-bye　今は　good-bye
新しい　明日が　来るはず

「hello　hello」は被災した三宅島の少年に語りかけている詞だが、それを超えて訴えかけてくるチカラがある。

hello hello

きっと　いいことが　待っている
そう思ってる　ホントに
君が　幸せになると　信じてる

去りゆく人がいて　また
新しい出会いが　きっと始まる

hello hello hello hello
今は　元気出して　早く
明るい日射しは　今日も　降り注いでいる

すべてが　変わってゆく　きっと
明日になれば　明日になれば

強く生きて　やさしく生きて
自信をなくして　くじけそうに　なっても
君の　ほんとに　大事なものを　見つけるまで

（略）

どこまでも続く　白い道　夏の空
想う気持ちは　いつでも　そこへ　帰って行く

小田は「hello hello」をつくるにあたって、「三宅島のどこまでも続く白い道」を思い浮かべたと語っている。イメージの白い道だ。その道の彼方には夏の空が広がる。空と風。小田の歌には欠かせないものだ。そこに、小田の想像（創造）力の源《みなもと》があるのだなと感じる。実際、ＮＨＫの「１００年インタビュー」で、それを問われ、「さあ、歌詞を書こうと思うと、必ず、とりあえず、空と風が浮かんでくるんだよね」と話している。さらに「空を見て、何かを感じるんですか？」と訊ねられ、こう答えている。

「何を感じてるんだろうねえ。いま見ている空が美しいっていうのもあるんだけど、前にもこういう空を見たんだろうなって思うんだろうね。あの日と同じようだけど、あの日といまとは違うんだって、そういうことを考えるタイプなんだよ」

本人も忘れかけていたが、幼少時に小田が大好きだった歌が二曲あった。

想い出は想い出は　流れゆく雲か　浮かびては消えてゆく　青空の彼方　（「想い出は雲に似て」）

こよなく晴れた　青空を　悲しと思う　せつなさよ　（「長崎の鐘」）

空と風、時の移ろい、絶望を乗り越えての希望。六十歳をすぎた小田の歌が、そこに見事なほど通底していることに驚きもする。

本来はノンタイアップで作った曲は五曲ある。

冒頭の曲は、一九七〇年代のフォークシーンを思い出させるスリー・フィンガー奏法のギターで始まる「君のこと」。小田自身がギターを弾いている。そして「君」とは、若き日の友人たち、仲間たちのことだろう。

君のこと

あきれるほど早く　過ぎてゆく　時は
ボクを　追い越して行く
繰り返し　季節が　運ぶものは

何も　変わらないのに
あの頃　許せなかったことも
今はただ　懐かしく　思うだけ
そんなふうに変わって　いったのは
いつの頃　だったんだろう

果たせないままの　約束も　届かなかった　言葉も
書きかけの　歌のように　今もまだ　心のかたすみに

（略）

歌い続けてゆくからきっと　元気でいて
君がいないと　つまんないから
そんなふうに　思えるんだ　今は

若い時に「幻想」なるタイトルの歌も作ったこともある同級生たち。そんな友人たちに、小田は「歌い続けてゆくからきっと　元気でいて　君がいないと　つまんないから」と歌っている。若いころ好きだった音楽を改めて見直したような歌もある。ちょうどこのころ、小田は一九七〇年代によく聴いていたキャロル・キングの来日公演に行っている。五番目の「誰れも どんなことも」はその影響が感じられる楽曲といわれる。

そしてアルバム「どーも」の最後を飾るのが「東京の空」だ。

二〇〇六年の「クリスマスの約束」用に作った曲である。二〇〇八年の全国ツアー時には、「ご当地紀行」の際に撮った各地の空の映像がモニターに流れるなか、小田のピアノのみで歌われ、人々の胸を打った。慰められているような、励まされているような、そんな歌である。

東京の空

自分の生き方で　自分を生きて
多くの間違いを　繰り返してきた
時の流れに乗って　走ったことも
振り返れば　すべてが　同じに見える
あの頃みたいに　君に　優しく　できているかな　今も
いちばん大切なのは　その笑顔　あの頃と　同じ
東京の空は　今日も　高く　すんでいる

君の　住んでいる街は　冬の色ですか
がんばっても　がんばっても　うまくいかない
でも　気づかない　ところで　誰かが　きっと　見てる

小田に、この歌について訊ねた時の問答は、こんな感じだった。

「『さよならは 言わない』とか『東京の空』は、よく書いたなと思うんだよね。相当、根性が入ったものがないと書けなかった。この曲はこうじゃなければダメだという、代用のない材料で書いたんだ」

それは、若いころからの経験に基づいた小田さんの想い、信念みたいなものですか？

「うん、そうだな。なんか、救いが、どこかに救いがあるはずだという想いかな。頑張っても、頑張っても、うまくいかないようだけど、でも結局、自分が頑張ることによって、道が見つかってきたということではないかな。俺の曲のテーマのひとつだよね、きっと」

小田にとって、「東京の空」の歌詞が、小田自身の実感なのだと感じた逸話がある。それは二〇〇七年の「クリスマスの約束」を見たと、ジャーナリストの筑紫哲也から手紙をもらった時のことである。

手紙の日付は二〇〇八年一月二十六日。二人の交友は筑紫がメインキャスターを務める「筑紫哲也NEWS23」のエンディングテーマ曲を一九九一年に提供したことから始まった。筑紫は二〇〇七年末の「クリスマスの約束」を「素晴らしいショーでした」と書き、殊にさだまさしと共作した「たとえば」に感銘し、必ずCD化してくださいねと書いている。筑紫はこの時、肺がんによる闘病中で、「NEWS23」はすでに降板していた。これに対する小田の返信のなかに、こんな文章があった。

番組の感想いただいてびっくり、感激しました。人生の中でこんなふうに心が浮き上がるようなうれしい瞬間というのは滅多に訪れません、ほんとうにありがとうございます。辛い想いをして頑張った甲斐があるというものです。人には頑張ればきっと誰かが見てくれているんだからと言ってきました。でも自分のこととなるとどうにも挫《くじ》けそうになります。これでまた強い声でみんなを説得できそうです。

挫けそうになった時、きっと誰かが見てくれている、小田自身がそう思って自らを励まし生きてきた、そんなことがわかる手紙である。同じように、この歌を聴き、励まされてきた人は少なくないだろう。

人に寄り添い、人の心に沁みるメッセージを込めた歌を、小田はある年齢を経てからつくるようになったという印象があった。そう言うと、小田はこう答えた。

「いや、若いころから、俺は結構、こういう曲はたくさん書いてきたつもりなんだよね。頑張っても、頑張っても、うまくいかないのは、みんなもそうなんだろうなと。でも若いころは、それがうまく書けなかったばっかりに、届かなかったんだろうな」

こう言って、小田は「秋ゆく街で」という曲を知ってる？　と、訊いた。

「秋ゆく街で」は、一九七四年十月二十六日、まだ二人オフコース時代、当時としては破格に大きな会場となる中野サンプラザホールでの開催を決めた最初の「オフコース・リサイタル」のタイトルであり、この日のために小田が作った楽曲である。約五十年前に作った楽曲ながら、小田はその場で瞬時にその詞をスラスラと諳《そら》んじた。思い入れの深い歌だとわかる。この「秋ゆく街で」と「東京の空」が、小田のなかでは、繋がっているようだった。「秋ゆく街で」は、こんな詞である。

秋ゆく街で　（2番）

いちどきりの短い人生だから
僕の生き方で　もうしばらくは
歩いてゆこう
手にあまる不安の中に
あなたの愛がかくれてしまう
それでも誇りをすてて
ありふれた人生を
生きてゆくよりはいいかも知れない

時に挫けそうになる自分を励ましている。

そうやって一つ一つ乗り越えて生きてきた地続きに、六十歳になる小田がいて、「東京の空」が作られたということだろうか。ときに小田の歌が聴く者の辛さに寄り添っているように感じられるのは、小田自身がその不安や苦しさに向き合い、安易な道を選んでこなかったからかもしれない。

ちょうどこのころ、ある編集者が小田のファンクラブ会報誌「PRESS」に文章を書いていた。

当時、彼女は大病と闘うなかで仕事をしていた。その文章の書き出しはこうだった。


小田さんは私の人生を見ている。

きっとみなさんもそう思うように、私も思った。

自分のアタマのなかを、日々の出来事を、小田さんは見ているんじゃないか。

ずうずうしくも、思う。

こと、人生の転機において。

「小田さんはなんでも知っている」と。


辛い時に、そっと見守り、励ましてくれる歌。小田の歌をそう感じる人は多いのだなあ、そう思ったものである。

アルバム「どーも」の中に、すでにシングルになっていた曲が三曲ある。「今日も どこかで」と「さよならは 言わない」「グッバイ」だ。「今日も どこかで」は「めざましテレビ」(フジテレビ）のテーマソングとして知られるが、同時に小田が二〇〇八年のツアーに向けて作った楽曲でもある。「さよならは　言わない」も、二〇〇八年のドーム公演を前に作った曲である。還暦を迎えた小田が「さよならは　言わない」と歌い、「いちどきりの　短いこの人生　どれだけの人たちと　出会えるんだろう」（「今日も　どこかで」）と歌った。この姿勢こそが、六十代の小田を貫いていったように思われる。それが小田の二〇一〇年代だったといえようか。しかもその冒頭に、日本は東日本大震災を経験し、それはさらに小田の心情に拍車をかけた。若いころ、決して好きとは言えなかった「ツアー」だが、〈小田の歌を愛する人々に積極的に「会いに行く」〉、小田の二〇一〇年代は、そんな十年になった。

その日が来るまで

二〇一一年の全国ツアーは、札幌ドーム、ナゴヤドーム、京セラドーム大阪、東京ドーム、福岡Yahoo! JAPANドームと、初の五大ドーム公演も含め、十月二十六日の横浜アリーナで終わった。しかし、そこに東北地区は入っていなかった。東北地区に、物理的にはもちろん、気持ちの上でも、どうやって訪ねていけるだろうか、小田はそう考えた。

そんな気持ちからつくられた歌が、「その日が来るまで」だ。この歌について、当時、小田は「PRESS」誌でこう話している。

「できるだけシンプルな曲にしようと思って作りました。とにかくこの曲で一番伝えたかったことは、みんなのことをいつも忘れていないんだって想い、それをどういうふうに表現すれば良いか、いろいろ考えて、その時に『君が好き、君が好き』っていう言葉で表現しようと。とってもシンプルな旋律で♪君が好きー君が好きー♪って繰り返し歌おうと。『その日が来るまで』っていうタイトルは……自分で勝手に思っていることですが、責任あるタイトルなんで、この曲のようにこれから活動していければ良いなという想いを込めました」

その日が来るまで

午後から　突然　風が変わった
子どもたちの声が　空に響く

やわらかな日射しは　君をつつんで
その腕に　抱えきれない　春が今　届いた

君が好き　君が好き
それを伝えたかったんだ
遠くから　ずっと　君を思ってた

いつか　その日は　きっと来るから
時はやさしく　流れるから

雪が溶けてゆくみたいに　今はそのまま
ゆっくり　ゆっくり　元気になって

君が好き　君が好き
それを伝えたかったんだ
遠くから　ずっと　君を思ってた

二〇一二年のツアーは、四月十四日、本来は一年前に予定され中止になっていた秋田（秋田県立体育館）から始まった。ツアー初日、小田はこんな挨拶をした。

「震災直後、すぐに曲を作ってみんなを励ましてがんばってたアーティストはいっぱいいますけれども、なかなかそんな風に立ち直れない、ぼんやりしちゃったアーティストもたくさんいまして、僕はどっちかというとそっちの方だったですけども、一年を経てまあようやくというか、曲を書きまして……」

ツアーは宮城、青森、岩手、福島と東北地区五カ所をまわり、最後に五月二十六日、横浜赤レンガパーク野外特設ステージで終わった。そしてこのツアー途中、ツアーとは別に、小田は五月九日、岩手県大船渡《おおふなと》市の大船渡市民会館リアスホールで市民限定の無料コンサートを行った。これは小田が幼いころ、一緒に暮らしていた母親の弟の一人である奥本五郎の薬科大学時代の友人で、小田も可愛がってもらった千田俊治がこの大船渡で薬局を営んでおり、震災の二年前の二〇〇九年七月に大船渡市民会館の落成記念として千田から頼まれ、ここで公演を行っていた。そんな縁があっての再訪だった。小田は、すっかり変わり果てた大船渡に絶句しつつも、復興応援コンサートを敢行した。

さらに二〇一三年、小田はコンサート「その日が来るまで」を五月十五日から、宮城・仙台サンプラザホールからスタートさせた。このツアーは被災地の桜の植樹活動を支援している団体「東北さくらライブプロジェクト」に賛同し、東北に「音楽」と「桜」を届けるという趣旨で開催されたもので、岩手県民会館、福島県文化センターでも行われた。会場はどこも、座席数二千人前後のホールで、小田が本来、好きな規模での公演となった。こうして、以前は、三年に一度の間隔で大々的に行われていた小田のツアーだったが、二〇一〇年代、その規模は小さくとも、むしろ恒常的に、小田はツアーを行うようになっていく。

十月には、沖縄でも「東北さくらライブプロジェクト」の一環でライブを行った。場所は沖縄市民会館。広大な嘉手納《かでな》基地に隣接する会場だった。その会場も、座席数は約千五百人。花道もなく、舞台上には、小田といつものバンドメンバー。一曲目の「たしかなこと」を歌い終わったあとの、小田の第一声は、遅れて入ってきた人に向けての、ごく日常会話のような「遅刻されましたか?」だった。会場に静かな笑いが広がったが、そこには普段着のような雰囲気があった。

そしてこの年のライブでは、小田は前半、あえて若いころの歌を多く選び、それらの歌について思い出を話しながら歌うという形をとった。「眠れぬ夜」「愛の唄」「倖せなんて」「ワインの匂い」「老人のつぶやき」……それは、原点に立ち戻ったようにも思えるライブだった。

緑の丘

「クリスマスの約束」も、もはや定例のイベントとなっていた。

二〇一一年には、被災地を励まそうと、二〇〇九年に行った「大合唱」が再び、敢行された。今回は新たなメンバーも加わり、参加者は二十四組四十二人、時間は二十八分五十八秒だった。聴く側もそうだが、演じる側にとって、改めてこの試みは新しい発見なのだなと感じた。「クリ約」常連であり、「大合唱」も二度目の参加である松たか子が、こんな感想を話している。

「『クリ約』は、決まりから始まります。ある意味、制約だらけのスタートです。ハーモニーのパート分けに始まり、それをひたすら繰り返し、練習し、練習し……。でも、本番はとても自由な気持ちで唄えるような気がします。『クリ約』は、自分では想像のつかないところに行ける、そんな魔法のような時間です」

小田にとっては、印象深い年は二〇一三年だったのではなかろうか。

当時、小田自身が、二〇一三年全体を俯瞰《ふかん》して、「今年は、いつもの年とは何か違った感じがするなあ。なんかね、違う感じがしたんだよな。……例年より外的な要素が強かったというか、『意思というものではないもの』で動いていた感じがしたんだよな」と発言している。

この年、依頼されながらも断っていたものが、一気に実現した。

それはたとえば、楽天イーグルスの開幕試合での始球式。

友人の星野仙一が監督を務めることもあり、ようやく受諾。当日は練習も含め最もいい球、キャッチャーのミットのど真ん中に届く球を小田は投げることができた。そして小田の横にいた田中将大はこの開幕の日から二十四連勝、楽天はリーグ優勝、さらに日本一になるのである。

また、この球場で東北大学総長と遭遇し、前から頼まれ保留にしていた東北大学の校友歌「緑の丘」を一気に完成させている。そしてこの年の九月、小田自身が東北大学の合唱団を合唱指導したうえで、「クリスマスの約束」に招き、「緑の丘」を一緒に歌ってもいる。また十年前に依頼され愛唱歌（現・校歌）を書いた横浜創学館高校の学園祭に招かれ、飛び入り参加。「出身校でもないのに」と、事務所スタッフに驚かれつつも、生徒たちが考えた「小田さんクイズ」にも楽しそうに参加、なにより生徒たちが皆、愛唱歌「遙かな想い」を歌詞も見ずに思いっきり歌っている姿に、日頃から愛唱されていることを知り、小田は非常に感激している。さらにTRICERATOPSのイベントや北海道の「ライジング・サン・ロックフェスティバル」にも参加、アウェーの若手のイベントへの参加も小田にとっては、次第にごく普通のことになっていく。

そしてなんといっても、二〇一三年、最も印象深かったのは、やはり「クリスマスの約束」だったのではなかろうか。

この年の最初の打ち合わせは例年より早く、三月二十九日にもたれた。

すでにさまざまな試みに挑戦してきた「クリ約」だったが、それに甘んじることなく、もう一つ、ここで何かに挑戦してみたい、そんな思いが小田にもTBS局側にもあった。

結果的に、この年の「クリスマスの約束」は、非常に印象深いものになった。

この年の「クリスマスの約束」を少し描写してみよう。

小田はまず冒頭に、「the flag」を歌った。団塊の世代やその前後の人々にとって、やはり心に響く歌である。そのあと、小田はこんなMCをした。

「一九七〇年代、多くの若者たちが背伸びをして、何かを求めていた、あの時代、歌には強くメッセージが求められていました。そしてそこにはカリスマと呼ばれるシンガーがいました。今年、『クリスマスの約束』、一人目のゲストです。吉田拓郎！」

この時ほどの歓声と拍手は「クリスマスの約束」史上、初めてかもしれない。

拓郎がすっと舞台に現れ、小田とともに、ギターを演奏し始めた。二人はお互い、顔を見合わせ、にやっと笑ったあとに、まず「落陽」を歌った。

それは、文字通り、本当に、「夢の競演」だった。

一曲目が終わってから、二人はラフな会話を交わした。

小田　二人でこんなふうにしてやるのは初めてだね。

拓郎　うん、……いま、ちょっと声低すぎたね（笑）。

拓郎が少し緊張気味に話し始めた。

拓郎　二人でこう並んで歌ったり演奏したりするのは初めてだね。小田和正という人は、遠い距離のところにいるような、近くにいるような、そういう存在なんだよ、僕には。♪君を抱いていいの♪とか歌っているのを見ていると、遠い存在だなあと思えるんだけど、話をすると、すごく体育会みたいなところがあって、僕の方が君より一個上なんだけど、君の方が態度が大きいじゃない。そういうところがあって、微妙な存在だったね、僕は。

拓郎 俺にとっても微妙で……。

小田 その、俺にとってという言い方がもう上なんだよ。僕はせっかく僕は僕はと言ってるのに、君が俺はといったら、そっちが上になっちゃうんだよ。

拓郎 阿部（プロデューサー）に、どうしても拓郎さんと小田さんは同じ時代を生きてきたように見えないと言われ、どういうことかなと思って、そしたら拓郎はハナからどーんと、カリスマですから。僕らはずっと売れない時代が長く、ということは、いないのと一緒なんだな。だから同時代にいたという イメージがないという……いたことはいたよね？

小田 いたよ、オフコースはすごく気に障る存在だった、なんというか、お近づきになろうという気持ちは起きなかったね（笑）。

二曲目は、小田がとくに勧めた「リンゴ」を歌い、そのあとのMCで、小田がずっと記憶に残っていた一九七〇年代初頭、ライブ会場でギターの弦を拓郎からもらった話をした。「覚えている？」と訊く小田に、拓郎は「全然、記憶にないね」と答えた。

小田がこの話をもう少し続けた。

小田 弦の予備ありますかと訊いたら、ああ、いいよ、あるよと、お金払おうとしたら、金はいいって。あっ、こいつ、いい奴だなと思ってね。

拓郎　その時、もしお金をとってたら、どうなの？

小田　お金とっても、普通だからね。それで、その時に、座席に宣伝のビラが置いてあって、そこに「吉田拓郎新曲、『今日までそして明日から』」って書いてあって、おー、カッコいいタイトルつけるなあって思って。詞も書いてあったんだな、いいなあと思って、その時、初めてこの曲を聴きました。若い心に、グサッときました。それを四十年経て、一緒にやらせてもらえる……。

拓郎　あ、その時の気持ち、僕に対しての、なんというんだろ、素敵な奴だなとか、弦をただでくれた、なんていい男だという気持ちを込めながら歌ってよ。

「今日までそして明日から」を歌い終わって、拓郎が話し始めた。

「（小田の提案を）一も二もなくうん、やるって言ったけど、それは良かったんだけど、この人、大変な凝り性で、昨日からもう、俺は寝込んじゃうよと言ってるんだけど、丁寧に一個一個作り込むんだなと感心させられて、また一つ、小田和正のすごいところをみたような気がしました」

小田は拓郎にこんな問いかけをした。

「君はくすぐったいかもしれないけど、日本の音楽史というなかを〝吉田拓郎〟という人物を生きてきたと思えるけど、本人はどうなの？」

拓郎は笑いながら、

「唐突なご質問で……まあ、いろいろありましたよ。いいことも悪いこともあったんですけど、いまはこうやって、小田君とステージに立ったり、音楽が楽しいなと思えるし、いまこのステージで歌えている自分が幸せだなと思えるし、非常に最近、音楽の持つ力がわかるようになったよね。あんまりそういうことがわからないで、女の子にモテればいいやと思っていたんですよ、いまは音楽を楽しもうと、それで音楽がすごく楽しいなと、それを聴いているみんなの顔を見るのが幸せだなと、そんな感じがしますね。今日は呼んでくれて、うれしかったです」

最後に、二人は「人生を語らず」を歌った。拓郎が一九七四年にリリースした名盤アルバム「今はまだ人生を語らず」の収録曲であり、一九七〇年代の若者の気分をシャウトしたともいえる楽曲だ。その歌を、六十五歳を過ぎた二人が歌った。

人生を語らず

朝日が昇るから　起きるんじゃなくて
目覚める時だから　旅をする
教えられるものに　別れを告げて
届かないものを　身近に感じて
越えて行け　そこを
越えて行け　それを
今はまだ　人生を　人生を語らず

（略）

今はまだまだ　人生を語らず
目の前にも　まだ道はなし
越えるものは　すべて手さぐりの中で
見知らぬ旅人に　夢よ多かれ
越えて行け　そこを
越えて行け　それを
今はまだ　人生を　人生を語らず

小田が拓郎とまともに口をきいたのは、一九八四年、小田が日本版グラミー賞の創設に奔走した時であり、さらにその翌一九八五年六月には、国立競技場での音楽イベント「ALL TOGETHER NOW」で共演した。拓郎は四人オフコースと「Yes-No」を歌った。また一九九〇年代になり、奥尻島の地震や阪神・淡路大震災などの復興支援に泉谷しげるが中心になって行ったチャリティーコンサートを通じて親しくなっていた。さらに小田が拓郎と日常的にメールを交わすようになるのは、この二〇一三年の共演がきっかけだった。

小田の言葉を借りれば、「一九七〇年代、俺たちは水面下、拓郎はカリスマだった」関係から、「同じ時代を生きてきた同志のような存在」になっていく。

拓郎に数多くインタビューし、著作もある田家秀樹は、この日、客席で収録を見ていたが、後日の放映を見て一層、感動したという。

「客席でもこんなことがあるのかと思って見ていましたけど、テレビのフレームの中で二人が歌っている光景に涙ぐんでしまったんですね。この二人がテレビの中で歌っている。しかも、お互いこんな表情をしている。客席からあそこまでは見えなかったですからね。テレビで現場より感動したのは初めてですね」

拓郎も、山下達郎からメールをもらったという。そこにも、「テレビであれだけ感動的だったんだから、現場はすごかっただろうな」と書かれていたという。

そして拓郎自身が田家にこう話している。

「俺も客席で見たかったもの。それはねぇ、やっぱりあるんだよ。他人事のようだけど、七〇年代から生き残ったというか、生き残って今も突っ張っていて、満足感や不満感や全部ひっくるめて音楽をやっているというのだと。言葉では表現できない、オーラみたいなものがお互いから出ていて、それが醸し出しているんだと思うんだよね」

この日の「クリスマスの約束」は、このあとも盛りだくさんのプログラムであった。

一回目に手紙を出し三回目にゲストで登場した桜井和寿と、今度は楽曲を共同制作し歌った。もっとももはや、それが驚きでもなんでもなくなってしまうほど、小田は多くのミュージシャンたちとコラボしてきていた。二〇〇九年に結成された、通称「委員会バンド」(いきものがかりの水野良樹、スキマスイッチの大橋卓弥と常田真太郎、そしてスターダストレビューの根本要)とのコラボ演奏、東北大学の混声合唱団を招き、校友歌「緑の丘」を歌ってもらうなど、まさにあらゆる世代の音楽仲間と繋がっていった六十代の小田和正の「現在」を象徴するような内容になっていた。二〇〇一年の始まりの時点で、ここまで音楽界を横断するような、人との繋がりを、小田自身も想像していなかったのではなかろうか。

二〇〇五年、その片鱗がほんの少し見え始めたころ、小田と親交の深い朝妻一郎（現・フジパシフィックミュージック代表取締役会長）が、

「小田君は日本のクインシー・ジョーンズだと思うんですよ。アメリカの有名な音楽プロデューサー、『We Are The World』をまとめた人、音楽的造詣の深さと人間的なすばらしさで、アメリカの音楽業界のリーダーといえる存在。そんな日本のクインシーになるのは小田君だと思っています」

と私に盛んに言っていたものだったが、このころの小田にはたしかに、そんな雰囲気が感じられていたかもしれなかった。

風と君を待つだけ

二〇一四年七月には、小田はアルバム「小田日和」を出した。制作する前に、小田は「最後から二番目のオリジナルアルバム」と公言していた。その真意を、

「『最後』っていうと寂しいし、『最後』っていうと集大成とかって背負っちゃうものな。まあでも、『最後から二番目』だなんてことも、自分だけが思ってればいいことで、人に話す必要ないかもしれないけどさ」

と話している。

前作「どーも」から約三年二カ月ぶり。小田としては、比較的短い間隔での発表といえた。しかもジャケットは、久々に本人の画像であった。

そんな「小田日和」は、その名の通り、全体に穏やかな印象のアルバムと言えるだろうか。小田自身は「完成度が高いアルバム」とも語っている。

楽曲を少し見てみよう。名鉄（名古屋鉄道）創業百二十周年のCMとして依頼され作った「この街」。フランク・ロイド・ライト設計の帝国ホテルの玄関などが移築され、小田が好きな「明治村」に「ご当地紀行」で行く際に、名古屋から時折乗る電車だ。車窓から沿線の風景を眺め、「ああ、こんなところにも住んでいる人がいるんだな、人が生活して、それぞれの暮らしがあって、想いがあって、その気持ちを歌にしようと思った」という歌だ。しかもウクレレの伴奏によって、いい意味で、軽さのある楽曲であり、この間、たまたま聴きに行った「バート・バカラックのテイストを意識しているところもあった」と語っている。ちなみに、この時、バカラックは八十五歳。「いやぁ、俺も八十五まで歌うぞーなんて、全然考えていませんから」と言いつつ、小田は刺激を受けたのではなかろうか。お洒落な曲であるが、その詞のメッセージは、やはり小田らしいともいえる。

この街

雨は窓を叩き　風はさらに強く

人生は思ってたよりも　ずっと厳しく
夢は遠ざかり　なんか切なくなる
そんな時は　迷わず
もういちど夢を　追いかければいい
何度も　何度でも　また追いかければいい

（略）

この小さな世界　ささやかな人生
愛すべき人たち
もういちど夢を　追いかければいい
何度も　何度でも　また追いかければいい
その想いを　今　伝えればいい
いつだって　決して遅すぎることはない

アルバムには、ほかに、ドラマ「遺留捜査」の主題歌「やさしい風が吹いたら」、明治安田生命の三曲目にあたる企業CM曲「愛になる」なども収録。音楽的な試みを楽しんだアルバムであり、六十歳を迎えた時、小田が私の取材に語っていた言葉を、思い出したものである。

「オリジナルアルバム、あと、一枚やるのかなあみたいな。そしたら素敵なスタンダードなんかをやってみたいなと思うけどね。俺を最初に音楽に誘ってくれたスタンダード、一九五〇年代、六〇年代グラフィティーみたいな。アメリカのダンスがあったり、そこで素敵な彼女をみつけてみたいって歌もいいなと思うんだよね。罪のない、そういう歌がつくれればいいなあとも思うんだ。重いもの、暗いもので、締めくくっていく気はないよね。ただそこに、ぽんと、『東京の空』みたいな曲ともう一曲くらい、入っていれば、もういいのかな」

六月二十八日からは、このアルバムをもって、全国ツアー「本日　小田日和」を和歌山からスタートさせた。十月二十九日の岩手まで四カ月間、十八カ所三十六公演を走り抜けた。

翌二〇一五年も一月二十九日から「本日　小田日和　追加公演」を広島から三月十八日の横浜まで、七カ所十四公演で行った。ツアーは、もはや小田の日常となっているように感じられた。

この「小田日和」ツアーの楽曲のなかで、最も心に刻まれた一曲は？　というアンケートが小田ファンクラブ会報誌「PRESS」によってとられたが、一位に選ばれた楽曲は「風と君を待つだけ」だった。この曲は一九九二年に公開された小田が監督した映画「いつか どこかで」の劇中歌として作られ、シングル「いつか どこかで」のB面に入っていた曲である。ツアーでは、「the flag」のあとに歌われたからだろうか、逆境のなか、背中を押してくれる、励ましてくれる、そう聴こえたのかもしれない。小田の歌に時折見られる「再発見された歌」ともいえよう。

風と君を待つだけ

どうしても今　君に伝えたい
今でも君を　誇りにしてること

いつも憧れて　追いかけていた
振り返らずに　走る君を

流す涙を　隠さないで
切ない想いを　そのまゝ　聞かせて

誇りを捨てないで　諦めないで　ひとりにならないで
僕らは信じている　君が手を高く上げて
肩を並べて　いつかまた　走り始めることを

（略）

（ひとりにならないで　もう一度　夢をみせて）
今　船は　真白にかゞやく帆を高く上げて　（今　船は風と）
あとはたゞ強い風と　君を待つだけ　（君を待つだけ）

二〇一〇年代の小田を特徴づけるもう一つは、若手とのコラボレーションだろう。「委員会バンド」なる名称で呼ばれる「いきものがかり」の水野良樹、「スキマスイッチ」の大橋卓弥、常田真太郎、そしてスターダストレビューの根本要とのコラボレーションは例年の「クリスマスの約束」の核の一つにもなっていく。さらに親しい若手は増え、たとえば、TRICERATOPSの和田唱も、小田にとって貴重な若い音楽仲間となった。洋楽にマニアックなまでに詳しい二十八歳年下の和田が語る〝小田和正論〟は面白い。

「あの声は……、あれはもう本当にギフトですよ、ギフト。……あんな声いないですよ。海外でもいないですよ。『これ、世界的に見て、すごいことですよ』って言うんですけどね。なんかもう全然、『すごくねえよ』って」

さらにこうも語っている。

「あれだけポピュラリティーを獲得していて、みんなが知っている曲を作っている小田さんですが、ありきたりのJポップと違うんですよ。洋楽を知っている人が作っているメロディだし、譜割りですよね。そこがいいんですよね。日本人にもわかりやすいところと、洋楽が好きだった人ならではの作曲法、それが同居しているんですよね。これがよさじゃないですか」

小田の世界の広がりは、若い人にだけではなかった。

二〇一四年の「クリスマスの約束」は総集編となったが、冒頭、「委員会バンド」、松たか子、JUJUら若い人たちと、井上陽水の「最後のニュース」を歌い、最後に細野晴臣が登場した。全く接点のなかった小田と細野だが、二〇一一年、くるりの「京都音楽博覧会」で出会い、その後、目黒の蕎麦屋やホテルのレストランで遭遇し、そんな縁で小田が細野のライブを観に行ったのだという。小田自身が、若いころと違い、人との出会いを求めている、その姿勢の反映かもしれなかった。

細野と小田は同い年でもあった。しかも共に、日本では一九六四年から放映されていた「ダニー・ケイ・ショー」が大好きで夢中で観ていたこともわかった。

小田は細野との会話を、こう切り出した。

小田　親しくもないのに、不躾《ぶしつけ》な質問してもいいですか？

細野　いいですよ。

小田　あの、伝説のバンドを二つも渡り歩いて、本人的には、どういう感じなんですかね。

細野　どうなんだろう。バンドを作っちゃ解散する、という趣味だったんですね。

小田　伝説のバンドにいたぞ、俺は、みたいな……。

細野　伝説という気分じゃないよね。なんか、遊んでいたみたい……。

選ばれた曲は「Smile」。チャーリー・チャップリンの作曲だ。ナット・キング・コールによって歌われ、後年、マイケル・ジャクソンによってもカバーされた。細野がメインを歌い、小田と松たか子、ＪＵＪＵがハモるというもので、細野は「豪華だなあ」と笑っていたが、その様子を見ながら、小田自身が主体的に戸を叩き、世界を広げ、ここまで来たのだという感慨を、小田をよく知る人たちは抱いたのではなかったろうか。いや、いまさら、そんな感慨はもう失礼かもしれなかった。「クリスマスの約束」が始まって十三年。さまざまなアーティストとのコラボレーションは、もはや日常と言ってもよいかもしれなかった。

あの日 あの時

二〇一六年は、オフコース時代も含めた楽曲のなかから三十曲を選び、三枚組のベストアルバム「あの日 あの時」を出した。

当初、ベストアルバムを出すことに懐疑的な小田だったが、吉田雅道が提案する三枚組のリストを見て、次第に考えを変えた。当時、こんな風に「PRESS」に語っている。

「『自己ベスト』を出した時は、時間の流れというのをそんなに感じなかったけど、今回はその重みというか、それを感じたんだ。ずっと四苦八苦しながら音楽やってきたんだなあ、でも常に一生懸命だったということを、俺が俺に伝えてきてね」

このベストアルバム「あの日 あの時」をもって、四月三十日、静岡から全国ツアーを開始させた。十月三十日まで二十四カ所四十八公演。ツアータイトルは「君住む街へ」。一九八八年に作った歌をあえてツアータイトルにした。そしてそのタイトルのように、函館、富山、出雲など、久しぶりの土地も訪ねている。セットリストも、「僕の贈りもの」「眠れぬ夜」「秋の気配」「さよなら」「I LOVE YOU」など、オフコース時代の楽曲を多く入れ、「心はなれて」の時は、当時の日本武道館での「over」のモニター映像も流れた。そしてある日のMCでは、こんなことも話した。

「さっきスタッフと話していたんですけども、なんと今日六月三十日は、あの五人の『オフコース』最後の武道館十日間、その最終日にあたるということで、あれからなんと、三十四年も、時が流れております」

そしてこのMCのあと、「言葉にできない」を歌った。

また出雲では、宍道湖《しんじこ》の周辺を自転車で疾走、松江市内に入り、島根県民会館を目にすると、

「オフコースがようやっと人気が出てきたころ、ここでコンサートをやりまして、その時に学生服のガキどもがいっぱい集まって熱気ムンムンで盛り上げてくれまして、すごくうれしかったのを覚えております、四十二、四十三年前のことですかね」

と船越達也のカメラに向かってうれしそうに当時を振り返ってもいた。

二〇一六年、「クリスマスの約束」の一回目の打ち合わせは、七月二十八日だった。ここで小田から「宇多田ヒカルはどうか」と提案があった。阿部は「いいですね」。まさに第一回の打診から十五年の時が経っていた。小田も「すごくやっぱり感慨深いものがあるね」。

秋になってもツアーは続いていた。

十月三十日、最後の公演地・沖縄が終わって、翌日から早速、「クリスマスの約束」の準備が

本格的に始まった。全員そろってのリハーサルは十一月十四日から始まり、十二月十一日、宇多田ヒカルが初めてリハーサルにやってきた。

本番の収録は例年より遅い十二月十六日。TBSのスタジオである「赤坂BLITZ」。まず、小田が、一回目の時に一緒に歌いたいと提案したSMAPの「夜空ノムコウ」をピアノを弾きながら歌った。この年の十二月三十一日をもって、SMAPは解散することになっていた。

次に小田はこんなMCで彼女を迎えた。

「十八年前、鮮烈なデビューを飾ると同時にスーパースターになりました。宇多田ヒカルさんです」

会場からは大きな歓声と拍手が湧いた。そして番組の一回目に彼女に手紙を出し、会場には来なかった時のVTRが流れた。リハーサルスタジオに宇多田が現れた時の様子も映像で公開したうえでのコラボレーションとなった。

「それでは、十五年ですか、時を経て、いよいよですよ」

「大変、長いこと、お待たせしました」

小田のギターの伴奏で、宇多田が「Automatic」を歌い始めた。二番からは小田も歌に加わった。心地良い緊張感。コラボレーションとはこういうものだなと思わせる魅力と広がりを感じさせる時間だった。

つづいて二人で宇多田の「花束を君に」を歌い、さらに「小田の歌も歌いたい」との宇多田の希望で「たしかなこと」が選ばれた。宇多田は「たしかなこと」を選んだ理由を、

「リスナーとしてもグッときたけど、作詞家としても、難しい表現を使わず、誰でもわかる身近な言葉を使って、日常的な風景のなかに、生きることとか人同士の関係性を描くという、そのス

タンスというか言葉に共感しました」

と語り、小田は、

「いや、こんなに褒められちゃってどうするんだろう、そのまま受け止めたいと思います」というれしそうであった。そして彼女の希望で、少し〝ロックぽく〟、二人でこの歌を歌った。小田一人が歌う時とはまた違う魅力、若い世代がこの歌に惹かれる芯のようなものを改めて感じた。

この年はほかに、和田唱と二人共通して好きなポール・マッカトニーを歌い、「委員会バンド」はニール・セダカが一九六二年に歌い全米一位となった「Breaking Up Is Hard To Do」（悲しき慕情）や大瀧詠一の「君は天然色」などを歌い、さらに松たか子、ＪＵＪＵとお馴染みの「クリ約」メンバーがそれぞれ歌った。小田はスタッフの変化も好まないいが、こういうところでも同じメンバーを好むような気がする。このあと、小田は一人でギターを弾きながら「僕等がいた」を歌った。五人オフコース最後の音楽ビデオ「ＮＥＸＴ」のために書き下ろした歌だ。小田はこの歌を、この年のツアー後半から、アンコールでも歌っていた。♪僕等の終わりは　僕等が終わる

誰もそれを語れはしないだろう♪。五人オフコースを想うとともに、この年、解散するＳＭＡＰを想い浮かべた人もいたかもしれない。

あの頃確かに　僕等がいたね
誰も知らない僕等がいたね
何も見えない明日に向かって　走る僕等がいたね

この年の「クリスマスの約束」は、最後に、もう一つ歌があった。

宇多田、和田唱、委員会バンド、松たか子、ＪＵＪＵ、そして小田の全員で、ボブ・ディランの一九六四年の歌「The Times They Are A-Changin'」（時代は変る）」を歌った。まさに一九六〇年代、若者の反乱の時代を予期するような歌である。これも小田が提案した。

「あのころ、三十歳以上の者を信じるなというムーブメントがあって、いま、七十になって、その『時代は変る』っていう歌を取り上げたらどうかな。ボブ・ディランが歌っていた曲をＰＰＭも歌っていたんだ。こういうのをやるのが『クリ約』だな。歌詞の内容がいいと思うんだよね」

その後、奇遇にも、ボブ・ディランがこの年、ノーベル文学賞を受賞することに決まった。本番で、小田は、

「先頃、ボブ・ディランはノーベル賞を受賞しましたが、あのころのボブ・ディランだったら、拒絶していたかなと思ったりもします。時は流れております」

と話してから皆で歌った。

二〇一七年、小田は七十歳となった。

六十歳になるころ、年齢についてよく話していた小田も、七十歳について訊ねた時、ただひと言、

「六十歳とは全く違う、一番の変化は、もうあとはないなということだな」

とだけ言った。私は、立花隆がかつて東大で行ったという講義を思い出したものだった。少し長いが引用したい。七十歳のリアルがそこにある。

「六十代と七十代は全然違うものだということが、自分が実際に七十歳になってみてはじめて分かりました。何がそんなに違うのかというと、肉体的には大した変化はありません。変わったのは心理です。自分の死が見えてきたなという思いが急に出てきたのです。七十歳の誕生日、六十代に別れを告げて七十代に入ったまさにその日、とうとう最後の一山を越えたんだなという思いがしました。そして今、目の前には七十代という地平が広がっていますが、その向こう側に、自分の八十代、九十代という未来平面が広がっているかといったら、いません。七十代の向こう側は、いつ来るか分からない不定型の死が広がっているだけという感じなのです」（立花隆『二十歳の君へ』）

この年は、小田にとって、二〇一〇年代で唯一、ツアーのない年となったが、さまざまなイベントにゲスト出演、「遺留捜査」第四シーズンの主題歌「小さな風景」のレコーディング、JUJUや水野良樹らの楽曲づくりに関わった。また二月二十八日、三月一日には、二日かけてNHK－BSの「100年インタビュー」の収録に応じ、そのなかで、番組の「100年後へのメッセージ」というコンセプトを受けて、カメラに向かって、こんな言葉を送った。

「こんにちは。ぼくは、百年ほど前、曲を書いて、歌を歌っていた、小田和正という者です。まず、そんなことはないと思いますが、ぼくの曲を聞いたことがあるという人がいたら、それはとても嬉しいことです。もちろん、いろいろな問題はありましたけれども、ぼくは、この時代を生きて、とても楽しく、幸せでした。さて、ここから百年、時代は大きく変わっていったんだと思います。でも、たとえ、どんなに変わったとしても、きっと空は、ただ青く、こんなふうに、やさしい風が吹いているんだと思います。その風を感じながら、同じ時代を生きる、かけがえのない仲間たちと力を合わせて、この国を、君たちの誇れる国にしていってください。心からそれを願っています」

蒼い空とやさしい風、そして「君たちの誇れる国にしてほしい」。七十歳の小田が百年後を想って送ったメッセージは、小田の歌そのものといえた。

十一月には、ＮＨＫ－ＦＭ「今日は一日〝小田和正〟三昧」なる生放送にも長時間出演を果たした。さらに「クリスマスの約束」では、この年に亡くなったかまやつひろしを偲《しの》び、かつて「風のようにうたが流れていた」にゲスト出演した当時のＶＴＲを少し流したあと、出演者たちとかまやつひろしの歌を歌った。その交流範囲は広がっていくその一方で、同世代の音楽仲間が亡くなっていく……そういう歳になったことを小田は改めて実感したに違いない。

二〇一八年、小田は一年ぶりに、ツアーに出ることになった。

この間、つくった「この道を」「会いに行く」「坂道を上って」「小さな風景」を入れた四曲シングルを五月二日に出し、五月四日、熊本から「Kazumasa Oda Tour 2018 “ENCORE!!”」を始動させた。

熊本は二年前の二〇一六年、大分とともに最大震度七の地震に見舞われ甚大な被害を受けていた。

小田はツアーを熊本から始め、十月三十一日の横浜公演まで全二十一カ所四十八公演と長いものだった。とりわけ最後の一カ月となった十月は、宮城、北海道、広島、愛知、横浜と続く過酷なスケジュールだった。それぞれ二日間の舞台を全力疾走するうえに、事前のご当地紀行の撮影や移動を含めると、「ほとんど毎日出掛けていって体力を使っている感じだった」はまさに本音だったろう。

後半にさしかかったころ、喉の調子が悪くなった。

この年の「クリスマスの約束」は、当初の打ち合わせ段階から無理だと伝えてあったが、TBS側からは翌年三月にそれに代わる企画を打診されていた。そんな状況のなかで、小田が「声が出ない」と訴えたのは、この年の暮れ近くになってからだった。しかし、六月十八日に起きた大阪北部地震のため、六月予定の大阪公演が年明けすぐの一月八日、九日に延期されていた。

小田に休んでいる時間はなかった。

大阪公演が二〇一九年一月に延期されただけでなく、ここに追加公演が加わり、「Kazumasa Oda Tour 2019 "ENCORE!! ENCORE!!"」と銘打ったツアーが、五月十四日の横浜アリーナから、七月三十一日の愛媛県武道館まで続いた。この愛媛県武道館で、小田はいつものように、最後に、「また会おうぜ！」と右手を突き上げて挨拶した。それはこの十年間の足跡通り、ほんとに、またすぐに再会できるかのような、そんな想いが観客にもスタッフたちにもあったものだった。

そこから三年、まるで冬眠のような暮らしが始まることになるとは、誰も、微塵も、予想すらしていなかった。

第10章
さよならは 言わない
2020-2023

二〇二〇年から二〇二三年にかけての三年余。

いまから振り返れば、新型コロナウイルス感染症に振り回された三年間といえるが、それはあとから思えばの話だ。

二〇二〇年の年初め。そんなことは想像すらしていなかった。

小田和正は、前の年に依頼された明治安田生命の企業CM曲に取り組んでいた。

始まりは一九九九年の「言葉にできない」、二〇〇五年の「たしかなこと」、つづけて二〇一四年の「愛になる」。そして二〇一九年、新たな歌を頼まれていた。

二〇二〇年初頭、事務所でプリプロ作業を始めたのが一月二十七日。

この時、小田がつくってきた楽曲は二曲、AとBがあった。そのBを明治安田生命の次の楽曲にしようと決め、そこから小田は自宅で本格的な作詞作業を始めた。

二月十四日、例年、年頭に行われるファンクラブ用DVD「LIFE-SIZE」の編集作業が社内で始まり、傍ら、明治安田生命の楽曲のプリプロ作業も行われた。しかし、次第に、コロナ感染症の脅威がジワジワと広がっていき、ファーイーストクラブもリモートワークとなり、プリプロ作業も中断された。その間も、小田はずっと自宅で作詞作業を続けていた。

三月半ばから、事務所のスタジオでのプリプロ作業が再開された。本来、小田とエンジニアの望月英樹は同じ部屋で作業するのだが、それは避けようと、スタジオに小田、会議室に望月が待機、機材を無線で繋ごうとしたが安定せず、有線で繋ぎ、作業が始まった。当初の三月末の納品予定は延期され、四月七日には新型コロナウイルスに対する緊急事態宣言が政府から発令された。そんななかで、当初、コロナに関係なく詞を考えようとしていた小田は、やはりコロナに向き合わざるを得ないのではないかと思い始めていく。

小田は、当時をこんな風に振り返っている。

「できればコロナを歌わないで、超然と乗り切りたいと思っていたけど、やっぱり、無視できないところに追い込まれたよね。でも〝頑張ろう〟というのはみんなが書いているから、自分は少し違う視点というか、時を先取りして、もう風が吹いて来たという、その時を願って、そういう歌になった」

楽器、小田の歌入れ、さらに松たか子や大橋卓弥らが個別にコーラスパートを録音し、楽曲「風を待って」が完成したのは六月末だった。

風を待って

ずっと　待っていた　風が　今　吹いた
まるで　やさしい声で　話しかけるように　吹いた
It's going to be all right きっと　大丈夫

思うようにはいかなくても
午後の光は　風に揺れて
あなたに笑顔　運んできた

ずっと　待っていた　風が　今　吹いた
まるで　やさしい声で　話しかけるように　吹いた

It's going to be all right　きっと　大丈夫
まだ　何も見つからなくても

空の青さに　守られながら
ゆっくり　歩いて　行こう

やっぱり、「風」なのである。

コロナ感染症が社会を覆っていく閉塞的な状況のなかで、それが明けたらと考える時、小田が思い浮かべたのは、やはり「風」だった。

では、小田にとって、「風」とは何なのだろうか。

小田自身が「風」という言葉からすぐ思い浮かべるのは、高校時代、校庭で野球の練習をしていたときの光景だという。

「グラウンドで野球やっていると、風が吹いているんだな、ああ、また風が吹いているなと。とくに外野を守っていると、一人ぽつんとそこにいる感覚になった。そういうとき、草の匂いがして、風のゴーッという音が聞こえてくる。そう考えると、ずっと風がついてまわっていたよね。風が動かしているわけではないけど、俺にとって、風が流れているということは、時が流れているということと同義なんだ」

こうも言う。

「風を待ってというのは、時の経過を待ってということなんだろうな。やっぱり、風は、時の流れなんだ。時が経つと、去ってしまって戻ってこないものもいっぱいある。やって来たものも以前のものとは違う。風は何かを運んできてくれるけど、移り変わるものでもある。その両面があるから、手放しでは喜べない。この二つは常に同居しているんだ」

風は、時に幸福を運んでくる。しかし時に、幸福な時間を置き去りにして先へ先へと進んでいってしまう。

その逆もある。

風は、どんな辛いことも哀しいことも、どこかへと運び去っていってくれる。

時は、人生は、常ならず。風のように、やってきて、去っていく。

結局、「風」とは、小田自身が子どものころから、ずっと強く抱いてきた「無常感」を体現するものなのかもしれない。刻々と変わっていく、その一瞬一瞬を、風は象徴しているのかもしれない。そして「空」とは、そんな自分をずっと見守り続けてきたものなのだろう。

「俺は自分が好きだなと思うことを一生懸命やっている。だから自分が好きなものを同じように感じてくれる人がこんなにいっぱいいいたんだなと思うんだ。俺は自分のことを特殊だと思っていないから、ああ、今日は空が青いなとか、夕焼けがきれいだなとか、そういうふうに感じるものだから、あっ、それ私も好き、みたいな、そういうことの積み重ねだな」

この時、小田がポツンと言った言葉が、私には印象に残っている。

「『雨上がりの空を見ていた』って歌詞に共感できない人は、たぶん、俺の歌は好きではないと思う」という言葉だった。

「たしかなこと」の最初の一節である。何ということのないごくごく日常の一コマ、しかし、かけがえのない日々の一コマ。小田和正の詞が成り立つ世界である。

たしかなこと　（抜粋）

雨上がりの空を見ていた　通り過ぎてゆく人の中で
哀しみは絶えないから　小さな幸せに　気づかないんだろ
時を越えて君を愛せるか　ほんとうに君を守れるか
空を見て考えてた　君のために　今何ができるか

そして、この歌には、こんな一節もある。

君は空を見てるか　風の音を聞いてるか
もう二度とこゝへは戻れない
でもそれを哀しいと　決して思わないで

いちばん大切なことは　特別なことではなく
ありふれた日々の中で　君を
今の気持ちのまゝで　見つめていること

先の言葉を言ったのは小田が六十歳になった時だった。

「君」は夫や妻、恋人でもいいし、子どもや親、友人や仲間でもあるだろう。人生という限りある時間のなかで出逢う大切な人たちである。そういう人たちと生きる、決して長いわけではない人生。特別なことではなく、ありふれた日々。そこへの想いである。

コロナが社会に広がり、なんということのないはずの普通の日々さえもが侵食されていくなかで、だから小田が待ち望んでいたのは、いつものありふれた日々、それを運んでくれる風だったということなのだろう。

こんど、君と

この二〇二〇年、小田には、もうひとつ課題があった。NHKから「みんなのうた」の楽曲を頼まれていたのである。

「みんなのうた」は、子ども向けの歌のイメージがあるが、昨今はそうではなく、広くいろいろなアーティストが楽曲を提供している。まだオフコースが全く売れていなかった一九七〇年代前半、「みんなのうた」用に小田は楽曲を作っている。それが「老人のつぶやき」で、しかもそれが採用されなかったことは既に書いた。そんな因縁もあるうえに、NHKが書いてきた企画書は、小田に少し気負いを感じさせた。二〇二〇年末、小田はスタジオでこんな風に語っていた。

「企画書にいろいろな言葉が並んでいたんだ。口ずさみたくなる、明るい、どんときたのが、普遍的……オマケに、六十周年記念曲だと書いてある。そんな立派なものは背負えないと思った。それにつけても、コロナをどうするか。コロナもエールもなしでいいかと訊いたら、なしでもいいですと。それなら書けるかなと。でも書いているうちに、やっぱり、この状況を歌わないでいいのかと、その行ったり来たりがあった。それにしても普遍的（笑）。『100年インタビュー』の影響だろうけど、ありがたいことだけどと、自分のなかでブツブツ言いながら、なんとか書いた。サウンド的にはちょっと懐かしいような曲になったかな」

小田はずいぶん楽曲と格闘したようである。ことに、散歩にもジムにも行くことができない閉塞的な生活が、いっそう、小田を追い込んだかもしれなかった。

この楽曲ができあがった二〇二〇年十二月二十四日、文化村スタジオで、楽曲づくりの苦闘について、こう語っていた。

「少しでも、進んでおきたいから、ここからは明日やろうとは、なかなか切り上げられなかった。時間が経つのが早くて嫌になったよね。布団に入るのは午前三時くらいになったけど、どうせ布団に入っても、曲のことをいろいろ考えてしまうからさ。無理してでも、進めたほうがいいかなと。そこでぱっとやめてというのがなかなかできなかった」

それで、はかどったんですか？　と訊ねると、こう言った。

「そうだね。夜やって、そこでできたと思っても、朝、何、これっていうことになるんだよね、夜書いた手紙みたいに。自分ではすごく検証して、ぬか喜びしていたけど、朝見ると、違うじゃんというのが多かった。それはすごく消耗したな」

こんなことも言った。

「年齢を重ねて、仕事が早くなっていくかというと、俺の場合、仕事が早くなっていかないんだね。これもあるな、あれもあるなと引き出しが多くなったからなんだ。引き出しが多いって、すごくいいことみたいに言われるけど、優柔不断な人間にとっては、あれこれ変なこと考えてしまうんだよね」

そんな〝苦闘〟を経てできあがった歌詞は、コロナが収束した後のなにげない日常を歌うものとなった。なにげない日常が、人と会って他愛ないおしゃべりをすることが、どれだけありがたいことか、恋しく感じられることか、小田の等身大の想いであったろう。少し驚いたのは、少し前のプリプロ作業中にはなかった歌詞が、そこに新しく加えられていたことだった。小田はずっと、最後の最後まで、言葉を探していたのだな、そう実感したものだった。

こんど、君と

今度　君に　会う時は
やさしい季節に　包まれてるだろう
見なれた　この街の　どこかで
ゆっくり　他愛のない　話をしよう

そんなこと　考えながら
今を　歩いている

想う人がいる　想ってくれる人がいる
小さな　幸せが　支えてくれる

窓から　射し込む　光が
真白な壁に　踊っている
飽きずに　それを　眺めている

心はいつか　ほどけて　行った

空は今日も　青く　続いてる
すべて　受け入れながら

想う人がいる　想ってくれる人がいる
小さな　幸せが　支えてくれる

Woo　歌は　友だちのように
いつも　励ましてくれた

そして歌は　やがて　みんなの気持ちを
ひとつにして　行くよ

声を合わせて　あの歌を
いつか　みんなでまた　うたおう

想う人がいる　想ってくれる人がいる
小さな　幸せが　支えてくれる

もう少し　この先へ
行ってみよう　もう少しだけ
もう少しだけ

最後に加わった歌詞は、「想う人がいる　想ってくれる人がいる　小さな幸せが　支えてくれる」だった。「ここの歌詞、いいですね」と言うと、「そうか、それは福音です」と照れた。翌年春、さらにこの楽曲について訊ねた時には、「なんか結果的に、転調もなく、自分にとってシンプルで、ちょっと腰の強いというか、飽きの来ない楽曲ができたと思った」と語った。結局、この曲は、その翌年の全国ツアーの、いわばテーマ曲として歌われることになる。

このコロナ禍の二〇二〇年、もうひとつ、印象に残ったことは、ファンクラブ会報誌「PRESS」の企画である。ファンから寄せられた膨大な質問に小田が答えるというもので、当初集まった質問は三千三百八十二問。そのなかから三百一問が選ばれた。質問担当は、映像カメラマンの西浦清。同い年であり、四十年のつきあいのあるコンビの掛け合いは楽しく、この企画は、二〇二〇年八月号から始まり、二〇二一年九月号まで続き、さらに二回のアンコールが行われた。質問は音楽的なことからごく日常的なことまで、ファンの関心に沿って多岐にわたった。

企画の記念すべき一問目は、「１００年後まで残しておきたい曲というのはどんな曲ですか？」

という直球だった。小田はこう答えている。

「始めたころは、自分が『ああ俺は、今こういうことを考えてたんだな』っていうものが残っていければいいなって思ったくらいで、『残す』っていうような、そういう力んだものではなかったな。それでも『普遍的』って言葉は、常に浮かんでたような気がするかな」

二問目は、至極素朴な質問。「コンサート中に飲んでいるボトルの中身は？」。答えは「水」。

三問目は、「ツアー時、小田さんはパジャマを持参しますか？　それともホテルに備え付けの寝間着を着ますか？」。小田の答えは「パジャマを持参します。ホテルの浴衣みたいなやつ、着たことねぇなぁ」。そこで西浦が「じゃあ、バスローブみたいなものはあまり使わない？」と訊ねると、「使わないですね」と答え、こう続けた。「あれは濡れているうちに着て、水分を吸収していただいて、その後にパジャマに着替えるわけでしょ？　身体がビショビショのままガウン着るっていうのが、どうも居心地がよくねぇなぁ、君は着るの？」。すると西浦は「俺は着ないよ、着たことなんてないよ」、これに対して小田が「だよな、西浦はバスローブ似合わない」。ちなみに、小田がツアー中、ホテルの部屋に持ち込むものは、パジャマとギターとキーボードと答えている。

「東北大学混声合唱団時代、一番思い出に残った曲は？」の質問には、「みんな知らない曲だろうけど、『夏のゆうべ』」と答え、こう語っている。

「♪小鳥たちが昔のこと、あの頃のことを思い出しているんだろう、もう二度と帰らぬあの日のことを♪って歌で、もう全然前向きじゃない歌詞で、……今歌うとそれがもう迫ってくるわけだよ。それがまた美しい曲で、……あんな曲を書きたいなって思うもんね。……（合唱で歌った）

モーツァルトとかバッハとかフォーレとか宗教曲は自分の中では財産だね。有形無形のね。影響しているものがあるよ」

母のふるさと、和歌山県北山村の思い出と食べ物についての質問もあった。

小田は小学生の時に二度家族で遊びに行ったと言い、母のふるさとの味として「茶がゆ」を「今でも一番好きな食べ物」と話している。小田によれば、「茶がゆ」はお粥にとうもろこしをいれたものだが、小田の遠縁にあたる藪本鐵美が私にこんな話をしていた。小田薬局で働いていた鐵美は独立後、金沢文庫に近い富岡で薬局を開いたが、当時、早稲田大学大学院に通っていた小田も近くのアパートに住んでいて、よくやってきたという。

「和正君はうちのおふくろを『ミト、ミト』と呼んでいて、『ミト、いる?』って入ってきて、よく『おかゆある?』って訊くんです。和歌山の茶がゆは、茶葉をガーゼに包み、洗った米に入れてぐらぐら煮たもので、とろとろにしないで、さらっとした塩味のお粥です。和正君はこれが大好きで、よくこれを作ってと言っていましたね。あとは、煎った熱い大豆に醬油をかける。これも、うちのおふくろがよくやっていましたが、これも和正君は大好きでねえ」

小田の偏食はよく知られている。生魚はじめ、名物の美味しい料理の多くが苦手である。ツアー時には、毎回、バンドのみんなと飲食を共にしてきたが、お酒もほとんど飲まず、美味しい名物の珍味の大半を、バンドメンバーの皿にポンポン入れている姿を、以前、何度か見たことがある。バンドメンバーの稲葉政裕がこんなことを言っていた。

「ご当地紀行でも、小田さんはどこそこの有名スイーツを食べましたなんてないでしょ。たいてい、駅前のうどん屋でうどん食べて『まいうー』みたいな。小田さんは日常が好きで、その日常がずっと繰り返されているなかにドラマがあるのが好き。特別なことは贅沢することではなくて、日常のなかにあるって思っているってことですかね」

和歌山の茶がゆは、そんな言葉を思い出させた。

自分の性格をどう思うかという質問はいくつかあった。答えはいつもほぼ同じ。「優柔不断」で「面倒くさがり屋」。普通、イメージされるストイックで頑張り屋、それとは正反対なことがファンには意外でもあっただろう。西浦が「ちなみに迷った時に拠りどころとするものは何ですか？」と訊ねると、小田は「自分が好きなものですね。好きだって思える時は、それが結構よりどころになるね」と言い、こんな話をした。

「昔、財津くん（和夫）とユーミン（松任谷由実）と『今だから』って曲を作った時に、坂本くん（龍一）にプロデュースしてもらって。あるところをもう一回繰り返すか繰り返さないかって話になって、『どうしようか、両方あるよね』『うん、あるね』って。で、坂本くんに『お前迷ったりしないだろう』って聞いたんだよ、俺だったら三日くらいは迷えるから（笑）。そうしたら、『うん、迷わない』って言うからさ。『ああ、かっこいいな。迷わないんだな』って、アタマの中どうなってんのかなって思ったくらい羨ましく思った」

こんな質問もあった。

西浦　「あの日、あの時、あの場所」に戻れるとしたら、それはどんなシーンですか？

小田　いや、それはもう、戻らなくていい。もう戻りたいとは思えない。全部楽しかったけど、戻らないでいいんじゃない。

約一年半にわたって行われたこの企画を通して、改めて感じた小田の印象を西浦に訊ねると、こう答えた。

「なかには、こんなことも聞くのかという質問もあったけど、小田さんはどの質問にも一生懸命に答えようとするんです。それは少し驚くくらい。その生真面目さというか誠実さというか、どこから来るんだろうと思いましたね。小田さんは、ファンをすごく大切にする。歌を歌うことがすごく好きで、さらにエンターテインメントを企画して、人を喜ばせることに、ものすごく興味をもっている。オフコース時代は、人と話すのも面倒くさいような印象だったのに、一人になって、本当に人が変わったんだなと思いましたね」


二〇二一年について、もう少し見てみよう。

本来、二〇二一年に予定されていた全国ツアーは、前年夏の段階で、コロナ感染症の状況を踏まえ、延期の結論になっていた。各地のイベンターたちは、コロナにより甚大な損害を被っていた。小田は、いつも世話になっているイベンターたちを応援する気持ちで、各地で行われる夏フェスに参加することにした。

夏フェスとは、文字どおり、夏に開かれる複数のアーティストが参加するフェスティバルだ。

七月十七日に福岡に入り、翌日、福岡PayPayドームで開かれた「NUMBER SHOT 2021」（キョードー西日本主催）の二日目に出演した。

この日の出演アーティストは、back number、BiSH、フレデリック、私立恵比寿中学、スキマスイッチ、sumika、東京スカパラダイスオーケストラ、SUPER BEAVER、ヤバイTシャツ屋さん、ザ・モアイズユー、そして小田和正だった。明らかに小田は異分子だったろう。大半が二十代のアーティストたちだ。小田の登場は十七時すぎだった。第一声は、こんなだった。

「今日はとにかく超アウェーだからと散々脅かされました。覚悟してやって参りましたが、来てみたらさらにアウェーでたまげましたけれども、こうして温かい拍手をいただきまして、ちょっとだけホッとしているところであります。一曲でも知っている曲があれば……」

まず、「たしかなこと」を歌ったが、途中から、自然発生的に、観客たちがスマホのライトを灯し、舞台に向かって振り始めた。小田の舞台ではこれまでないことだった。小田自身も小田のスタッフたちも驚きつつも、応援されていると受け取り、うれしく感じた。小田はさらに「ラブ・ストーリーは突然に」「キラキラ」「この道を」「Yes-No」「今日も どこかで」を歌った。会場の反響は、その日、若者たちから寄せられた多数の感動のツイートがなにより雄弁に物語っていた。

小田にとって思いがけない出会いもあった。同じフェスに出演していたSUPER BEAVERが小田の「言葉にできない」をカバーし、舞台を降りたあと、小田に挨拶しに来たのである。小田も「良かったよ」と声をかけ、彼らも感激した様子だった。SUPER BEAVERは、最近では映画「東京リベンジャーズ」の主題歌なども歌っている若い四人組の人気ロックバンドだが、ボーカル渋谷龍太は、初めて買ったCDがオフコースで、小田和正は「小学四年生から現在まで俺の一番長いヒーロー」と公言していた。実際、小田自身も、彼らが歌ったことに触れ、「感謝の気持ちを込めて」、自分も少しだけやることにしたと「言葉にできない」を歌った。

こうして、小田にとっても、同行した事務所の吉田雅道や船越達也にとっても、それは予想外の盛り上がりだった。もっとも、万々歳というわけではなかった。小田の声は圧倒的に出ていたが、当の小田は少し不安を感じていた。この約二年間、レコーディング以外で声を出すことはなかった。ジム通いもやめていた。家の周辺の散歩すら控えていた。体力の衰えは想像以上だった。

しかし、立ち止まってはいられなかった。そして八月十三日、十四日には、次の夏フェスに向けたリハーサルが埼玉のスタジオで行われた。八月十五日、今度は愛知県長久手市の愛・地球博記念公園にあるモリコロパークでの夏フェス「FUNDAY PARK FESTIVAL 2021」(サンデーフォークプロモーション主催)の二日目に参加した。参加者は、小田以外は全員若いアーティストだった。石崎ひゅーい、Ochunism、SCANDAL、sumika、高橋優、ビッケブランカ、緑黄色社会、そして小田和正。小田の出番は、六番目。この日のセットリストは、「言葉にできない」を除いて福岡と同じ六曲。福岡の時よりも、声が出ていなかった。

とはいえ、この日も、観客の反応には、驚きの声すらあった。

日帰りした小田は翌八月十六日には、「クリスマスの約束」に向けてＴＢＳとミーティング。その翌十七日には、やはり喉の調子が悪く、病院で診察を受けた。しかし八月二十二日に参加予定だった「MONSTER baSH 2021」(国営讃岐まんのう公園、DUKE主催)が直前で中止が発表された。開催地・香川県知事からの中止要請があったからだった。すでに大がかりな舞台設営は始められていた。当時、飲食店への補償は行われていたが、イベント会社への補償は一切なかった。小田はすぐに、イベント会社DUKEのホームページに以下のメッセージを送った。

どんな想いでスタッフたちは安全にもっと安全に準備をして来たか。
どれだけの覚悟でお客さんたちを迎えようとしていたか。
そんなことは理解しようとする余裕もなかったのかもしれない。
一瞬にして消えた出会い、そして音楽と一緒に流れるはずだった時間。
イベンターと呼ばれる僕等のナカマたちに笑顔が戻って
アーティストたちは迷いなく懸命に演奏して
お客さんの歓声や歌声がそれに重なる。
イベントに関わる全ての人たちが
あの場所で　ふたたびひとつになる
モンスター・バッシュで。
また集まるその日まで
みんなくれぐれも元気で

小田和正

夏フェスの予定はまだ残っていた。八月二十八日には、新潟の朱鷺メッセで「音楽と髭達2021　夏の約束」（キョードー北陸主催）の一日目に参加。ほかの参加アーティストはスキマスイッチ、My Hair is Bad、マカロニえんぴつ、Vaundy。この頃には、小田の喉は復調していた。さらに夏フェスは、九月一日の大阪城ホールでの「RHYTHMTERMINAL～Arch of THE MUSIC～」（キョードー大阪主催）へと続いた。ここの出演者は宮本浩次、くるり、森内寛樹、そして小田和正だった。

この一連の夏フェスの最後は、九月十八日、地元横浜だった。「SOUND ALIVE presents 横浜合同演奏会 2021」（パシフィコ横浜／KMミュージック主催）。出演は、小田のほかに、根本要、清水翔太、Ms.OOJA、矢井田瞳と、主に小田とつきあいのあるメンバー、総合司会はギターの稲葉政裕。小田はこれまでのフェス同様、「Yes-No」「ラブ・ストーリーは突然に」などを歌ったが、ふるさとならではの曲、「my home town」をピアノを弾きながら歌った。そして最後に「今日も どこかで」を歌い始めたが、途中で歌えなくなるシーンがあった。最初、何が起きたのかわからなかった。小田がひどく動揺しているように見えた。あとで聞くと、みながマスクをし、一切、声を出せないでいることに、いまさらながら平静でいられなかったとのことだった。「今日も どこかで」は、みなが一緒に歌う歌だった。ことに、二〇一一年の東日本大震災以降、観客も歌い、会場に不思議な一体感が生まれる歌になっていた。地元の、ホームの舞台だからこそ、見に来ている人たちがマスクをし、じーっと無言のままでいることに、小田は改めて心が乱れてしまったのだろう。最後に小田は、「どうもありがとー、また会おうぜ」と他の夏フェスとは違う地元ならではの声をかけた。

こうして、二〇二一年、コロナの状況の先行きがまだ全く見えないなかでの、小田和正の夏フェスは終わった。

二年ぶりの「クリ約」

九月下旬からは、年末の「クリスマスの約束」に向けての準備が本格的に始まった。九月二十七日には、「委員会バンド」の面々と、リモートではなく、久々に対面での打ち合わせがもたれた。さらに九月三十日にはTBSとの打ち合わせ。プログラムが徐々に丁寧に決められていった。

十月に入り、矢井田瞳、JUJUなど、個別のリハーサルも始まった。また「委員会バンド」や和田唱と、曲、アレンジ、メンバーの編成などを綿密に打ち合わせした。その様子は、自分たちがやりたい楽曲をアーティスト主体でそのディテールにまでこだわり作っていく過程そのものといえた。それは、テレビという世界のなかで、一年に一回とはいえ、特別なことといえるのではあるまいか。

二〇二一年、コロナの収束がまだ全く先が見えなかったこの年の「クリスマスの約束」は、小田が夢想した音楽番組のひとつの到達点といえたかもしれなかった。

収録は、十二月一日、千葉県浦安市の舞浜アンフィシアター。二年ぶりの「クリスマスの約束」だった。

最初に、「風を待って」をレコーディングにも参加していた根本要、大橋卓弥、水野良樹、JUJU、矢井田瞳、熊木杏里、和田唱で歌った。ピアノはスキマスイッチの常田真太郎。次に中島みゆきの「時代」を女性陣（JUJU、矢井田瞳、熊木杏里）を中心に歌ったが、小田はその前に、都内のスーパーで偶然、中島みゆきを見かけたことを話し出し、「気がついてみたら、僕は売り場の隅に隠れていましたが、なんで隠れたのか、わかりません」と笑いを誘った。

さらに、自分の「キラキラ」をカバーしている緑黄色社会のボーカル長屋晴子がゲストにきて、みんなと彼女の持ち歌の「Mela!」と「キラキラ」を歌った。また桑田佳祐の「白い恋人達」を

ＪＵＪＵを中心に、さらに松任谷由実の「あの日にかえりたい」を女性アーティスト中心に、安全地帯の「悲しみにさよなら」を男性アーティスト中心に歌った。
時折、シナリオなしの会話もあった。

小田　（根本）要は俺とちょうど十（歳）違うんだよな。スキマがちょうど三十違うんだ。三十違うスキマが俺の歳になってね、見たいなあ、どんな風になって「全力少年」歌ってるのかなあ。

水野　小田さんは、オフコース時代の歌をこの年齢で歌っていると思いましたか？

小田　それだよ、俺だって、三十の頃でさえ、何が「君を抱いていいの」って言われて、七十になって、「君を抱いていいの」って、歌っているとはさ、思わないものねぇ。

圧巻は、小田がピアノを弾きながら、吉田拓郎の「流星」を歌った時だったろうか。
ピアノの前に座り、歌う前に、こんなＭＣをした。
「拓郎とは時々メールのやりとりをします。この前もらったメールはとっても元気そうでした。そうすると僕も元気になります。財津のくれる手紙はいつも優しい手紙です。かけがえのない仲間がいるっていうのは、本当にうれしいことです。それでは今日は拓郎の曲をやります。一九七九年、『流星』という曲です」
小田が歌う「流星」は、会場の隅々まで深く沁みわたる様だった。拓郎の「流星」自体が根強い人気をもつ名曲だ。そこに小田の澄んだ高音と弦楽器のアレンジが加わり、「流星」の新しい魅力が引き出されているようだった。この時、第一バイオリンを弾いたのは、いつもは第二バイオリン弾く吉田翔平だった。後日、吉田は小田から「『流星』の時のバイオリン、良かったな」と褒めてもらった」とうれしそうに言った。

吉田は二〇一〇年の「クリスマスの約束」から小田のストリングスに参加。当時、二十八歳。そしてその翌年から、この十年余、ずっと全国ツアーに帯同してきた。小田についてこう話した。

「最初のツアーで、小田さんの集中力というか、センターステージに立った時の入り込み方、身体からオーラが出てくる瞬間に圧倒されました。いまや音楽業界は派手なセットやダンスなどでステージをつくる技術も上がっていますけど、小田さんはピアノひとつで圧倒している。『生まれ来る子供たちのために』の世界観みたいなものを見たことがなかったんです。内に内に、繊細に繊細に、同時に、ものすごく激しく。繊細だけどパワー溢れるものを初めて体感して、それに一番びっくりしました。クラシックの世界ではピアノの独奏などにあることかもしれないですが、シーンとしたなかでの圧巻のプレイ。一瞬、静だけどエネルギーは動、メチャクチャ動。小田さんはそういうパワーがすごいなと感じました。外に激しいだけがパワーではないというか。あのエネルギーを体感すると、なにより、自分もそうなりたいと思いました」

クリスマスの約束の収録は、さらに和田唱との映画メドレー。The Sound Of Music（「サウンド・オブ・ミュージック」）、As Time Goes By（「カサブランカ」）、Supercalifragilisticexpialidocious（「メリー・ポピンズ」）、A Hard Day's Night（「ビートルズがやって来るヤァ！ヤァ！ヤァ！」）……など、よく知られた曲が続いた。そのあと、小田は「今回のコロナでは、僕も音楽にずいぶん救われました。そして素直に音楽をやりたいと、みんなと歌いたいと思いました。ここにいるアーティスト諸君もそうだったと思います。さて、この厳しい状況をどう乗り越えて行くのでしょう。もう一度、この曲を取り上げました」といい、井上陽水の「最後のニュース」を出演者全員で歌った。

early summer

二〇二二年が明けた。

一月早々に新曲のプリプロが事務所のスタジオで始まった。前年暮れに健康上の理由で事務所をやめた木下智明に代わって、それまでエンジニア（コンピュータープログラマー）だった望月英樹がディレクターとなった。望月は友人とオフコースのコピーバンドをやると同時に、レコーディングの専門学校に通いシーケンサーを使って音を編集するなど機械に強かった。ひょんなことからオフコース・カンパニーでアルバイトし、小田がソロになった時、ファー・イースト・クラブに呼ばれ、以降、三十年間、エンジニアとして小田のレコーディングに携わってきた。

二〇二二年初頭、作られた楽曲は「so far so good」。NHKのドラマ「正直不動産」の主題歌として頼まれたものだ。小田は企画書を読み、原作の漫画も読んだ。そこから英語の言葉が浮かんだ。so far so good。その英語のニュアンスからイメージが立ちのぼった。「タイトルをso far so goodにしようと思った時、すごく気が楽になった。日本語ではなぜかイメージは湧かなかったんだ」。〝いまのところ、まあまあ〟〝いまのところ、順調だよ〟、そんな感じだろうか。できあがった楽曲は明るくリズミカル。歌詞はやはり、小田の世界だなと思わせた。

so far so good

春がまた　ここに　帰って来た
やわらかな風が　街を包んだ

今　すべてのことが　変わって行く
人の心も　変えて行く

嬉しいこと　悔しいこと　繰り返しながら
相変わらずの毎日　そんな自分だけど

誰かを　幸せに出来るとしたら
きっと　それが　いちばん　幸せなこと

小さな夢と　不安を抱えて
自分が思う道を　歩いている

たとえ　選んだその道が　間違っていても

無駄な時間が　流れるわけじゃない
どれだけ　遠回りになったとしても
いつか　目指したその場所へ　たどり着けるはず
でも　誰かを　幸せに出来るとしたら
きっと　それが　いちばん　幸せなこと

春は来て　春は行く
生きて行けば　また時は来る
誰かを　幸せに出来るとしたら
きっと　それが　いちばん　幸せなこと

この街にまた　春が　帰って来た
少しだけ強く　今　風が吹いた

もう一曲、依頼されていた。テレビ東京の「ガイアの夜明け」のテーマ曲だった。放送二十周年を迎える同番組から、厳しい状況だからこそ、「みんなが頑張れる新しい応援歌が欲しい」とのことだった。そこから生まれた楽曲が「ナカマ」である。小田が番組にこんなコメントを寄せている。

「『ガイアの夜明け』を見ていると製作者の心意気が強く伝わって来ます。それに応えたいという気持ちで書きました。団体で戦うというのはどういうことか。見えないところで懸命に頑張る仲間がいてくれるからそこへたどり着ける。自分の現場でもそんな人たちが大勢います。少しでも番組の役に立つことができればうれしいです」

歌詞は、こうである。

ナカマ

確かな答えは　誰れも　分からないままに
僕らは　大きな夢を　追いかけていた
諦めてはいけないと　ただ　それだけを　思っていた
みんなのために　そして　自分のために
僕らは　不安の中で　何を　信じていたんだろう
僕らは　きっと　自分たちを　信じていたかったんだ

みんなの笑顔が　夢を　近づけてくれた
ひとりではないことを　教えてくれた
僕らは　誰れひとり　決して離れることもなく
ひとつに　なって行った　かけがえのない　あの日々

いつの日か　また　新しい　夢を
ともに　戦って来た　愛すべき　仲間たちと
僕らは　誰れひとり　決して離れることもなく
ひとつに　なって行った　かけがえのない　あの日々

二〇二二年から二〇二三年にかけてのツアー時、小田はこの歌のときだけ、歩くことも走ることもせず、一カ所に立ち、腕を後ろで組み、少し上を見あげるように、いわゆる斉唱のような姿勢で歌っていた。仲間との日々に想いを馳せているような、そんな印象もあった。ツアー時、この歌を聴くたびに、小田にとって「ナカマ」とは、いったい、誰たちを指しているのだろうと、想像したものだった。このことは、あとで書こうと思う。

二〇二二年六月十五日、小田の十枚目のオリジナルアルバム「early summer 2022」がリリースされた。前作「小田日和」以来、八年ぶりとなった。

楽曲は、二〇二〇年に作られた「風を待って」「こんど、君と」に、この年、新たに作った「so far so good」「ナカマ」、二〇一八年に出された四曲シングル「坂道を上って」「小さな風景」「この道を」「会いに行く」、それに二〇〇一年、クリスマスの約束の初回につくられた「この日のこと」が初めて音源化され、全部で九曲が収録された。装丁はピアノを弾く小田らしき人物の線描画というシンプルだが、シャレた印象だった。小田自身はこのアルバムが出た時、こんな風に語っていた。

「early summer 2022 ってタイトルは、すごく気に入っているんだよ。良くも悪くも暗示的な雰囲気なんだ。あの年、初夏にこんなことがいっぱい起きたよねという予感があって。なんというかな、えもいわれぬ行程を暗示しているような……」

気持ちのよい、初夏の風のようなアルバムともいえようか。なにより感じるのは、小田のまっすぐな言葉だ。すべて自分の背丈で詞を書いているからだろうか。嘘のない、飾り気もない、率直な言葉。音楽評論家の田家秀樹がラジオで「歌詞を書いたというより、心の言葉が歌になったアルバムという気がしますね」といみじくも話していたが、いまや、小田にとって、歌詞を書くという行為は、自分の心の中の言葉を探す作業だと思える。

二〇二二年の全国ツアー「こんど、君と」のリハーサルは、都内スタジオで四月二十八日から始まった。

このリハーサルには、主なスタッフも参加する。舞台監督の長橋達雄、舞台監督助手の上川内桂子、ツアーマネージャーの串田俊哉、PAの木村史郎、照明の佐々木好二も参加する。さらにファーイーストクラブの吉田雅道、船越達也、望月英樹などである。

小田のステージの舞台監督は、長い間、永岡宏紹だった。小田が花道を降り、客席の間の通路を歩きながら「ラブ・ストーリーは突然に」を歌うとき、いつも鬼の形相で小田をガードしている姿が印象的だったが、二〇一七年に急逝し、二〇一八年のツアーから急遽、長橋が舞台監督に呼ばれた。永岡とは対照的な静かで穏やかそうな印象だが、意外にもロックや格闘技の舞台の仕事が多いとのこと。舞台監督という仕事は本番だけでなく、公演二日前から始まる舞台の設営も仕切る立場であり、さらに当日のリハーサルはもちろん、公演中は花道の下で小田の動きに合わせて動き、時にイヤホンを通して小田とコンタクトをとる仕事である。小田について訊ねると、こう話した。

「いまでこそ普通に話せますけど、最初は緊張しましたし、正直、怖かったです。基本的に、口数が多くない方ですし、ボソボソと話されるので、正直、参ったなあと思いました。その少ない言葉から、いかに真意をくみ取って広げられるか、とにかく集中しましたね」

二〇一八年、長橋が舞台監督になってすぐのことだった。大きな風船を会場内に飛ばす仕掛けの時、小田も風船を足で蹴飛ばしながら歌っていたが、ある時、バランスを崩し、後ろによろけた。正面にいた長橋がとっさに支えて事なきを得たが、その時まで花道の幅はわずか九〇センチ。実際、歩いてみたが、驚くほど狭い。観客を見ながら、時に走りながら、高さ一・二メートルの花道を行き来することに、小田はそれまで不安を感じなかったのだろうかとさえ思ったものである。結局、この二〇二二年のツアーから、花道の幅は二倍の一・八メートルとなった。

舞台監督助手の上川内桂子は一九九九年、十八歳の時から永岡の下で働き、小田の舞台監督助手を務めてきた。代わった長橋に仕事の細部を引き継いだのも上川内だ。小田はじめスタッフ皆から「ガアチ」と慕われ頼りにされている。ツアー中に小田の誕生日があると、小田へのプレゼント企画を考え、中心になって仕切り実践してきたのも彼女だ。

ツアーのゲネプロは六月二日。最初の公演地・福島県郡山で行われ、ツアーは翌日六月三日からいよいよ始まった。この時の様子は、すでにツアーコラムに書いたが、初日といえども、これほどの熱狂ぶりはこれまで見たことがなかった。会場中が総立ち。そのあまりの熱さに心底驚かされたものだった。しかし、後日、この熱狂ぶりを小田がどう解釈していたかを聞いた時、もっと驚いた。小田は、「お客さんたちが、見に来るのはもうこれが最後、もう卒業と決めているからではないかなと思ったんだ」と言った。小田が「卒業」するではなく、観客が「卒業」、つまりこれが最後の観覧ゆえの熱狂だと感じたのだという。この話を聞いたのは、ツアーも折り返した九月のことだった。その時まで、小田は果たしてずっと、そんな想いでいたのだろうか。どれだけマイナス思考なのか、内心、少し、呆れたものだった。

この二〇二二年ツアーの二番目の公演地、新潟も印象深かった。

一日目の公演が終わり、担当イベンターであるキョードー北陸の後藤新治が、車で小田を滞在ホテルまで送る道中、小田が車中でポツンと「歌ってのはさ、ときに何かを問いかけるよな」と呟いたんですと教えてくれた。後藤は中学生のころ、オフコースの楽曲と出会って以来の大ファン。初めて買ったレコードは「over」。大学時代、キョードー北陸でアルバイトし、四人時代のオフコースの舞台にも少し関わった。卒業後、大阪の広告代理店に就職したが、三年後、小田和正と関わる仕事がしたくて、キョードー北陸に転職。最初の仕事は、小田の映画二作目「緑の街」の上映会だったという。そんな後藤が教えてくれた車中での小田の呟きの翌日、新潟二日目、今度は小田はMCでこんなことを言った。

「自分で歌っていて、迫ってくるものがありまして、それが哀しいでもないし、幸せでもないし、経験のない気持ちで……」

MCで、こんなことを言うことも珍しいことだった。後日、その発言について訊くと、こう話した。

「いままでさんざん歌ってきた歌が、自分自身に問いかけてくるような、言葉が刺さってくるような。自分が書いてきた歌詞の一つ一つが攻めてきて、曖昧だった歌詞も、結構はっきり見えた。自分はこれを言いたかったんだと思った。自分が究極の形で絞り出してきた言葉が、こんどは自分に返ってきたんだ、襲ってくるんだよ。だからといって、ぐっときて歌えなくなるのは違うんだ。ここへきて、お客さんも年をとって、これまではそれほど強く思わなかったけど、今回は、俺の歌を、歌詞を、受け止めてくれた人たちがここにいるんだなとすごく強く思ったんだ」

ツアーは順調に進んでいった。

今回、楽曲の数を少し減らしたとはいえ、二度のアンコールも含め、たっぷり二時間半のパフォーマンスだ。小田は花道を歩きながら、あの高い声で歌い続けていた。楽屋では、声のために、喉のケアと、時に身体を温めるためにひたすら走り、体調を整えていた。同時に、キーボードに向かい、ひとり練習し、さらに稲葉とギターを弾きながら声出しし、また一人集中しMCを考えているようだった。小田はのんびり休むということをほとんどしない人のようでもあった。

二〇二二年前半の圧巻はやはりさぬき市の野外劇場テアトロンだろう。

ここで初めて、小田は舞台から降りて、中央あたりの半円を描く通路を歩きながら、本編最後の楽曲「君住む街へ」を歌った。ツアーコラムで書いた通り、一日目、小田は気持ちが高ぶったのか涙を抑えられず、しかし二日目はしっかりと歌った。観客たちのスマホライトの光が、そんな小田に共感し励ますように揺らめいていた。

この二日目、始まって間もないころ、歌い終わった小田が空の彼方を見るようにして、ポッンと「あれ、何だろう？」と言った。観客たちは一斉に後ろを振り返った。空に黒煙がもくもくと上っていた。あとで聞くと、高松市内からこの会場に送迎する大型バスの一台が燃えたのだそうだ。のちに、イベント会社デュークの定家崇嗣がスマートフォンで撮った動画を見せてくれたが、かなりの炎だった。原因は不明。消防車が来て、鎮火し、ことなきを得たが、ツアーにはこんなアクシデントもあるのかと驚かされた。

しかし、本当のアクシデントは、そのあとに起きたといえるかもしれない。

順調に進んでいたツアーだったが、やはり、落とし穴はあった。

小田が新型コロナ感染症に罹患《りかん》したのである。七月下旬、さぬきの野外劇場での公演の直後だった。

まず、ベースの有賀啓雄の感染が判明。深夜、スタッフの緊急会議がもたれ、翌週の代々木公演は延期と決め、小田のホームページに発表された。その日の夕方に、小田もPCR検査を受けた結果、感染が判明した。その発表のタイミングをめぐって、小田と吉田の間で、電話越しに激しい言い争いがあった。すぐに発表したいという小田と、数日、体調を見てからと考える吉田。吉田にしてみれば、小田の発表後、さらに八月半ばの沖縄公演が中止もしくは延期となったら、小田の病状が悪化したとの憶測も生まれる。だから、ほんの数日、沖縄公演も見据えての結論が出てから発表しようというものだった。しかし、小田は早く発表すべきだと主張、そこには有賀だけに責任を負わせるのは心苦しいとの想いがあった。

結局、小田は事務所の公式サイトの掲示板に自分の言葉で新型コロナ感染を報告する文章を載せた。そして八月に予定されていた東京公演（代々木第一体育館）と沖縄公演が延期となった。

再開したのは、八月下旬、広島公演からだった。

ツアー当初から体調が悪く、座って演奏していたベースの有賀啓雄はリタイアすることとなり、急遽、吉池千秋に替わった。

小田はリハーサルで「再スタートのつもりで頑張っていこうと思います」と挨拶した。声も十分出ていた。リハーサルの最後には、自分の声が大きすぎると感じたのか、「シロー、俺の声、デカくない？」と、ＰＡの木村史郎にマイク越しに声をかけ、笑いを誘った。すべてが元通り。いや、それ以上に、声も活力もバージョンアップしたかのような印象すら受けたものだった。

本番、会場はほぼ総立ちで小田を迎えた。

小田の声も、これまでにないほど高くきれいに出ていた。以降、愛媛、福岡とつづいたが、むしろコロナに感染後、小田の声が一層、高く冴え渡って聴こえるようになった。勝手な思い込みかと当初は思ったが、小田自身が愛媛（松山）二日目を終えた時に、楽屋でこう言った。

「今日、この十年、二十年のなかで、一番くらいに声が出たな。前の出方と違うんだ。前よりうまく歌えたんだ。チカラを抜いて歌えばいいんだ、こう歌えばいいんだと、このツアーで思ったな」

たしかに、次の福岡でも、小田の声はこれまでにないほど力強く美しく響き渡った。二日目が台風による中止と決まったことが本当に惜しいと思ったものだった。そして九月下旬、初めての首都圏、横浜アリーナ、さらに二度目の名古屋を経て、さいたまスーパーアリーナとなった。

キョードー東京の阿部陽子によると、いまやアーティストのステータスは日本武道館ではなく、このさいたまスーパーアリーナの五階席までを満席にすることなのだという。しかしそれはなかなか困難なことらしい。さらに平日に、この会場を満席にするのは、阿部によれば「小田さんと韓流とか、ごく少数です」とのこと。そんななか、小田のステージはまさに高さ三〇メートル近い五階席までをぎっしり埋め、会場を熱狂させた。

そしてツアーは、神戸、ふたたび、横浜アリーナに戻ることになっていた。もうこのころには、小田に対する不安を語る声はほとんど聞かれなかった。小田の声は冴え渡り、ツアー当初の不安や緊張感など、もう忘れてしまいそうになるほどだった。

それにしても、ツアーは不思議な共同体にも感じる。

小田、バンド、ストリングスの面々、そして百人にのぼるスタッフ。PA、照明、電飾、映像、特効、電源、トランポ、ピアノ、衣装、……。約百人の大所帯、年代も二十代から七十代まで。最近は女性も多い。黒いTシャツに黒ズボン姿で、二十～三十代の女性たちが機敏に動き、時に力仕事もしている。ツアーコラムでも書いたが、小田チームの特徴のひとつは、一人が何役もこなすことだ。公演中、スクリーンに映る映像は九台のカメラで撮られているが、三台は固定カメラだが、残りの六台は本来、別の職務を持つ人たちだ。たとえば、ツアーマネージャーの串田俊哉もその一人。ツアー全体の移動、宿泊などに関わり、バンド、ストリングスメンバーと移動を共にする傍ら、本番中は映像カメラマンだ。ほかにも映像班、トランポなど本来の仕事で参加している面々が本番ではムービーカメラを回している。小田と常に行動を共にしているマネージャーの船越達也もご当地紀行の撮影、編集、さらに本番では舞台の下で、九台のカメラが撮る映像からスクリーンに映るものを瞬時に決めスイッチングする担当だ。

「僕は現場にはいつもいるんですが、小田さんのコンサートを、前から一回も見たことがないんですよ」と話す。見たいですか？　と訊ねると、「僕が見るとしたら、僕じゃない誰かがモニターのスイッチングをやっているわけで……すごく見たいかというと、あんまり思わないですね」と答えた。その言葉からは、自分以上の適任者はいないし、小田の舞台映像を他の人には任せられないとの自負が感じられた。それは、船越だけではないだろう。スタッフがみな、そういう自負をもっていると感じる。とにかくみな、小田との関係が長い。それが小田を支えるスタッフの特徴の二つ目だろう。ＰＡの木村史郎も照明の佐々木好二もともに七十代、オフコース時代から小田のステージを担当し、すでに四十五年余りの歴史がある。とにかく小田は、人との関係において変化を好まないように感じる。

今回、そんなツアーに、私自身も全行程同行した。二〇〇五年、二〇一一年のツアーに一部同行して以来だった。映像カメラマンの西浦清と大竹真二も、今回初めて全行程に同行し撮影した。この「撮影班」(通称西浦チーム)の一員となって私も行動した。

ちなみに、小田のバックヤードに、一過性のカメラマンや記者が入ることはほとんどない。たとえばＮＨＫのドキュメンタリー番組を制作するにしても、ＮＨＫ側のカメラマンや記者が楽屋に入ることはない。西浦たちが撮影し、番組をつくり、その放映権をＮＨＫに納品する形にしている。

西浦は既述したように一九八〇年以降、小田の映像関係に関わってきたし、大竹も小田との最初の出会いは、オフコース時代、「as close as possible」のツアー時だ。日本武道館公演に大型のクレーンの撮影機をイギリスから専任スタッフとともに取り寄せた時、英語が堪能だからと西浦に声をかけられたのが小田との最初の出会いである。アメリカにいたこともあり、オフコースを全く知らなかった。その後、moi(モイ)という映像会社を作り、テレビドラマなど多くの映像作品を作っているが、一九九七年以降は、ソロになった小田のツアーのオープニング映像を作っている。そして今回のツアーでは、西浦の相棒として、一介の映像カメラマンとなって全行程に同行した。その大竹に、同行撮影を通しての印象的を訊ねると、こう答えた。

「毎回、びっくりしました。打ち合わせでは、ガラガラ声で、声も小さい。この人、大丈夫かと思うほどなのに、本番になって、ステージにあがるのを、後ろからカメラでついていって撮ると、その向こうに、一万人以上の人が待っている。そして声を出したら、あんな高い声が出ちゃう。わあ、すごい世界だなと。その光景自体は見ていて楽しいですね。努力をしているのも知っているし、打ち合わせでは、無駄な声は出さないようにしているんでしょうね。あのギャップはすごく面白いです。あれがドキュメンタリーの基本だと僕なんかは思って、日常のなかの小田さんをどれだけ年寄りに撮れるかだと思っています（笑）」

では、もっと身近な人たちから見た小田和正は、どんな人と感じているのか。

小田と行動を共にすることが最も多いのは、同じ事務所の吉田雅道と船越達也だろう。とりわけ、ツアー中の移動をはじめ、日常的にジムにも必ず一緒に行く船越から見た小田和正とはどんな人物なのか、船越にだけ見せる顔はあるのか、そう思い、訊いたことがある。その答えが心に残った。

「おそらく、僕にだけ見せる姿というのが一切、ない人ですね。たとえば、コンサートが終わった直後に、二人だけで帰ることがありますが、『ああ、疲れた』みたいなのがないんです。ステージから降りてきた途端に、パッとスイッチが切れて人が変わる人もいると思うんです。小田にはそういうオンオフがないです。自然に生きているというか、周りのことはあまり気にしない、状況によって自分を変えたりしない。普通の人ならステージ上で、一万人にずっと見られていて、カメラに撮られていると思うと、ちょっとでもカッコつけるとか、虚勢を張るとか、気にすると思うんですけど、全然、気にする風がないんですよ。逆に、ふっと気を抜いたりしている。それがかえって、すごいなと思うんです」

船越は、「とにかくシャイな人。気難しいという印象はないですよ」とも話す。

大竹と船越は、一見、違うことを言っているようだが、そうではないだろう。ごくごく控え目で嗄れ声の、もはや高齢となった人間が、すばらしく高音で魅力的な声で信じられないほど多くの観客を魅了するギャップの面白さ、不思議さ。しかし当の本人は、時に自信なさげで、あまり楽観的にはなれない。だから一層、練習し続けるし、自らを律している。

なにより、とっても、「フッウのひと」とも感じる。しかし、十分、「フッウのひと」ではないだろう。これだけのヒット曲や魅力的な歌をつくり、あれほど高音で類い希《まれ》な声で、自作の楽曲を歌い、多くのファンをもち、しかも七十五歳を超えようとする現在もなお、その活動を続けている。にもかかわらず、この人から漂う「フッウ」感は、いったい、何なのだろう。もっといえば、これだけの実績を持つ人が、これほど「フッウのひと」でいつづけてきていることは、ある意味、驚きといえるのかもしれない。

そういえば、十一月の横浜公演を見た田家秀樹が、こんなことを言っていた。

「こんな枯れ方があるんだなと思いましたね。できなくなったことがある。それを全部味方にしている。ある種の危なっかしさも緊張感になる。一般的にはネガティブなものが全部魅力になる。小田さんは、こんな俺なのに、みんな喜んでくれるんだと思い、感謝できる人ですね。人にはない特別な魅力が自分にあるとは思っていないんでしょう、天才とも思っていないんでしょうね」

あくまでも田家の見解だが、それを聞いて私が思いだしたのは、会報誌「PRESS」で行った質問に対する小田の答えだった。

質問は、「座右の銘は？」というものだった。

小田は、すぐに、「徒然草」の一節をすらすらと諳《そら》んじた。

「天性その骨《こつ》なけれども、道になづまず、濫《みだ》りにせずして年を送れば、堪能《かんのう》の嗜《たしな》まざるよりは、終《つい》に上手の位にいたり、徳たけ、人に許されて、双《ならび》なき名を得る事なり」

これは第百五十段、〈能をつかんとする人〉のなかほどの一節である。

その意味は、〈生まれつきの才能はなくとも、その道に滞らず努力すれば、天性のものをもっていても努力しない人を抜き去ることができる。品格も備わり、人からも認められ、並ぶ者のない名声を得ることができる〉といった意味だろうか。

実は、この一節は、さらにこう続く。

「始めは、不堪《ふかん》の聞えもあり、無下の瑕瑾《かきん》もありき。されども、その人、道の掟《おきて》正しく、これを重くして放埒《ほうらつ》せざれば、世の博士《はかせ》にて、万人《ばんにん》の師となる事、諸道変るべからず」

〈はじめは、ヘタだという評価もあり、侮辱などもあった。しかし それぞれの道の教えに従い、これを守り、怠けなければ、世の権威ともなり、万人の指導者ともなる〉

二十代のころ、「必要とされなかった」あの時代、たしかに、小田はこの言葉を座右の銘として、噛み締めていたのかもしれない。そしていまなお、この「徒然草」の一節が、座右の銘だと答えることに、小田という人間が表れている気がした。

二〇二二年、最後の舞台は、八月の予定が延期となった沖縄公演だった。

その二日目、重い課題だったツアーが無事、終着点にたどりつこうとしていた。

オープニング映像が始まると、バンド・ストリングスメンバーたちが先に会場へと出て行った。

そのあと、小田は、控えに置かれたモニターでオープニング映像をじっと見ながらその場で足踏みしていた。出待ちの小田はいつも非常に静かだ。一人集中しているように見える。競技に出る前のアスリートのようでもある。そして舞台監督の長橋の合図で、会場へと小走りに出ていった。

この日、MCも饒舌だった。沖縄らしい歌を歌いたいとBEGIN作曲の「涙そうそう」を歌った。アンコールの頭には、小田は「みんな元気でね！　それを願っています」と言った。最後にもう一回行うメンバー紹介のときには、自分の名前を言う前に、さりげなく、「スタッフの仲間たち」とも言った。二度目のアンコールが終わった時、小田は感極まっているようで、もう一度、「こんど、君と」を花道を縦横無尽に歩きながら歌った。

こうして、不安のなかで始まった二〇二二年の全国ツアーはすべて終わった。

what's your message?

二〇二三年。

この年もツアーの年となった。前年の東京公演が延期となり、そこに北海道から九州までの七カ所の公演が加わったのである。ツアータイトルは、前年の「こんど、君と」を少し変えて、「こんどこそ、君と!!」になった。その意味は、「こんどこそ、君と一緒に歌おう」というもので、前年の後半、小田はしきりに、みんなと歌えないことを嘆いていた。小田のツアーは二〇一一年、東日本大震災以降、「今日も どこかで」をはじめ、観客も一緒に口ずさむようになっていた。それができてこそ、の思いがあった。

再びツアーを行うにあたって、小田は自発的に新曲をつくろうと考えていた。結果的に、七月から始まるテレビドラマ「この素晴らしき世界」の主題歌を頼まれ、新曲はそれに代わった。それが「what's your message?」だった。ドラマの内容に触発された歌ながら、これも小田らしい歌だと感じる。主婦がひょんなことから大女優の身代わりになる、そんな物語だが、この歌の小田らしい一節を探すなら、「ずっと　心の中にあった　想いが　自分へのメッセージになった」であろうか。自分が一歩踏み出す時に、実はずっとどこかで願っていたことだったと気づくことがある。見ないふりをしていたかもしれない、そんな思い。誰にでも、思い当たることがあるだろう。

what's your message?

何でもないことかも知れない　自分を生きるのは
そんな風に思った　夏の日の午後
今を受け止めるだけ　それだけのこと
通りすぎた日々と　また来る日々
やるせない気持も　言い訳も　消えて
広がる　空に　明日が重なる

ずっと　心の中にあった　想いが
自分へのメッセージになった

簡単なことだった　呆れるくらい
闘うのではなく　逃げるのでもなく

諦めた夢を　取り戻すだけ
陽のあたる　道を　歩いて行く

やわらかな光に　包まれて
人も　この街も　優しく見える

ずっと　心の中にあった　想いが
自分への　メッセージになった

どんなに小さな世界でも　きっと自分を生きて行く
今すべきことは　分かっている

ずっと　心の中にあった　想いが
自分への　メッセージになった
時の流れは　早くなるばかり
君の　メッセージを　見つけて

五月三日、追加のツアーは福井「サンドーム福井」からスタートした。

オープニング映像は、前年と同じコロナ下で楽曲「こんど、君と」を作曲している様子の前半部に、後半はツアートラックが空を駈け巡って各地を訪れるという部分が加えられた。この部分の尺の長さに、小田は初日前日、ずっとこだわり、何度も点検作業をしていた。

セットリストも、前年より少し変更された。ことに後半、リストを少し変えたことで、さらにうねるような盛り上がりが感じられた。

まず、後半冒頭、中高年層に人気の「the flag」を入れ、つづいて定番の盛り上がり曲「Yes-No」「ラブ・ストーリーは突然に」とつづき、その次に「風と君を待つだけ」、「ナカマ」と続くことで、〈仲間〉に向けたメッセージ性の強い展開となった。「風と君を待つだけ」は第九章ですでに触れたが、初監督作品となる映画の時に作られた楽曲ながら、二〇一五年のツアー時には、ファンクラブの投票で一位になった楽曲だ。今回も、ツアースタッフ約三十人が黒Tシャツに黒パンツというスタッフ衣装のまま、そのときだけ持ち場を離れ、ステージ下で輪唱に参加する。

誇りを捨てないで　諦めないで
ひとりにならないで　もう一度　夢を見せて

モニターには、スタッフの合唱する様子も映るのだが、彼らの歌声と小田の歌声が絡み合い、感動的ですらある。たぶん、小田とスタッフの関係性が加味され、その歌詞の世界がより生きて感じられるからだろうか。同時に、この手作り感。小田の舞台は、ほかにも、「YES-YES-YES」など、スタッフが合唱に加わる総力戦といえる。

この福井の一日目、冒頭の三曲を歌い終わったあと、小田はこんなMCをした。

「うちの兄貴からメールがきました。『明日からだろ。無理すんなよ』。僕は兄貴から、そんな扱いをされたことは生まれてこのかた一回もないので、びっくりしました。時が経つというのはこういうことかな、なんかちょっと、いい話をしてしまいました」

兄の小田兵馬は、ほとんど小田の舞台を観に来ない。二〇二二年には一回、さいたまスーパーアリーナに来たと聞いたが、楽屋を訪ねることもなく、姿を見かけることもなかった。二〇二三年のツアーにも来る予定はないという。

なぜ観に来ないのか？　と訊ねたことがある。兵馬はこう答えていた。

「おふくろはあいつのコンサートにほとんど行ったことがない。なぜかというと、行きたがっている人がたくさんいるのに、チケットがとれない人がいるのに、私が行ってはという思いがあった。僕もそうですよ」

福井の一日目、アンコール時の二度目のメンバー紹介の時、最後に、小田は「有賀君も、ここに来ていると思います」と言った。

ベースの有賀啓雄は、前年夏、コロナに感染後、そのまま療養していたが、公にはしていなかった前立腺癌により、この年の二月二十七日に亡くなった。享年五十八。二〇〇五年からFar East Club Bandに参加していた。音楽プロデューサーとしての実績もあった。バンド内ではおしゃべりをしていたのだろうが、寡黙な印象が強かった。


ツアー二カ所目は、五月十日、十一日、熊本だった。

二〇一六年四月に、M7の熊本地震が起きた時、最も甚大な被害を受けた益城町《ましきまち》にあるグランメッセ熊本が会場だった。地震の二年後、二〇一八年のツアーでは、このグランメッセ熊本がスタート地点だった。それ以来のことだった。

この熊本でのMCで、小田は、珍しく二日続けて、元YMOの高橋幸宏の話をした。

「最初のアルバム『僕の贈りもの』をレコーディングする時、高橋幸宏君がドラムを叩いてくれました。先日亡くなってしまった高橋幸宏君で、寂しくなるのですが、当時、幸宏君はわりと近い関係で、それは幸宏君の兄でノブさん（高橋信之）という人が音楽プロデューサーで、オフコースを可愛がってくれて、なにかとオフコースをコマーシャルに使ってくれました。その時、ドラムは大抵、幸宏君で、僕はユキヒロと呼び捨てにしていました。僕のほうが年上ですから。『僕の贈りもの』のレコーディングの時、終わって、『これ、いい曲だね』とユキヒロから言われ、当時、僕はひねくれていて、『ありがとう』と言えばいいのに、言わないままで、いつか、『ありがとう』と言いたいと思ってきましたが、言えなくなってしまいました」

ほぼ同世代の、あるいは少し若いアーティストたちが亡くなっていく。高橋が亡くなったのはこの年の一月十一日。享年七十。やはり交流があった坂本龍一は三月二十八日に死去、享年七十一。七十代とは、やはり、そういう年代なのだと今更ながらに、小田も思ったであろう。

「七十前までは、まあ、もう一山と思っていたけど、こうなってくると、いよいよ、近いんだな」と言った。

この熊本に、小田の中学・高校時代の友人、高島洋が見にきていた。高島も大学時代、他のメンバーとバンドを組み、小田たちと一緒にコンサートをやっていたことがあった。その後、パイロット志望の高島は、全日空（ＡＮＡ）に入社。彼が副操縦士のころ、小田はオフコースで少し売れ出していた。その時、高島が小田に「お前が、ワールドツアーをするくらい有名になったら、俺が専属パイロットになって、ツアーをまわってやるよ」と話したという逸話は結構、ファンの間で知られている。ずっと後年、小田が世界ツアーではないが、香港にツアーで行くんだと話したとき、すでにスタッフも含めたチケットはＪＡＬに手配済みだったが、高島は冗談で「ＡＮＡに換えろよ、俺が飛ぶから」と言うと、小田は数日後、本当にＡＮＡに換えてしまった。そして高島は香港行きのその機長となったのだが、そのあとは、物語のようにはうまくいかなかったと高島は笑う。

「機内でパイロットの挨拶の時、僕がこの話をしたけど、ちょうどトイレに行ってて聞いてないというし、翌日のステージでは、小田がこの話をして、僕を舞台にあげるつもりだったらしいけど、僕にちゃんと言わないから、僕は帰国しちゃって。間が悪いんですよ。でもアイツは僕の六十五歳のラストフライトにも乗ってくれたんです」

そんな高島は、この日、なにより印象に残ったのは「愛の唄」だと話してくれた。オフコース三枚目のアルバム「ワインの匂い」の中の一曲だ。二〇二三年のツアーからセットリストに加えられていた。

「すっごいタイトルですよね。よほどの曲じゃないと、このタイトルはつけられない。でも『愛の唄』にふさわしい曲です」

たしかに、「愛の唄」は凡庸な恋の歌とは異質だ。「永遠の生命も　名誉もいらない　あなたに会えたこと　それだけでいい」、そんな詞がすっと入ってくるのは、その繊細で美しいメロディゆえか。初々しくもあり、洒落たシャンソンのようでもある。恋の歌を作ることにまだ抵抗があったころの小田が気負って作ったのかもしれないが、そんなことは感じさせない。当時、評価されなくとも、小田は本当にいい歌をたくさん作っていたのだと、改めて思うのである。

愛の唄

すぎゆくは若き日々
いくつかの愛も消えて

いつまでも　変わらない　心でいたい
時の流れはいつも　哀しいもの

ありふれた　ことばを　並べてみても
あなたへの　あふれる　愛は伝えられない

泣きぬれて　ただひとり
さみしいたそがれには
恋びとよ　ふりむけば
やさしい思い出をあげよう

永遠の生命も　名誉もいらない
あなたに会えたこと　それだけでいい
歩きなれた道を　今ひとりでゆけば

めぐりくる季節にも　なつかしい匂いがして
ふるえてた　あなたのぬくもりさえ
よみがえる　この手に

泣きぬれて　ただひとり
さみしいたそがれには
恋びとよ　ふりむけば
やさしい思い出をあげよう

さらに高島は「小田の歌のテーマは、『愛と時間』だと僕は思っています」と言い、こう続けた。

「時間が経てば変わっていくものがある。時間が解決するものもある。小田は、そこにものすごいこだわりがある。前によく言っていたのは、『高島、あと五十年たつと、いまの人間の半分がいなくなるんだよ』って。そういうのも、小田らしい言葉だなと思います」

そういえば、「愛の唄」のなかにも、「時の流れはいつも　哀しいもの」という印象的な一節がある。

子どものころから、強い拘《こだわ》りをもつ時の流れに対する感受性、しかも、それを「哀しい」と感ずる感受性。若いころから現在に到るまでの小田の楽曲を貫く世界観といえるだろう。そこに、多くのひとが、理屈でなく、惹きつけられてきたようにも思う。

この熊本の一日目、小田は「ナカマ」を歌っている時、突然、感極まったようで歌えなくなった。

前年は、「君住む街へ」を歌いながら、時折、歌えなくなることがあったが、今回、それは珍しいことだった。

このしばらく後、ファーイーストクラブの望月英樹が、こんなことを言った。

「『ナカマ』の仮歌が出来たとき、ああ、いい詞だなあ、心に沁みる詞だなあと思ったんです。『ナカマ』って、これ、俺たちの歌かなと思ったんです。しかも熊本で小田さん、この歌の時、歌えなくなりましたよね。あの日、五月十日は、会社の創立記念日だったんですよ」

一九八九年五月十日、たしかに、小田の個人事務所ファーイーストクラブ創立の日だ。事務所の物件探しをしていた小田と吉田雅道が八十万円の家賃を巡って、「八十万円払えないなら、きっと四十万円も払えないよ」という小田の言葉で決断し、吉田が「清水の舞台から飛び降りる覚悟でとりあえず三年間頑張ってみましょう」と応じて出発した会社の創立記念日である。傍からみれば、順調に見える小田のソロ活動だが、当事者たちには、ひとつひとつ乗り越えてきたとの思いもあるのだろう。

改めてファーイーストクラブのメンバーを簡単に紹介すると、現在八人。創立からほぼ数年の間にメンバー全員がそろい、以降、二〇二一年末退社の木下智明を除き、全く増えても減ってもいない。吉田雅道、船越達也、望月英樹。さらに川人直子、オフコース・カンパニーから在籍、一度しばらく離れたが呼び寄せられた。音楽著作権に関して業界でも指折りに詳しいと同時に大学は数学科出身ゆえ経理担当。デスクの深山千晴は「PRESS」の編集・デザインまで一人でこなす。東京・表参道にあるショップ「ファーイースト・カフェ」には、店長の下野成久、ファンクラブやオリジナルグッズなどのイラストを担当する安部ひとみ、「PRESS」でファンへのインタビュー記事などをまとめている堀井恭子。木下もいれると合計九人で、この三十余年間、ずっと同じメンバーで小田の活動を支えてきた。

吉田は「あの日が創立記念日だったのは全くの偶然ですよ。そもそも記念日を覚えているような人じゃない」と笑うが、望月がこの歌を小田と自分たちの歌だと思うのも、わかる気がした。

確かな答えは　誰れも　分からないままに
僕らは　大きな夢を　追いかけていた

諦めてはいけないと　ただ　それだけを　思っていた
みんなのために　そして　自分のために

僕らは　不安の中で　何を　信じていたんだろう
僕らは　きっと　自分たちを　信じていたかったんだ

三カ所目の大阪。その二日目、小田は二作目の映画の楽曲「緑の街」を今回のツアーで初めて歌った。テレビのCS局で「緑の街」を放映する予定があった。ソニー・ミュージックレーベルズの小田担当の野口悦子がすっと寄ってきて、「私の一番好きな曲」と言った。

その野口がファンハウスに転職してきたのは一九九七年。小田は映画「緑の街」をつくり、翌年はシネマ・ツアーと称して全国を回った。このプロモーション活動に野口は配属され、各地を一緒に回った。そして二〇〇二年、野口は小田和正担当となった。レコーディングに立ち会い、ジャケットや、宣伝の組み立て、媒体との橋渡し……制作・宣伝の中心となる役割だが、この年はシングル「キラキラ」がリリースされ、結果的に三百万枚超えとなったベスト盤「自己ベスト」を出した年だ。野口はまさに、その現場の渦中にいた。

「リリースされるや、一日に六桁バック、つまり、追加が一日十万枚超えで、本当に驚きました。通常、ありえないことです」と振り返る。

小田担当ならではの洗礼も待っていた。

「その当時、小田さんから『訓戒』とタイトルがついたメールが来たんです。要するに、当時、『自己ベスト』のほかにFar East Club Bandのアルバム制作もやっていて、二つを比べて違う姿勢をとっていると指摘されて、そんなつもりは全くなかったんですが、なにより、その『訓戒』というタイトルに、当時、かなり凹みました」

野口はこのことを吉田雅道に相談すると、吉田は大笑いして、「良かったな」と言ったという。以来、小田担当として、すでに二十年を超えている。

六月に入り、初めての東京での公演となった。

前年八月の代々木第一体育館での公演が延期となり、その代替地としてキョードー東京は代々木のほかに有明アリーナにも予約を入れ、結果的に両方の会場での開催となった。その最初が有明アリーナで、ここでの小田の公演は初めてだった。

六月三日。初日、前日の台風の影響で、東海道新幹線の静岡・東京間に遅れが出ているのをはじめ、首都圏でも交通の乱れがあり、開演時間を少し遅らせたが、始まってみれば満席で、いつものようにアリーナは総立ち、大きな手拍子で始まった。

小田の有明公演が終わった一週間後、鈴木康博のライブが都内で行われた。

昨年からのライブ活動は二〇二三年も続いていた。二月十八日の地元横浜の「関内ホール　小ホール」でのバースデイ・ライブを皮きりに、三月には、熊本、神戸、京都、桜の季節の三月下旬には、出身大学の東工大がある東京・大岡山で行われた。

そんな鈴木のライブが、六月十一日日曜日、東京・半蔵門の「ＴＯＫＹＯ ＦＭホール」で催された。会場は定員三百人ほどのホール。満席だった。圧倒的に中高年層が多い印象。オフコース時代からのファンも多いのだろう。

ライブタイトルは「あじさい２０２３」。

鈴木はベージュの長袖シャツに黒のジーンズ姿。手に持つギターはサンタ・クルーズ。

前半はすべてオフコース時代の曲だった。

「オフコースのころの曲をやると、やはり多くの人に喜んでもらえるので……」と言い、まず「のがすなチャンスを」「雨よ激しく」を歌った。二枚目のアルバム「この道をゆけば」と三枚目「ワインの匂い」にそれぞれ入っていた楽曲だ。

歌い終わり、オフコース時代について、かなり具体的な話をした。

「オフコースでいちばん楽しかった時期は『ワインの匂い』の後の『SONG IS LOVE』『JUNKTION』『FAIRWAY』のあたりで、メンバーはもう五人にはなっていましたが、まだイメージが固まっていない。でも、何にも縛られずに何でも出来て本当に楽しかった。試せることは何でも試していました。ヒット曲がないからお客さんにウケるためにオリジナル曲だけではなくて、ビートルズとかビージーズを演《や》ったりしました。モノマネもやったりしました。私は声がジュリー（沢田研二）に似ているというので、ジュリーのモノマネもやりました」

ロック色を強め、オフコースがどんどん大きくなっていくころの話もした。

「その後、武道館でやることになって、三人（清水・大間・松尾）とスタッフは乗り気だったけど、私と小田は反対だった。市民会館クラスでライブをやりたかった。お客さんが増えたら同じところで何日間かやればいいじゃないかって。でも、武道館でやることになって……武道館では大きな音を出さないといけないということで、私も演奏の仕方を大きな音に変えました。『鈴木さんのせいでオフコースがあんなになった』とずいぶん言われました（笑）」

オフコース時代の楽曲は、ほかに、「ロンド」「潮の香り」「一億の夜を越えて」「いくつもの星の下で」を歌い、昨年の横須賀でのライブでも話していたヤマハの音楽学校に通っていた話になり、その思い出をテーマにした「映画」を歌った。後半は、ソロになってから作った楽曲を歌った。鈴木はこの約十年の間にも、オリジナルアルバムを四枚「一歩」「この先の道」「元気であれば」「十里の九里」を出している。そのなかから、「現実ってヤツは」「花を愛《め》でるように」「自由といっても」「孤独」「燃ゆる心あるかぎり」など八曲を歌った。

花を愛でるように　　（アルバム「十里の九里」より）

街の騒めきなんて

耳を塞がなくても
君の思い出たどれば
聞こえなくなる

心の片隅の　かすかな灯《ともしび》が
今日とあの日を　つなぐように
またたくよ

話していたよね　信じ合えてても
愛を言葉にして　伝え合おうねって
幸せの道　終わるはずなかったのに

時の流れよすべてを
洗い流してほしい
僕は君の愛に　答えられなかった

若い夢に向かう　熱い思いだけの
もどかしい心を　いつも包んでいてくれた

あの時微笑んだ
あの時触れ合った
あんなわずかな　瞬間のことが
時を越え今　この胸揺らしてる

終始、スッと立ち、ギター一本で歌いきる、その技量と迫力に圧倒された。近くに座っていた男性がオペラグラスでずっと鈴木がギターを弾く指先を凝視していた。たぶん、ギター好きにはたまらない技巧なのだろう。そしてこの日も、鈴木は非常に饒舌だった。前年の横須賀のライブではオフコース時代の話は盛んにするものの、ただの一回も「小田」という名前を口にしなかったことが気になっていたが、この日は普通に「小田」と名前を出していた。

この日、鈴木に、小田についてのコメントがほしいと事前に連絡してあった。公演後、楽屋に通された。鈴木のマネージャーの木宮保雄も同席した。

鈴木の返答は「小田さんが主体となっている本に発言することは控えさせていただきたいです。お話しできるのは……そうですね、お互い歳をとったので、頑張ってくださいという以外に言うことはないんです」

でもこの本に、鈴木さんはたくさん登場します、と言うと、

「それはもちろんいいですし、今日のライブの話なんかも書いてくれるのはいいです」

会場の出入り口を施錠しますと、施設の管理担当から言われるまで、会話は続いた。伝わって

きたのは、彼自身が真摯にずっと自分の音楽を追求してきたこと、とくに六十歳になった時、「全部一人でやってみようと、作詞作曲アレンジ、全部一人でやってみました。そこから変わりました。そこから始まりました」という自負だった。

「山崎ハコさんと話していた時ね、曲つくって詞書いているときだけ、本当の自分になれる、自分と向き合えると言っていました。それは本当だなと。僕もそうですね。曲は酒を飲みながらでもできる感じがあるんです。でも詞は酒を飲んだら絶対書けない。だから詞は集中できる朝、早く起きて、作っています」

鈴木がオフコースを脱退して以降、小田和正と鈴木康博が直接、会ったことは、いままで、ただの一度もない。

ただ、テレビとラジオの番組を介してではあるが、二人の間に、一瞬の交流はあった。

まずは、二〇一〇年十月、NHKテレビ名古屋放送局が、公開生放送に鈴木康博が出演するにあたり、小田和正に鈴木への手紙を書いてくれないかと依頼した。これに対して、小田は手書きの手紙を書いている。オフコースとして初めてのシングル「群衆の中で」を出してからちょうど四十年が経っていた。小田の手紙もそこから始まる。

久しぶりです。そうですか。もう四十年になるんですね。

音楽を始めた頃、三十歳を超えて歌を歌っていくというイメージすら持てなかった。

きちんと学業を修めた者がいい歳をして歌なんて、そんな時代。アーティストなんて言葉もありませんでした。

予想はしていましたが、それよりずっと早く、時はいきました。

でもそのあっという間に、いろんなことがありましたね。

高三の聖光祭で初めてステージにたったあの時。

ただ洋楽をコピーして歌っていればそれだけで楽しかったあの頃。

そして自分たちで歌をつくり始め、いつしか多くの人たちが僕らの音楽を受け入れてくれていったあの頃。

思いは、どんな場所にも、すぐに帰れます。

そんな数えきれないキラキラした想い出を共有してくれている人がいるということを心からうれしく思います。

いつかそんなことを語り合うような時が来るのでしょうか。

身体に気をつけて。楽しく歌い続けていかれるよう、心から祈っています。

二〇一〇年十月

小田より

それから七年後、二〇一七年十一月、ＮＨＫ－ＦＭ局が「今日は一日〝小田和正〟三昧」なる番組のため、小田について、鈴木にインタビューを依頼した。この時、鈴木は、以前、名古屋局の依頼を受けた小田から手紙をもらっていたことをあげ、「その借りがあるから」と、ＮＨＫの阿部渉アナウンサーのインタビューを受け入れた。

阿部アナは、鈴木に、次々質問しているが、鈴木はこれに律儀にひとつひとつ答えている。

小田和正はどんなアーティストとみているかという質問には、「いつもヒット曲とか作っているので、よくネタが尽きないなあと感心してみています」と答え、オフコース時代を振り返ってとの問いには「いや、もう宝です。オフコース時代があったからこそ、音楽の情熱をもってやれているし、いろんなことが勉強になったと思いますし、いい時代だったと思います」と答えている。


それにしても、長い歳月が経ってなお、小田和正と鈴木康博を並べてみたくなるのはなぜだろう。それぞれの思いを聞きたくなるのはなぜなのか。それは自分自身も含めての自戒であり疑問でもある。いまだに再結成を望む声さえ聞く。

袂を分かってから二〇二三年現在、すでに四十年の歳月が経っている。当人たちにとっては、もうあまりにも鬱陶しい話かもしれない。

それでもなお、気になるのはなぜなのか。

頑なまでに理想を掲げ、ストイックに音楽に向き合っていた二人組だったからなのか。

あの二人の声が醸し出す、飛び抜けて美しいハーモニーへの郷愁なのか。

ようやくつかんだ人気の絶頂期に、別れという悲壮感漂う暗転を迎えたからなのか。

いずれにせよ、そんな「物語」のなかに、二人はもうとっくにとどまってはいない。

もちろん、あの当時、それは悲しいことだった。それはファンならずとも、少なくとも小田にとっても、受け止めるまでに時間がかかる「大きな哀しみ」「辛い試練」だった。しかし、二人は、それをもバネに、それぞれの道を突き進み、ここまで来た。七十五歳を迎えてなお、二人が二人とも、あたらしい楽曲をつくり、人前で歌を歌いつづけている。

もうそれでいいのではないか、そう思ってみた。

六月半ば、公演地は山口市だった。瀬戸内海に面した山口きらら博記念公園やまぐち富士商ドーム。ドーム型の天井は半透明で陽射しが入り、下は人工芝。このドームを暗幕で区切り、半分を楽屋・スタッフルームとし、半分を会場として、ここに大きな花道もつくられた。

二日目の開演前、そのスタッフ側のエリアを、突如、小田が走り始めた。いつもは楽屋内で走っているが、広いところで走りたいと思ったのだろうか。ひたすら、ひたすら、小田は走り続けていた。

初日、新幹線の新山口駅から会場に送迎するシャトルバスが事故渋滞に巻き込まれ、開演を三十分近く遅らせた。それでもなお、開演後も、入ってくる観客が途切れなかった。小田は絶えず、そのことを気にする言葉を発し、最後、二度のアンコールが終わってから、さらに「気持ちが収まらないから」と前半に歌った「会いに行く」をもう一度、歌った。

この日の夜、総勢百人余りで、野外にテントを設け、少し早いが、予定されていたオールスタッフの打ち上げが行われた。二〇二二年はコロナがまだ心配で全員による打ち上げは行われなかった。二年分まとめての打ち上げだった。十カ所くらいにコンロを置き、二十代から七十代まで、混然となって、自分たちで思い思いに肉や野菜を焼くというキャンプ場のイベントのような打ち上げである。ベースの吉池千秋が「日頃から料理しているんだ」と、コンロの前でずっと肉を焼いていた。皆が思い思いに、食べて飲んでおしゃべりをしていた。そしてこんな時も、小田は静かにずっと同じ席に座り、近くに来るメンバーやスタッフと話していた。言葉を換えれば、誰も小田に特別な気遣いをしていない。小田もそれが心地良いようだった。そして最後の最後に、全員で記念の集合写真を撮った。翌日の山口二日目、アンコールの時、時折、行う「サービスカット」なるコーナーで、この時に撮られた全員集合の写真を、小田はうれしそうに観客に見せていた。

六月二十八日、二十九日。前年、小田のコロナ罹患で延期になった代々木体育館での公演が十カ月の時を経て行われた。平日の十八時半開演。仕事帰りと思われる人も多い。開場と同時に、怒濤のように観客が入ってきた。若い人も多い。やっぱり東京の会場らしいなと感じる。

小田の最初のMCは、こんなだった。

「本当に長らくお待たせしました。チケットをなくしてしまうのが怖いので、仏壇の引き出しにしまって待っていますという方もいらっしゃいました。こんなに集まっていただきありがとうございました。今日は楽しく楽しく盛り上がっていきたいと思います」

三曲目の「愛を止めないで」で、いつものようにアリーナは総立ち、二階席も含め、みなが手拍子、会場中が揺れている。この曲は、プロデューサーの武藤敏史がオフコースにヒット曲を出させたいと試みた「ホップ・ステップ・ジャンプ」作戦時の一曲目の曲だ。当時十万部の小ヒットにはなったが、まだまだ知る人ぞ知る曲だった。それが、いまや、小田和正の盛り上がり曲の筆頭だ。その心地良いメロディライン、ビートのきいたリズム。そこに小田の力強く高い声とバンドとストリングスのコーラスが響き渡る。会場は完全に小田和正ワールドとなる。

この日も日替わり曲のコーナーでは「緑の街」を歌った。その前に、こんなMCをした。

「ちょっと前にCSで、僕のつくった『緑の街』という映画をやってくれました。監督をやったのに、結構忘れているところがありまして、懐かしく、二十五年ぶりに観ました。そのときからアタマのなかに『緑の街』の音が流れっぱなしです」

久々に観て面白く思った様子がうかがえた。当時から、二作目は評判が良かった。映像会社を営む大竹真二が、「緑の街」について、こう力説していた。

「二作目で、あそこまで面白く、しかも自分の世界をちゃんと描いている。小田和正ワールドを映画のなかにつくりあげていた。それはなかなかできることではないです。映画って、すごく緻密さがいるんです。この人、やっぱり、すごいなって思いました」

特別な存在

とうとう、ツアーも残すところ三カ所になった。

七月八日、九日、盛岡公演（岩手県）。盛岡駅の新幹線のホームでは、二〇一九年から発車メロディに「ダイジョウブ」が採用されている。上野・東京方面11・12番線は「アコースティックギターVer.」、新青森・新函館北斗方面の13・14番線は「ヴァイオリン・ピアノVer.」が流れている。「ダイジョウブ」は、盛岡が舞台のひとつとなった二〇〇七年に放送されたNHK連続テレビ小説「どんど晴れ」の主題歌として使用された楽曲だ。

会場は、盛岡駅から車で約三十分ほどのツガワ未来館アピオ・岩手産業文化センター。遠くに岩手山を望む自然豊かな会場だった。決して便利とはいえない場所だが、一日目の開場が十七時にもかかわらず、会場周辺には昼すぎから人々の姿があった。

その岩手で皆が驚いたのは、二〇一八年のツアー時、「ご当地紀行」の小岩井駅で、小田を見かけて、「クリスマスの約束!!! クリスマスの約束!!! 見てます!! 見てます!!」と話しかけてきた元気でおしゃまな小学生の少女が、公演二日目、家族揃って招待され、やってきたことだった。五年の歳月を経て、おとなしく賢そうな中学生になっていた。緊張気味に小田と握手し、記念撮影をした。この様子が、早速、ご当地紀行総集編の岩手の箇所に追加されると、会場では予想以上の驚きの反応と拍手が湧いた。

ご当地紀行を始めてから二十八年、当初、シャイな小田が「等身大」を掲げて始めたこの企画も、紆余曲折を経て、こんな素敵なドラマを生むのだなと多くの人が思ったのではなかろうか。吉田が相手ときちんとコンタクトをとっていたからではあるのだが、時間の流れを感じさせたドラマでもあった。ちなみに公演前、メンバーと小田とのラジオ体操にも、乞われて彼女も参加。小田の隣で体操を終えたあと、「陸上部で八〇〇メートルの中距離選手をやってます」と恥ずかしそうに話していた。

少し戻るが、五月中旬の大阪公演一日目、アンコールの時、小田は「三、四日前、実はようやく拓郎とスイーツ会をやりました。胸焼けしたので、二人で散歩しようと。今日のサービス映像です」と、路上の二人を撮った写真を公開した。会場から、わっと歓声があがった。

吉田拓郎は前年、音楽活動の第一線から退くことを表明し、最後のアルバム「ah－面白かった」を発表したが、小田は同世代では唯一、このアルバムに参加していた。同じ一九七〇年デビューとはいえ、当時の両者にはあまりに大きな落差があった。そんな二人が、後年、ここまで親しくなるとは、当人たちも想像していなかったろう。

そんな吉田拓郎に、小田について話を聞きたいと思い、盛岡公演の四日後、都内で会った。

一九七〇年代に青春を送った者にとって、吉田拓郎はやはり特別な存在だ。その拓郎に会えるというのは、やはり感慨深いものがあった。小田のことなら、いいよ、という流れがあってこその実現だった。

取材場所に拓郎は、すっと入ってきた。プラダの白パーカーに白パンツ。昨年十二月をもって、「テレビなどの活動はしない」と発信していたが、まだまだ若々しく見えた。そしてそのしゃべりも、軽快で率直だ。

拓郎の記憶のなかでは、小田と親しくなるきっかけは、一九九〇年代、泉谷しげるが発起人となって活動した「日本をすくえ」のチャリティーライブを通してである。とくに、一九九四年、「長崎・雲仙普賢岳噴火災害救済チャリティーコンサート」において、拓郎からの提案で、自分たちでバンドを組んでやろうというところから始まった。

「小田がピアノ弾いて、俺がベース弾いて、（井上）陽水とか（忌野）清志郎とか浜田省吾とか、錚々たる人が参加した。リハーサル時間が何時間かあって、そこで初めて小田と音楽のこととかいろいろ話したね。小田和正という人がわがままで、リーダーシップはあるけど、わがままなリーダーシップで、全体をまとめようとしていない。それって、誰かと似ていないかって思ったら、それは俺だったの（笑）」

もっともオフコースについては、かなり初期のころから、その存在は認識していたという。

「当時、小田と鈴木ともう一人いた時もあったよね。僕がラジオの深夜放送やっていたころ、知り合いの照明会社の社長がいつもオフコースのレコードをかけてくれと持ってくるの。かけるんですけど、バラードっぽい、ビートのない曲で、売れっこないと思っていましたよ。ただ妙な縁で、頭に残っていた。でも多くの二人組デュオは消えていって、オフコースも終わったんだろうなと思っていたんです。そしたらある日、ロックバンドとして戻ってきた。想像もつかないものを生み出してしまっていた」

一九八二年のオフコースの十日間武道館公演にも「冷やかしのつもりで」行ったという。

「会場に入ってまず驚いたのは、会場に女の子たちがいっぱいいて、「おださーん」って叫んでいる。それこそ昔のビートルズ状態で、それは羨ましいな、いいなって。俺のところにも女の子来いよって思って帰ったの、覚えていますね。そこら辺で、小田和正を認識したかな。あの曲もヒット、この曲もヒットする。なによりこのグループ、コーラスがうまいな。ロックのアレンジをしていて、コーラスをきかせるというのは日本になかったですからね。アメリカには、イーグルスとかコーラスがすごくうまいグループがいたけど、日本にはいなかったですからね。それが憎たらしいけど、新しくていいなというのはありましたね。でも当時は、個人的なつきあいは全くなかったです」

唯一の接点は、オフコース四人時代になって間もない一九八五年、国際青年年記念イベント「ALL TOGETHER NOW」が国立競技場で催された時、総合司会は吉田拓郎で、オープニングも拓郎が任されて、「オフコースをバックに歌うよ」と提案し、自分の歌を歌うと同時に、オフコースの曲も一曲やろうと、拓郎とオフコースで「Yes-No」を歌っている。小田は「拓郎はとくに『Yes-No』が好きだったらしいよ。当時、そんなことを俺は全然知らなかったけどね」と振り返るが、拓郎も「間奏のソロギターを弾けといわれ、『Yes-No』は、♪ああ、そうだね♪だけ歌わされて、リハーサルを何時間かやったな。そのとき、接近したかな」と話す。

そして、二人が次に出逢うのが、先に書いた一九九〇年代のチャリティーコンサートというわけである。

さらに、そんな二人の距離がぐっと縮まるのは、既述したが、二〇一三年の拓郎がホストとなるNHK－BSの対談番組「YOKOSO」に小田がゲスト出演したからだった。同番組の第一回ゲストは沢田研二だった。一九七〇年代、新しい音楽の世界のヒーローが吉田拓郎なら、歌謡曲に分類される世界のヒーローはジュリーこと沢田研二だったろう。同時代に別の世界でヒーローとして生きた人物を一回目のゲストに呼ぶのも拓郎らしいなと感じるが、その次に小田和正を呼んだ時点で、拓郎にとって「小田和正が気になる存在だった」ことは明白である。そしてその展開から、今度は小田が同年の「クリスマスの約束」に拓郎を呼び、その親交が現在に続くというわけである。この「クリスマスの約束」においても、小田の「わがまま」は大いに発揮されたと拓郎は笑う。「襟裳岬」は拓郎がつくり、森進一が歌い、第十六回レコード大賞をとった言わずと知れた名曲である。

「僕は『襟裳岬』を誰かと歌いたいと思っていたんです。同じ時期にBSの谷村新司の番組で、それを言ったら、谷村が『いいですね～』と乗ってきた。それで小田に『襟裳岬、お前と歌いたいんだ』と言ったら、『うーん、そうだね。今度にしよう』って。忘れない、この一言は。『今度にしよう』って、今度はねえんだよ、バカヤローって。全然、人の気持ちを汲んでくれない」

そう笑って、こう続けた。

「ただね、僕も何十年も音楽の業界でやってきて、いろんな体験をしてきていますけど、わがままじゃないと生きられないです、ここは」

そこで、小田さんは日頃、わがままを言わないし、目立つことが嫌いな印象がありますと話すと、こう言った。

「それは我を通さない、わがままを言わないというわがままですよ。最後は我を通す。我を通すしかない瞬間が何度かあるし、僕もそうです。それに目立ちたがり屋じゃない人が、何十万もの人を集めたりしないですよ。七十何歳にもなって日本中ツアーをして、アリーナに何十万人も集めて、目立ちたがり屋以外の何者でもないですよ」

二〇二二年、拓郎は最後のアルバムと公言し、「ah - 面白かった」をリリースした。全曲吉田拓郎作詞作曲の書き下ろし。その中で、唯一、一九七〇年の曲「雪」をリメイクし、「雪さよなら」とし、ここで小田にコラボレーションを依頼したのである。

「ほかは全部新曲ですけど、一曲だけ古い曲をどうしても焼き直してリメイクしたいと思い、俺一人で歌うより、小田にハーモニー頼むのはどうかなと、ほんとに思いつきだったんです。レコーディング中、小田和正というより、コーラスが絶妙だったオフコースがフラッシュバックしましたね。感動しました。なにより小田和正の声。あんな声の男いないですよ。しゃべっている時はオヤジの声だけど、マイクに向かうと、少年のような甲高い声が出てしまう。もはや不気味でしょ。いや、ほんとにね、あんな声、日本の音楽史上、誰もいないボーカリストですよ」

アルバム「ah - 面白かった」は、何度でも聴きたくなるアルバムだ。どの楽曲も印象的だが、アルバム名と同名の「ah - 面白かった」には、とりわけ心揺さぶられた。人生を振り返った時、哀しみも悔いも呑み込み、「あぁ、面白かった」と愛おしみたいかつての日々。若き日、先頭を走っていたシンガーソングライターが、七十代半ばに達してこそ紡ぎだしてくれた楽曲だと感じる。

ah - 面白かった

いつも履いてる　シューズを脱ぎ捨て
何も言わずに部屋へ逃げる
何か言葉にして　触れ合う事も
運命の中に消えて行った

別れの季節が訪れた夜
嵐に向かって
あなたがそっと心を寄せた

ドアの灯《あかり》が見えた

何も言わずに　知らぬふりのまま
黙って私を迎えてくれた
いつもあなたが　灯《とも》す光が
時を超えて今も

喧嘩ばっかり　したいわけじゃない
あなたを好きだからだった
自分が愛された　真実を胸に
どんな未来の丘も越える

旅立つ駅に遅れた私を
笑顔で待ってた
苦しみの日々を語ることなく
「面白かった」とささやく

明日の行く先は　ケ・セ・ラ・セ・ラよねと
その日その時が大切だからと

いつもテレたような　あなたの笑顔が
命の中で生きる
愛はこの世にありました
形を変えながら風に吹かれて
心と心が出逢った季節は
ahー面白かった
心と心が出逢った季節は
ahー面白かった

「一九七〇年代に生きた人間というのは、独特な雰囲気があったよね。僕や陽水や小田や、女性ではユーミンや中島みゆき、世の中が僕らを後押ししてくれた。目に見えないエネルギーを僕らにくれたんですよね。みんな変なヤツだけど、それらが支持された時代だね」

ところで、肝心のスイーツ会である。

小田の事務所で二人でスイーツを食べながら、「なんの役にも立たない四方山話を二時間くらいグダグダしてる」のだそうだ。五月のスイーツ会では、終わったあと、事務所から拓郎の家までが徒歩圏内だとわかり、小田が「送っていくよ」と言い出し、拓郎の家まで一緒に歩いて見送ったという。拓郎が可笑しそうに話す。

「炎天下をじいさん二人が歩いていたら、犬連れたおばさんがめざとく俺らを見つけて、そのおばさんが小田と僕と犬を中心に記念写真を撮りたいと言うんだよ。おばさんは写真には入ってこないの（笑）。つくづく思ったけど、こういう企画は小田じゃないと思いつかない。ちょっと歩こうよという企画。別に素敵な企画じゃないですよ。でも歴史に残る歩行だった。こういうのが自然にできちゃうのがあいつですよ」

こうも言った。

「僕の人生に、小田和正は、本来いないんですよ。予想外の友だちになっちゃったという感じ。二人がもっているわがままみたいなものが波長として合致しているんだと思います。僕は小田和正という人間のファン。やってきたこと、生きてきた証みたいなところに魅力を感じる。向こうもそうだと思う。小田とは死ぬまでつきあうんだろうな」

my home town

ツアーは札幌を経て、最終地の横浜にたどり着いた。

八月一日、二日。連日、三十五度の酷暑がつづいた。

十四時を少し回った頃、小田が、船越、主催のKMミュージックの下田等とともに、会場入りした。吉田、望月、長橋、野口らと、我々撮影班も出入り口で迎えた。そのまま、いつも通り、小田、吉田、望月、長橋らは小田の楽屋で打ち合わせをもった。

打ち合わせでの小田は、声も大きく、少し饒舌だった。一番のテーマは、横浜でだけ歌う「my home town」を一日目と二日目ともにフルバージョンでやるかどうか。この時、小田は「一日目はMCをその前にするから、このMCが不発に終わるとな……」と、珍しくMCに言及した。前年も、横浜でのMCは饒舌だった。一体、何を話そうとしているのか。

十五時からリハーサルが始まった。まずは「my home town」のフルバージョン。歌い終わって、バンドのコーラス部分について、「何かありますか?」と、自ら稲葉たちに訊いている。やはりずいぶん元気だなと思いスタッフルームに戻ると、吉田がやってきた。「小田さん、今日、ずいぶん元気でしたね」と言うと、「カラ元気じゃないですか?」と笑った。

十八時半。いよいよ開演だ。

幅広い花道が大きく張り巡らされたアリーナ席、二階席、三階席、すべてびっしり埋まった会場からはいつも以上の昂揚感が立ちのぼっていた。「風を待って」「会いに行く」「愛を止めないで」、三曲を歌い終わり、「横浜へ戻ってまいりました〜! よろしくお願いします!」と挨拶し、バンドメンバーを紹介した。さらに「夏の日」を歌い、もう一度、短いMC。「横浜にまつわる何か面白い話はないか、考えたんですけど、小学校一年生の時に、同級生に『横浜君』という人がいました。とってもおとなしくて、今はどうしているでしょうか?」

それだけだったので、笑いが起きた。五曲目の「愛の唄」を歌い終わり、ピアノの前に座り、またMCを始めた。

「高一のころ、学校からよくヤスと一緒に帰って、いろんな話をしていたと思うんですけど、大抵は試験の話とか、いつも腹を減らしていますから、いま、一番、何が食べたいかとか、そういう話をしていました。フルーツパフェというのが多かったですね（笑い起こる）。それで、なんだか、ビートルズはいいねという話に盛り上がりました。ちょっとなんとなく歌ってみようかとなり、路上でね、歩きながら。どんなものになるかわからないけど、ちょっとやってみようと。で、やったら、すげぇ、ハモるんだ……うれしくって、何度も、何度もハモりました。それから帰りはいつもハモっていました。ハモることがこんなに楽しかったかと。この道に進んだのは、学園祭でウケたとか、いろいろ理由にしてきましたけど、たぶん、ハモるときの感覚を、あの時、知ったから、それがデカイんじゃないかな……高校一年の時の話でありますなす」

初めて聞く話だった。

そのＭＣを終え、小田はピアノを弾き、「my home town」を歌い始めた。それはいつもと、ちょっと違って聞こえた。

my home town

（ショートバージョン）

ここで夢を見てた　この道を通った
できたばかりの根岸線で　君に出会った
まだ人の少ない　朝の駅のホームで
待ち合わせた短い時　次の電車が来るまで

my home town　my home town
海に囲まれて　こゝで生まれた
僕らの好きだった　あの店も　もう無い
あの頃の横浜は遠く　面かげ残すだけ
my home town　my home town
どんなに変っても　僕の生まれた街
どんなに変っていても

ご当地紀行では、地元・金沢文庫の商店街も訪ね、実家の小田薬局に寄り、兄の兵馬を紹介していた。こんな形での紹介は初めてだった。後半の終わり近く、「今日も どこかで」では、観客の大合唱が起きた。

そしていよいよ最終日となった。

この日の打ち合わせでは、小田はいつも通り、口数は少なかった。十五時十五分からリハーサルがあった。その後、小田、バンド・ストリングスメンバー、スタッフ全員が舞台にあがり、集合写真を撮った。いよいよツアーは最後だと実感した。

十八時半の開演前、全国から集まったイベンターたちが、楽屋から舞台袖に向かう小田やバンド・ストリングスメンバーを拍手で見送った。舞台への出入り口では、小田はいつものように静かにモニターを見ながら、気持ちを整えているようだった。そして長橋の合図で、舞台へと出ていった。

小田は出だしから少し昂揚しているようだった。

三曲歌い終わったあと、MCで「最終日ということで、へんに盛り上げようとすると、コケるので、できるだけいつもと同じようにやろうと思っていましたが、やはり、なんといっても最終日、みんなで思い切り盛り上がっていきたいと思いまーす」と叫んだ。次の「夏の日」を歌い終わったあとには、ひと言、「大谷君がホームランを打つと、その日、とても元気になります。僕も頑張らねばと思います」と言って拍手を浴びた。そして「愛の唄」を歌ったあと、ピアノの前に座り、中学生の時、映画館で初めて「ムーン・リバー」と出会った話をし、「ヘプバーンになったつもりで歌いますから、みなさん、目を閉じて、聴いてください」と笑わせ、「ムーン・リバー」を静かに歌った。

ツアー最終日に、小田は、自身の音楽との出会いの原点の楽曲を選んだのだなと思った。

後半の盛り上がりも、さらにいつも以上だった。会場には、不思議なほどの昂揚感が満ちていた。それは小田から発せられ、それを受け止めている観客たちの隅々にまで染み渡っていると感じられた。

二度目のアンコールの一曲目に、「my home town」のフルバージョンを歌った。それはショートバージョンのあと、一拍おいて、転調し、そこからバンドの演奏とコーラスが入り、こう続く。

あの頃　こゝは僕らの特別な場所だった
今でもこゝに来れば　丘の上　僕らがそこにいる

アンコール時、もう一度、メンバーの紹介をしたが、八人の現メンバーの名前を言ったあとに、「そしてずっと一緒だったベース、有賀啓雄」と言い、有賀の生前の元気な姿がモニターに映し出された。ひときわ大きな拍手が湧いた。さらに「そしていつも支えてくれたすべてのスタッフのみんな」と言い、この日撮ったスタッフの集合写真がモニターに映し出された。このあと、バンド・ストリングスメンバーと「また会える日まで」を歌い、さらに小田は、この日二度目の「こんど、君と」を、花道をゆっくり歩きながら歌った。

そして、すべてが終わった。

舞台袖から楽屋へと戻る狭い通路には、多くのスタッフたちが立ち、用意していた色とりどりの紙片を小田とメンバーに振りかけていた。この日、スタッフルーム前の廊下には、皆が自由に小田へのメッセージを書くように、黒板が三面用意されていた。時間が経つにつれ、そこがどんどん埋まっていった。思い思いの言葉が並んでいた。「おつかれさま」「またやりましょう！」が最も多く溢れていた。

小田たちは紙吹雪の中を歩き、楽屋の手前では、全国のイベンターたちが拍手で小田やメンバーを迎えた。もっとも大仰なリアクションをする小田ではない。うれしそうにすっと楽屋に入っていった。
その楽屋で、小田はソファに座り、安堵の表情を見せていた。撮影班の西浦が、「たったいま、終わりました。いまの心境は」と訊ねると、小田は「それはもう、ほっとしたのひと言。ちゃんと最後までたどり着けた。泣き崩れて終わるみたいなのは、嫌だったからね」と言った。ツアー全体の感想はと訊くと「激動だったねえ」と言った。もっとも言葉とは裏腹に、その表情はとても穏やかだった。

小田は、ツアーが終わって二日後、疲れからだろうか、三十八度を超す熱を出した。しかしすぐに回復。ファンに向けて、サイトにお礼の言葉を載せた。こんな文面だった。

このツアーが始まってから、経験した事のないような予期せぬ出来事が毎週のように起こりました。こんなことが起こるものなのか。コロナ、台風、地震、火山、線状降水帯と言う聞いたことのない気象状況、そして何と言っても有賀くんがいなくなってしまった事。今度は何が起きるんだろう、最後まで辿り着けないかも知れない。そんな不安を乗り越えさせてくれたのはやはりどの会場にもほんとうにたくさん集まってくれた皆んなの笑顔そして声援でした。一生懸命手を振って、手拍子して「こんどこそ、君と」になってからは一曲目から大きな声で歌ってくれました。僕らに届くように、きっと届くようにと。今まで当たり前だった小さなことがどれだけ大切だったのかを知りました。ありがとう！はほんとうに伝えたい気持ちだったけれど、それを説明すればまたきっと込み上げるばかりになるので、それは嫌だったからただただ愚直にありがとうを繰り返すしか出来ませんでした。感謝しています。
未だホッとしているところです。また会えるように元気でいます。皆んなもくれぐれも体に
気をつけて、そして幸せでいて下さい。
声を合わせて　あの歌を　いつかみんなで　また歌おう

小田和正

もうこれが最後のツアーかもしれないと言われ出してから、どれくらいの歳月が経つだろうか。二〇二二年のツアーも、もうこれが最後と思われていた。しかし、それが翌年まで延長され、今度こそこれが最後だろうと、誰もが覚悟をもって始まった二〇二三年のツアーだった。その空気が、少しずつ、少しずつ、変わっていったのは、いつごろだったろうか。もっとも、小田自身はずっと以前から、「さよならは言わない」と明言してきた。「あとから思えば、ああ、あれが最後だったね、そう思ってくれればいい」、小田はずっとそう言ってきた。「だいたいデビューがいつかもわからないんだよ」、そうも言っていた。何周年という区切りにも、一切興味がないとずっと言い続けてきた。まさに自然の流れのままに、なのだろう。思い返せば、最愛の母の子守歌から始まり、街に流れていた元気だったころの歌謡曲に耳を傾け、賛美歌に酔い、海の向こうの音楽に惹かれ、声を合わせる愉しさに夢中になった。いつしか小田の音楽人生は始まり、それは歌うことができる限り、ずっと続いていくということなのかもしれない。

この三年あまり、齢七十をすぎて、小田の脳裏にいつも一つの言葉があった。

それは、二〇二〇年、東北大学建築学科の同級生でもある建築史家の藤森照信と行った日刊建設通信新聞での対談のなかで、藤森が洩らした言葉だった。

「『極楽』をつくりたいと結構本気で思っているんだよ」

その「極楽」という言葉に、小田は自身でも思いがけないほど惹かれた。

藤森はこの言葉のあとに、具体的には、こんなことを言った。

「時間が止まってて、庭があって花が咲いてて、建物がある。この世を忘れられるようなものがつくれれば良い」

では、音楽で「極楽」をつくるとは、どういうことか。

小田の脳裏に、ずっと、その問いがあった。

全国ツアーが終わってしばらくして話を聞いた時、小田は最後に、ぽろりとこんなことを言った。

「自分にとって『極楽』とはなんだろうと、あれ以来、日々、考えているけど、たとえば、みんなが『YES-YES-YES』って声を合わせて歌っている時、『あ、これが「極楽」かもしれないな』と、ふと思ったりしたんだ。みんなが昂揚して、幸せそうで、それは全く意図していたことではなかったけど、僕も昂揚して、すごく幸せな気持ちになった。あっ、これかもしれないって」

それは、私自身も会場にいて、いつも感じていた名づけられない感情でもあった。

気持ちを昂揚させる心地良いメロディ、身体が自然に動くような陶酔感、心にすっと入ってくるまっすぐな言葉。不思議な安堵感。昂揚する楽曲に浸ることで感じる「多幸感」ともいえるだろうか。

それはたしかに「極楽」のような一瞬かもしれない。

以前、会報誌「PRESS」の小田への質問のなかに、「建築家だったとしたら、どんな用途の建物を設計したいですか？」という質問があった。

小田は「『住宅』。子どもは小学生と中学生で、おじいちゃんおばあちゃんが同居している。なんかやっぱりドラマがあるからね」と答えている。家族のささやかな物語の舞台となる「住宅」だ。奇抜なアイデアや巨大さを誇る建物ではなく、人生に寄り添う、ごくフツウの家である。

建築家小田和正がつくりたかった「建物」は、音楽家《アーティスト》小田和正の「歌」に通じているような気がする。

私たちの小さな人生に寄り添う音楽。日々のくらしのなかに風のように流れている音楽。見守ってくれる空のような、そんな音楽。励まし、癒やし、歓喜し、ときに一緒に泣いてくれる、そんな音楽。ときに、この世を忘れさせる、そんな音楽。

小田和正がずっと目指してきた音楽とは、そういうものだった。

あとがき

この本は、小田和正さんの個人事務所の副社長・吉田雅道さんから相談があると連絡を受けたことに始まる。二〇二〇年二月上旬、新型コロナウイルスが、少しずつ不安を広げているとはいえ、まだまだ楽観していた頃だった。吉田さんと話しているうちに、小田さんへのインタビューだけでなく、周辺取材も含めて、小田和正の音楽人生をたどろうということになった。勢いでそうなったものの、正直にいえば、翌朝、とんでもないことを引き受けたと愕然とした。

始まりは二〇〇五年、雑誌「AERA」の「現代の肖像」という人物取材の頁に、私が小田和正さんを四カ月ほど取材し書いたことによる。ちょっとした偶然だったかもしれない。漫画家の西原理恵子さんを書き終えた直後、担当編集者が電話をしてきて、「次、誰にしましょうか?」と訊いた時、私はその日の朝、たまたま見たNHKニュースでインタビューを受けていた小田和正さんを思い出した。場所はツアー中の、野外劇場。それを話すや、編集者は即、乗り気になった。安易といえば安易だった。しかし私が、「小田和正」に興味がなかったわけではない。

二〇〇一年の「クリスマスの約束」の放映だった。深夜、家に帰り、なにげなくテレビをつけると、そこにニット帽をかぶった小田和正さんが映っていた。こんな深夜になんだろうと見ているうちに、その軽妙洒脱な喋りと、たった一人で切り回す番組のクオリティの高さ、斬新さに釘付けになった。「小田和正」に抱いていたイメージともずいぶん違った。正直、もっと〝スカしている人物〟だと思っていた。しかし、なにより伝わってきたのは、その志の高さだった。それが結果的に、四年後の「現代の肖像」につながり、さらに今回につながったように思う。

今回の取材はまさにコロナ下での四年間と重なった。初対面の人と、まして長い時間会って話す状況ではなかったが、みな、非常に協力的で楽しいものだった。いつも通り、私の、取材だか雑談だかわからないような、半日ほどの時間におつきあいいただいた。時に二回以上、お会いした方もいる。

周辺取材はまず、小田さんの兄、小田兵馬さんから始めた。二、三歳のころに、小田さんが惹かれていた歌謡曲の楽曲はご本人はほぼ忘れていた貴重な証言だった。二度目にお訪ねした時は、以前は三軒あった小田薬局の場所や、いまはなくなった映画館、パチンコ屋、小田兄弟が通った保育園などを一緒に回っていただいた。その環境が人間をつくるという意味でも、貴重だった。さらに兵馬さんから後日、「僕たちのハトコの鐵美《てつみ》さんに会ってみませんか」と電話をいただき、小田和正さんからも「九十すぎた叔父さんが千葉にいるけど、会ってみる?」と提案され、小田さんが育った環境、昔の小田薬局の様子が鮮明になっていった。

また、私は一九七〇年代にもともと興味があった。学生運動が終焉し、個人的には「失語症」のような時代であると同時に、演劇、映画、漫画の世界には新しい文化が生まれた時代だ。音楽の世界はその最たるものだったろう。元東芝ＥＭＩの新田和長さん、斎藤隆さん、元マネージャーの上野博さんなどにお話を伺った。また、二人のオフコースを大きく変えたキーマンの武藤敏史さんは亡くなってしまったが、二〇〇五年にじっくりお話を伺っていた。イベンターの宮垣睦男さんも二〇〇五年の取材でお会いし、以降、何度かお会いしていた。音楽の世界が大きく変わっていく、その現場レベルのこの方々の証言はいずれも貴重で、ありがたかった。

そしてなんといってもオフコースのメンバー全員と一人ずつお会いし、じっくりお話しいただけたことは本当に貴重だった。清水仁さん、松尾一彦さん、大間ジローさん。解散してから早や三十年余りが経つが、彼らにとって、オフコース時代がいまなお濃密な時間として生きていることが強く伝わった。松尾さんが「オフコースは人生のハイライトでした」と即答したことは、印象深かった。彼ら三人は「Ａ．Ｂ．Ｃ」というグループを作り、いまも時折、ライブ活動を行っている。二〇二二年五月、山形県東《ひがし》置賜《おきたま》郡高畠町のホールで行われたライブを観に行った。山形新幹線の高畠駅に降り立つと、同じような人が何人もいた。オフコース時代からのファンとのこと、改めてオフコース人気の根強さを実感した。

それは鈴木康博さんのライブで、より強く感じた。二〇二二年、二〇二三年、四回ライブにうかがった。ギター一本で、日々の実感を歌う、まさにシンガーソングライターの原点のようなパフォーマンス。そしてなんといっても、ステージにおいて饒舌なこと。二人オフコースが無口でお喋りが苦手だったなんて嘘ではないか、そう思うほどだった。その鈴木さんに、お話を少しだが伺えたことは本当にうれしかった。鈴木さんの実直そうな印象はイメージ通りであった。

ちなみに、元祖オフコースのもう一人、地主道夫さんにも二〇〇五年にお会いして以来、交流が続いている。大手建設会社を退職後、都内に個人事務所を設立。彼らの母校「聖光学院」の新校舎の設計をはじめ、いまなお建築家として活躍中だ。最初のメンバー三人とも、七十五歳を過ぎてなお、バリバリの現役として活躍されている。すごいことである。

それにしても、オフコースは、輝かしい歴史と哀しい歴史を併せ持つバンドだったと思う。そこで見たこと、感じたこと、考えたこと、それが「小田和正」の〈歌〉の血肉になっていると感じる。

とりわけソロとなり、歳を重ねていくなかで、世の中の空気が重く厳しくなるなかで、「小田和正」は心の琴線に触れる歌を創りだしていくのだが、その根っこは二十代前半から四十代前半の、つまり青年期、壮年期のオフコース時代の経験にあるのではないか、そんなことも想ったものである。

小田和正の歌は、いまや、ドラマ、映画、CMに数多く使われ、まさに「風のように流れ」、世代に関係なく、私のたちの耳に入ってくる。いや、単に入ってくるだけではなく、ドラマや映画で流れる時、それは感情を揺さぶられ、より感動を生む。コマーシャルでさえ、ふと耳を止めてしまう。しかも世代を超えてしまうことが、その特質かもしれない。夏フェス後に流れたおびただしい量の若い人たちのツイートを見た時、その歌が、その言葉が、その歌声が、こんなにも世代を超えて響くのだと驚かされもした。

いつから、なぜ、小田和正の歌は、これほどの〝力〟をもつようになったのだろう。この評伝のテーマの一つでもあった。

そんな「小田和正」のとりわけ初期の歌について、鋭い解釈をしていただいた作家の川上弘美さん、さらに人間「小田和正」について、独特な解釈をしていただいた吉田拓郎さんには、改めてお礼申し上げます。望外の喜びでした。

二〇二一年の予定だった全国ツアーを「翌年に延期せざるをえない」と吉田雅道さんが話された時、なぜか私はツアーにずっと同行してみようと思い立った。二〇〇五年と二〇一一年のツアー時にも、バックヤードへの自由な出入りを許可され取材させてもらったが、今回はスタッフと一緒のホテルに泊まり、スタッフの一員のように、ツアーの全行程に同行した。老いも若きもいる百名ほどのスタッフはみな、キビキビ働き、楽しそうで、まさに〈チーム小田〉と感じた。とはいえ、ツアーが始まり、三、四箇所目になった頃には、ああ、もう次の公演かと、早くもスケジュールのキツさを実感した。旅好きで旅慣れている私が、しかも舞台に立つわけではない私が、こう感じるのだから、小田さんのキツさはどれほどのものか。「ご当地紀行」の取材のため、現地での滞在期間はさらに長い。そのキツさを乗り越え、あの舞台上の見事なパフォーマンスは、やはり驚異的だなと改めて想う。

ツアー中、バンドメンバー&ストリングスメンバーの全員に、さらにＰＡの木村史郎さん、照明の佐々木好二さんはじめ、何人かのスタッフの方々には、時間を取っていただき、貴重な話を伺った。改めてお礼申し上げます。そして各地のイベンターさんにもお世話になりました。みなさまにお礼申し上げます。また撮影班の西浦清さんと大竹真二さんとの〈チーム西浦〉のお陰で、ツアー取材はより楽しいものとなった。本当に感謝しています。

そして小田さんの個人事務所、ファーイーストクラブの方々にも大変お世話になりました。とりわけ副社長の吉田雅道さんは、まさにこの本の心強い「相棒」として、ずっと併走し、様々な相談に乗っていただいた。本当にありがとうございました。

そして小田和正さん。二〇〇五年十月二十八日、初めての取材時、本当に緊張し事務所に向かったことをいまでも鮮明に覚えていますが、インタビューを始めて二十分ほどすると、その態度のラフさに早くも緊張が解けた私でしたが、以降、二十年近く現在に到るまで、その距離感はずっと同じ。近くにもならず遠くでもない。取材対象者としては、ほど良い距離と勝手に思っています。お忙しいなかの度重なるインタビュー、感謝しています。思い返すと、私が「スカしてる」と思った「小田和正」は、オフコースが終わる前後、あのテレビコマーシャルに出ていたころの姿だった。バンドからソロになる転換期、小田さんは気負っていたんだなと、いまならそんな風に思います。ちなみに小田さんは私を「追分ダンゴ」と〝オヤジギャグ〟で呼ぶ。スカしてないね。

最後に、この本を担当してくれた文藝春秋の編集者、伊藤淳子さんの丁寧な仕事ぶりにはすっかりお世話になりました。彼女は小学生以来の小田和正ファン。ファンの方々の気持ちや反応を知る上でもとても参考になった。そして文藝春秋の池延朋子さん。本来、関係のない部署ながら、前の著作の担当編集者だったため、最初から最後まで、たいへんお世話になりました。二〇一六年、彼女を誘って小田さんのコンサートに行き、楽屋に挨拶に伺った際、池延さんが小田さんに突然、「今度、小田さんの本を作らせてください」と言い出した時、小田さんも私も「絶対ありえない」という反応だった。世の中、何が起きるかわからないと、改めて思う。

そんなこんな、多くの方々の助けを借りて、この本ができたことを、本当にうれしく思っています。ファンの方々はもとより、小田和正さんの歌が心に響いたことがある方々に読んでいただけたら、とてもうれしく思います。

二〇二三年十月十七日

追分日出子

小田和正バイオグラフィ

年	年齢	月日	出来事
1947	0歳	9月20日	横浜市金沢区に生まれる
1954	6歳	4月	私立関東学院小学校に入学
1958	10歳	4月	横浜市立八景小学校に転校
1960	12歳	4月	聖光学院中学入学
1963	15歳	4月	聖光学院高校入学
1964	17歳	12月	聖光学院〝クリスマスパーティー〟にて「八十日間世界一周」「ムーラン・ルージュの歌」「煙が目にしみる」「夜明けのうた」を演奏
1965	18歳	11月3日	聖光祭にて「Green fields」「そよ風はあまく」「七つの水仙」「The Green Leaves of Summer」などを演奏
1966		3月	聖光学院高校卒業
		4月	東北大学工学部入学
		8月17日	自主コンサート第1回「FOLK SONGの…」開催。小田和正、鈴木康博、地主道夫（神奈川県立横浜勤労会館）
1967	19歳	3月27日	自主コンサート第2回「FOLK SONGの…」開催（神奈川県立横浜勤労会館）。バンド名を聖光学院OB野球チーム「OF COURSE」の「OF」を「OFF」とし「ジ・オフコース」に
1968	20歳	4月4日	自主コンサート第3回「FOLK SONGの…」開催（神奈川県立青少年ホール）
1969	21歳	7月20日	ヤマハ・ライト・ミュージック・コンテストに出場。仙台地区予選第2位（仙台市・西花苑）
		8月31日	ヤマハ・ライト・ミュージック・コンテスト宮城県予選第1位（宮城県民会館）
	22歳	9月	ヤマハ・ライト・ミュージック・コンテストに出場。東北地区大会優勝。小田・地主=Guitar、鈴木=Wood Bass（仙台電力ホール）
		11月2日	ヤマハ・ライト・ミュージック・コンテスト全国グランプリ大会フォークソングの部第2位（東京厚生年金会館）
1970		3月	東北大学工学部建築学科卒業
		4月5日	シングル「群集の中で／陽はまた昇る」発売。ジ・オフコースでデビュー（小田、鈴木、地主）
	23歳	11月14日	赤い鳥と〝8人の音楽会〟を開催（大手町・サンケイホール）
1971		2月	赤い鳥とジョイントコンサート終演後、地主道夫、オフコースを脱退

年	年齢	月日	事項
		4月	早稲田大学大学院建築学専攻修士課程入学（池原義郎研究室）
		5月	パシフィック・エンタープライズ（プロダクション）に所属。ボンミュージック（音楽出版）と契約
	24歳	10月5日	シングル「夜明けを告げに／美しい世界」発売。小田、鈴木、小林和行
1972		4月25日	シングル「おさらば／悲しきあこがれ」発売（小田、鈴木、小林、吉田浩二）
		5月13日	第1回東京音楽祭出場（日本武道館）。「おさらば」を歌う
		5月19日	メンバー、小田・鈴木となる
		6月9日	ラジオ関東（現・アール・エフ・ラジオ日本）「ヤングヤングミュージック・イン・テクニクス」初出演（～1974年9月）。後にこの番組から「オフコースの小さな部屋」テーマソングである「小さな部屋」が生まれる
		9月13日	第1回「オフコース・リサイタル　オフコース・コンサート・イン・横浜」開催（横浜市教育会館）
1973	25歳	2月1日	杉田二郎氏と「サブ・ミュージック・パブリッシャーズ・オフィス」を設立
		2月20日	シングル「僕の贈りもの／めぐり逢う今」発売
		5月1日	東芝レコード所属アーティストによるイベントコンサート「ラブジェネレーション」（～30日。日本武道館から）全国11カ所12公演
		6月5日	ファーストアルバム「僕の贈りもの」発売
		9月9日	第2回「オフコース・リサイタル　グリーン・ラブ」開催（日仏会館）
1974	26歳	1月10日	札幌・道新ホールコンサート（観客が13名）
		3月28日	「オフコース・ファミリーコンサート」開催（岩波ホール）
		4月5日	シングル「もう歌は作れない／はたちの頃」発売
		5月5日	アルバム「この道をゆけば」発売
		5月7日	第3回「オフコース・リサイタル〝明日への歩み〞」開催（日本青年館）
	27歳	10月20日	シングル「忘れ雪／水いらずの午後」発売
		10月26日	第4回「オフコース・リサイタル　秋ゆく街でI」開催（中野サンプラザホール）
		12月20日	アルバム「秋ゆく街で／オフコース・ライヴ・イン・コンサート」
1975		3月22日	「オフコースの小さな部屋Vol.1〝なぜ音楽活動を続けるか〞」開催。ゲスト：山本コータロー、南高節、斉藤哲夫、イルカ（日本青年館）

		4月27日	「オフコースの小さな部屋Vol.2〝お帰りなさいジローちゃん〟」開催。ゲスト：杉田二郎、トランザム（神田共立講堂）
		6月8日	「オフコースの小さな部屋Vol.3〝みつはしちかこさんを迎えて〟」開催。ゲスト：みつはしちかこ、イルカ（日本青年館）
		8月17日	「オフコースの小さな部屋Vol.4〝フォーク史をたどる〟」開催。ゲスト：石川鷹彦、新田和長。加藤和彦、西岡たかし、吉田拓郎などへのインタビューの様子も流される（日本青年館）
		8月26日	「オフコース・ファミリーコンサート」開催（新宿・安田生命ホール）
	28歳	10月4日	第5回「オフコース・リサイタル　秋ゆく街でⅡ」開催（中野サンプラザホール）
		11月24日	「オフコースの小さな部屋Vol.5〝コーラスの世界〟」開催。ゲスト：聖光学院OBコーラス隊（日本青年館）
		12月20日	シングル「眠れぬ夜／昨日への手紙」、アルバム「ワインの匂い」発売
1976		1月18日	「オフコースとイルカの年賀状コンサート」開催。ゲスト：なぎらけんいち（日本青年館）
		2月14日	修士論文「建築との訣別」（私的建築論）提出
		3月30日	早稲田大学大学院理工学部建築学科建築学専攻修士課程修了
		5月5日	シングル「ひとりで生きてゆければ／あいつの残したものは」発売。大間ジロー参加
		5月18日	ハイファイセット&オフコースジョイントコンサート（中野サンプラザホール）
		5月23日	「オフコースの小さな部屋Vol.6〝音楽の多様性その1・音楽はいかに映像を助けるか、また映像はいかに音楽を助けるか〟」開催。ゲスト：加藤和彦。清水仁参加（日本青年館）
		8月1日	「オフコース・カンパニー」設立
		9月5日	「オフコース・ファミリーコンサート」開催（東京・全電通ホール）
	29歳	10月5日	シングル「めぐる季節／ランナウェイ」発売
		10月23日	第6回「オフコース・リサイタル　秋ゆく街でⅢ」開催。大間ジロー、清水仁、松尾一彦が参加（中野サンプラザホール）
		11月5日	アルバム「SONG IS LOVE」発売
1977		2月5日	シングル「こころは気紛れ／あなたがいれば」発売（初の5人でのレコーディング作品・非公式）
		4月8日	初の全国ツアー〝春のコンサート・ツアー〟開始（〜9月28日。横須賀文化会館から）全国37公演

年	年齢	月日	出来事
		4月25日	「オフコースの小さな部屋 Vol.7 〝音楽の多様性その2 ひとつの音がいくつか集まると、どのような音楽において、どんな風に音の広がりが出てくるか〟」開催。ゲスト：トマト（弦カルテット）（九段会館）
		5月9日	シングル「秋の気配／恋人よそのままで」＆アルバム「JUNKTION」レコーディング（〜7月22日）
		8月5日	シングル「秋の気配／恋人よそのままで」発売（5人でのレコーディング作品・公式）
		9月5日	アルバム「JUNKTION」発売
	30歳	10月9日	〝秋のコンサート・ツアー〟開始（〜1978年2月27日。群馬会館から）全国39会場39公演
		10月23日	第7回「オフコース・リサイタル 秋ゆく街でⅣ」開催。昼夜2公演（中野サンプラザホール）
		11月20日	シングル「ロンド／思い出を盗んで」発売
1978		3月10日	〝春のコンサート・ツアー〟開始（〜7月24日。浜松市民会館から）全国41カ所41公演
		4月5日	シングル「やさしさにさようなら／通りすぎた夜」発売
		4月8日	「オフコースの小さな部屋 Vol.8 〝'78年度オフコース大賞〟」開催。ゲスト：財津和夫、朝妻一郎（渋谷公会堂）
		5月5日	アルバム「SELECTION 1973-78」発売
		7月8日	「オフコース・ファミリーコンサート」開催（神奈川県民会館小ホール）
		7月20日	シングル「あなたのすべて／海を見つめて」発売
	31歳	9月20日	〝秋のコンサート・ツアー〟開始（〜1979年1月31日。会津若松市民会館から）全国60公演
		10月5日	アルバム「FAIRWAY」発売
		10月25日	第8回「オフコース・リサイタル 秋ゆく街でⅤ」開催（〜27日。中野サンプラザホール）
1979		1月20日	シングル「愛を止めないで／美しい思い出に」発売
		3月22日	〝春のコンサート・ツアー〟開始（〜8月5日。名古屋市公会堂から田園コロシアム含め）全国61カ所62公演
		6月5日	シングル「風に吹かれて／恋を抱きしめよう」発売
		8月1日	清水、大間、松尾が正式にオフコースのメンバーとなる
		8月4日	「オフコース 田園コロシアムライブ」開催（〜5日）
	32歳	10月16日	〝秋のコンサート・ツアー〟「Three and Two」開始（〜80年2月5日。立川市民会館から）全国48カ所57公演
		10月20日	アルバム「Three and Two」発売

年	年齢	月日	出来事
		12月1日	シングル「さよなら／汐風のなかで」発売
1980		3月5日	シングル「生まれ来る子供たちのために／この海に誓って」発売
		5月1日	コンサート・ツアー〝LOVE（LIVE）〟開始（～6月28日。宮城県民会館から）全国14カ所22公演
		5月5日	アルバム「LOVE（LIVE）」発売
		6月21日	シングル「Yes-No／愛の終わる時」発売
		6月27日	初の日本武道館公演（～28日）
	33歳	11月10日	〝秋のコンサート・ツアー〟「We are」開始（～81年3月28日。姫路市文化センターから）全国47カ所58公演
		11月21日	アルバム「We are」発売
		11月27日	「オフコースの小さな部屋」実施（札幌・道新ホール）
		12月1日	シングル「時に愛は／僕等の時代」発売
1981		2月7日	日本武道館4日間公演実施（～10日）
		6月21日	シングル「I LOVE YOU／夜はふたりで」発売
		9月1日	アルバム「SELECTION 1978-81」発売
	34歳	12月1日	シングル「愛の中へ／Christmas Day」、アルバム「over」発売
1982		1月3日	NHK教育テレビ「若い広場　オフコースの世界」放送
		1月22日	「Off Course Concert 1982〝over〟」開始（～6月30日。千葉県文化会館から）全国28カ所69公演
		2月1日	シングル「言葉にできない／君におくる歌」発売
		6月10日	シングル「YES-YES-YES／メインストリートをつっ走れ」発売
		6月15日	日本武道館10日間公演（～30日）。これをもって鈴木康博、オフコースから脱退
		7月1日	アルバム「I LOVE YOU」発売
	35歳	9月20日	フィルムコンサート「OFF COURSE CONCERT 1982.6.30」実施（～83年1月31日）全国240カ所393回上映）
		9月21日	アルバム「NEXT SOUND TRACK」発売
		9月29日	TBS系「オフコーススペシャル『NEXT』」放映
1983	36歳	10月29日	中国旅行（～11月12日。日中文化交流協会）
		11月3日	アルバム「YES-YES-YES」発売

年	年齢	月日	事項
		12月8日	「ジョン・レノン追悼コンサート〝ジョン・レノン・フォーエヴァー〟」に飛び入り出演（渋谷エッグマン）
1984		2月14日	フジテレビ「笑っていいとも！」に出演
		4月21日	シングル「君が、嘘を、ついた／愛よりも」発売
		6月21日	アルバム「The Best Year of My Life」発売
		6月23日	フジテレビ「オレたちひょうきん族」出演
		7月18日	シングル「夏の日／君の倖せを祈れない」発売
	37歳	9月21日	シングル「緑の日々／CITY NIGHTS」発売
		12月1日	ビデオ「Movie The Best Year of My Life」発売
1985		2月21日	シングル「call／2度目の夏」発売
		4月26日	OFF COURSE TOUR 1985「The Best Year of My Life」開始（〜10月17日まで。千葉県文化会館から）全国42カ所56公演
		5月22日	シングル「たそがれ／LAST NIGHT」発売
		6月1日	シングル「今だから」（松任谷由実・小田和正・財津和夫）発売
		6月15日	国際青年年記念イベント「ALL TOGETHER NOW」に出演（国立競技場）
		7月13日	フジテレビ「LIVE AID」に出演
		8月1日	アルバム「Back Streets of Tokyo」発売
	38歳	9月21日	シングル「夏から夏まで／ぜんまいじかけの嘘」発売
		11月30日	シングル「ENDLESS NIGHTS／EYES IN THE BACK OF MY HEART」発売
1986		5月8日	一人、アメリカ滞在（〜11月24日）
	39歳	11月1日	初のソロシングル「1985／哀しみを、そのまま」発売
		12月3日	初のソロアルバム「K.ODA」発売
1987		3月4日	シングル「IT'S ALL RIGHT（ANYTHING FOR YOU）／IT'S QUITE ALL RIGHT（INSTRUMENTAL）」発売
		3月28日	アルバム「as close as possible」発売
		4月17日	「OFF COURSE TOUR 1987〝as close as possible〟」開始（〜9月6日。千葉県文化会館から）全国50カ所69公演

		5月25日	シングル「もっと近くに as close as possible／Tiny Pretty Girl」発売
		7月5日	ベストアルバム「IT'S ALL RIGHT OFF COURSE SELECTION Ⅲ 1984-1987」発売
	40歳	11月25日	ビデオ「OFF COURSE TOUR 1987-as close as possible-」発売
1988		1月25日	シングル「君住む街へ／君住む街へ-INSTRUMENTAL VERSION-」発売
		3月5日	ソロシングル「僕の贈りもの（「第一生命パスポート21」CF曲）／After Forever」、ソロアルバム「BETWEEN THE WORD & THE HEART」同時発売
		6月9日	アルバム「STILL a long way to go」発売
		6月9日	「OFF COURSE TOUR 1988-89 “STILL a long way to go”」開始（～89年2月3日。千葉県文化会館から）全国83カ所102公演
		7月25日	シングル「she's so wonderful／陽射しの中で」発売
		8月5日	広島ピースコンサート出演（～6日）
		8月7日	愛媛「サウンドスパーク'88」出演
	41歳	10月	ネスカフェ新ゴールドブレンドCF出演
		10月25日	シングル「夏の別れ／逢いたい」発売
1989		2月1日	ベストアルバム「君住む街へ 1984→1988」発売
		2月26日	「OFF COURSE “The Night With Us”」東京ドーム公演実施。オフコース解散
		3月	朝日新聞（神奈川県版）でエッセイ「TIME CAN'T WAIT」連載開始（～90年2月）
		5月10日	小田和正個人事務所、株式会社ファーイーストクラブ設立
		6月11日	株式会社クラブハウス・パブリッシャーズ設立
	42歳	10月18日	ファンハウス「Little Tokyo Label」設立。ソロ第1弾シングル「Little Tokyo（ネスカフェ新ゴールドブレンドCF曲）／あの人に会える -a tune for sarazen's Jun classics-」発売
		12月1日	シングル「君にMerry Xmas／君にMerry Xmas -another mix-」発売
1990		2月21日	シングル「恋は大騒ぎ（「第一生命パスポート21」CF曲）／恋は大騒ぎ -LESS VOCAL-」発売
		5月6日	第一生命パスポート21「仲直り」篇のCFを企画・監督（新宿副都心にて撮影）
		5月9日	アルバム「Far East Café」発売

		5月31日	初のソロツアー「『Far East Club Band』K.Oda TOUR 1990」開始（〜11月7日。千葉県文化会館から）全国40会場57公演
		7月30日	東京・青山に「Far East Café」オープン
	43歳	12月25日	第一生命パスポート21CF「君にMerry Xmas」篇の企画・監督。（91年にもクリスマスの季節限定でオンエア）。エッセイ集『TIME CAN'T WAIT』出版（朝日新聞社）
1991		1月9日	第一生命パスポート21CF「Oh! Yeah!」篇の企画・監督（〜15日）
		1月27日	小田きのえ逝去（享年70）
		2月6日	シングル「Oh! Yeah!／ラブ・ストーリーは突然に」発売
		5月18日	ベストアルバム「Oh! Yeah!」発売。日清パワーステーションにて、突然の深夜ライブ実施
		9月2日	初の映画監督作品「いつか　どこかで」クランクイン（〜11月8日）
	44歳	9月30日	TBS「筑紫哲也ニュース23」生出演
		11月20日	シングル「あなたを見つめて／恋する二人」発売
		12月1日	「K.Oda TOUR 1992 sometime somewhere」開始（〜1992年4月25日）
		12月10日	FNS歌謡祭出演（ライブ収録）
		12月26日	第一生命映画監督CF「いつか どこかで」篇の企画・監督
1992		1月24日	第一生命パスポート21CF「いつか　どこかで」篇　PART・2の企画・監督 NHK・BS2「追いかけて追いつづけて〜小田和正の世界」放送
		1月25日	シングル「いつか　どこかで（「第一生命パスポート21」CF曲）風と君を待つだけ」、アルバム「sometime somewhere」同時発売
		2月1日	映画監督作品「いつか　どこかで」（東宝邦画系168館）ロードショー公開
		5月8日	早稲田大学稲門祭にて講演（大隈講堂）
		7月13日	第一生命パスポート5000CF「MY HOME TOWN」篇の企画・監督（〜18日）
		7月25日	シングル「そのままの 君が好き／ライサのテーマ／MEDLEY」発売
		8月6日	さだまさし雲仙普賢岳チャリティ・コンサート「長崎から'92」ゲスト出演（小浜マリンパーク）
		8月22日	「HOME TOWN DECISION」実施（新宿日清パワーステーション）

年	年齢	月日	事項
		8月25日	野外スタジアムコンサート「MY HOME TOWN KAZUMASA ODA FAR EAST CLUB BAND」開催（西宮スタジアム）
		8月29日	「MY HOME TOWN KAZUMASA ODA FAR EAST CLUB BAND」（～30日。横浜スタジアム）
	45歳	10月30日	アジアツアー開始（香港・高山劇場）、11月2、3日（シンガポール・WORLD TRADE CENTER AUDITORIUM）、11月9日（上海・上海市体育館）
1993		2月19日	"USED TO BE A CHILD"としてシングル「僕らが生まれたあの日のように」発売（厚生省 ウェルカムベビーキャンペーンテーマ曲、MV制作）
		3月25日	シングル「緑の日々／緑の日々 -LESS VOCAL」」発売
	46歳	9月22日	シングル「風の坂道／Yes-No」発売
		10月14日	ゴルフ誌「ALBA」取材で青木功のキャディをロサンゼルスで体験（～26日）ラルフズ・シニア・クラシック（ランチョパークGC）
		10月27日	アルバム「MY HOME TOWN」発売
		11月15日	泉谷しげる主催「奥尻島救済チャリティーコンサート」に出演（北海道厚生年金会館）
		12月1日	チャリティーコンサート「Act Against AIDS '93」名古屋公演に出演（名古屋レインボーホール）
1994		3月13日	泉谷しげる主催「長崎・雲仙普賢岳噴火災害救済コンサート　チャリティーコンサート　メッセージソングの日」出演（長崎市公会堂）
		4月30日	今治「風の顔らんど・小島」の前夜祭に参加（～5月1日）
		5月5日	「キャディ　青木功・小田和正 ～怒られて励まされて54ホール」放映（テレビ東京系）
		7月16日	シングル「真夏の恋／夏の終り」発売。母校・聖光学院講演会
		8月16日	泉谷しげる主催「日本をすくえ'94　奥尻島、島原・深江地区救済コンサート」出演（日本武道館）
		9月14日	「日本をすくえ'94」放映（テレビ朝日系）
	47歳	10月1日	鈴木雅之プロデュース曲「夢のまた夢」発売
		12月	ライブハウスでのスペシャルライブ「life-size」（12月12日、名古屋ボトムライン。12月14日、福岡Drum Be-1。12月19日・札幌ペニーレイン、12月22日、新宿日清パワーステーション）
1995		1月7日	「FUN MORE TIME!」ツアースタート（～5月23日）全43会場59公演
		1月25日	シングル「so long my love／昨日見た夢」発売

年	年齢	月日	出来事
		3月23日	東南アジアにてベストアルバム「The Real Best」（香港・シンガポール・マレーシア・台湾）発売
		3月26日	日本テレビ系「元気が出るテレビ10周年特番」にゲスト出演
		4月3日	神戸・御影公会堂にて無料ライブ。「life-size」大阪W'OHOL公演
		5月30日	香港・クイーンエリザベススタジアムにて「FUN MORE TIME!」追加公演実施（～31日）
		8月6日	チャリティーコンサート「広島ピースコンサート'95」に出演
	48歳	11月16日	東南アジアにてアルバム「LOOKING BACK」（香港・シンガポール・マレーシア・台湾）発売
		11月22日	シングル「君との思い出／やさしさにさようなら」発売
1996		2月1日	アルバム「LOOKING BACK」発売
		2月9日	テレビ朝日系「ニュースステーション」生出演
		7月29日	新宿・日清パワーステーションにて深夜ライブ実施
		8月10日	香川県志度町で実施された「SUPER JAM '96 夢のまた夢」に鈴木雅之、佐藤竹善と出演
		9月14日	「日本をすくえ'96 阪神・淡路大震災復興支援コンサート」（～15日。神戸ワールド記念ホール）
	49歳	12月4日	佐藤竹善とのユニット"PLUS ONE"としてシングル「クリスマスが過ぎても」発売
1997		3月29日	2作目の映画監督作品「緑の街」クランクイン（～5月22日）
		5月21日	シングル「遠い海辺／ひとりで生きてゆければ」発売
		7月24日	シングル「伝えたいことがあるんだ／愛の唄」発売
		8月9日	「緑の街」完成披露試写会（～10日。東京国際フォーラム）
		8月14日	「緑の街」メイキング特番「ヨーイ　スタート！」（フジテレビ系）本編集放映（～15日）
		8月17日	MBS「1×1」放映（筑紫哲也と対談）
		8月29日	シングル「緑の街／風のように」発売
		8月30日	映画監督作品「緑の街」シネマツアー初日舞台挨拶（神戸国際会館、全国164会場）
		9月2日	「Kazumasa Oda TOUR 1997-1998 "THRU THE WINDOW"」開始（～98年2月3日。神戸国際会館）全50会場64公演
		9月19日	NHK「トップランナー」出演、放映
	50歳	11月21日	ベストアルバム「伝えたいことがあるんだ」発売
		12月19日	テレビ朝日「ニュースステーション」生出演

年	年齢	月日	出来事
		12月20日	聖光学院40周年記念コンサート実施（パシフィコ横浜）
1998		1月31日	東京で「緑の街」劇場公開（〜3月13日。渋谷シネ・アミューズ）
		2月7日	大阪で「緑の街」劇場公開（〜27日。シネマアルゴ梅田）
		6月24日	ライブビデオ「K. ODA TOUR 1997-1998 "THRU THE WINDOW"」発売
		7月22日	東北自動車道で交通事故。上都賀総合病院に入院、7月31日退院
		9月12日	スターダストレビューとのジョイントライブ「under the moonlight」（福岡県・海の中道海浜公園野外劇場）
	51歳	11月6日	NHK木曜ドラマ「必要のない人」サウンドトラックリリース
		11月23日	NHK・BS特番収録。北野武と対談（上野・隅田川）
		12月9日	NHK・BS特番収録。北野武と対談（浜松）
1999		1月15日	読売テレビ「新橋ミュージック・ホール」ゲスト出演
		4月2日	NHK・BS特番「ビッグ・エンターテインメント・トーク〜創造の原野を行く」放映
		6月17日	コンサート「FUN MORE TIME FINAL」実施（神戸国際会館・ゲスト泉谷しげる）
		7月11日	鈴木雅之とのイベント「そして…夢のまた夢」公演（静岡グランシップ。18日、新潟県長岡市越後丘陵会館。31日、香川県志度町テアトロン）
		8月28日	ハウンド・ドッグのイベント「夢の島ライブ」ファイナル公演ゲスト出演（熱海ポートサイドエリア）
	52歳	10月15日	「早稲田大学建築合同クラス会1999」にて講演。テーマ「建築〜音楽〜映画」（リーガロイヤルホテル早稲田）
		10月21日	シングル「こんな日だったね／あなたのすべて」発売
2000		1月10日	聖光学院同級生ライブ「もう一度、星の降る夜のコンサート」開催
		3月23日	シングル「woh woh／もう歌は作れない」発売
		3月28日	フジテレビ「ウルトラ LOVE LOVE 愛してる」に出演
		4月19日	アルバム「個人主義」、プロデュースアルバム「Far East Club Band」発売
		5月11日	「Kazumasa Oda Tour 2000 "SAME MOON!!"」開始（〜10月12日。千葉県文化会館から）全国46カ所59公演
	53歳	11月25日	JRAジャパンカップダートにゲスト出演
		12月16日	NHK「土曜オアシス」に生出演

		12月28日	渋谷ＯＮ ＡＩＲにて「八景島まであと3日!」公演実施
		12月31日	初の年越しライブ「ちょっと寒いけどみんなでSAME MOON!!」実施（八景島シーパラダイスマリーナヤード）
2001		3月7日	シングル「風の街／夏の別れ」発売
		4月25日	フジテレビ系「ビストロＳＭＡＰ」収録（放映6月25日）
		5月16日	アルバム「LOOKING BACK2」、ＤＶＤ「ちょっと寒いけどみんなでSAME MOON!!」発売
		5月30日	テレビ朝日「スーパーＪチャンネル」出演
		6月28日	「LOOKING BACK2」発売イベント「TALK & LIVE」実施（〜7月7日）全国6会場
	54歳	12月25日	ＴＢＳ特番「クリスマスの約束 ２００１〜きっと君は来ない〜」放送
2002		2月27日	シングル「キラキラ／I LOVE YOU／キラキラ（LESS VOCAL）」発売
		4月24日	ベストアルバム「自己ベスト」発売。オリコン史上前人未到の５００週ランクイン、出荷枚数３００万枚突破、アルバムチャート1位最年長記録樹立
		5月2日	「Kazumasa Oda Tour 2002 "Kira Kira"」開始（〜8月18日。SHIBUYA -AXから）全国25カ所39公演
		8月17日	ＮＨＫ総合「音楽旅人」出演
		8月31日	仙台「from S」出演（仙台ＳＵＧＯ）
	55歳	12月25日	ＴＢＳ特番「クリスマスの約束 ２００２」放送
2003		5月4日	「WAVOC Presents アフガニスタン復興支援チャリティライブ K ODA TOUR 2003 -Kira Kira」（早稲田大学大隈記念会堂）
		8月9日	CHAGE and ASKA ジョイントライブ「SOUND CONIFER 229 -青春の影」公演（富士急コニファーフォレスト）
		8月20日	九州朝日放送創立50周年記念「Voices of Heart」出演、スターダストレビューとジョイント（マリンメッセ福岡）
		8月31日	高知新聞創刊１００周年記念・高知放送開局50周年記念「YOSAKOI JAMBOREE 2003」出演（高知・吉川村天然色劇場）
		9月7日	北海道・岩見沢イベント「MUSIC GARDEN WITH」に出演（いわみざわ公園野外音楽堂キタオン）
	56歳	10月8日	「『Kira Kira』FINAL- 東京からアジアへ」公演（SHIBUYA -AX）
		10月16日	「K. ODA ASIA TOUR 2003『Kira Kira』」香港公演（Queen Elizabeth Stadium）

		10月19日	シンガポール公演（Singapore Indoor Stadium）
		10月23日	台湾公演（Taipei International Convention Center）
		11月9日	ノートルダム清心女子大学の学園祭にてトーク&ライブ
		12月7日	「矢野顕子　さとがえるコンサート２００３」飛び入り出演（ＮＨＫホール）
		12月25日	ＴＢＳ特番「クリスマスの約束　２００３」放送
２００４		1月17日	スターダストレビュー公演にゲスト参加（那覇市民会館）
		2月25日	シングル「まっ白／たそがれ」発売
		3月18日	ハウンド・ドッグ「たったひとつの愛のうた」ＰＶ制作
		8月21日	「Kiroro & Kobukuro Live in EXPO '70-You've got a friend」ゲスト出演（大阪・万博公園もみじ川芝生広場）
	57歳	10月4日	ＴＢＳ「風のようにうたが流れていた」放送開始（～12月20日。全11回）
		10月29日	青山学院大学学園祭ライブ（青山学院記念館）
		12月25日	ＴＢＳ特番「クリスマスの約束　２００４～風のようにうたが流れていた～」放送
２００５		5月25日	シングル「たしかなこと／生まれ来る子供たちのために」、ＤＶＤ ＢＯＸ「風のようにうたが流れていた」発売
		6月3日	「KAZUMASA ODA TOUR 2005〝大好きな君に〟」（～12月21日。静岡エコパアリーナから）全国27会場45公演
		6月15日	アルバム「そうかな（相対性の彼方）」発売。50代アーティストのオリジナルアルバムによる初のオリコン・アルバムチャート首位獲得、1位の最年長記録更新
		7月6日	日本武道館公演（ゲスト：ムッシュかまやつ）
		8月28日	名古屋港オープンエアパーク公演（ゲスト：財津和夫）
	58歳	10月12日	トヨタ自動車「アリオン」CMに17年ぶりに出演（「Re」起用）
		11月6日	台湾公演「K.ODA TOUR in TAIPEI」（台北インターナショナル・コンベンションセンター）
		11月20日	ゴールデン・サークルイベントにゲスト出演（品川プリンス・ステラボール）
		11月29日	「クリスマスの約束２００５～大好きな君に」収録。ゲスト：中居正広（さいたまスーパーアリーナ）
		12月6日	日本武道館公演（ゲスト：ゆず）
		12月7日	日本武道館公演（ゲスト：スキマスイッチ）

年	年齢	月日	事項
		12月11日	大阪城ホール公演（ゲスト：スガシカオ）
		12月20日	名古屋レインボーホール公演。終演後、NHK・BS「居酒屋の星野仙一」収録（２００６年1月26日放送）
		12月22日	「クリスマスの約束２００５～大好きな君に～」放送
２００６		1月22日	NHK「人間ドキュメント」放送
		7月16日	「ap bank fes '06」ゲスト出演（静岡・つま恋）
		8月19日	「J-WAVE LIVE 2000+6」平井堅と共演（国立代々木競技場第一体育館）
		8月28日～	渡米。ジョン・ベティスと英語詞セッション
		9月1日～	ランディ・グッドラムと英語詞セッション
	59歳	9月23日	「吉田拓郎&かぐや姫コンサート in つま恋２００６」ゲスト出演（静岡・つま恋）
		10月31日	山弦ライブゲスト出演（渋谷公会堂）
		11月5日	早稲田大学稲門祭「建築展」公演（早稲田大学理工学部57号館）。第11回稲門建築会特別功労賞受賞
		11月12日	ヤマハイベント「アコースティックマインド２００６」出演（ラフォーレミュージアム六本木）
		11月29日	ゆずおだクリスマス企画シングル「クリスマスの約束」発売
		12月22日	ゆず「冬至の日ライブ」ゲスト出演（横浜・赤レンガ倉庫）
		12月28日	TBS特番「クリスマスの約束２００６～message～」放映
２００７		3月28日	“PLUS ONE”「FOUR WORLDS（『カオ上げて』収録）」発売
		4月12日	「日経アーキテクチュア」取材（対談：藤森照信）
		4月25日	シングル「ダイジョウブ／哀しいくらい」発売
		5月19日	スターダストレビュー25周年記念ライブゲスト出演（さいたまスーパーアリーナ）
		8月15日	シングル「こころ／ワインの匂い」発売。オリコンシングルチャート1位の最年長記録を20年ぶりに更新
		8月26日	東北大学１００周年前夜祭コンサート飛び入り出演
	60歳	9月23日	くるり主催イベント「京都音楽博覧会」出演（京都梅小路公園）
		10月12日	東京医科歯科大学学園祭
		11月4日	FM802「Your Songs, Our Songs」イベント出演。Charaと共演
		11月7日	FM仙台開局25周年記念プレミアムライブ（ZEPP仙台）

		11月28日	ベストアルバム「自己ベスト2」発売
		12月1日	「Act Against AIDS 2007 15th ANNIVERSARY ～ MUSIC PLAZA IN ORCHARD」に飛び入り出演（オーチャードホール）
		12月2日	早稲田大学グリークラブ定期演奏会に出演（新宿厚生年金会館）
		12月22日	聖光学院創立50周年記念コンサート（パシフィコ横浜）
		12月25日	TBS特番「クリスマスの約束 2007 ～そして今思うこと～」放映
2008		4月5日	「KAZUMASA ODA TOUR 2008 ～今日も どこかで」開始（～9月26日。静岡エコパアリーナから）全29会場52公演
		5月23日	早稲田大学稲門祭建築学科表彰式（大久保キャンパス）
		5月26日	小田信次逝去（享年93）
		6月25日	第29回オリンピック競技大会（2008／北京）日本代表選手団公式応援ソング「笑ってみせてくれ」（BAND FOR "SANKA"）発売（共作詞作曲）
		7月21日	「ap bank fes '08」出演
		7月27日	スターダストレビュー・コンサートゲスト出演（さぬき市野外音楽広場テアトロン）
		8月9日	「情熱大陸SPECIAL LIVE SUMMER TIME BONANZA '08」出演（夢の島公園陸上競技場）
		8月17日	「J-WAVE LIVE 2000＋8」くるりのコーナーにゲスト出演（国立代々木競技場第一体育館）
		8月24日	真駒内セキスイハイムアイスアリーナ公演（ゲスト：松山千春）
		9月3日	名古屋・日本ガイシホール公演（ゲスト：松たか子）
		9月6日	「京都音楽博覧会2008 in 梅小路公園」出演（京都梅小路公園芝生広場）
	61歳	10月11日	FECBレジェンド公演（横浜BLITZ）
		11月5日	シングル「今日も どこかで」発売
		11月17日	肩ならしライブ（横浜BLITZ）
		11月26日	ドームツアー「きっと またいつか♪今日も どこかでFINAL♪」（～27日。東京ドーム）
		12月6日	ナゴヤドーム公演
		12月20日	京セラドーム大阪公演
		12月25日	TBS特番「クリスマスの約束 2008」放映

年	年齢	月日	出来事
		12月26日	フジテレビ「めざましクラシックス」ゲスト出演
2009		1月12日	NHK「SONGWRITERS」収録（司会：佐野元春。立教大学）
		2月15日	めざましテレビ15周年イベント出演（東京ビッグサイト）
		2月25日	シングル「さよならは 言わない」発売
		4月22日	FM TOKYO「EARTH DAY」絢香コンサートゲスト出演（日本武道館）
		5月31日	FM802イベント「RADIO MAGIC」出演（大阪城ホール）
		7月23日	音霊シースタジオ5周年記念ライブ
		7月30日	大船渡市民文化会館落成記念公演
		8月1日	「情熱大陸SPECIAL LIVE SUMMER TIME BONANZA'09」出演
		8月15日～	「明治プロビオヨーグルトLG21―希望の歌声篇」TVCMオンエア開始
	62歳	9月20日	南こうせつ「サマーピクニックフォーエバー」ゲスト出演（静岡・つま恋）
		10月3日	「MONGOL800 ga FESTIVAL "What a Wonderful World!! '09"」ゲスト出演（ヨミタンリゾート沖縄特設会場）
		12月25日	TBS特番「クリスマスの約束 2009」放送
2010		5月29日	THE BOOMコンサートゲスト出演（浜名湖ガーデンパーク）
	63歳	10月16日	清須越・名古屋開府400年記念「なごや・きよす夢まつり『夢花火音楽祭　音市音座』」ゲスト出演（みずとぴぁ特設ステージ）
		10月17日	「OTODAMA FOREST STUDIO 2010」出演（湘南国際村）
		11月17日	シングル「グッバイ／グッバイ（カラオケバージョン）」発売
		11月27日	RED RIBBON LIVE飛び入り出演（SHIBUYA-AX）
		12月24日	TBS特番「クリスマスの約束 2010」放映
2011		4月20日	オリジナルアルバム「どーも」発売。5作連続、通算9作目のアルバム首位獲得。マイケル・ジャクソンの歴代No.1記録40年を更新（41年1カ月）、最年長首位記録樹立（63歳7カ月）
		5月7日	「KAZUMASA ODA TOUR 2011 "どーもどーも" その日が来るまで」（～10月26日。長野BIG HATから）全25カ所48公演
		7月18日	「ap bank fes '11」出演（静岡・つま恋）

年	年齢	月日	出来事
		8月29日	東北被災地視察
	64歳	9月23日	「京都音楽博覧会２０１１ IN梅小路公園」出演（くるり主催イベント）
		10月2日	MONGOL800 ga FESTIVAL「What a Wonderful World '11」出演
		10月4日	ニッポン放送「オールナイトニッポンＧＯＬＤ」出演（吉田拓郎・坂崎幸之助）
		10月8日	文化放送「弘兼憲史ドコモ団塊倶楽部」生出演
		12月25日	ＴＢＳ特番「クリスマスの約束 ２０１１」放映
2012		3月31日	沖縄ライブ（ミュージックタウン音市場）
		4月14日	「KAZUMASA ODA TOUR 2012 〝どーもどーも〟その日が来るまで」開始（〜5月26日。秋田県立体育館から）全5会場10公演
		5月7日	東北大学校友会コンサート（川内萩ホール）
		5月9日	無料コンサート「小田和正ライブ in 大船渡」（大船渡市民会館リアスホール）
		5月26日	横浜・赤レンガパーク特設野外ステージにて追加公演
		6月10日	ＴＢＳ「情熱大陸・井上真央が撮る小田和正①」放映（6月18日、第2回目放送）
		6月24日	ＷＯＷＯＷ「小田和正コンサートツアー 〝どーもどーも〟その日が来るまで」放送
		7月7日	映画「グスコーブドリの伝記」（配給：ワーナー・ブラザース映画）公開。主題歌「生まれ来る子供たちのために」提供
		7月16日	「ap bank fes '12 Fund for Japan」出演
		7月23日	清水翔太コンサートゲスト出演（日本武道館）
		7月29日	「HIGHER GROUND 2012 〜 FINAL」出演（福岡・海の中道海浜公園野外劇場）
		8月11日	「情熱大陸 SPECIAL LIVE SUMMER TIME BONANZA'12」出演（夢の島公園陸上競技場）
		8月25日	「音楽と髭達２０１２」出演（国営越後丘陵公園）
		8月26日	「MONSTER baSH 2012」出演（国営讃岐まんのう公園）
		9月1日	「Freedom aozora 2012」出演（国営明石海峡公園芝生広場）
		9月2日	「SOUND MARINA 2012」出演（広島グリーンアリーナ）
		9月15日	「MUSIC FESTA」出演（大阪靭公園）
	65歳	10月14日	キマグレンコンサート「笑顔の花」ゲスト出演（日本武道館）

年	年齢	月日	事項
		11月21日	ライブビデオ「小田和正コンサート〝どーもどーも〟その日が来るまでin 東京ドーム」発売
		12月21日	「MONKEY MAJIKチャリティライブ〝ＳＥＮＤ愛〟」東京公演にゲスト出演（ＮＨＫホール）
		12月25日	ＴＢＳ特番「クリスマスの約束 ２０１２」放映
2013		1月21日	「TRICERATOPS 12-Bar〝13〟」ゲスト出演（中野サンプラザホール）
		4月2日	東北楽天イーグルス始球式（Ｋスタジアム）
		4月24日	シングル「その日が来るまで／やさしい風が吹いたら」発売
		5月15日	「小田和正コンサート〝その日が来るまで〟２０１３」開始（〜5月31日。仙台サンプラザホールから）全3会場6公演
		5月19日	ＳＯＮＹ ４Ｋ対応ブラビアＣＭ撮影（聖光学院ラ・ムネホール）
		8月17日	「RISING SUN ROCK FESTIVAL 2013 in EZO」出演（石狩湾新港樽川ふ頭横野外特設ステージ）
		8月25日	ＮＨＫ・ＢＳプレミアム「吉田拓郎ＹＯＫＯＳＯ」収録
	66歳	9月21日	横浜創学館高等学校「夕照祭」出席
		10月8日	「小田和正コンサート〝その日が来るまで〟in 沖縄」（〜9日。沖縄市民会館大ホール）
		10月27日	「めざましLIVE ISLAND TOUR 2013 FINAL in 日本武道館」出演
		11月1日	東北大学萩友祭にて校友歌「緑の丘」（作詞・作曲：小田和正）合唱会に参加
		12月25日	ＴＢＳ特番「クリスマスの約束 ２０１３」放映
2014		6月28日	「KAZUMASA ODA TOUR 2014〝本日 小田日和〟」開催（〜10月29日。和歌山ビッグホエールから）全国18会場36公演
		7月2日	アルバム「小田日和」発売
		9月7日	「佐橋佳幸」（祝）芸能生活30周年記念公演〜東京城南音楽祭 T.J.O 〜 三茶編」出演（昭和女子大学人見記念講堂）
	67歳	10月5日	「MONGOL800 ga FESTIVAL What a Wonderful World!! 13+14」出演（ヨミタンリゾート沖縄特設会場）
		11月11日	Nathan East Live飛び入り出演（Billboard Live Tokyo）
		12月20日	聖光学院中学校高等学校新校舎竣工記念コンサート（〜22日）
		12月25日	ＴＢＳ特番「クリスマスの約束 ２０１４」放映

2015		1月29日	KAZUMASA ODA TOUR 2014～2015-〝本日 小田日和〟追加公演開始（～3月18日。広島グリーンアリーナから）全国7カ所14公演
		5月28日	東北大学「トップリーダー特別講義」（東北大学）
		7月26日	委員会バンド夏のイベント「NUMBER SHOT 2015」に参加（海の中道海浜公園）
		8月15日	「Music Resort うたたね ２０１５」出演（広島市民球場跡地）
		8月29日	「音楽と髭達 ２０１５」イベント出演（ＨＡＲＤ ＯＦＦ ＥＣＯスタジアム新潟）
	68歳	12月24日	ＴＢＳ特番「クリスマスの約束 ２０１５」放映
		12月28日	葉加瀬太郎「ＤＥＬＵＸＥ」大阪公演ゲスト出演（グランキューブ大阪）
2016		3月1日	フジパシフィックミュージック創立50周年記念コンサート「オールナイトニッポンＡＬＩＶＥ～ヒットこそすべて～」出演（日本武道館）
		3月22日	ＮＨＫ総合「ドリームライブが福島にやってきた～心をつなぐ世界のアーティスト～」（Music for Tomorrow in Fukushima）放映
		4月20日	ベストアルバム「あの日 あの時」発売。オリコンアルバム1位獲得最年長（68歳7カ月）記録樹立
		4月30日	「KAZUMASA ODA TOUR 2016〝君住む街へ〟」スタート（～10月30日。静岡エコパアリーナから）全国24カ所48公演
	69歳	9月22日	鈴木雅之ソロデビュー30周年&還暦コンサートにゲスト出演（オーチャードホール）
		12月23日	ＴＢＳ特番「クリスマスの約束 ２０１６」放映
2017		1月15日	「イルカのミュージックハーモニー」25周年記念「青春のなごり雪コンサート」ゲスト出演（東京国際フォーラム）
		2月8日	森亀橋2017 presents「Your Songs, Our Songs powered by FM COCOLO」に出演（大阪・フェスティバルホール）
		3月20日	ＮＨＫ・ＢＳプレミアム「１００年インタビュー」放映
		3月25日	桜植樹会参加（福島県広野町）
		5月8日	「日経アーキテクチュア」取材（対談：藤森照信。水戸芸術館）
		5月20日	スターダストレビュー35周年イベント出演（さいたまスーパーアリーナ）
		7月23日	TRICERATOPS「20TH ANNIVERSARY」コンサート・シークレットゲスト出演（日比谷野外音楽堂）

		7月24日	スキマスイッチコンサート、シークレットゲスト出演（中野サンプラザホール。7月31日、オリックス劇場）
		7月28日	「めざましクラシックス」ゲスト出演（東京芸術劇場）
		8月13日	NHK・BSプレミアム「小田和正１００年インタビュー完全版〜時は待ってくれない〜」放送
	70歳	9月20日	古稀祝パーティー（〜21日）（栃木・ロペ倶楽部）
		10月20日	ベストアルバム「あの日 あの時」日本レコード協会・ダブル・プラチナ認定（累計出荷枚数50万枚超）
		11月23日	NHK・FM「今日は一日〝小田和正〟三昧」出演（生放送）
2018		5月2日	シングル「この道を／会いに行く／坂道を上って／小さな風景」発売
		5月4日	「KAZUMASA ODA TOUR 2018〝ENCORE!!〟」開始（〜10月31日。グランメッセ熊本）全国21カ所48公演
2019	71歳	2月2日	NHK・BSプレミアム「密着ドキュメント 小田和正〜毎日が〝アンコール〟〜」放映
		3月29日	TBS音楽特番「風のようにうたが流れていた」放映（ゲスト：矢野顕子、杏）
		5月14日	「Kazumasa Oda Tour 2019〝ENCORE!! ENCORE!!〟」（〜7月31日。横浜アリーナから）全国8会場16公演
	72歳	11月4日	NHK・FM「今日は一日〝小田和正〟三昧 ENCORE!!」生出演
		12月25日	TBS特番「クリスマスの約束 ２０１９」放映
2020		9月6日	無観客配信ライブ・音市音座（第2日・日本ガイシホール）に出演
		9月17日	藤森照信氏と対談（日刊建設通信新聞取材・神奈川県立音楽堂）
2021	73歳	1月1日	「風を待って」配信
		4月2日	「こんど、君と」配信
		7月12日	プロデューサー・武藤敏史逝去（享年73）
		7月18日	「NUMBER SHOT 2021」出演（福岡PayPayドーム）
		8月15日	「FUNDAY PARK FESTIVAL 2021」出演（愛知県長久手市・モリコロパーク）
		8月28日	「音楽と髭達２０２１ 夏の約束」出演（朱鷺メッセ・新潟コンベンションセンター）
		9月1日	「RHYTHMTERMINAL 〜 Arch of THE MUSIC」出演（大阪城ホール）
		9月18日	「SOUND ALIVE presents 横浜合同演奏会 ２０２１」出演（パシフィコ横浜国立大ホール）
	74歳	12月24日	TBS特番「クリスマスの約束 ２０２１」放映
2022		3月26日	吉田拓郎「雪さよなら」レコーディングに参加

年	年齢	月日	出来事
		4月13日	「so far so good」配信
		6月3日	「Kazumasa Oda Tour 2022 〝こんど、君と〟」開始（〜12月1日。沖縄アリーナ振替公演で終了）全国16カ所34公演
		6月15日	アルバム「early summer 2022」発売
		7月2日	NHK・BS4K「伝説のコンサート　オフコース1992．6．30」放送
		7月29日	新型コロナウイルス感染
		8月21日	「MONSTER baSH 2022」出演（国営讃岐まんのう公園）
		8月24日	ツアー再開、広島グリーンアリーナ公演
2023	75歳	2月27日	ベースの有賀啓雄逝去（享年58）
		4月26日	「what's your message?」配信
		5月3日	「Kazumasa Oda Tour 2023「〝こんどこそ、君と!!〟」開始（〜8月2日。サンドーム福井から。横浜アリーナで終了）全9カ所18公演
		6月11日	CSホームドラマチャンネル連続企画「小田和正セレクション」にて映画「緑の街」（メイキング映像）放映
		6月25日	CSホームドラマチャンネル連続企画「小田和正セレクション」にて「Kazumasa Oda Tour 2019 ENCORE!! ENCORE!! in さいたまスーパーアリーナ」放映
		7月15日	「ap bank fes '23 〜社会と暮らしと音楽と〜」出演（つま恋リゾート彩の郷）
	76歳	9月30日	「Sing Like Talking 35th Anniversary 〝FRIENDS!〟」ゲスト出演（東京ドームシティホール）

Kazumasa Oda 掲載楽曲リスト

参考文献
「春の音楽会」「夏の音楽会」「秋の音楽会」「冬の音楽会」オフコース・ファミリー
「はじめの一歩」オフコース・ファミリー（サンリオ出版）
「小田和正 50 年史」「小田和正 70 年史　I・II」(ファーイーストクラブ)
「オフコース　Three and Two」渡辺浩成 (八曜社)
「LIFE-SIZE」(1994-2022) ファーイースト・クラブ
「PRESS」(no1—no 396) ファーイースト・クラブ
「TIME CAN'T WAIT」小田和正（朝日新聞社)
「OFF COURSE[as close as possible] 」学習研究社
「Off Course 1968~1982」シンコーミュージック
「1989.2.26 OFF COURSE FINAL」GAKU PUBLISHER
「小田和正　キャディ」(スタジオ・シップ)
「Yasuhiro Suzuki 50(＋ 2)th Anniversary」
「ビートルズを知らない子どもたちへ」きたやまおさむ（アルテスパブリッシング)
「けんちくのチカラ」建設通信新聞
「YES-NO　小田和正ヒストリー」小貫信昭（角川書店)
「たしかなこと」小貫信昭（ソニー・マガジンズ)
「小田和正ドキュメント　1998-2011」小貫信昭（幻冬舎)
「Give up」山際淳司（角川文庫)
「ジャパニーズポップスの巨人たち」田家秀樹（TOKYO FM出版)
「吉田拓郎　終わりなき日々」田家秀樹（角川書店)
「気ままな絵日記」吉田拓郎（立原書房）
「シリーズ 20 世紀の記憶」(毎日新聞社)

写真提供・取材協力　株式会社ファーイーストクラブ
表紙　「生まれ来る子供たちのために」楽譜
見返し画　東北大学の卒業設計「アート・ヴィレッジ」

■ SPECIAL　THANKS
木村万作／栗尾直樹／稲葉政裕／有賀啓雄／吉池千秋／金原千恵子／吉田翔平／徳高真奈美／堀沢真己
ウエス／ギルドネクスト／キョードー北陸／キョードー東京／ KM ミュージック／サンデーフォークプロモーション／キョードー大阪／ユニオン音楽事務所／デューク／キョードー西日本／ピーエムエージェンシー／株式会社ソニー・ミュージックレーベルズ アリオラジャパン／株式会社フジパシフィックミュージック／株式会社キューシート／株式会社モイ
明治安田生命保険相互会社

装丁　　大久保明子
編集　　伊藤淳子
編集協力　池延朋子／宇賀康之／新井宏／黒田康輔
営業　　大熊邦稔／平嶋健士

JASRAC　2307894-301

本書は書き下ろしです

追分日出子（おいわけ・ひでこ）

千葉県生まれ。慶應義塾大学文学部卒業。「カメラ毎日」編集部、週刊誌記者を経て、『昭和史全記録』『戦後50年』『20世紀の記憶（全22巻）』（毎日新聞社）など時代を記録する企画の編集取材に携わる。著書に『自分を生きる人たち』（晶文社）『孤独な祝祭　佐々木忠次　バレエとオペラで世界と闘った日本人』（文藝春秋）。

空《そら》と風《かぜ》と時《とき》と　小《お》田《だ》和《かず》正《まさ》の世《せ》界《かい》

二〇二三年十一月三十日　第一刷発行

著　者　追《おい》分《わけ》日《ひ》出《で》子《こ》
発行者　大松芳男
発行所　株式会社　文藝春秋
〒一〇二‐八〇〇八
東京都千代田区紀尾井町三番二十三号
電話　〇三‐三二六五‐一二一一

印刷所　TOPPAN
製本所　加藤製本
DTP制作　エヴリ・シンク

ISBN978-4-16-391781-8